과학적 사회주의

과학적 사회주의

초판 1쇄 발행 1990년 3월 1일
초판 2쇄 발행 2012년 5월 31일

저 자 G. 그로서
역 자 송 주 명
발행인 황 세 연
디자인 EG 디자인
인 쇄 예일정판
제 본 대명제책사
C T P 진흥프로세스
발행처 도서출판 **중원문화**
주 소 서울특별시 마포구 서강로 11-24
주문처 02-325-5534 FAX 02-324-6799

과학적 사회주의

G.그로서 지음 ◆ 송주명 옮김

도서출판 중원문화

Print 1990 Saigil Publishing Co.
Rprinted 2012 by Jungwonmunhwa Publishing Co.

■서문

이 교과서는 1974년 이래 판을 거듭하여 출간된 「과학적 공산주의」(맑스-레닌주의 기초학습을 위한 교과서) 저작의 기본내용을 전면 개정된 형식과 새로운 제목하에 옮긴 것이다. 이 책은 동독의 대학 및 전문학교 교육청의 위임을 받아 라이프찌히의 칼 맑스 대학의 책임하에, 칼 맑스 대학 과학자들과 독일통일사회당 중앙위원회 부설 사회과학 아카데미, 독일통일사회당 중앙위원회 부설 '칼 맑스' 당대학, 베를린의 훔볼트 대학 및 드레스덴의 기술대학에 소속된 저자집단에 의해 집필되었다.

맑스-레닌주의의 세번째 구성부분의 가르침에 바쳐진 이 책은 맑스-레닌주의의 고전저작, 맑스-레닌주의당, 특히 독일통일사회당 제11차 당총회 결정, 그리고 무엇보다 「과학적 공산주의」 교과서에 대한 작업이 완료(1982년 7월)된 이후 발표된 그 밖의 중요한 사회이론적 및 정치적 문서와 간행물에 근거하고 있다. 이 책은 1986년 공표된 새로운 교육강령 '독일민주공화국 대학 및 전문학교에서의 맑스-레닌주의의 기초'와, 제2차 맑스-레닌주의 기초학습의 과학적 방법론에 관한 회의를 기초로 하고 있다.

맑스-레닌주의 사상의 검증된 전통을 따라 이 책에서는 맑스-레닌주의 정치이론으로서의 과학적 사회주의가, 오랜 교수 경험과 과학적 사회주의 영역에서의 새로운 연구성과에 대한 종합평가 속에서, 그리고 독일통일사회당 중앙위원회 부설 사회과학 아카데미 내 과학적 공산주의 위원회의 토론성과 속에서 서술되고 있다. 그 결과 이제까지의 교과서들에 비해 내용, 구조 및 서술에서의 변화가 나타났으며, 또한 맑스-레닌주의 당 정책의 이론 및 실천의 기본문제와 관계된, 몇 가지 새로운 장(章)과 절(節)이 채택되었다.

과학적 사회주의가 탐구하는 문제의 충일성 및 역동성과 연관하여, 또한 평화의 확보, 사회주의와 제국주의 간의 체제대결, 사회적 진보의 실현 및 발전된 사회주의 사회의 형성을 주제로 한 수많은 새로운 문제와 창조적인 토론을 고려하여, 저자와 편자는 다음의 두 가지 결론을 도출해 냈다.

첫째, 과학적 사회주의의 기초를 다룬다는, 교과서의 성격과 할당된 지면 때문에, 주된, 오늘날의 단계에서 의미가 있고 확증된 과학적 사회주의의 인식에 대한 간략한 서술만이 가능하다는 것이며,

둘째, 서술은 이 책을 읽으리라 예상되는 독자그룹에 상응하여, 특히 독일통일사회당의 경험과 강령 그리고 사회전략의 시각에서 행해진다는 것이다.

이제까지와 마찬가지로 이 교과서는, 맑스-레닌주의 기초학습을 위해 씌어진 교과서 「변증법적 · 사적 유물론」 및 「자본주의 · 사회주의 정치경

제학」에서 전달되는 철학적, 정치경제학적 인식과 결부되어 있다. 이 책은 강의, 세미나, 그리고 독자적인 연구 등과 같은 교수 및 학습 형태의 총체 속에 편입되는데, 독자적인 연구에서는 특히 맑스-레닌주의의 고전 저작, 당문서 그리고 당대의 사회과학적 문헌이 중요한 역할을 한다. 실제적인, 교과서를 보충하는 참조문헌은 학습지도에 포함되어 있거나 교사에 의해 제공될 것이다.

편자와 저자는 독일통일사회당 중앙위원회 부설 사회과학 아카데미, 그리고 할레의 마르틴 루터 대학 및 마그데부르그의 기술대학 과학자들의 건설적인 감정과 추천에 감사한다. 대학 및 전문학교 교육청 내 맑스-레닌주의국과 칼 맑스 대학의 지도가 우리의 작업에 커다란 지원이 되었다.

원고작업은 1987년 가을에 완료되었다.

편자는 이 교과서 작업을 계속해나가는 데 있어 많은 제안과 질정을 기대하며, 그것을 대학 및 전문학교 교육청 내 맑스-레닌주의국이나 VEB 독일과학출판사로 보내주기 바란다.

편자

차 례

■서문 • 3

제1장 과학적 사회주의의 대상, 과제 그리고 발전 …… 9
1. 과학적 사회주의의 대상 • 10
2. 과학적 사회주의와 정치 • 20
3. 과학적 사회주의의 발생과 발전 • 28

제Ⅰ부 노동자계급의 역사적 사명, 그 실현의 근본적인 조건과 합법칙성 …… 45
제2장 노동자계급과 그들의 세계사적 사명 …… 47
1. 혁명적 세력의 토대 • 48
2. 노동자계급의 세계사적 사명 • 58
3. 노동자계급의 세계사적 사명 실현의 새로운 조건과 요구 • 68
제3장 맑스-레닌주의당과 국제 공산주의운동 …… 77
1. 맑스-레닌주의당——특징과 주요과제 • 78
2. 국제 공산주의운동 • 93
제4장 노동자계급의 혁명적 당의 정치적 전략과 전술 …… 109
1. 정치적 지도의 과학과 예술 • 110
2. 정치적 전략과 전술의 기본원칙 • 121

제Ⅱ부 자본주의에서 사회주의로의 이행기의 평화와 사회적 진보를 위한 투쟁 ······ 137

제5장 세계평화의 확보를 위한 투쟁과 체제대결에서의 사회주의 ······ 139

1. 자본주의에서 사회주의로의 이행기 ——인류발전의 주방향 • 140
2. 국제정치에서의 새로운 조건과 요구 • 145
3. 사회주의와 평화의 통일 그리고 사회주의 공동체의 평화전략 • 155
4. 사회주의 그리고 사회체제의 대결 • 171

제6장 사회주의혁명 ······ 185

1. 사회주의혁명의 필연성과 조건 • 186
2. 사회주의혁명——노동자계급 및 그 동맹자의 창조적인 행동 • 194
3. 권력문제의 해결 • 206

제7장 자본주의 나라의 노동자운동 및 민주주의적 대중운동의 투쟁 ······ 223

1. 노동자운동 및 민주주의적 대중운동의 투쟁의 새로운 조건과 요구 • 224
2. 평화, 노동, 민주주의 및 환경을 위한 투쟁 • 238
3. 전략적 지향 • 255

제8장 평화, 독립의 공고화 및 사회적 진보를 위한 아프리카, 아시아 및 라틴 아메리카 인민의 투쟁 ······ 265

1. 민족해방운동의 역사적 위치와 성과 • 266
2. 평화를 위한, 신식민지주의와 저개발에 맞선 투쟁 • 273
3. 사회적 진보를 위한 노력 • 294

■역자 후기 • 305

제1장
과학적 사회주의의 대상, 과제 그리고 발전

동독 및 다른 사회주의 국가에서 발전된 사회주의 사회를 더욱 형성하는 데에서, 그리고 평화의 확보를 위한 투쟁에서 맑스-레닌주의는 필요불가결한 행동지침임이 입증된다. "맑스-레닌주의는 그 구성부분의 통일속에서 당 활동 전체의 이론적 기초이다. 오로지 이 보편타당한 과학적 가르침과 이것의 창조적인 확대발전을 토대로 해서만, 노동자계급과 모든 근로인민의 이해를 위한 혁명적 투쟁을 승리로 이끄는 것이 가능하다.[1] 노동자계급의 과학적인 세계관은 변증법적·사적 유물론, 정치경제학 그리고 과학적 사회주의[2]를 포괄한다.

노동자계급의 세계관의 세번째 구성부분은 무엇을 다루며 그것의 탐구대상은 무엇인가? 그에 상응하여 그것은 맑스-레닌주의 가르침 내에서 어떤 특수한 위치를 차지하는가? 사회를 분석하고 변혁시키는 데에서 그것은 어떤 기능을 수행해야 하는가? 무엇보다도 먼저 이 질문에 답하는 것은 이 과학의 토대 획득과 그것의 사회적 실천에서의 활용 및 적용을 용이하게 만들고 또 증진시켜줄 것이다. 과학적 사회주의의 발생 및 발전단계에 대한 기본지식 또한 이 목적에 도움이 된다.

1. 과학적 사회주의의 대상

맑스-레닌주의의 구성부분으로서 과학적 사회주의는 다른 두 구성부분과 근본적인 공통성을 갖고 있을 뿐만 아니라, 또한 사회주의 사회의 지도 및 인도의 토대로서 탐구, 가르침, 세계관 육성과 선전에서 특수한 과제를 갖고 있다. 그것은 독자적인 과학원리이며 독자적인 대상을 갖는다.

사회과학의 대상은 그 특성과 법칙이 이 과학에 의해 탐구되고 또 그것에 의해 과학법칙, 범주, 이론 등의 형태로 반영되는 사회의 과정, 영역 및 측면이다. 과학적 사회주의의 대상을 규정하는 것은, 이 과학이 무엇을 탐구하는가, 그 문제제기가 어떤 것인가, 그리고 어디서 어떻게 그것이 사회적 실천에서 작용력을 가질 수 있으며 또 가져야 하는가 하는 질문에 답하는 데 도움이 될 것이다.

맑스-레닌주의의 구성부분

과학적 사회주의는 맑스-레닌주의 이론과 세계관의 한 구성부분으로서 발생, 발전했으며, 그 내적 통일성은 엥겔스의 『반듀링론』 및 『공상에서 과학으로의 사회주의의 발전』, 레닌의 『맑스주의의 세 가지 원천과 세 가지 구성부분』과 같은 책에서 해명되었다.[3] 이러한 **노동자계급 세계관의 통일성**은 최종적으로, 그 구성부분 공통의 과제——노동자계급의 세계사적 사명, 이 계급과 모든 근로인민을 착취, 억압 및 전쟁으로부터 해방시키고 사회주의 사회를 확립하며 그후 공산주의 사회로 나아가기 위한 조건과 경로를 전면적, 포괄적으로 기초짓는 것——를 해결하면서 상호 조건짓고 보충하며 침투한다는 점에 근거하고 있다. 강력한, 몇 세대에 걸치는 노력을 요구하는 이 작업의 실제적 성취는 무엇보다, 혁명적 당에 의해 지도되는 노동자계급이 모든 근로인민의 전위로서 사회발전법칙에 대한 인식을 토대로 의식적, 조직적으로 행동하는가의 여부에 달려 있다.

이 계급의 무한한 **인식이해**[4]는 **첫째,** 자연, 사회 그리고 인간의 사유 내의 보편적 연관의 발견, 행동의 변증법적·유물론적 기본지향, 혁명적 사고방식과 유물론적 역사관, 즉 노동자계급의 세계사적 사명에 대한 **철학적** 논거작업을 요구하며 **둘째,** 사회발전 전체를 결정짓는 경제적 생산 및 재생산 과정의 법칙과 투쟁의 경제적 연관 및 조건에 대한 전면적인 인식, 즉 이 계급의 세계사적 사명에 대한 **경제적 논거작업**을 요구한다.

세째, 새로운, 착취 없는 사회를 계획적으로 건설하기 위한 노동자계급의 사회적 혁명은 그 이상의 근본적 연관의 복합체에 대한 인식의 필요를 야기시킨다. 노동자계급의 운동과 행동의 역사적 과제와 조건 및 법칙, 목표와 단계와 형태 및 방식, 그들 해방투쟁의 지도, 이 투쟁경험의 지속적인 보편화 등에 대한, 즉 노동자계급의 세계사적 사명에 대한 **정치적 논거작업**의 필요가 그것이다. 거기에 최종적으로 과학적 사회주의의 특수한, 고유한 과제가 있는데, 과학적 사회주의는 그것을 오로지 노동자계급의 통일된 과학적 세계관의 구성부분으로서만 해결할 수 있다.

맑스주의의 형성과정에서 유물사관과 잉여가치론의 창출이, 사회주의가 공상에서 과학으로 발전하기 위한, 즉 과학적 사회주의가 출현하기 위한 **결정적인 이론적 전제**임이 입증되었다.[5] 과학적 사회주의는 이런 한에서 맑스주의의 철학적 및 경제적 가르침의 **합법칙적인, 수미일관한 속행이자 완성**이고, 노동자계급의 세계사적 사명을 관철시키기 위해 그것을 정치에 적용시킨 것이다. 노동자계급의 투쟁을 탐구하는 데 유물론적 변증법을 창조적으로 활용하는 것은, 이 투쟁의 합법칙성을 발견해내고 과학적인 정책을 마련해내는 데 본질적인 전제였고 지금도 그렇다. 마찬가지로 이 과제의 해결을 위해서는 경제적 관계와 조건에 대한 포괄적인 분석이 불가피하다. 그러므로 과학적 사회주의를 학습할 때, 맑스-레닌주의 철학과 정치경제학의 인식과 결론을 항상 그 기초로 하여 활용하는 것이 요구된다.

맑스, 엥겔스 및 레닌의 영향 속에서 철학과 정치경제학의 문제에 대한 논구 및 해결은 최종적으로, 노동자계급의 해방 및 그와 더불어 인류 전체를 착취와 억압으로부터 해방시키기 위한 조건과 경로를 기초짓는 목표에 복무하였다. 레닌이 쓰고 있듯이, 맑스는 "프롤레타리아 계급투쟁의 전술"이 없는, "혁명적인 실천적 활동의 조건"[6]에 대한 파악이 없는 유물론을 "당연히 반쪽인, 일면적이고 생명 없는 것"[7]으로 간주하였다. 동시에 정치투쟁, 정치조직 및 정치적 지도활동의 문제에 대한 이론적, 실천적 해결은 맑스-레닌주의 이론 전체에 본질적인 작용을 미치는 고유한, 근본적인 과제임이 입증되었다. 그러므로 과학적 사회주의의 학습은 맑스-레닌주의 철학 및 정치경제학을 온전하게 획득하고, 또한 그 결론에 대한 인식과 그들의 기능을 각인해내는 데 커다란 의미를 갖는다.

과학적 사회주의는 **과거와 현재의 다른 사회주의관**에 대해, 사회적 발전과정을 반영하는 그것의 **과학성과 객관성**으로써 스스로를 구별짓는다. 그러므로 과학적 사회주의를 다른 부분과 분리시킴으로써 공상에서 과학으로의 사회주의의 발전을 퇴보시키고, 또 부르조아 이데올로기를 노동자운동 속으로 끌어들이려는 시도가 끊이지 않는 것이다. 그러나 오로지 맑스-레닌주의 이론을 그 구성부분의 통일에서, 노동자계급의 세계관으로서 획득하고 사용하는 것만이 사회에 대한 과학적 상(像)과 새로운, 사회주의 사회의 건설이라는 과제의 창조적인 해결을 가능케 해준다.

대상

우리 시대에 세계의 사회적 발전, 특히 자신의 존재 유지의 토대로서 평화의 확보를 둘러싼 그리고 더 이상의 사회적 진보를 위한 인류의 노력, 노동자계급 및 자신의 해방을 위해 노력하는 인민의 투쟁이라는 실천과 새로운 사회체제의 건설은 새롭고 복잡한 질문을 숱하게 던지고 있으며, 그 질문들은 과학적인 답변을 요구하고 있다. 이 질문은 맑스-레닌주의 전체에 의해 탐구된다.

과학적 사회주의의 특수성은, 그것이 맑스-레닌주의 및 다른 사회과학의 철학적, 정치경제학적 인식과 성과를 근거로 하여 우리 시대의 사회적 주력인 노동자계급의 정책과 그들이 만들어내는 사회주의 사회의 정책에 직접 복무한다는 데 있다.

과학적 사회주의는 노동자계급의 세계사적 사명 실현의 조건, 합법칙성, 과제, 경로 및 형태에 대한, 이 과정의 정치적 조직성과 지도에 대한 과학이다.

이 과제의 실현을 위한 투쟁은 이미 19세기 전반부터 수행되었다. 역사적인 관점에서 과학적 사회주의는 다음과 같은 역사적이고 실제적인 풍부한 경험을 보편화한다.

(a) 자본주의적 혹은 전(前)사회주의적 관계하에서 노동자계급의 형성과 그들이 이끄는 투쟁의 형성 경험.

(b) 사회주의혁명 혹은 반제혁명 및 여타 혁명의 경험과 사회주의의 토대 건설에서의 경험.

(c) 발전된 사회주의 사회를 형성하는 데에서의 경험.

과학적 사회주의는 커다란 사회집단, 노동자계급과 그 동맹자의 행동을 탐구하며 자신의 생존문제를 해결하는 과정에서의 인민대중의 의식적이고 조직화된 활동과 노동자계급의 사회적 혁명, 그리고 이 투쟁의 표현인 정치적 조직과 운동, 당, 국가의 작용을 탐구한다. 과학적 사회주의에 의해 우선적으로 자본주의에서 사회주의로의 이행과 사회주의 사회의 건설이, 이 이행의 사회적 담지자이자 세력인 노동자계급과 그 동맹자의 관점하에서 탐구되고, 노동자계급과 그 당이 지도하는 인민대중의 역사형성적 활동의 산물이자 노동자계급의 사회적 혁명의 성과인 새로운 공산주의 사회구성체가 탐구된다. 거기서 정치투쟁, 정치조직, 정치적 지도가 특별한 역할을 갖게 된다. **이러한 한에서 과학적 사회주의는 노동자계급의 정치적 가르침을 포괄하며 맑스-레닌주의의 보편적인 정치이론의 성격을 갖게 된다.**

자신의 대상을 포괄적, 목적지향적으로 탐구하고 또 맑스-레닌주의당과 사회주의 국가의 정책을 위한, 오늘날 세계에서의 복잡한 과정에 대한 이해를 위한 주요 이론적 토대를 마련하기 위하여, 과학적 사회주의는 자신의 연구집단, 교수주제 등을 통틀어 다음과 같은 **문제설정**에 주의를 기울인다.

첫째, 조건의 결합, 즉 그 밑에서 그때그때의 역사적 시기에, 국제적으로 또 각각의 나라에서, **노동자계급의 세계사적 사명의 실현**과 사회적 진보를 위한 투쟁이 벌어지는 경제적, 정치적, 이데올로기적 및 여타 조건들의 총체가 중요하다. 여기서 문제는 언제나 조건의 다양한, 서로 연관되는 측면, 즉 보편역사적·시대특수적, 단계특수적, 구체-역사적, 민족특수적, 지역특수적 조건이다. 과학적 사회주의가 역사적 경험과 당대의 실제적 사건에 접하여 복무하는 본질적인 과제는, 객관적 조건과, 노동자계급과 그 동맹자의 활동 및 행동 사이의 상호관계를 탐구하고, 또 거기서 맑스-레닌주의 고전저작가들에 의해 마련된 다음과 같은 기본 가르침을 고려하는 것이다. 즉 노동자계급의 투쟁은 조건 전체에 의해 결정되며 혁명적 세력은 자신의 정책에서 이것을 정확히 고려해야 하지만, 그러나 결코 '순응' 혹은 상황에의 소극적인 '굴종'이라는 의미에서가 아니라, 모든 가능성과 변수를 평화 및 사회적 진보의 세력에 유리하게 조건을 변화시키는 데 활용하는 정책의 전제로서 고려해야 한다.

둘째, 과학적 사회주의의 과제에는, **자신의 역사적 사명을 완수하기 위한** 혁명적 당에 의해 지도되는 **노동자계급** 활동의 **'메카니즘'**과 **전체 과정,** 그리고 그들 투쟁의 가장 중요한 연관과 고리들을 발견해내는 것이 포함된다. 거기서 중요한 것은 노동자계급 자신의 내적 발전이고, 우리 시대의 정치적 주력이 취하는 행동의 여러 측면, 단계 및 형태 사이의 상호연관이다. 즉 중요한 것은 경제적으로 결정되고 정치적 활동을 통해 실현되는, 그들과 다른 사회적 계급, 계층 및 집단의 관계이고, 이 관계에서의 계급투쟁과 동맹이며, 노동자계급의 세계사적 사명의 실현으로 또 새로운 공동체, 근로대중의 '연합' 형성으로 사회적 관계 전체를 계획적으로, 정치적으로 이끌어 형성하는 것이다.

세째, 과학적 사회주의의 기본과제는, 노동자계급이 어떻게 **정치적 세력**으로, 맹주(Hegemon)로서 형성되는가, 어떻게 그들이 자신의 혁명적 당 및 다른 조직을 만들어내는가, 어떻게 그들이 착취사회의 **정치적 권력관계**를 변화시키고 제거할 준비를 하는가, 어떻게 그들이 자신의 고유한 **정치적 권력**을 확립하고 또 그것을 모든 사회적 관계를 변혁시키는 도구로 활용하며 새로운, 진정으로 **민주주의적인 정치적 조직**을 창출해내는가, 어떻게 그들이 다른 국가와의 관계와 새로운 사회에 대한 확실한 방위를 조직해내는가를 탐구하고 기초짓는 일이다. 사회주의 사회는 낡은 사회의 태내에서 자생적으로 생겨나는 것이 아니라, 노동자계급과 그 동맹자의 의식적이고 목적지향적이고 조직화된 활동의 결과물이므로, 과학적 사회주의에서는 **경로와 형태 및 방식, 조직과 지도, 정치적 전략과 전술에 대한 분석**이 중심적인 위치를 차지한다.

네째, 노동자계급 및 그 세계사적 사명의 **국제적인 성격** 그리고 사회적 진보를 위한 투쟁의 점증하는 다양성을 기초로 하여 과학적 사회주의의 특수한 과제로 입증된 것은, **국제성과 민족성의 상호관계**를 발견해내고, 그럼으로써 이 정치적 중요 문제를 능란하게 다룰 수 있는 이론적 토대를 창출해내는 일이다. 현재 과학적 사회주의의 대상이 갖는 국제적인, 전지구적인 차원의 성격은 더욱 현저하다. 그러므로 평화를 위한 인민의 투쟁, 사회주의와 제국주의 간의 체제대결, 사회주의 세계체제 및 세계혁명과정의 발전 그리고 그 이상의 전지구적 문제의 해결을 위한 인민과 국가의 노력 등의 현안은 오늘날 과학적 사회주의에서 본질적인 위치를 차지한다.

다른 모든 사회과학이 그렇듯이, 과학적 사회주의는 사회적 현실의 탐구와 거기서 달성된 성과의 종합을 통해 객관적인, 필연적인, 보편적인, 본질적인 그리고 기본적으로 반복적인 비교적 안정된 연관, 즉 **법칙(합법칙성)**을 발견하게 된다.[8] 맑스-레닌주의의 고전저작, 맑스-레닌주의 당문서 그리고 맑스-레닌주의 사회과학의 중요한 노작에서는 노동자계급이 지도하는 역사운동 내의 주요한 연관들을 발견하고 또 그것을 토대로 노동자계급의 당의 정책을 마련하고 있다. 일반적으로 말하자면, 객관적 연관의 발견, 법칙(합법칙성)의 과학적 정식화 그리고 상응하는 인식을 정치에 창조적으로 적용하는 것은 다음의 **세 가지** 요구를 포함한다.

———그때그때의 현상과 노동자계급 투쟁 내에서의 과정, 특히 객관적인 사회경제적 토대를, 그리고 역사과정에 영향을 끼치는 요소 전체를 포괄적으로, 근저까지 철저하게 탐구하는 것.

———노동자계급의 세계사적 사명의 실현이 이루어지며, 노동자계급이 맹주로, 자본주의에서 사회주의로의 이행기를 결정짓는 세력으로, 구조형성적인 세력으로 되어가는 **구체적인** 역사적, 민족적 조건을 분석하는 것, 그와 더불어 합법칙성이 나타나고 실현되는 구체적인, 특수한 형태를 분석하는 것.

———노동자계급과 모든 근로인민이, 합법칙적인 요구의 관철을 위한 경제적, 정치적 및 이데올로기적 투쟁을 통일적으로 이끌 수 있게 해주는 맑스-레닌주의당의 투쟁 **형태와 방식**, 원칙과 경험, **전략과 전술**을 발견해내는 것.

노동자계급 투쟁의 합법칙성을 발견해내고 과학적으로 탐구하는 것은 매우 어려운, 지속적이고 장기적인 과제이다. 노동자계급의 세계사적 사명이 실현되는 과정에서 개별적, 우연적인 연관들로부터 보편적, 합법칙적인 연관들이 발전해나온다. 즉 새로운 합법칙성이 형성된다. 그것은 일반적으로 우선, 비교 가능한 조건하에서 반복되며, 운동의 지도를 위한 교훈으로 종합될 수 있는 투쟁의 경험 속에서 모습을 드러낸다. 정치적 지도의 예술은 무엇보다도, 새로운 합법칙성의 맹아를 빈번히 보여주는 이러한 국제 노동자운동의 근본적인 경험으로부터 출발하는 데 있다. 하지만 이 연관은 어느 정도 무르익어야만 비로소 합법칙성으로 인식될 수 있으며, 그를 위해서는 수집된 경험에 대한 올바른 가치평가가 도움이 된다. 또한 이미 알려진, 그래서 맑스-레닌주의 당문서에 과학적으로 정식화된 합법칙성도 새로운 조건하에서 확대발전한다. 즉 실천적 투쟁이 합법칙성 작용의 새로운 외형을 만들어내는 것이다.

노동자계급 및 인민대중의 투쟁과 새로운, 사회주의 사회가 점차 펼쳐지는 것과 마찬가지로, 과학적 사회주의의 **대상** 또한 **발전**한다. 즉 그 내용과 구조가 변화하게 되며, 더욱 풍부하고 다양해진다. 마찬가지로 **대상에 대한 이해가 발전**을 겪게 되어, 그 속에서 프롤레타리아트 해방의 조건에 대한 가르침이자 프롤레타리아트의 역사적 역할과 계급투쟁의 이론[9]으로서의 세번째 구성부분에 관한 맑스-레닌주의 고전저작가들의 원칙적인 언명들이 견고해지며, 동시에 우리 시대 사회주의 건설과 세계혁명과정, 그리고 인류의 생존문제를 둘러싼 투쟁의 경험을 통해 풍부해진다.

방식과 기능

맑스-레닌주의 전체가 그렇듯이 과학적 사회주의 또한 사회의 인식과 변혁에 복무하며 행동의 지침이다. 맑스-레닌주의 고전저작에서는 노동자계급의 계급투쟁, 사회주의혁명 그리고 시작되는 사회주의 건설과 이 과정의 정치적 지도를 탐구하는 데 **변증법적 · 사적 유물론의 이론과 방식**이 전범적으로 **응용되고** 있다. 레닌은, 노동자계급 및 그들의 사회적 혁명의 발전과 조건 전체를 탐구하는 데 유물론적 변증법을 포괄적으로 활용한 것을 가리켜, 맑스와 엥겔스가 혁명적 사상의 역사에서 진전시킨 천재적인 한 걸음이라 칭했으며, 또한 그들은 그들 정책의 주요과제를 그들의 유물론적·변증법적 세계관의 모든 주지(主旨)와의 엄격한 일치 속에서 결정했다는 점을 강조했다.[10] 이렇게 변증법적·유물론적 방식을 그 탐구의 기초로 삼고 있는 과학적 사회주의는 자신의 대상을 탐구하는 데 숱한 개별적 방식을 사용한다. 그 중 하나인 구체적, 사회학적 방식의 비중이 갈수록 커지고 있다. 그리고 다른 사회과학의 성과를 받아들인다. 이 문제에 대해 더욱 탐구하는 것이 주요한 과제로 남아 있다.

과학적 사회주의에서 제일의 의미를 갖는 것은 엥겔스가 "역사의 거대한 운동법칙"[11]이라고 지칭했던 유물사관의 원칙적 인식이다. 그에 따르면 모든 사회적, 정치적 현상 등의 뿌리는 계급의 **물질적 이해**에서 찾아야 한다. 그리고 노동자계급의 투쟁과 사회주의 건설에서의 정책에 대한 탐구는 경제적 처지 및 생산관계로부터 출발해야 한다. 왜냐하면 이것이 이러저러한 계급, 당 등의 정책을 최종적으로 결정하기 때문이다.

과학적 사회주의는 사회적 과정을 **논리적, 역사적으로**, 그것이 **가장 무르익은 상황**에서, 그것이 **가장 발전한 형태**에서, 그것의 당시 최고의 발전단계를 출발점으로 하여 탐구한다.[12] 예를 들어 노동자계급의 세계사적 사명의 실현이 세계혁명과정 및 국제 계급대결의 주력의 현재 상태와 과제 속에서 탐구된다. 마찬가지로 공산주의 사회구성체 분석의 출발점은 오늘날의 정치이며, 사회주의 국가공동체 나라들이 발전된 사회주의 사회를 형성하는 데에서 이제까지 획득한 경험이다. 그것은 맑스-레닌주의의 구성부분 모두에 고유한 **논리적, 역사적 방식**의 적용을 전제한다. 오늘날의 발전과정 속에서 탐지되는 논리적, 체계적인 연관은 역사적으로 생겨난 연관이다. 논리적 방식은 "역사적인 것, 단지 한꺼풀 벗겨진 역사적인 형태이며 성가신 우연"[13]에 다름아니다. 레닌은 이와 관련하여, 과학적 사회주의의 학습에서 근본적인 의미를 갖는 하나의 결론을 끌어냈다. 그는 이렇게 강조했다. "'가장 확실한 것', '가장 필요한 것', '가장 중요한 것'은, 근본적인 역사적 연관을 놓치지 않는 것, 역사에서 일정한 현상이 어떻게 생겨났으며, 이 현상은 자신의 발전에서 어떤 주요단계를 거쳐왔는가라는 입장에서 모든 문제를 바라보는 것, 그리고 그것의 발전이라는 관점에서 출발하여 해당 사건이 지금 무엇으로 되었는가를 탐구하는 것이다."[14] 그리고 그는 다른 곳에서 이렇게 쓰고 있다. "맑스주의의 전체 정신과 전체 체계가, 각각의 테제를 오로지 (a) 역사적으로 (b) 오로지 다른 것과의 결합 속에서 (c) 오로지 역사의 구체적 경험과의 결합 속에서만 고찰할 것을 요구하고 있다."[15]

그러므로 과학적 사회주의의 주요한 특징은 다음과 같은 점에 있다. 즉 그것의 이론적 주지는 노동자계급의 투쟁 및 사회주의의 **실천**과 뗄 수 없이 결합되어 있다는 점, 그것은 노동자운동 및 해방운동, 새로운 사회의 건설, 그리고 사회적 진보를 위한 인민의 투쟁 경험을 이론적으로 보편화한 것이라는 점이다. 레닌이 맑스의 가르침을 "심오한 철학적 세계관과 풍부한 역사지식에 의해 관통된 **경험의 총괄**"[16]이라고 칭했던 것은 과학적 사회주의에도 또한 해당된다. 그러므로 과학적 사회주의는 **국제적인, 보편타당한 경험**을 포함한다. 중요한 것은, 모든 나라 노동자계급의 투쟁과 사회주의의 건설 및 발전을 특징지으며 동시에 다양한 역사적 및 민족적 형태로 표현되는, 근본적이고 본질적인 것이다.

과학적 사회주의에서는 **사회적 과정에 대한 과학적 예견**이 중심적인 위치를 차지한다. 레닌은 이렇게 썼다. "맑스적 사회주의가 사회적 현상에 접근하는 것은, 단지 과거를 해명한다는 의미에서뿐만 아니라, 또한 미래를 두려움 없이 예견하며 또 그 미래의 실현을 위해 용감하게 실천적으로 활동한다는 의미에서이기도 한 것이다."[17] 사회주의가 공상에서 과학으로 변혁됨으로써 우리는 인류 미래의 주요한 특성을 과학적으로 예견할 수 있게 되었다. 「공산당 선언」, 「반듀링론」, 「고타강령 비판」, 「국가와 혁명」과 같은 저작에 담겨진 새로운, 착취가 없는 사회에 대한 예견은, 객관적 합법칙성의 존재와 작용을 그 출발점으로 하고 있다. 거기서 희망과 주관적 원망이 아니라, "역사적 사실과 발전과정으로부터 나온 정확한 결론"[18]이 과학적 예견의 토대를 이룬다. 보편적인 발전경향, 본질적인 변화, 일정한 계급의 역할, 확대발전의 가능한 경로와 변수, 성숙단계 등을 예후판정하고, 개별성에 속지 않으며, 미래는 노동자계급 및 그 동맹자의 투쟁과 다양한 사회세력의 노력의 결과물임을 항상 유의하는 것이 이러한 과학적 예견의 본질에 속한다.

맑스-레닌주의의 다른 구성부분과 똑같이 과학적 사회주의는 세계를 **과학적으로 분석하는** 데에서, 근로인민의 **세계관 육성**과 맑스-레닌주의당에 의한 사회주의 사회의 정치적 **지도**에서, 또한 다른 과학의 **이론적, 방법론적 토대**로서 근본적인 기능을 수행해야 한다. 독일통일사회당 강령은 맑스-레닌주의 사회과학을 "노동자계급 및 그들의 혁명적 투쟁당의 이론적, 정치-이데올로기적 도구"[19]라고 규정한다. 객관적으로 조건지어진, 비교적 안정된 기본적인 과제설정과 주요 사회적 작용방향 전체 속에서 과학적 사회주의의 **세 가지 주요기능**이 명백하게 드러나는데, 그것은 서로를 조건지으며 그때그때 특수한 방식으로, 무엇보다 맑스-레닌주의당의 이론적 및 실천적 활동에서 노동자계급의 세계사적 사명의 실현을 지향하고 있는 기능들이다.

첫째의 근본적인 기능은 **과학-이론적인 기능**이다. 그 본질은 대상의 과학적인 인식에 있다. 인식의 성과는 과학의 체계, 이론, 과학적 법칙, 범주 및 원칙으로 전화된다. 과학활동에서 이론의 주지는 과학적 사회주의 자체를 통해서, 그리고 다른 과학을 통해서 새로운 인식을 획득하기 위한 수단으로 기능한다. 또한 거기서 그것의 인식이 다른 과학에 대해 갖는 방법론적 의미가 표현되고 있다. 독일통일사회당 및 다른 맑스-레닌주의당은 자신의 문서, 특히 맑스-레닌주의 사회과학의 중심적 탐구과제에서, 포괄적으로, 분업적으로 또 대상을 연관시켜 해결해야 할 그런 중점을 지향한다. 동독의 경우 과학적 사회주의는 무엇보다 정치체제 및 사회주의적 민주주의의 문제, 그리고 사회주의와 제국주의 간의 체제대결 문제의 탐구에서 주요한 과제를 완수해야 한다.

정치-이데올로기적 기능은 노동자계급 세계관의 구성부분으로서의 과학적 사회주의의 역할을 표현한다. 그리하여 그것은 독일통일사회당의 선전활동과 당간부 훈련(예를 들어 당교육기간), 그리고 사회주의 교육체제(예를 들어 대학교, 대학 및 전문학교에서의 맑스-레닌주의 기초학습)에서 확고한 위치를 점하고 있다. 과학적 사회주의의 학습은, 우리 시대의 복잡한 투쟁에서 올바른 정치적 지향을 가능케 해주고, 또한 사회주의 의식의 공고화, 집단 및 인격 교육, 그리고 특히 국제주의적이고 애국적인 육성에 기여하는 주요한 지식, 사회적 정보들을 제공해준다. 계급투쟁, 혁명, 국가 및 권력 문제에 관한 과학적 사회주의의 기본 가르침을 획득하는 것은, 평화와 사회주의에 유리하게 확고한 입장을 규정짓는 데 커다란 의미를 갖는다. 거기서 중요한 것은, 사회적 현상을 정치적으로 올바르게 가치평가하고 또 평화에 적대적인 이데올로기의 온갖 외형에 대해 분명한 입장을 취할 수 있는, 과학적으로 기초지어진 능력이다. 중요한 것은 민주주의, 자유, 인간성 및 연대성과 같은 근본문제에서 가치표상을 증진시키고 또 미래 과제의 극복을 위한 정치적, 도덕적 전제의 창출을 돕는 것이다.

사회주의 내의 사회과학인 과학적 사회주의는 또한 **정치과학적, 정치-조직적인 기능**도 갖는다. 그 본질은, 과학적 사회주의가 **정치적 전략과 전술, 사회주의적 대내정책 및 대외정책, 그리고 정치적 조직의 근본적인 원칙과 방식 및 형태**를 다룬다는 점, 노동자계급과 그 동맹자에 의한 혁명적인 사회변혁기에서의 정치적 지도의 수단, 방식 및 조직형태를 다룬다는 점이다. 자신의 세계사적 사명을 완수하기 위해서는, 노동자계급은 과학적으로 기초지어진, 실천적 투쟁의 경험에서 획득된 자신들의 행동의 유형과 양식, 형태와 방식, 조직과 지도에 대한 지식을 갖고 있어야 한다. 사회발전의 본질적 경향의 발견과 그것에 기초한 사회적 예견은, 과학적으로 기초지어진 목표표상을 마련해내고 그것을 강령, 전략과 전술 및 사회정책의 기초로 삼는 것을 가능하게 해준다. 사회주의 사회에서는 갈수록 사회적 과정의 지도를 위한, 당, 국가 및 사회조직의 인도를 위한, 온갖 종류의 사회주의 집단 내 활동을 위한 분석과 제안이 요구된다. 각각의 시민들 모두, 여러 형태의 사회주의적 민주주의에 노련하게 또 적극적으로 동참하기 위하여, 전문지식 외에 응용력 풍부한 정치적 지식도 가질 것이 요구된다.

2. 과학적 사회주의와 정치

과학적 사회주의의 대상에 대한 논의는, 노동자계급의 세계사적 사명의 실현에서 노동자계급 및 그 당의 정치라는 문제가 중심적 위치를 점하며, 따라서 그것은 노동자계급의 결정적인, 경제적으로 정해진 목표와 이해를, 그 실현을 위한 가장 주요한 수단 그리고 그것의 다른 계급 및 국가와의 관계를 가장 명백하게 표현하는 **맑스-레닌주의의 정치적 기본사상**을 포괄한다는 것을 보여주었다. 이 정치적 기본사상은 무엇보다 맑스-레닌주의당의 원칙문서들에 기록되어 있다. 노동자계급의 과학적 세계관의 출현과 함께 정치에 대한 이해 또한 과학적인 토대 위에 세워지게 되었다. 정치는 이제 그 경제적 피결정성과 합법칙성 속에서 파악될 수 있게 되었다. 그를 통해 노동자계급의 투쟁에서 정치학은 응용과학의 성격을 띠게 되었고, "정치학이 혼란과 기만에서 과학으로"[20] 되었고, "유물론적 정치학"[21]이 형성되었다.

객관적 요인에 근거하여 가장 넓은 의미의 **정치적 문제**가 민족들과 개인 모두의 삶에서 **증대하는 역할**을 맡게 되고 동시에 복잡한 정치적 연관에 대한 이해의 요구가 높아지고 있다. 사회주의혁명 및 다른 사회운동, 모든 민족과 대륙이 세계정치적 사건 속으로 편입된 것, 핵무기가 인류를 절멸시킬 실제적 위험——그 모든 것이 수많은 새로운 정치적 과제, 운동, 투쟁형태를 야기시켰고, 정치적 결정의 가능성과 책임을 증대시켰으며 이는 갈수록 중요해져가고 있다——, 우리는 정치를 '빠져나갈' 수 없다는 것, 평화와 사회적 진보의 이해에 맞는 쪽으로의 적극적인 정치적 행동이 전반적으로 요구된다는 것, 의식적인 정치적 사고가 삶필수적이라는 것 등이 간과해서는 안되는 우리 시대의 특징이다.

정치——계급사회의 사회적 현상

"정치란 무엇인가?"라는 질문은 맑스-레닌주의에 의해 유물사관을 토대로 포괄적이고 전면적으로 답변된다. 관념적인, 계급과 무관한, 비역사적이고 부분적으로 엘리트적인 견해를 극복하면서 맑스, 엥겔스 및 레닌은 정치라는 사회적 현상을 그 경제적 피결정성과 객관성 속에서, 그 역사성과 복잡성 속에서 분석하였고, 또 그를 통해 노동자계급의 투쟁에서, 인류를 착취와 억압 및 전쟁으로부터 해방시키기 위한 과학적 정치학을 점차 마련하고 창조적으로 실현시킬 수 있는 가능성을 만들었다.

정치——보편적인 맑스-레닌주의적 규정은 그렇다——는 계급사회에서 역사적으로 나타난 사회적 현상으로서, 계급들간의 여러 상호관계, 특히 조직적인 계급투쟁과 당, 국가권력 및 전체 사회발전의 기본방향을 둘러싼, 국가 내부 및 국가간 상호관계에서 자신들의 이해를 관철시키기 위한 운동 등을 포괄한다.

이 정치적 관계(연관)는 **역사적으로** 생산수단의 사적 소유와 계급 및 국가의 형성과 더불어 생겨났다. 그것은 **역사상** 그 특성과 형태를 **바꾸어 왔다.** 모든 사회구성체와 모든 시대는 각각의 유형의 정치적 관계를 만들어냈다. 그러므로 오늘날의 세계에는 여러 종류의 정치적 관계가 존재하는데, 국제 격전장에는 본질적으로 두 개의 정치노선, 즉 노동자계급, 사회주의 그리고 모든 평화애호세력의 정책과 침략적인 제국주의 부르조아지의 정책이 서로 대치해 있다. 경제적 관계가 정치를 결정짓는 토대이며 이런 한에서 정치는 **경제의 집중된 표현**이다. 왜냐하면 사회의 경제적 토대로부터 일정한 계급구조 및 사회구조가 생겨나고, 이것에 따르는 이해 및 연관으로부터 사회의 정치적 구조가 생겨나기 때문이다. 경제가 최종적으로 정치의 내용을 결정한다. 경제적 생활과정과 정치적 생활과정은 통일을 이룬다. 이런 한에서 정치적 현상, 조직 등은, 역사철학적 측면에서 볼 때 그것들이 주요한 부분을 이루는 파생된 것, 상부구조적 관계에 속한다 하더라도, 계급사회 내에서 외적이고 비본질적인 것이 아니라 이 사회의 발전에서 철저히 **본질적인 것, 필수적인 것**이며, 그것은 **객관적으로 결정된다.** 맑스-레닌주의적 견지에서 볼 때 각각의 정치에서 본질적인 것은 그 **계급성격**이다. 정치에서 계급의 근본적인 이해가 표현되며, 중요한 것은, 궁극적으로는 경제적으로 결정되는 계급이해를 영향력 있게 관철시키고 확보하기 위해 국가권력의 획득 혹은 활용을 그 목표로 하는, 일반적으로 당에 의해 지도되는 의식적이고 조직화된 계급의 투쟁이다. 이런 한에서 정치는 언제나 여러 종류의, 즉 적대적인 혹은 비적대적인 정치적 노력의 **결과물**이다. 하나의 사회적 문제는, 그 해결이 계급이해, 국가권력 그리고 오늘날에는 특히 사회 전체의 존재, 삶문제 및 발전에 관계될 때 정치적 성격을 획득한다.

경제적 관계와 이해는 **복잡한 사회 메카니즘을 거쳐 정치로 전화된다.** 의식성과 조직성, 즉 이해를 의식하게 되는 것 그리고 이데올로기는 본질적인, **매개적인** 역할을 수행한다. 정치의 발달에, 정치의 형태와 방식에 경제를 토대로 (그리고 경제 외에) 그 이상의 역사적, 전통적, 문화적 요인 등이 또한 영향을 끼친다. 이 사실은 정치를 결정짓는 경제적 관계에 대한 정치의 일정한 **상대적 독자성과 고유성**, 그리고 무엇보다 정치가 경제 및 사회관계 전체에 적극적으로 가하는 **작용** 및 **반작용**과 뗄 수 없게 결합되어 있다. 정치의 여러 측면과 양상(정치적 권력, 정치적 이론 혹은 이데올로기, 혁명과 같은 정치적 행동, 정치적 규범 등과 같은)은 역사가 보여주고 있듯이, 사회발전의 경과 전체에 본질적인, 촉진하거나 가로막는 **영향**을 끼친다. 정치, 즉 계급과 대중의 정치적 활동은 **다양한 현상형태**를 보이며 또 사회적 삶의 **모든 영역에 스며든다**. 정치는——역사적 경과 속에서 더욱——**대중적인 행동**, 국가, 당, 조직, 운동 등의 형태로 **조직된 행동**이다. 정치는 언제나 **이데올로기적으로 매개된**, 의식적인, **목적지향적인 행동**이며, 그것은 특히 정치적 삶에서의 강령, 원칙, 구상, 규약이 맡는 중요한 역할 속에 표현된다. 계급이해의 특수한 표현으로서의 정치는 **결코 그 자체가 목적이 아니고**, 언제나 구체적 영역에서 사회적 삶의 구체적 과제를 해결하는 것을 지향하는데, 예를 들어 대내 및 대외 정책, 평화, 경제, 사회, 농업, 교육, 문화, 군사 등의 정책이 그것이다.

과학 및 정치관계 문헌에서 우리는 보통 **정치라는 개념이 이중적으로 사용되는 것을 발견할 수 있다.**

한편으로는, 계급사회의 사회적 현상 그리고 그와 더불어 정치적 연관, 정치적 활동, 정치적 조직 및 지도 그리고 정치적 이데올로기의 통일로서의 **정치적 관계 전체**를 지칭하는 말로서 쓰인다. 그럼으로써 정치적 관계는 일국 내 혹은 세계 내의 대립적인, 서로 다른 계급세력간의 상호관계와 투쟁을 포괄한다. 여기서 정치란 말은 **보다 넓은, 포괄적인 의미**로 쓰인다.

다른 한편 보다 좁은, 구체적인 의미에서는, 특정 계급의, 특정 정당의, 한 국가 혹은 국가체제의 근본적인 계급이해를 관철시키기 위한 조직 혹은 운동의 **정치노선**으로서(여기서는 국가권력의 획득, 확장, 안정화 및 활용이 그 요체이다), 목적지향적인, **의식적이고 조직적인 활동**(행동)으로서, **지도**(인도)로서 쓰인다.

정치, 노동자계급, 사회주의

노동자계급의 정치적 이론을 포괄하는 맑스-레닌주의의 구성부분으로서의 과학적 사회주의는 복합적인 조망으로 무엇보다 노동자계급의 정치적 투쟁, 그 맑스-레닌주의당의 정치적 지도활동, 노동자계급의 세계사적 사명을 실현하는 데 있어, 또한 사회주의 사회가 발생하고 발전하는 데 있어 질적으로 새로운 유의 정치, 새로운 유의 정치적 활동과 조직을 전개시키는 것을 지향한다. 다른 사회과학, 특히 정치의 개별 측면, 형태 및 도구를 탐구하는 사회과학과 더불어, 그것은 **오늘날 세계에서의 정치적 관계 및 연관의 기본특성**을 연구한다. 따라서 과학적 사회주의는 특수한, 말하자면 **정치적 견지**에서, 노동자계급 및 사회주의의 발전과정을 그 전체성 속에서 탐구한다. 왜냐하면 정치는 항상 **사회 전체의** 형태와 그것의 지도 및 인도를 목표로 하기 때문이다. 그리고 정치 속에 모든 사회적 요구들이 집중된 방식으로 표명된다.

사회주의 사회에서 노동자계급의, 그 당 및 조직의, 그 국가의 정치와 그것으로 각인된 정치적 연관은 정치, 정치적 관계를 보편적으로 성격짓는 계급 및 권력 성격, 경제적 피결정성, 이데올로기 및 조직에의 결합성 등의 기본적인 특성을 보여준다. 동시에 노동자계급은 그들의 사회경제적 토대와 특성, 그들의 역사적 위치와 사명을 근거로 **세계사적으로 새로운 정치의 담지자, 새로운 질의 정치적 활동, 조직성 및 이데올로기의 담지자**이다.

이미 자본주의라는 조건 아래에서, 민주주의적 및 사회적 권리, 평화 및 사회적 진보를 위한 오랜 투쟁 그리고 제국주의와 전쟁에 맞선 계급투쟁 속에서, 노동자계급 및 모든 근로대중의 이해를 관철시키려는 **혁명적 노동자운동의 새로운 행동유형**들이 형성되었다. 혁명적 당, 계급조합 그리고 다른 조직 및 운동의 형태로 질적으로 새로운 정치적 조직성이 생겨났는데, 그것은 특히 공업생산의 사회화 증대에 의해 조건지어진 노동자계급의 연합능력, 그들의 집단주의, 민주주의 및 대중성을 표현하고 있다. 맑스-레닌주의 이론은 그것이 노동자운동과 얼마만큼 결합됐는가에 따라, 과학적 의식성과 조직성의 토대가 된다. 사회주의혁명의 경로에서 또 사회주의 사회의 건설과정에서 점차 새로운 정치적 조직이 발전된다.

노동자계급의 정치의 새로운 질은 무엇인가, 그것은 노동자계급의 세계사적 사명의 실현과정 속에서 어떻게 점차 형성되며 사회주의 사회에서 어떻게 완전하게 각인되는가?

첫째, 노동자계급의 정치는 **새로운 사회적 토대와 기능**을 갖는데, 그것은 그 역사적 사명의 본질과 목표설정으로부터 나온다. 노동자계급의 가장 깊은 휴머니즘적 정치는 모든 발전단계에서 사회적 진보의 객관적 요구의 표현으로서, 착취와 억압 및 전쟁으로부터 계급을 해방시키고 그럼으로써 동시에 인류를 해방시키는 것, 그리고 "각자의 자유로운 발전이 전체의 자유로운 발전을 위한 조건인"[22] 하나의 사회, 하나의 '연합'을 창출해내는 것을 지향한다. 노동자계급 정치의 새로운 사회적 토대와 새로운 사회적 본질은 착취사회의 낡은 정치, 그 원칙, 방식 및 전통에 맞선 투쟁 속에서 발전된다. 노동자계급이 이끄는 사회에서는 생산수단의 사회적 소유와 현대의 고도로 발전한 생산력을 토대로, 정치적 관계 전체가 다양한 현상형태 속에서 통일된, 세분화된 사회적 총이해의 집중된 표현 및 실현형태로 된다.

둘째, 노동자계급 및 그 혁명적 당의 정치는 포괄적인 의미에서 **민주주의적 대중성**을 갖는다. 다수의 이해를 따르는 정치로서 그것은 사회주의에서 정치주체의 질적인 변화 및 양적인 확대와 결합되어 있다. 그것은 복잡하고 또 오랜 시간을 요하는 과정으로서, 역사적으로 노동자계급의 부르조아지와의 정치적, 이데올로기적 결별 그리고 노동자계급의 혁명적 당의 창출과 직결되며, 또 사회주의 내에서의 계급과 대중의 획득을 위한 오랜 동안의 일련의 투쟁을 거쳐서, 인구 대다수가 노동자계급의 지도하에 정치적 권력을 행사하며 사회적 문제들을 스스로 통제하고 지도하게 되는 결과를 야기시킨다. 이런 한에서 사회주의 사회의 정치적 삶은 사회주의적 민주주의의 점점 완전해지는 발전에 기초해 있다.

세째, 노동자계급 및 그 당의 정치에서, 사회주의 사회의 정치적 연관에서 점차 **건설적이고 창조적인 성격**이 완전히 뚜렷하게 각인된다. 정치와 사회의 관계의 이러한 원칙적인 변화의 본질을 이미 맑스는 파리코뮨의 예를 들어 "사회가 국가권력을, 사회를 종속시키고 억압하는 폭력이 아니라 자기자신의 살아 있는 권력으로서 되받아들이는 것"[23]이라고 특징지었다. 사회와 정치의 통일과 정치적 조직 전체는 경제적 사회화과정의 정치적 요구임이 입증된다. 정치는 사회의 경제적, 사회적, 문화적 발전에 상응하는 조건을 마련하는 과제를 갖는다. 그것이 포괄적으로 사회 전체적 잠재력과 동력으로 된다.

네째, 프롤레타리아적, 사회주의적 정치의 특징은, 그것이 **과학**과 직접적으로 결합되어 있으며 **응용과학**의 성격을 갖는다는 것이다. 정치는 과학적 기초 위에서 계획되고 또 과학적으로 기초지어진 방식으로 실현된다. 사회주의 사회에서 정치는 더욱더 모든 사회적 생활영역의 지도 및 계획의 기초이자 기본요소로 된다.

정치적 현상의 탐구에서 과학적 사회주의의 **접근**은 다음과 같은 **특수성**을 갖는다.

정치(이미 특징지어진 그 다면성 속에서)는 유물사관의 요구에 상응하여 그것의 경제적 피결정성 속에서, 그 조건성 및 합법칙성 속에서 그리고 그것의 전체 사회적 연관 속에서, 무엇보다 **노동자계급의 세계사적 사명 실현의**, 혁명적 사회변혁의 **본질요소이자 도구**로서 분석된다. 그리하여 사회적 담지자와 그들의 정치적 행동의 직접적 연관이 주목된다. 이러한 기초 위에서 노동자계급의 정치, 사회주의적 정치는 계급 및 그 동맹자의 **정치적 행동**(활동), **정치적 조직**, **정치적 지도** 및 **정치적 이데올로기**의 상호작용 속에서 고찰된다.

세계사적 구성체 교체와 자본주의에서 사회주의로의 이행시대의 고유성과 연관하여, 과학적 사회주의는 노동자계급 및 사회주의의 정치를 오늘날 세계정치관계의 사회적, 민족적, 이데올로기적 다중성이라는 편제 속에서, 즉 **그것의 다른 계급과의 상호관계**, 그것의 정치적 당, 조직, 운동이라는 편제 속에서, 그리고 국내적 틀은 물론 국제적인, 국가간의, 체제간의 차원에서도 분석한다. 오늘날 정치적 투쟁은 그 속에 표현되는 참여세력의 이해의 다양성에 대하여 정치적 행동에서 채택되는 형태 및 그에 따른 그 행동의 책임과 역할을 대단히 확장시켰다.

맑스-레닌주의의 다른 두 구성부분과 (그리고 오늘날 갈수록 더한 정도로 그 이상의 과학들과) 함께 과학적 사회주의는 **맑스-레닌주의당 및 사회주의 국가들의 정책의 이론적 토대**이다. 이와 연관하여 다음의 장들에서 다루어지는 그 과제에는 과학적으로 기초가 세워진, 휴머니즘적인, 평화와 사회적 진보를 지향하는 **정책을 마련하고 또 실현시키는 데에서의 경험**을 분석하고, 그것으로부터 의식적인 정치적 행동을 위한 새로운 인식을 도출해내는 일이 들어 있다. 여기에는 **역사적 경험의 변증법적 상호연관, 맑스-레닌주의적 이론, 정치적 강령과 사회구상, 전략과 전술 및 사회정책 그리고 구체적인 정치적, 조직적 및 이데올로기적 작업**[24] 등의 창조적이고, 형태가 다양하고 또 복잡한 과정의 문제들이 해당한다. 그것은 이러한 틀 속에서 대내정책과 대외정책의 관계, 전체(사회)정책과 부분정책의 관계(경제와 사회정책, 문화정책, 교육정책, 동맹정책, 농업정책 등의 통일성),[25] 특히 **당, 노동자계급과 근로인민대중의 근본적인 정치적 관계**와 같은, 노동자계급 당 및 사회주의 국가의 **정치가 갖는 여러 측면**(유형)의 **상호작용**에 해당한다.

노동자계급 세계관의 구성부분으로서의 과학적 사회주의는 또한 **근본적인 원리**, 즉 노동자계급 및 그 동맹자의 **정치적 활동**을 위한 **행동요구 및 지향**도 포함하거나 매개한다. 이 원리는 역사적 경험, 객관적 과정 및 합법칙성에 대한 인식으로부터 도출되며 맑스-레닌주의당에 의해 기초지어지고 또 정식화된다. 이 원리는 과학적 법칙 및 근본적인 개념(범주)과 함께 과학적 사회주의의 기본요소에 속한다. 이 원리는, 맑스-레닌주의의 보편적인 세계관적, 철학적 원리(이론과 실천의 통일 원리와 같은)와 밀접하게 결합되어 있는데, 강령 및 규약 등의 맑스-레닌주의 당문서에 거듭 포함되어 있으며 특히 **정치강령적인**(예를 들어 프롤레타리아 국제주의 원리), **정치전략적인**(예를 들어 운동의 일상과제의, 전략과제와의 그리고 최종목표와의 결합 원리) 그리고 **정치조직자적인 성격**(예를 들어 민주집중제 원리)을 담지한다. 세계관적, 규범적인 성격의 요구로서의 이 원리는, 본질적으로 사회적이고 또 계급특수적인 목표를 달성하는 것, 그리고 그에 상응하는 태도를 발전시키는 것을 지향한다.

노동자운동과 사회주의의 역사에서 과학적 정치관은 거짓된, 일면적인 견해와의 대결 속에서 발전하였다. 그렇게 맑스와 엥겔스는 변증법적·유물론적 세계관을 기초짓는 데에서 무엇보다 정치의 경제적 조건성과 계급성을 부인하는 전통적인 관념론적 견해와 맞서 싸워야 했다. 레닌은 20세기에 이르러 노동자운동 내에서 확산되는, 정치적 조직성 및 정치투쟁의 역할에 대한 우익기회주의적, 경제주의적, 속류유물론적 과소평가에 맞서 자신의 당, 혁명 및 국가 이론에서 맑스주의의 정치적 가르침을 확대발전시키게 되었다. 1917년에 개시된 자본주의에서 사회주의로의 이행시대에 사회주의운동과 국제 공산주의운동은 또한 주관주의, 주의주의 및 정치적 모험주의(경제와 객관적 조건의 역할을 평가절하하고, 정치 혹은 그것의 개별 형태 등을 과대평가하는)의 실천 및 경향에서 보이는 비(非)맑스주의적 견해, 그리고 사회주의라는 정치체제의 약화를 꾀하며, 체제이질적인 잔재라는 이유로 정치의 '고사'(枯死)를 선전하는 수정주의적 사고와의 투쟁 속에서 공고해졌다.

3. 과학적 사회주의의 발생과 발전

맑스와 엥겔스에 의해 기초지어진 과학적 사회주의에는 그 역사적 전제들, 선구자들 및 이론적 원천이 있다. 그것은 역사 속에 깊이 뿌리내려져 있고, 계급과 그 혁명적 당의 투쟁 속에서 발전했으며, 바로 그들의 이론과 강령인 것이다. 그러므로 과학적 사회주의의 학습은 **역사적인 고찰방식**을 요구한다. 그것은 사회주의를 위한 투쟁사의 경험과, 그 구성부분으로서 사회주의 사상 및 공산주의 사상의 역사의 경험을 포함한다. 레닌은 자신의 저작 「맑스주의의 세 가지 원천과 세 가지 구성부분」에서, 맑스의 가르침이 "철학, 정치경제학 및 사회주의의 가장 위대한 대표자들의 가르침의 즉각적이고 직접적인 속행으로서"[26] 생겨났다고 강조하였다. 맑스주의와 그것의 모든 구성부분은 이 이론적 원천 전체에 결부된다.[27]

맑스 이전의 사회주의

과학적 사회주의가 생겨나기 수백 년 전에 이미, 착취와 억압으로부터의 해방을 향한 근로인민의 투쟁을 반영하고, 착취체제의 폐해를 비판하며 새로운, 보다 정의로운 사회체제의 표상을 발전시키는 사회적, 정치적 사상, 사회적 유토피아 및 사회적 운동의 흐름이 작용하였다. 그 중 가장 중요한 것이, **공상적 사회주의**(**공상적 공산주의**)로서 역사에 등장하여 과학적 사회주의의 역사적 선구를 이루는 사회주의적 유토피아이다. 이러한 맑스 이전의 사회주의는 봉건제에서 자본주의로의 이행기에 유럽에서 형성되었다. 그 **전제**는 사회의 모든 영역에서 생겨났다. 사회경제적 영역에서 자본주의의 본원적 축적은 심화된 착취 및 매우 광범한 인민대중의 궁핍화를, 그리고 초기 프롤레타리아트의 출현을 야기시켰다. 사회적, 정치적 영역에서는 경제적 및 정치적 억압이 도시와 농촌에서 평민계층의 운동과 봉기를 불러일으켰다. 정신적 영역에서는 진보적인 철학사상과 자연과학의 발전이 반봉건적 휴머니즘 운동에 주요한 자극을 주었다.

공상적 사회주의의 중요한 단계는 다음과 같이 구분된다.

———16세기 및 17세기의 초기 공상적 가르침 : 토마스 모어(1478-1535년, 「유토피아」)와 T. 캄파넬라(1568-1639년, 「태양의 도시」).

———18세기의 공상적 공산주의 : J. 메슬리에(1664-1729년, 「성경」), 모렐리(1715년경, 「자연적인 사회의 법령」), G. B. 드 마블리(1709-85년, 「입법에 대하여」), F. N. 바뵈프(1760-97년, 「평민 선언」).

———19세기 전반 서유럽의 비판적인 공상적 사회주의 및 공산주의 : C. H. 드 생시몽(1760-1825년, 「제네바 서한」, 「조직가」), C. 푸리에(1772-1837년, 「노동의 새로운 사회주의적 세계」), R. 오웬(1771-1858년, 「새로운 도덕적 세계에 대하여」).

———19세기초 공상적 노동자공산주의 : L.-A. 블랑키(1805-81년, 「공산주의—사회의 미래」), W. 바이틀링(1808-71년, 「조화와 자유의 보장」), E. 카베(1788-1856년, 「공산주의적 신앙고백」), T. 드자미(1808-50년, 「재산공유사회의 법령집」).

맑스와 엥겔스는 노동자계급의 과학적 세계관을 마련하는 데 자기 시대의 진보한 사상재보를 실마리로 삼았다. 맑스와 엥겔스에 의해 비판적으로 다듬어진 19세기 정신적 주요흐름의 하나인 공상적 사회주의는 **맑스주의의 원천** 중 하나로 되었는데, 그 이유는 다음과 같은 점에 있다.

———그것은 억압받고 착취당하는 대중, 특히 초기 프롤레타리아트의 저항을 표현했다는 점.

———그것의 가장 진보적인 대표자들이 자본주의 사회와 숱한 그 모순들을 날카롭게 비판하며, 생산수단의 사적 소유와 착취를 반대했던 점.

———그들이 사회적 삶의 숱한 무르익은 근본문제들을 개진하고 새로운, 착취를 해소하는, 사회적 소유 그리고 생산 및 분배의 사회적 조직, 근본원리로서 사회적으로 유용한 노동, 과학과 생산의 결합, 도시와 농촌 간의, 육체적 노동과 정신적 노동 간의 적대 지양, 여성의 동등권, 사회적 생산을 지도하는 수단으로 국가를 발전시키는 것, 민족들간의 지속적인 평화 등을 그 특징으로 하는 공상사회에 대한 표상을 발전시킨 점.

맑스-레닌주의의 고전저작가들은, 자신들의 신념을 위한 투쟁 속에서 많은 개인적 희생을 치렀던 그 공상적 사회주의자들을 변증법적·유물론적으로 평가하고, 사회주의 사상을 발전시키는 데에서의 그들의 업적과 기여를 소중하게 여기며, 동시에 그들의 역사적 한계성을 지적하였다.[28] 엥겔스는, 과학적 사회주의는 "자신이 생시몽, 푸리에, 오웬의 어깨 위에, 온갖 환상행위와 유토피아주의에도 불구하고 역사상 가장 중요한 정신에 속하며 수없이 많은 일들을 예상했던 그들의 올바름을 이제 우리가 과학적으로 입증하는 바인 그 세 사람의 어깨 위에 서 있다는 점을 결코 잊지 않을 것"[29]이라고 강조하였다. 맑스와 엥겔스 이전의 사회주의 사상 및 공산주의 사상은, 노동자계급이 다가간 진보적인 역사적 유산에, 공산주의운동이 지속시킨 전통에 속한다.

그렇지만 맑스 이전의 사회주의는 노동자계급과 모든 근로인민을 위한 실현 가능한 정치적 강령을 전혀 기초짓지 못하였다. 그렇게 된 주요원인은 당시 자본주의적 생산양식 및 그 모순의 낮은 발전수준에, 노동자계급의 처지 및 그 계급투쟁의 미성숙에 그리고 결정적으로 사회에 대한 견해에서 관념론이 지배한 데 있었다. 레닌은 이렇게 썼다. "그러나 공상적 사회주의는 실제적인 출구를 보여줄 처지에 있지 않았다. 그것은 자본주의적 임금노예제의 본질을 해명할 능력도, 자본주의 발전의 법칙을 발견할 능력도, 더 나아가 새로운 사회의 창조자가 될 수 있는 **사회적 세력**을 발견할 능력도 없었다."[30)]

과학적 사회주의의 생성 이후 공상적인 가르침은 **세계사적 척도로 볼 때** 자신의 진보적인 면모를 상실하였다. 19세기 혁명적 노동자운동 및 맑스주의의 진전과 함께, 공상적 사회주의 견해와 그 대표자들은 대개 객관적으로 역사적 진보의 장애로 되었고 노동자계급을 잘못 인도하는 데 봉사하였다. 그러나 농민 (혹은) 쁘띠부르조아 인구 비중이 큰 나라에서 자본주의와 노동자운동이 형성되는 과정에서, 즉 자본주의적 생산 및 프롤레타리아 계급처지가 미성숙한 상태에서는, 과학적 사회주의의 생성 이후에도 공상적 사회주의 견해가 자신을 유포시키고 또 일정 기간 진보적인 영향력을 가지는 것이 가능했고 또 가능하다. 그렇게 19세기 50년대 및 60년대에, 반봉건적 농민운동과 밀접하게 결합되어 있었고 또 러시아에서 맑스주의가 확산되기 위한 길을 평탄하게 닦아주었던 러시아의 혁명적 민주주의자 A. I. 헤르쩬(1812-70년), W. C. 벨린스키(1811-48년), N. G. 체르니셰프스키(1828-89년), N. A. 도브롤류보프(1836-61년) 등의 공상적 사회주의는, 중요한 역할을 수행하였다. 또한 몇몇 다른 나라에서도, 공상적 사회주의의 면모를 자기 견해 속에 포함하고 있는 혁명적 민주주의자들의 영향은 진보적 성격을 띠고 있었다. 공상적 사회주의의 영향은 최근, 예를 들어 민족해방투쟁에서의 반제운동이나 제국주의 나라에서의 민주주의적 대중운동에 가담한 몇몇 혁명적 민주주의자들의 견해 속에서 나타난다.

맑스-레닌주의 고전저작가들에 의해 발전되고 또 혁명적 노동자운동의 투쟁 속에서 검증된, 공상적 사회주의의 가르침 및 흐름의 역사적 위치, 내용, 사회적 토대 및 가능한 진화에 대한 전면적인 과학적 분석 원리는 또한 오늘날에도 맑스-레닌주의당의 정치의 이론적 토대에 속한다.

과학적 사회주의의 창출

사회주의가 공상에서 과학으로 변화하기 위한 경제적, 사회적, 정치적 및 이론적 전제는 유럽에서 19세기 30년대에 무르익었다. 경제적 영역에서는 몇몇 나라에서 산업혁명의 결과로 자본주의적 생산양식이 형성되었고, 매뉴팩처 자본주의에서 산업자본주의로의 이행이 이루어졌다. 그 발전은 자본주의 사회의 양 기본계급, 즉 부르조아지(특히 산업부르조아지의 형태로)와 노동자계급(산업프롤레타리아트의 형태로)의 점차적인 형성이라는 본질적인 사회적 변화를 야기시켰다. 근본적인 계급대립과 그것의 타협불가성이 갈수록 백일하에 드러났다. 프롤레타리아트의 최초의 독자적인 행동과 조직(영국의 차티스트운동, 리용과 슐레지엔의 직공 봉기), 그리고 이 계급의 최고 진보세력의, 부르조아지에 대한 조직적, 이데올로기적 독자성을 획득하려는 노력이 그것의 표현이었다. 과학적·이론적 분야에서는 진보적인 사상이 본질적으로 새로운 인식과 문제설정에 도달했다. 그것은 고전적인 부르조아적 독일철학에서, 고전적인 부르조아 정치경제학에서, 공상적 사회주의에서, 왕정복고기 프랑스 역사가의 가르침에서 그리고 특히 자연과학 및 기술과학의 발흥에서 구체화되었다.

맑스와 엥겔스의 세계사적 업적은, 그들이 "이전의 과학이 제공했던 모든 것을 완전히 정복한 덕분에"[31] **사회주의를 통한 자본주의의 철폐의 필연성**을 포괄적이고 과학적으로 입증했다는 데 있다. 새로운 사회는 이제 객관적인 사회적 운동법칙으로부터, 자본주의 모순의 혁명적인 해결의 불가피한 결과로서 기초지어졌다. 맑스와 엥겔스는 프롤레타리아에게서, 자신의 객관적인 존재조건 및 고유성을 토대로, 착취사회를 제거하고 새로운, 계급 없는 사회를 건설하는 역사적 과제를 실현할 사회적 세력을 보았다. 그들은 노동자계급의 투쟁의 목표로서 공산주의를, 이 목표에 도달하는 경로를, 이 경로의 주요한 단계 및 노동자계급의 승리를 위한 결정적인 조건을 기초지었다.[32] 맑스와 엥겔스는 혁명적 프롤레타리아당이라는 형태로 과학적 사회주의를 노동자운동과 결합시켰다. 그리하여 과학적 사회주의는 혁명적 운동, 공산주의운동의 강령으로 되었다. 레닌은 이렇게 썼다. "사회주의적 꿈은, 맑스의 과학적 사회주의가 개혁운동을 일정한 한 계급의 투쟁과 결합시켰을 때 비로소 수백만 인간의 사회주의 투쟁으로 변형되었다. 계급투쟁 밖에서의 사회주의는 헛소리이거나 순진한 꿈에 불과하다."[33]

발전의 주요단계

살아 있는, 발전해가는 가르침으로서의 과학적 사회주의의 역사는, 노동자운동, 그 당 및 조직의 투쟁의 실천, 그 경험의 종합, 그리고 강령과 전략, 전술의 마련 및 실현과 뗄 수 없게 결합되어 있다. 노동자운동 및 사회주의 발전의 구성부분으로서 과학적 사회주의의 역사는 몇 개의 기본적인 단계를 보여준다.

과학적 사회주의 발전의 맑스적 단계는 맑스주의의 발생에서부터 19세기 말까지의 시기이다.

1840년대에 과학적 사회주의의 이론이 생겨났다. 맑스와 엥겔스가 혁명적 민주주의에서 공산주의로의, 노동자계급의 입장으로의 이행을 수행한 이 시기에, 공산주의로의 이행의 철저한 변증법적 · 유물론적 기초가 완성되었다. 맑스와 엥겔스는 노동자계급의 세계사적 사명, 프롤레타리아 계급투쟁 및 사회주의혁명과 같은 근본적인 문제에 대한 주지들을 발전시켰다. 이 발전의 대미를 장식한 것이 과학적 사회주의의 출생증명서이자 최초의 당강령인 『공산당 선언』이었는데, 그 속에서 과학적 사회주의는 전략과 전술을 기초짓는 데 활용되며 모든 공산당을 위한 지향적인 의미를 갖는 것이다.[34)]

그 다음 시기(1848-71년)는 무엇보다 1848-51년간의 혁명적 투쟁 경험에 대한 평가로 특징지어진다. 이 시기의 가르침과 제1인터내셔널에서의 맑스주의 조직적, 전략적 원칙의 완성 및 관철 그리고 우익기회주의 및 아나키즘과의 대결 등의 가르침은 과학적 사회주의 이론의 확대발전, 특히 계급투쟁, 혁명, 동맹 및 국가의 문제에서의 그것에 결정적인 출발점을 이룬다. 1867년에 『자본론』 첫 권이 출간됐으며, 그것은 자본주의적 생산양식의 발전 및 몰락과 사회주의로의 이행의 합법칙성에 대한 심오한 이론적 기초를 제공하였다.[35)]

파리코뮌(1871년)이 새로운 시기를 도래시켰다. 프롤레타리아가 자신의 지배를 확립시키려 한 실제적 시도의 최초의 경험은 프롤레타리아 독재의 내용과 과제에 연관된, 혁명적 당의 필요성과 역할에 연관된 새로운 결론 도출을 가능케 하였다. 맑스주의가 노동자운동에서 지도적인 이데올로기적 힘이 되었다. 맑스는 천재적인 예견력으로 공산주의 사회구성체의 기본성격과 국면에 대한 본질적인 언명을 정식화하였다. 엥겔스는 공상적 사회주의에서 과학적 사회주의로의 이행과 맑스주의의 세번째 구성부분의 근본문제들을 체계적으로 서술하였다. 농업문제, 민족문제, 군사문제, 혁명적 당의 전략과 전술을 다룬 숱한 문건들에서 과학적 사회주의 사상이 적용되고 또 확대발전되었다.[36] 그것을 옹호하고 다듬고 선전하는 데, 이 시기에 더욱 많은 노동자 지도자 및 맑스와 엥겔스의 동지들이 주요한 기여를 하였다.[37]

자본주의의 제국주의로의 이행, 그리고 국제 혁명적 노동자운동의 무게중심이 러시아로 옮겨진 것과 함께 **과학적 사회주의사의 새로운 시기**가 시작되었다. 그것의 전개, 발전은 20세기초의 새로운 역사적 조건하에서 맑스와 엥겔스의 가르침을 보호하고 지속, 발전시킨 **레닌**의 활동과 뗄 수 없이 연관되어 있는데, 그는 사회 및 노동자운동 발전의 근본문제에 해답을 주고 또한 기회주의와의 투쟁 속에서, 새로운 발전과 결론으로 맑스주의를 풍부하게 했다. 이 시기부터 과학적 사회주의는 맑스-레닌주의의 구성부분으로서 발전하였다.

이 시기의 첫 단계를 이루는 것이 위대한 사회주의 10월혁명에 이르기까지의 기간이다. 레닌은 제국주의의 역사적 위치와 발전의 합법칙성 그리고 국제 계급투쟁의 경험을 분석하고, 프롤레타리아의 세계사적 사명에 대한 가르침의 보편타당성과 20세기에서의 맑스주의의 국제적 의미를 입증하였다. 레닌의 세계사적 업적은 새로운 유형의 당에 대한 가르침을 마련하고 그러한 당을 소련공산당이라는 형태로 만들어낸 것에 있다. 레닌은 맑스주의 및 노동자운동 안팎의 숱한 흐름 및 경향들과의 대결 속에서, 특히 인민주의자들의 쁘띠부르조아적 사회주의와 우익·'좌익'기회주의에 맞선 투쟁 속에서 자신의 견해를 발전시켰고 또 제국주의와 기회주의의 연관성을 분석하였다. 권력을 위한 투쟁과 혁명의 모든 근본문제에서 레닌은 맑스주의를 살찌웠다. 노동자계급의 통일에 대한, 헤게모니와 동맹에 대한, 부르조아민주주의혁명과 사회주의혁명의 추동력 및 합법칙성에 대한, 노동자계급의 투쟁에서의 민주주의와 사회주의의 관계에 대한 가르침 등이 그것이다. 권력을 위한 투쟁의 정책을 마련하는 데에서 중심적인 위치를 차지했던 것은, 우선 일국 혹은 몇개국에서의 성공적인 사회주의혁명 및 그에 이은 사회주의 건설의 가능성에 대한 레닌의 결론 도출이다. 레닌은 농업문제, 민족문제 및 식민지문제 그리고 전쟁과 평화의 문제에서 강령적 성격의 근본적인 인식에 도달하였다. 노동자계급의 정치적 지배를 획득하기 위한, 점점 강해지는 계급투쟁의 경로와 형태, 공산당의 전략과 전술이 연구의 중점에 놓여졌다.[38]

위대한 사회주의 10월혁명은 **과학적 사회주의를 마련하는 토대와 그것의 기능에서의 변화**를 뚜렷하게 하였다. 이 시기까지 그것의 인식이 자본주의 발전의 합법칙성의 분석과, 정치적 권력의 획득을 위한 계급투쟁의 경험으로부터 과학적으로 기초지어진 결론이었다면, 이제 그것은 또한 사회주의 건설에서의 실천적 경험의 보편화를 통해 발전하였다. 맑스-레닌주의는 새로운 사회적 관계를 형성해내는 데 그 지도의 토대로 되었으며, 사회주의 건설의 합법칙성에 대한, 노동자계급 및 그 당 그리고 사회주의 국가의 활동의 경험 및 방식에 대한 연구가 과학적 사회주의에서 중심적 위치를 점하게 되었다. 레닌은, 사회주의가 "독서지식과 강령의 영역에서 실천적 노동의 영역으로 이행하였다……오늘날 우리는 오로지 경험을 토대로 해서만 사회주의에 대해 말할 수 있다"[39]고 확언하였다.

과학적 사회주의 이론의 획득 및 적용은 이 시기부터 세계사상 최초로 승리한 사회주의혁명의 포괄적 경험에 대한 연구와, 새로운 사회의 건설에서의 소련의 개척자적 업적에 대한 평가와 뗄 수 없이 결합되어 있다. 레닌의 저작과 소련공산당 및 소비에트국가의 문서 속에는 사회주의 건설의 첫 성과가 종합되어 있다. 그것들은 새로운 사회의 토대, 합법칙성, 특징 및 단계를, 특히 자본주의에서 사회주의로의 이행시대 및 이 시기의 계급투쟁, 프롤레타리아 독재와 사회주의적 민주주의, 노동자계급 및 그 당의 지도적 역할 그리고 동맹 및 숱한 다른 문제들을 다루고 있다.[40]

새로운 시기의 혁명적 세계과정의 문제에서, 제국주의, 파시즘 및 전쟁에 맞선 프롤레타리아 계급투쟁 및 민족들의 해방투쟁의 전략, 전술 영역에 있어 과학적 사회주의가 발전하는 데 본질적인 기여를 한 것은 1919년 창설된 공산주의자 인터내셔널(코민테른)이라는 틀 내의 공산당들이었다.[41] 회의에서, 공산당의 문서에서, 레닌 및 다른 맑스주의자들의 연설과 저술에서 사상투쟁과 집단적 이론창조를 거쳐서 수많은 새롭고 복잡한 문제가 해결되기 시작하였다. 특히 코민테른 제7차 세계회의(1935년)의 결정은 원대한 의미를 입증하였다.[42]

과학적 사회주의 이론은 **제2차 세계대전 이후의 기간**에 중요한 비약을 겪었다. 소련 내 그리고 이제 또한 그 이상의 나라에서의 사회주의 사회 형성과 혁명적 세계과정의 심화는 과학적 사회주의의 내용을 급속도로 확대시켰고, 그 주제를 풍부하게 만들었다. 공산당 및 노동자 당의 이론적 활동은, 무엇보다 1957, 1960 및 1969년 국제 공산당 회의, 유럽의 공산당 및 노동자 당의 베를린 회의(1976년), 그리고 또한 지역 회의의 문서들 속에, 개별 당의 강령적 문건들에, 숱한 국제적인 이론적 회의 석상에서 그리고 1958년부터 발행되어온 공산당 및 노동자 당의 정기간행물 「평화와 사회주의의 제문제」 속에 반영되어 있는데, 그 활동 속에서, 오늘날 과학적 사회주의의 주요내용을 각인하는, 평화, 민주주의, 민족해방 및 사회주의를 둘러싼 민족·인민의 투쟁을 위한 수많은 새롭고 근본적인 결론이 생겨났다.

창조적인 성격——새로운 과제 앞에서

과학적 사회주의는, 맑스-레닌주의 전체가 그렇듯이 창조적인 성격을 띤다. 그것은 역동적인, 지속적으로 자신을 갱신시키는 이론으로서, 준비된 답변의 완고한 체제, 완결된 것, 도그마와는 절대 무관하다. 노동자운동 및 사회주의의 역사가 그것을 입증하고 있다.

이러한 **창조적 성격**은 어디에 **뿌리**를 내리고 있는가? 그것은 우선 자신의 계급바탕을 그 근거로 하고 있다. 혁명적 노동자운동이 인류사의 가장 심각한 변혁을 이루면서 자신 또한 변화시키듯이, 그들 이해의 표현인 이론 또한 끊임없이 변화한다. 과학적 사회주의에 의해 탐구되는 사회적 현실은 역동으로 가득차 있으며, 노동자계급과 그 동맹자는 사회적 신천지에서 길을 가면서 끊임없이 새로운 문제를 풀어야 하는 것이다. 맑스-레닌주의에 있어 끊임없이 변화하는 실천은 이론의 시험대이다.

과학적 사회주의의 발전은 **맑스주의의 철학적, 정치경제학적 가르침**과의 **뗄 수 없는 결합** 속에서, 그리고 노동자운동의 **실천적 경험의 보편화**를 통해 이루어진다. 이러한 토대 위에서 과학적 사회주의는 새로운 인식을 통해 끊임없이 **풍부해지고,** 그것의 오래된 주지가 **엄밀하게 규정되며,** 다른 과학의 인식이 **다듬어지고**, 시대에 뒤진 테제가 **극복된다**. 역사의 가르침을 알고 유의하는 것과 검증된 기본지식을 옹호하는 것은 새로운 문제를 개진시키고 미해결의 문제로 향하는 것과 통일을 이룬다. 그러므로 이론의 창조적 확대발전은 자생적으로, 원망표상을 근거로 혹은 추상적 토론 속에서 달성되는 것이 아니고, 현실에 대한 근본적인 분석을 지주로 삼아 운동의 실제 필요에 상응하여 달성된다. 이러한 과정은 전제 없이 진전되지 않고, 현존하는, 검증된 인식의 바탕 위에서 진전된다. 과학적 사회주의는 항상 맑스-레닌주의당에 의한, 계급투쟁과 사회주의 건설의 **지도와의 직접적인 연관 속에서**, 그리고 이 당의 다면적인 이론적 활동 속에서 발전한다. 그것은 자신이 보편타당한 내용을 갖는 **국제적인 가르침**임을 입증하였다. 이것은 각 나라의 경험을 주의깊게 보편화한 성과인 동시에, 국제성과 민족성의 복잡한 변증법적 상호관계를 실천과 이론에서 더욱 잘 체화해가는 모든 나라의 맑스-레닌주의자들의 집단적 이론작업의 성과이다. 창조적인 계기는 또한, 오늘날 그 어느 때보다도 각 맑스-레닌주의당들의 기여가 요구되고 있으며 각 당이 구체적인 역사적, 민족적 조건하에서 전략과 전술을 마련하는 데 이론을 독자적으로 적용시켜야 하는 그 불가피한 과제 앞에 서 있다는 점에서도 드러난다.

과학적 사회주의는 **부르조아 이데올로기에 맞선 투쟁 속에서** 탄생했고, 부르조아 이데올로기의 온갖 변종과의 항상적인 목적지향적 대결 속에서 그 진실성이 입증되었다. 혁명적인 이론 없이 혁명적인 운동은 있을 수 없으며 **"오로지 진보적 이론에 의해 지도되는 당만이 전위투사의 역할을 수행할 수 있다"**[43]는 역사적인 근본 가르침은 현재 그 보편타당성을 입증받고 있다. 왜냐하면 맑스-레닌주의 이론을 더욱 다듬고 또 창조적으로 적용하는 것이, 사회적 진보와 인류의 삶문제 해결에 맑스-레닌주의자가 기여하기 위한 결정적인 조건으로 되었기 때문이다.

노동자계급의 세계사적 사명 실현의 현단계에서 **과학적 사회주의에 대한 요구는 증대한다**. 거기에는 객관적인 원인이 있는데, 일차적으로 오늘날 그 성과와 경험을 과학적 사회주의가 이론적으로 종합하고 그 합법칙성을 탐구하는 과정이 펼쳐지고 있다는 사실에 의해 조건지어진다. 사회를 사회주의적으로 더욱 변혁시키는 데에서 과학적 선구에 대한 요구가 증대하며 그리고 사회적 발전의 지도에 대한 과학적인 기초작업의 필요가 높아진다. 과학적 사회주의의 획득이 광범한 근로인민계층의 관심사로 된다. 과학적 사회주의의 문제는 또한 우리 시대 이데올로기적 대결의 중심에 서 있다.

장차 과학적 사회주의는 또한, 발전된 사회주의 사회의 형성과 혁명적 세계과정의 전개 그리고 인류의 삶문제 해결을 둘러싼 전세계적 대결에서의 새로운 조건과 과제에서 비롯되는 **새로운 질문**에 답해야 한다. 중심적인 문제로 갈수록 강하게 결정(結晶)되는 것이 평화를 위한 투쟁과 사회적 진보를 위한 투쟁의 연관 문제이다. 그것은 사회적 진보를 위한 투쟁의 거대한 사회적, 정치적 이질성 그리고 조건 및 형태의 다양성의 강화와 연관하여 어떻게 단일한, 모든 평화세력 및 진보세력의 강력한 운동을 형성할 수 있으며 또 관철시킬 것인가 하는 문제와 뗄 수 없이 결합되어 있다. 또한 사회적 과정의 증대하는 국제성, 지구적 문제 해결의 긴급성과 연관하여 민족들간의, 이 시기 주요세력간의 상호작용 강화는 이론적 작업에 대한 요구를 증대시킬 것이다. 거기서 중요한 것은 사회적 진보의 길로 나아가는 광범한 민족들의 경험을 더욱 포괄적으로 다듬는 것, 그리고 여러 나라 맑스-레닌주의자들간의 이론적 공동작업 및 견해토론을 강화시키고 그 질을 높이는 것이다. 그 모든 것은 과학적 사회주의 이론의 확대발전을 가져올 것이다.

<요점질문>

1. 맑스-레닌주의의 다른 두 구성부분과 과학적 사회주의는 상호 어떠한 관계에 있는가?

2. 맑스-레닌주의는 정치라는 사회적 현상을 어떻게 규정하고 있는가?

3. 사회적 관계들을 탐구하는 데에서 과학적 사회주의의 특수한 과제는 무엇인가?

4. 맑스-레닌주의당의 정책을 마련하고 실현시키는 데 과학적 사회주의는 어떤 의미를 갖고 있는가?

5. 과학적 사회주의의 창조적 성격은 역사적 및 현실적으로 어떻게 드러나는가?

■주

1) *Programm der Sozialistischen Einheitspartei Deutschlands*, Berlin 1976, S. 66.
2) '과학적 사회주의'와 '과학적 공산주의'라는 개념은 같은 뜻으로 사용된다. 맑스-레닌주의 전체가 공산당 정책의 이론적 토대이므로, 넓은 의미에서는 노동자계급의 세계관 전체를 과학적 사회주의(과학적 공산주의)라고 지칭하는 경우도 빈번하다.
3) 통일된 맑스-레닌주의 세계관과 그 구성부분의 기능 및 상호연관에 대해서는 교과서 「변증법적 · 사적 유물론」 제1장을 보라.
4) Engels, "Ludwig Feuerbach und der Ausgang der klassischen deutschen Philosophie", *MEW*, Bd. 21, S. 307 참조.
5) Engels, "Die Entwicklung des Sozialismus von der Utopie zur Wissenschaft", *MEW*, Bd. 19 참조.
6) Lenin, "Karl Marx", *Werke*, Bd. 21, S. 63.
7) Ebenda, S. 64.
8) 맑스-레닌주의 사회과학에서는, 오늘날 대개 '법칙'과 '합법칙성'이라는 개념은 그 근본적인 특징이 유사하며, '합법칙성'은 보다 폭넓은 개념으로서 어떤 법칙들 전체 그리고 한 발전의 보편적 경향을 지칭하는 말로 쓰인다는 입장이 지배적이다. 이 문제는 과학적 사회주의에서도 여전히 과학적 논구의 대상이므로, 우리는 양 개념을 동의어로 쓸 것이다.
9) Marx/Engels, "Manifest der Kommunistischen Partei", *MEW*, Bd. 4, S. 475 ; Engels, "Die Kommunisten und Karl Heinzen", *MEW*, Bd. 4, S. 322 ; Engels, "Grundsätze des Kommunismus", *MEW*, Bd. 4, S. 363 ; Engels, "Herrn Eugen Dührings Umwälzung der Wissensch-

aft" (Anti-Duhring) *MEW*, Bd. 20, S. 265 ; Lenin, "Karl Marx", S. 36, 38 ; Lenin, "Drei Quellen und drei Bestandteile des Marxismus", *Werke*, Bd. 19, S. 8 참조.

10) Lenin, "Der Briefwechsel zwischen Marx und Engels", *Werke*, Bd. 19, S. 550 ; Lenin, "Karl Marx", S. 64 참조.

11) Engels, "Vorrede zur dritten Auflage" (von Karl Marx Schrift "Der achtzehnte Brumaire des Louis Bonaparte"), *MEW*, Bd. 21, S. 249.

12) Marx, "Einleitung zur Kritik der Politischen Ökonomie", *MEW*, Bd. 13, S. 636 참조.

13) Engels/Marx, "Zur Kritik der Politischen Ökonomie", *MEW*, Bd. 13, S. 475.

14) Lenin, "Über den Staat", *Werke*, Bd. 29, S. 463.

15) Lenin, "An Ines Armand, Brief vom 30. November 1916", *Werke*, Bd. 35, S. 227.

16) Lenin, "Staat und Revolution", *Werke*, Bd. 25, S. 419.

17) Lenin, "Karl Marx", S. 61.

18) "Engels an Edward R. Pease, Brief vom 27. Jan. 1886", *MEW*, Bd. 36, S. 429.

19) *Programm der Sozialistischen Einheitspartei Deutschlands*, S. 46.

20) Lenin, "Plan zum Artikel 'Drei Quellen und drei Bestandteile des Marxismus'", *Beiträge zur Geschichte der deutschen Arbeiterbewegung*, Heft 1/1966, S. 95.

21) Lenin, "Der Block der Kadetten mit den Progressisten und seine Bedeutung", *Werke*, Bd. 17, S. 547.

22) Marx/Engels, "Manifest der Kommunistischen Partei", *MEW*, Bd. 4, S. 482.

23) Marx, "Erster Entwurf zum Bürgerkrieg in Frankreich", *MEW*, Bd. 17, S. 543.

24) 이 책 제3장 1절, 제4장 1절, 제12장 2절 참조.

25) 이 책 제10장 2절, 제12장 2절, 제13장 1절 참조.

26) Lenin, *Drei Quellen und drei Bestandteile des Marxismus*, S. 3.

27) 철학적 및 정치경제학적 원천은 다른 두 맑스-레닌주의 기초학습 교과

서에서 다루어지고 있으므로, 여기서는 단지 맑스 이전의 사회주의만 언급될 것이다.

28) 맑스-레닌주의 고전저작가들의 공상적 사회주의에 대한 주요 저작은 다음과 같다. Marx/Engels, "Manifest der Kommunistischen Partei", Kap. III ; Engels, "Die Entwicklung des Sozialismus von der Utopie zur Wissenschaft" ; Lenin, "Zwei Utopien", *Werke*, Bd. 18 ; Lenin, "Dem Gedächtnis Herzens", *Werke*, Bd. 18.

29) Engels, "Ergänzung der Vorbemerkung von 1870 zu 'Der deutsche Bauernkrieg'", *MEW*, Bd. 18, S. 516.

30) Lenin, "Drei Quellen und drei Bestandteile des Marxismus", S. 7.

31) Lenin, "Die Aufgaben der Jugendverbände", *Werke*, Bd. 31, S. 276.

32) 이 책 제2장 2절 참조.

33) Lenin, "Kleinbürgerlicher und proletarischer Sozialismus", *Werke*, Bd. 9, S. 446f.

34) 과학적 사회주의의 기본개념들을 발전시킨 이 시기의 주요 저작은 다음과 같다. Marx, "Zur Kritik der Hegelschen Rechtsphilosophie. Einleitung", *MEW*, Bd. 1 ; Engels/Marx, "Die heilige Familie", *MEW*, Bd. 2 ; Engels, "Die Lage der arbeitenden Klasse in England", *MEW*, Bd. 2 ; Marx/Engels, "Die deutsche Ideologie", *MEW*, Bd. 3 ; Marx, "Das Elend der Philosophie", *MEW*, Bd. 4 ; Engels, "Grundsätze des Kommunismus" ; Engels, "Die Kommunisten und Karl Heinzen" ; Marx/Engels, "Manifest der Kommunistischen Partei".

35) 과학적 사회주의의 기본개념들을 발전시킨 이 시기의 주요 저작은 다음과 같다. Marx, "Die Klassenkämpfe in Frankreich 1848-50", *MEW*, Bd. 7 ; Marx, "Der achtzehnte Brumaire des Louis Bonaparte", *MEW*, Bd. 8 ; "Marx an Joseph Weydemeyer. Brief vom 5. März 1852", *MEW*, Bd. 28 ; Marx/Engels, "Ansprache der Zentralbehörde an den Bund vom Juni 1850", *MEW*, Bd. 7 ; Marx, "Inauguraladresse der Internationalen Arbieter-Assoziation", *MEW*, Bd. 16 ; Marx, "Provisorische Statuten der Internationalen Arbeiter-Assoziation", *MEW*, Bd. 16 ; Marx, "Das Kapital", Erster Band, *MEW*, Bd. 23; Marx, "Zur Kritik der Politischen Ökonomie. Vorwort", *MEW*, Bd. 13 ; Engels, "Der deutsche

Bauernkrieg", ***MEW***, Bd. 7 ; Engels, "Revolution und Konterrevolution in Deutschland", ***MEW***, Bd. 8.

36) 과학적 사회주의의 기본개념들을 발전시킨 이 시기의 주요 저작은 다음과 같다. Marx, "Der Bürgerkrieg in Frankreich. Adresse des Generalrats der Internationalen Arbeiterassoziation", ***MEW***, Bd. 17 ; Marx, "Kritik des Gothaer Programms", ***MEW***, Bd. 19 ; Marx, "Konspekt des Buches von Bakunin 'Staatlichkeit und Anarchie'", ***MEW***, Bd. 18 ; Engels, "Von der Autorität", ***MEW***, Bd. 18 ; Engels, "Zur Wohnungsfrage", ***MEW***, Bd. 18 ; Engels, "***Herrn Eugen Dührings Umwälzung der Wissenschaft***"(Anti-Dühring) ; Engels, "Die Entwicklung des Sozialismus von der Utopie zur Wissenschaft" ; Engels, "Zur Kritik des sozialdemokratischen Programmentwurfs 1891", ***MEW***, Bd. 22 ; Engels, "Die Bauernfrage in Frankreich und Deutschland", ***MEW***, Bd. 22 ; Engels, "Der Ursprung der Familie, des Privateigentums und des Staats", ***MEW***, Bd. 21.

37) W. Liebknecht(1826-1900), A. Bebel(1840-1913), F. Mehring(1846-1919), P. Lafargue(1842-1911), A. Labriola(1843-1904), G. W. Plechanow (1856-1918), D. Blagojew(1856-1924)와 또한 맑스주의적 창작기의 K. Kautsky(1854-1938) 등이 거기에 속한다.

38) 과학적 사회주의의 기본개념들을 발전시킨 이 시기의 레닌의 주요 저작은 다음과 같다. "Die Aufgaben der russischen Sozialdemokraten", ***Werke***, Bd. 2 ; "Was tun?", ***Werke***, Bd. 5 ; "Ein Schritt vorwärts, zwei Schritte zurück", ***Werke***, Bd. 7 ; "Friedrich Engels", ***Werke***, Bd. 2 ; "Zwei Taktiken der Sozialdemokratie in der demokratischen Revolution", ***Werke***, Bd. 9 ; "Sozialdemokratie und provisorische revolutionare Regierung", ***Werke***, Bd. 8 ; "Das Agrarprogramm der Sozialdemokratie in der ersten russischen Revolution von 1905 bis 1907", ***Werke***, Bd. 13 ; "Drei Quellen und drei Bestandteile des Marxismus" ; "Kritische Bemerkungen zur nationalen Frage", ***Werke***, Bd. 20 ; Der Krieg und die russische Sozialdemokratie, ***Werke***, Bd. 21 ; "Marxismus und Revisionismus", ***Werke***, Bd. 15 ; "Sozialismus und Krieg(Die Stellung der SDAPR zum Krieg)", ***Werke***, Bd. 21 ; "Über das Selbstbestimmungsrecht

der Nationen", *Werke*, Bd. 20 ; "Der Opportunismus und der Zusammenbruch der II. Internationale", *Werke*, Bd. 22 ; "Über die Lösung der Vereinigten Staaten von Europa", *Werke*, Bd. 21 ; Marx, "Unter fremder Flagge", *Werke*, Bd. 21 ; "Das Militarprogramm der proletarischen Revolution", *Werke*, Bd. 23 ; "Über eine Karikatur auf 'den Marxismus und über 'den imperialistischen Ökonomismus'", *Werke*, Bd. 23 ; "Der Imperialismus und die Spaltung des Sozialismus", *Werke*, Bd. 23 ; "Briefe aus der Ferne", *Werke*, Bd. 23 ; "Über die Aufgaben des Proletariats in unserer Revolution", *Werke*, Bd. 24 ; "Marxismus und Aufstand", *Werke*, Bd. 26 ; "Die Drohende Katastrophe und wie man sie bekämpfen soll", *Werke*, Bd. 25 ; "Staat und Revolution", *Werke*, Bd. 25.

39) Lenin, "V. Gesamtrussischer Kongeβ der Sowjets der Arbeiter-, Bauern-, Soldaten- und Rotarmistendeputierten, 4-10. 7. 1918", *Werke*, Bd. 27, S. 514.

40) 과학적 사회주의의 기본개념을 발전시킨 레닌의 주요 저작은 다음과 같다. "Wie soll man den Wettbewerb organisieren?", *Werke*, Bd. 26 ; "Die nächsten Aufgaben der Sowjetmacht", *Werke*, Bd. 27 ; "Die proletarische Revolution und der Renegat Kautsky", *Werke*, Bd. 28 ; "Die Groβe Initiative", *Werke*, Bd. 29 ; "Ökonomik und Politik in der Epoche der Diktatur des Proletariats", *Werke*, Bd. 30 ; "Die Aufgaben der Jugendverbände ; Zum vierten Jahrestag der Oktoberrevolution", *Werke*, Bd. 33 ; "Über die Naturalsteuer", *Werke*, Bd. 32 ; "Über das Genossenschaftswesen", *Werke*, Bd. 33 ; "Über unsere Revolution", *Werke*, Bd. 33 ; "Wie wir die Arbeiter-und Bauerninspektion reorganisieren sollen", *Werke*, Bd. 33 ; "Lieber Weniger, aber besser", *Werke*, Bd. 33.

41) 레닌의 주요 저작, "I. Kongreβ der Kommunistischen Internationale, 2-6. März 1919. Thesen und Referat über bürgerliche Demokratie und Diktatur des Proletariats, 4. März", *Werke*, Bd. 28 ; "Die Dritte Internationale und ihr Platz in der Geschichte", *Werke*, Bd. 29 ; "Der 'linke Radikalismus', die Kinderkrankheit im Kommunismus", *Werke*, Bd.

31 ; "Ursprünglicher Entwurf der Thesen zur nationalen und zur kolonialen Frage", *Werke*, Bd. 31 ; "Ursprünglicher Entwurf der Thesen zur Agrarfrage", *Werke*, Bd. 31 ; "Fünf Jahre russische Revolution und die Perspektiven der Weltrevolution. Referat auf dem IV. Kongreß der Komintern, 13. November 1922", *Werke*, Bd. 33과 이 책 제3장 2절 참조.

42) W. Pieck, *Über die Tatigkeit des Exekutivkomitees der Kommunistischen Internationale* ; G. Dimitroff, *Die Offensive des Faschismus und die Aufgaben der Kommunistischen Internationale im Kampf für die Einheit der Arbeiterklasse gegen den Faschismus*, Berlin 1957 ; Ercoli(Togliatti), *Die Vorbereitung des imperialistischen Krieges und die Aufgaben der Kommunistischen Internationale* ; Manuilski, *Die Ergebnisse des sozialistischen Aufbaus in der Sowjetunion* 참조.

43) Lenin, "Was tun?", S. 380.

제 I 부
노동자계급의 역사적 사명, 그 실현의 근본적인 조건과 합법칙성

과학적 사회주의 전체에서 기초적이고 보편적인 의미를 가지며, 맑스-레닌주의 고전저작가들에 의해 마련되었고, 또한 오늘날의 역사적 상황 속에서도 맑스-레닌주의당 및 사회주의 나라의 인민의 투쟁의 이론과 실천 속에서 포괄적으로 사용되고 입증되며, 더욱 발전되고 풍부해지는 인식으로는 무엇보다

———노동자계급과 그들의 세계사적 사명에 대한 가르침,

———이 사명을 실현시키기 위한 도구로서 이 계급의 혁명적 당에 대한 가르침,

———이 당의 정치적 전략 및 전술에 대한 가르침이 있다.

제 I 부에서 총괄되는 이러한 기본적인 이론은 과학적 사회주의의 모든 문제를 이해하는 데 있어 주요하며 시종일관 그 뒤의 모든 문제를 관류한다.

제2장
노동자계급과 그들의 세계사적 사명

노동자계급(프롤레타리아트)의 형성은 인류사의 새로운 발전단계를 알렸다. 이 계급은 광범한 인민운동의 사회적 및 정치적 주력으로서 사회주의 사회를 확립하고, 무기와 전쟁이 없는 세계를 창출해내며 또 한걸음 한걸음 계급이 없는 공산주의 사회를 세울 소명을 갖고 있다. 노동자계급의 세계사적 역할에 대한 전면적이고 과학적인 기초작업은, 레닌이 확언했듯이, **맑스적 가르침 전체에서 가장 중요한 것**이다.[1] 맑스주의 철학과 정치경제학의 인식을 지주로 하여, 과학적 사회주의는 이 사명의 실현을 위한 투쟁의 경험 그리고 특히 이 과정에서의 정치적 조직 및 지도의 경험을 직접 일반화한다.[2]

오늘날 노동자계급은 자신이 **우리 시대의 혁명적 주력계급**임을 입증하였다. 그들이 이끄는 사회주의 국가들은 세계정치에 결정적인 영향을 행사한다. 노동자계급 및 그들의 역사적 소명에 대한 맑스-레닌주의적 가르침은, 평화와 사회적 진보를 위한 전세계적 투쟁이라는 새로운 상황에서도 직접 근본적인 의미를 갖는다.

1. 혁명적 세력의 토대

자본주의에서 사회주의로의 이행의 시대에 노동자계급은 **전세계에 걸쳐** 급속히 발전하는 사회적 계급이다. 그들이 이미 자신을 착취로부터 해방시키고 그들의 동맹자와 함께 새로운 사회를 형성한 사회주의 나라들에서,[3] 그들이 대개 인구의 다수를 이루는 제국주의 나라들에서,[4] 그리고 그들이 복잡한 형성 및 빠른 성장과정을 보이고 있는 발전도상국의 나라들에서[5] 바로 그러하다.

19세기 이래 세계사적 발전의 경로와 결과는, "미래를 자기 손 안에 쥐고 있는", "진정한 혁명적인 세력"[6]으로서의 노동자계급에 대한 맑스-레닌주의 고전저작가들의 인식이 옳다는 것을 다양한 형태와 방식으로 입증했고, 동시에 맑스-레닌주의당 정책의 토대로서의 이 계급 및 그들의 혁명적 잠재력에 대한 **과학적인 분석**은 일련의 **전제**를 고려해야 한다는 것을 보여주었다.

첫째, 노동자계급은——다른 계급과 사회계층이 모두 그렇듯이——그들의 본질특성에서, 그들의 이해 및 기능에서, 역사적으로 정해진 사회적 생산체계 내에서의 그들의 위치에 의해 일차적으로 특징지어진다.[7] 한 계급의 사회경제적 처지를, 그들의 존재조건과 잠재력을 분석하는 것은 항상, 사회의 다른 계급 및 계층과 그들간의 객관적으로 결정된 관계에 대한 분석을 포함한다. 그러므로 오늘날 우리는, 현시대의 사회적 주력으로서의 국제 노동자계급이 평화 및 사회주의에 대해 본질적으로 동일한 기본관계를 객관적으로 갖는 동시에, 매우 상이한 사회적 관계하에, 즉 자본주의 내에서는 착취당하는 계급으로 그리고 사회주의 내에서는 지배하는 계급으로 있다는 점에서 출발해야 한다.

둘째, 노동자계급은 **역사적으로 발전하고 변화하는 계급**이다. 그것은 바로 우리 시대의 과학기술적 진보와 연관하여 급격히 변화되는 그들의 존재기반과 투쟁조건뿐만 아니라, 이 계급이 정치적, 조직적 및 이데올로기적으로 오랜 동안의 성숙 및 배움 과정을 겪고 있으며, 거기에는 매우 모순적인 요인들이 작용하고 그러므로 그것은 또한 매끈하게 아무 문제

없이 형성되는 것이 아니라는 사실에 관계된다.

세째, 노동자계급(프롤레타리아트)은 **근본적으로 보편적인, 객관적이고 사회경제적으로 규정된 특징** 및 고유성(이것으로부터 그들의 기본이해와 목표, 평화와 사회주의가 나온다)에 의해 특징지어질 뿐만 아니라, 또한 매우 세분화된 내적 구조, 이러한 특징과 고유성의 상이한 각인, 매우 **다양한 외형**을 보인다는 결론이 나온다. 내적 구성과 구조, 개별 특징의 각인 정도, 계급의식의 발전, 정치적 조직성, 사회적 심리의 특수성은 물론 그와 더불어 계급의 외형에도 해당되는 이러한 상이성이, 결코——반공주의 이데올로그들이 주장하듯이——노동자계급이 '지양'되거나 '해소'되거나 '고사'(枯死)했다는 증거는 아니다. 그것이 증거하는 바는 특히 생산력 전체의 혁명적 변화와 연관된 그 계급의 고도의 발전성, 이 과정의 복잡성, 다양성 및 모순성이다. 그것은, 어떤 상황에서든 노동자계급의 구조와 발전에 대해 정확하고 과학적인 분석을 행해야 할 필요성을 입증해준다.

기본특징과 혁명적 잠재력

노동자계급의 가장 주요한 객관적인 **특징**, 그들 혁명적인 세력의 토대는 어떤 것인가?

역사적으로 노동자계급은 자본의 원시적 축적과정에서, 발전하는 기계제 대공업을 토대로 한 소유와 노동의 분리를 통해 형성되었다. 착취당하고 억압받는 무산계급(생산수단의 사적 소유로부터 자유로운)으로서 그들은 그러므로 또한 **프롤레타리아트, 임금노동자계급**이라고도 지칭된다. 그들은 이러한 발전단계에서, 즉 전사회주의적 조건하에서는 오로지 자신의 노동력을 생산수단의 자본주의적 소유자에게 파는 것, 이 계급을 위해 자본을 증식시켜 잉여가치를 창출하며, 이렇게 하여 임금이 많건 적건 착취당하는 것을 통해서만 생존수단을 얻을 수 있다. 공업과 농업, 교통 및 수송업, 서비스업, 그리고 잉여가치가 산출되는 다른 영역에서의 이러한 착취당하는 프롤레타리아 인구에, 갈수록 봉급생활자 다수도 또한 포함되고 있다. 사회주의혁명을 통해 노동자계급은 지배하는 그리고 또한 생산하는 계급으로, 주요 생산수단의 사회적 소유자로 되고 자신 및 모든 다른 근로인민을 착취로부터 해방시킨다. 그렇기 때문에 생산과 노동의 목적은 더 이상 이윤이 아니고, 근로인민의 필요의 더 나은 충족, 그들의 물질적 및 문화적 생활수준의 지속적인 개선이다.

맑스-레닌주의 고전저작가들에 의해 예견되었을 뿐만 아니라, 또한 실제로 많은 나라들에서 수행된 이러한 노동자계급의 발전, 즉 착취당하고 억압받는 계급에서 지배하고 사회를 형성해가는 계급으로의 발전, 그리고 그와 더불어 그들의, 자본주의와 사회주의에서의 기본적으로 상이한 처지는, 그들 혁명적 세력의 토대를 "현대 사회의, 유일하게 끝까지 혁명적인 또 그러므로 모든 혁명에서 선구적인 계급"[8]으로 규정짓는 데 있어 고려되어야 한다.

근본적인 의미를 갖는 것은, 노동자계급은 **자본주의에서도 사회주의에서도 생산수단의 사적 소유자가 아니라는** 점, 그들은 그들 발전의 어떤 단계에서도 다른 계급의 노동으로 살지 않으며, 오로지 자신의 직접 노동으로 산다는 점이다. 그로부터, 그들 삶과 그들 발전의 조건인 **노동**을 착취로부터 해방시키고, 그것이 현대적 생산의 요구와 그로써 동시에 근로인민의 필요 충족에 복무하게끔, 그것의 내용과 그것의 형태가 근로인민의 창조력을 전개시키는 데 기여하고 전면적으로 육성된 인격의 발전을 촉진하는 것이게끔, 그것을 틀지으려는 그들의 이해관심이 비롯된다. 그로부터 또한 모든 착취와 억압의 관계에 대한 이 계급의 객관적인 적대, 그리고 사회주의적 생산관계의, 생산수단의 사회적 소유의 창출에 대한, 모든 근로인민을 사회주의적 노동으로 견인해내는 것에 대한, 그리고 노동이 모두의 삶필요로 될 수 있는 조건을 점차로 창출하는 것에 대한 그들의 이해관심이 결과된다. 그로부터 또한, 자본주의에서 노동자계급에게 주입된 사적 소유로부터 생장해오는 경쟁투쟁에 대한 적대가 비롯된다. 노동자계급은 연대성과 상호 도움의 객관적 담지자이며, 사회주의에서는 사회와 개인에 소용이 되는 공동노동과 동지적 경쟁의 담지자이다. 이와 연관하여 레닌은, 생산수단의 사적 소유는 사람들을 분리시키고, 반면에 노동은 그들을 통일시킨다는 사실을, 프롤레타리아 독재의 역할에 대한 한 역사적 스케치에서 "공산주의자의 기본 가르침"[9]이라고 지칭했다.

노동자계급은 **가장 중요한 사회적 생산력이자 사회의 물질적 부의 주생산자**이다. 공업적 대생산에서 점하는 그들의 위치에 의해, 대공업과의, 특히 우리 시기에 전세계적으로 관철되는 공업화 과정과의 뗄 수 없는 결합에 의해, 그들은 사회적 삶 전체의 생존중추를 수중에 두고 있다. 그들은 전체 계급으로서 당대의 가장 현대적인 생산수단을 갖고 또 그와 결부된, 노동의 높은 사회화 단계라는 조건하에서 생산을 수행한다. 전형적인 것은, 그들은 이 생산수단을, 단지 그들이 자신의 개인적 노동력을 사회적 총력으로서 지출하는 형태로만 사용할 수 있다는 점이다.[10] 이 총력을 사회에 소용이 되게끔 계획적으로 또 효율적으로 투입하려는 노동자계급의 이해관심은 그것에 뿌리를 두고 있다. 결국 이 계급은 자본주의에서 이미, 과학과 기술의 사용을 통해 모든 생산력이 인간에 유익한 쪽으로 펼쳐지고 예속적인 낡은 분업조건이 극복될 수 있는 새로운, 보다 높은 유형의 사회적 생산양식의 잠재적인 담지자이다. 노동자계급과 현대적 생산력 발전, 특히 과학 및 기술과의 이러한 연관은, 오늘날 또한 그 계급의 의미 있는 구조변화에서도 표현되고 있다(전통적인 산업부문에서 노동자계급의 숫자가 감소하고 새로운 부문——전자, 화학 등——에서 그리고 서비스 분야에서 그 숫자가 늘어나는 경향).

노동자계급은 **혁명적인 그리고 투쟁하는 계급**이다. 자본주의 내에서 착취당하고 억압받으면서 동시에 생산하는 계급으로서 그들은 그들 존재 초기부터 내내 객관적으로 **부르조아지와의 이해적대** 속에 위치했고, 그들 이해의 옹호 및 관철을 위한 높은 정도의 사회적 행동을 전개하지 않을 수 없었다. 그들은 자본주의적 생산양식의 모든 모순에 의해 가장 심각한 피해를 입는다. 그리고 현재에도, 설사 자본주의 사회구성체가 갖는 모순의 구체적인 현상형태, 자본주의의 "비인간성"이 역사적으로 모습을 바꿨다고 하더라도, "프롤레타리아트의 삶조건 속에 오늘날 사회의 삶조건의 가장 비인간적인 극치가 총괄되어 있다"[11]는 말은 타당하다. 그러나 그들은 생산수단의 사적 소유가 전혀 없다는 것, 그들의 해방투쟁, 그들의 역사적 사명은 전체 인류의 진보와 부합한다는 것, 그들은 자본주의 내에 이미 생겨난 미래사회의 요소, 그리고 사회적 확대발전의 물질적, 기술적 토대와 현대적인 생산력과 가장 밀접하게 결합되어 있다는 것 등의 노동자계급의 본질적으로 혁명적인 성격은 여전히 남아 있다.

그들 자신이, 낡은 사회에서 생겨난 미래사회의 요소인 것이다.

그들의 혁명적인 성격은 또한, 그들이 역사적으로 그것을 향해 쇄도했고 또 지금도 쇄도하는 바인, 그들 이해를 관철시키는 데 알맞는 기질과 수단을 만들어낼 독자적인 **가능성, 잠재력, 능력 및 전제**를 갖고 있다는 사실에서도 비롯된다. 대규모 생산에 집중해 있기 때문에 그들은 분산된 채 작용하는 개별 생산자들보다 더 잘 통합될 수 있다. 계급투쟁 속에서 그들은, 그들의 **힘은 집중을 통해 촉진된 조직화**에 있으며, 그것은 계급투쟁에서 주요한 장점이자 결정적인 무기라는 점을 거듭거듭 배우고 또 겪었다. 분업과정의 원리에 따른 공업적 생산규율 속에서의 지속적인 훈련은 고유한 이해에 복무하는 의식적인 계급규율의 발전을 위한 한 토대이다. 현대적인 생산수단과의 친교는, 정치적 투쟁에 활용될 수 있는 문명요소로의 접근을 촉진시킨다. 노동자계급의 이러한 주체적인 능력은 타고난 것도 아니고 외적 요인의 결과도 아니다. 그것은 특수한 존재 및 투쟁 조건과 계급투쟁 경험의 작용으로써 역사적으로 획득된 것이다. 하지만 **객관적인 요인**――생산 및 사회 내에서의 객관적인 위치, 수적인 강력함과 성장과정――그리고 조직, 규율, 교양, 창조성 등의 능력과 같은 **주체적인 특성**은 오로지 오랜 동안의 배움과정 속에서, 노동자운동을 과학적인 이론과 결합시키는 혁명적 당이 주요한 역할을 수행하는 나날의 투쟁 속에서만, 사회를 변화시키고 또 형성하는 세력으로 된다.[12]

노동자계급은, 그 투쟁과 활동이 점차 모든 나라로 뻗어나가는 최초의 근로인민 계급이고, 그러므로――모든 나라에서의 공통된 근본이해에서 비롯되어―― 진정으로 **국제적인 계급**이다. 그들은 인간을 서로 분리시키고 다른 사람의 노동력을 착취대상으로 만드는 생산수단의 사적 소유를 전혀 갖고 있지 않다는 사실로부터, 그리고 사회주의 내에서 국경을 넘은 계획적인 분업 및 협업을 통해 결합된 생산수단의 사회적 소유로부터, 계급세력의 국제적 결합 및 협조를 위한 객관적 토대뿐만 아니라, 민족간의 적대성 철폐를 위한, 인민간의 협동, 우호 및 평화관계 발전을 위한 객관적 토대까지 생장해나온다.

발전, 통일성 및 차별성

노동자계급은 역사적으로 빠르게 발전하며 또 변화하는 계급이다. 19세기 이래 그들의 투쟁은, 노동자계급은 세계를 변화시키고 또 변혁시키면서 자기자신을 변화시킨다는 점을 보여주었다. 맑스-레닌주의 고전저작가들의 노동자계급에 대한 이해는 이상화 혹은 특징의 몰역사적인 도식화와 전혀 무관한 것이었다. 그들은 이 계급의 본질특징 및 성질 그리고 자본주의 내에서의 그들의 처지를 분석하였다. 그리고 동시에 다음과 같은 사실을 지적하였다. 즉 생산력의 발전과 함께, 객관적 투쟁조건의 변화와 함께, 그들이 몰고가는 혁명적 과정 및 그 성과와 함께 노동자계급은 매우 역동적인 사회적 세력으로서 지속적으로 자신을 변화시킨다는 것이다. **위대한 역사적 기간 동안** 드러나는 이러한 **변화**는 다음의 사항에 걸쳐 진행된다.

———수적인, 양적인 성장.

———질적인 성장, 즉 구조와 자질의 변화.

———해결해야 할 과제의 성격 그리고 사회에서 계급의 비중.

———계급의 사회적 재생산 원천.

———의식성과 조직성, 즉 계급의 이데올로기적, 정치적, 조직자적 면모, 사회심리.

———무엇보다 사회에서의 기본적인 위치, 즉 자본주의에서 착취당하고 억압받는 계급으로서, 사회주의에서 지배하고 사회를 형성하며 주요 생산수단을 장악한 세력으로서의 지위.

수많은 부르조아 이론들을 특징짓는 것은, 그것들이——노동자계급에 대한 멋대로 만들어낸, 몰역사적이고 현실과 괴리된 도식에서 출발하여——모든 이러한 변화들을 노동자계급의 '소멸', 그들의 혁명적, 창조적 잠재력의 '상실'이라는 의미에서, 자본주의 체제 내로의 '융화'로 해석한다는 것이다. 거기서 부르조아 이데올로그들은 또한, 노동자운동에서 나타나는 실제적인 발전난관들도 활용한다. 그리고 개별 나라에서 노동자계급 발전의 불균등성의 표현인, 독점자본 등의 요인의 압력의 표현인 그 현상에 관심을 돌린다.

노동자계급의 **수적인 성장**에 관해 말하자면, 노동자의 숫자는 전세계적인 규모에서 19세기 중반 이래 비약적으로 증대하였다. 당시 노동자는 약 천만 명이었으며, 20세기초 그 숫자는 9천만을 기록했고, 오늘날의 노동자계급은 세계 경제활동인구의 약 30%인 6억 6천만 명에 이르고 있으며, 그들이 세계의 사회적 총생산물의 약 3/4을 창조한다. 이러한 수적인 성장은 전체 인구에서 노동자가 차지하는 비율의 증대와 결합되어 있는데, 이는 오늘날 세계의 대다수 나라에서 이루어지고 있다. 그러나 그 성장은 매우 불균등해서, 전체 인구에서 노동자가 차지하는 비율은, 세 개의 커다란 나라집단에서 전체적으로 상승하는 경향을 보이지만, 또한 상당한 차이를 보이고 있다. 숫자가 노동자계급의 역할을 완전히 반영하지는 않는다. (도표 1)

레닌은 이렇게 쓰고 있다. "프롤레타리아트의 힘은, 어떤 자본주의 나라의 경우에도, 전체 인구에서 프롤레타리아트가 차지하는 몫보다 비교할 수 없을 정도로 더 크다."[13] 레닌은 노동자계급의 경제적 역할로써, 그리고 그들이 압도적 다수인 근로인민의 이해를 표현한다는 사실로써 이 점에 이론적 기초를 제공했다. 자본주의에서 사회주의로의 이행의 시대에 결정적인 것은, 국제 노동자계급의 커다란 부분이 사회주의 나라들에서 권력을 행사하며, 사회의 주생산력으로 존재하고, 그들의 동맹자와 함께 새로운, 이 계급의 이상과 목표에 맞는 사회를 건설하며 또 강력한 영향을 국제적 연관 및 국제적 역관계에 행사한다는 것이다.

무엇보다 과학기술혁명의 영향하에 그리고 평화, 민주주의 및 사회적 진보를 위한 투쟁의 성과로서 노동자계급의 **구성, 구조 및 외적 형상**이 본질적으로 변화하였다. 개별 나라, 영역 및 분야에서의 극도로 세분화된 존재 및 발전 조건이 영향력을 발했고, 발하고 있다.

많은 선진 공업국에서 산업부문 구조의, 그리고 그것에 바탕한 노동자계급 구조의 본질적인 변화가 있게 되었다. 예를 들어 전통적인 산업부문(석탄, 섬유, 금속 산업과 같은) 종사자 수는 감소한 반면 새로운 생산부문(화학, 전자, 자동화, 우주 기술 등)에서 활동하는 노동자 수가 늘어났다. 여기에 덧붙여, 이들 중 많은 나라에서 서비스부문, 상업, 공직에 종사하는 노동자(및 봉급생활자)의 숫자가 늘어났고, 반면 공업노동자가 차지하는 비율은 감소하였다. 마지막으로 정보처리, 자동기계 조

도표 1 국제 노동자계급의 발전

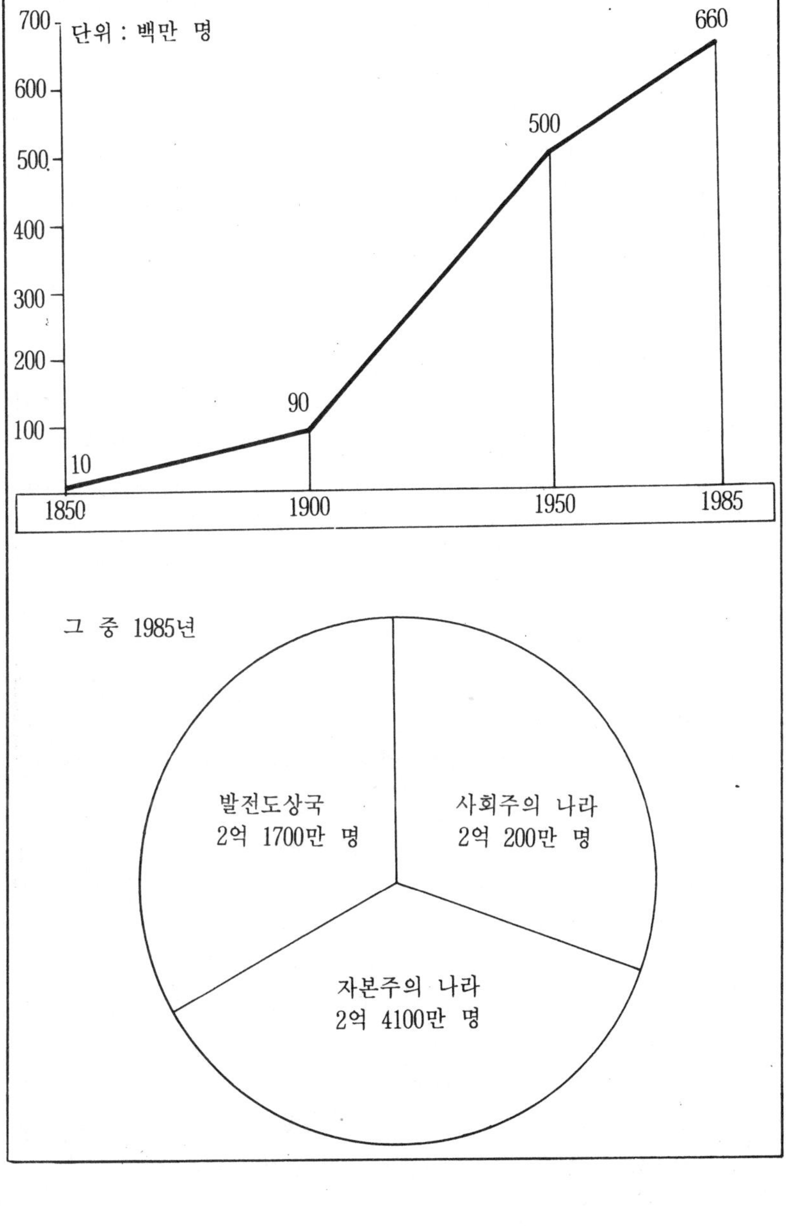

작, 정신적 활동, 통제 및 지도 업무에 종사하는, 임금노동에 처해 있으며, 생산수단의 사적 소유가 전혀 없는 집단이 수적으로 늘고 있다는 점 또한 본질적이다. 여기서 무엇보다 중요한 것은 봉급생활자와 전문기술인력으로서, 그들은 사회적 및 계급적 유형의 근본적인 특징에서 공업노동자와 다르지 않거나 단지 비본질적인 점에서만 다르다는 것이다.[14]

이와 같은 다른 현상들은 **첫째**, 과학기술적 진보와 연관하여 노동자계급의 구조가 이전 몇 세기보다 더 세분화되었다는 점 **둘째**, 노동자계급은 공업분야 활동자로만 한정될 수 없다는 점 **세째**, 노동자계급을 단순히 육체적인, 수공적 활동자에 한정하는 것은 마찬가지로 옳지 않다는 점을 주목하게 한다.

18, 19세기 이래 노동자계급이 역사적으로 고도의 발전을 이룬 것은 또한 그들의 성장하는 **직업적, 정신-문화적 및 정치-이데올로기적 자질**에서도 반영된다. 맑스-레닌주의 고전저작가들이 예견적으로 인식했듯이, 부르조아지는, 그들이 억압하고 있는, 그러나 동시에 그들에게는 삶필수적인 계급을 문명요소로 다가가게 하지 않을 수 없다. 그것은 또한 과학기술적 진보의 요구를 그들 나름의 유형과 방식으로 또 그들에게 유익하게끔 받아들이기 위해서이기도 하다. 사회주의에서 비로소, 노동자계급 및 모든 근로인민의 계획적인 직업훈련, 문화적 및 정치적 교육은, 노동자계급이 능력 있는 지배계급, 사회적 소유자 그리고 가장 중요한 생산력이 되기 위한 전체 사회의 과제로 된다. 그러나 이 문제에서 여전히 본질적인 것은, 맑스-레닌주의 정책은 항상 노동자계급의 기존의 교육 정도, 전문기술 및 정치적 자질상의 차이를 또한 고려해야 하고 계급 전체의 자질을 높이는 데 기여해야 한다는 점이다.

노동자계급은 다른 사회 계급 및 계층으로부터 **격리되거나 분리되어 있는 것이 아니다.** 자본주의 사회 내에서의 사회적 양극화는 다른 근로인민 계층의 대표자들의 프롤레타리아 대열로의 점진적, 모순적인 이행을 야기시키며, 이와 연관하여 수많은 사회적 이행형태와 이행유형을 결과시킨다. 노동자계급과 여러 중간계층 사이의 경계선은 유동적이다. 오랜 시간을 경과하여——그리고 오늘날에도 아시아, 아프리카 나라에서는 여전히 이 상황이 거듭된다——일련의 다른 계급 및 계층, 특히 농민 및 도시 쁘띠부르조아층으로부터 노동자계급의 생장이 이루어진다. 사회주의적 발전의 일정 단계에 이르러야 비로소 노동자계급은 갈수록 자기 고유의 대열에서 인원을 충원할 수 있으며, 그것을 통해, 전통과 경험을 지주로 삼아, 계급의 혁명적 세력의 토대가 강화된다.

맑스-레닌주의당의 지도활동에 있어 사회구조 및 계급투쟁의 실천에 대한 분석으로부터 결과되는 다음과 같은 인식은 의미가 있다. 즉 계급 특징이 계급의 개별 부분마다 차별적으로 형성되며 또 이것을 토대로 계급 각 부분의 투쟁 및 조직 잠재력이 차별적으로 발전되어왔다는 것이다. 그리하여 자본주의적 조건뿐만 아니라 사회주의적 조건하에서도 또한 **노동자계급의 핵심**에 대한 중요한 문제가 제기된다. 경험이 보여주는 바는, 기업의 경제적 기간 역할, 집중 정도, 노동조합 조직화 정도 등의 요인을 토대로 **물질적 생산의 대기업 노동자(및 일부 봉급생활자)** 그리고 그와 더불어 갈수록 더욱, 그 계급의 **사회적 및 과학기술적 진보에 각별한 책임을** 떠맡고 있는 부분이 핵심을 형성한다는 것이다. 그들의 태도에 의해 계급 전체의 투쟁력과 지향이 본질적으로 좌우된다. 거기서 명백하게 과학기술혁명 및 집약적 확대재생산과 연관하여 노동자계급의 핵심에 있어 일련의 변화가 이루어지는데, 그것은 국제 공산주의운동의 이론과 실천에 새로운 문제를 제기한다.

위에 거론된, 객관적인 사회적 성격을 갖는 발전과 분화의, 그리고 그 이상의 이데올로기적, 문화적, 정치적, 전통적 및 다른 요인, 특히 또한 부르조아지의 목적지향적인 활동과 이데올로기적 압력이 작용한 결과의 표현이, 자본주의적 조건하에서의 **노동자계급의 정치-이데올로기적 및 정치-조직적 측면에서의** 매우 심한 **차별성**이다. 여기서 노동자계급의 객관적으로 성장하는 역할은 상응하는 높은 수준의 조직성 및 투쟁력과 자동적으로 결합되지는 않는다. 그러나 역사적 근본경향 속에서 노동자계급은 자신이 우리 시기의 혁명적 주계급임을 입증하고 있다. 그들은 일련의 나라에서 사회발전의 지도를 그들 수중에 장악했고 전세계적으로 강력한, 아직도 완전히 펼쳐지지 않은 투쟁 잠재력, 증대하는 가능성과 과제를 갖고 있으며, 그 속에서 그들의 세계사적 사명의 전체 규모가 드러나고 있다.

2. 노동자계급의 세계사적 사명

노동자계급의 세계사적 사명, 그것의 주내용, 그것의 가장 중요한 수단 및 그것의 보편적인 성숙단계를 발견한 것은 맑스-레닌주의 고전저작가들의 심오한 철학적, 경제적 및 역사적 탐구의 결과이다. 노동자계급의 역사적인 사명에 대한 기본인식은 맑스주의 전체에 뿌리를 내리고 있다.

20세기 종반기인 오늘날의 평화와 사회적 진보를 위한 투쟁이라는 상황에서 국제 노동자계급의 세계사적 과제설정에는 **새로운 조건과 차원**이 특징적이다. 자본주의에서 사회주의로의 이행의 시대에 이 계급의 사명은 다양한 성과, 성숙단계 및 형태로 펼쳐졌고, 많은 나라에서 혁명적 당에 의해 지도되는 계급과, 그 동맹자 및 그들에 의해 형성되는 사회주의 사회의 투쟁이 갈수록 더욱 우리 시대를 각인하고 있다. 동시에 이러한 투쟁의 조건은 근본적으로 변화하였다. 평화의 유지와 보장 그 자체가 사회적 진보로 된 것이다. 그럼으로써 동시에 휴머니즘적인, 인류해방적인 그리고 지구적인 차원과, 자신의 역사적 소명을 실현시킬 노동자계급의 의무가 변화하고 확대되었다.

세계사적 사명의 주내용

사회가 계급으로 분열된 이래의 역사적 경험이 보여주듯이, **각각의 기본계급**은 전진하는 인간사회의 고도의 발전 속에서 객관적으로 결정된 역사적 과제와 기능, 그들 존재 및 활동의 역사적 목표, 간단히 말하자면 **역사적 사명**을 갖는다. 「공산당 선언」에서 노동자계급의 세계사적 사명에 대한 가르침을 서술하면서 맑스와 엥겔스는, 특히 생산력을 발전시키고 생산을 국제화시키며 또한 그럼으로써 새로운, 프롤레타리아계급 및 그들의 역사적 사명을 위한 조건을 불가피하게 창조하는 것에서의 일시적인, 매우 혁명적인 역할이라는, 자본주의와 부르조아지의 변증법적·

유물론적이며 동시에 세계사적 사명을 중히 여겼다.

노동자계급의 세계사적 사명, 그들의 역사적 소명, 그들의 역사적 역할과 기능은 **첫째,** 자본주의적 착취사회와 함께 모든 형태의 인간억압과 인격상실을 제거하고 극복하는 것이다. 그것은 동시에 인간에 의한 인간의 절멸을 종식시키는 것, 전쟁의 철폐를 의미한다. 노동자계급의 세계사적 사명은 **둘째,** 새로운, 착취가 없는 사회를, 사회주의를, 전쟁이 없는 세계를 그리고 이것을 토대로 무계급사회로서의 공산주의를 창출하는 것이다. 이러한 그들의 계급사명으로써 노동자계급은 동시에 인류이해를 관철시킨다. 또한 세계사적 사명은 **두 개의 근본적인 과제, 두 개의 주요 측면**을 뗄 수 없는 결합으로 통일시킨다. 즉 낡은, 착취와 억압과 전쟁을 실현하는 사회의 제거, 극복(고전저작가들은 그것을 또한 낡은 사회의 '무덤을 파는 자'의 기능이라 지칭했다), 그리고 "계급과 그 적대를 배제하고"[15] 노동과 평화를 통일시키는 새로운 사회, 하나의 '연합'의 창출이 그것이다. 역사적 기본경향에서는 이 창조적, 건설적인 측면이 근본적이고, 지배적인 경향이다. 오늘날 이것은, 혁명적 노동자운동과 사회주의 나라들이 인류생존, 사회적 진보 및 국제관계의 모든 본질적인 문제에서 건설적인 대안을 발전시켜나가는 것에서 반영된다.

노동자계급의 세계사적 사명을 의식적이고 조직적으로 관철하기 위한 정치에 있어 **이 계급의 과제는 객관적으로 조건지어진 것이라는 사실**에 대한 맑스-레닌주의적 인식은 일차적 의미를 갖는다. 철학적 및 정치경제학적 탐구, 특히 자본주의적 생산양식에 대한 그것은 다음과 같은 결론을 도출시켰다. 즉 노동자계급의 역사적 사명은 사회적 생산체계 내의 그들의 객관적인 위치에서, 그들의 생산력으로서의 역할에서 그리고 이 생산력의 기본 발전경향에서, 자본주의 사회의 운동법칙에서 결과된다는 것, 프롤레타리아트는 자본주의적 생산양식에 의해 만들어지며 이것과 함께 발전한다는 것, 자본주의의 발전 그 자체가 생산수단의 사적 소유 철폐를 향해 치닫는 물질적 조건을 만들어낼 뿐만 아니라, 또한——지난 몇십 년이 실제로 입증하고 있듯이——모든 근로인민의 선봉에서 생산의 사회적 성격과 사적·자본주의적 전유 사이의, 자본과 노동 사이의 심화되어가는 모순을 점차 해결하고 또 동시에 이미 오늘날 지구적인 인류문제의 해결에 적극적으로 참여할 능력이 있는 그러한 사회적 세력을 창출해내기도 한다는 것이다. 프롤레타리아트의 형성 및 혁명적 노동자운동의 출현 이래의 계급투쟁사는 또한, 노동자계급의 역사적 사명이 객관적인 요구로서, 이 계급의 "삶상황" 속에서, 자본주의 사회의 "전체 조직" 내에서 "뚜렷하게, 불가역적(不可逆的) 으로 형성되어"[16] 존재한다는 것, 그것은, 언제, 어떤 규모로 일국의 혹은 일정한 역사적 단계의 프롤레타리아트가 상응하는 이해 및 요구에 대한 인식에 도달하고, 자신을 조직하며, 사회적 필연의 관철을 위한 투쟁에 착수하는가와 무관하게 그렇다는 것을 보여주었다. 구체-역사적으로 노동자계급의 역사적 과제설정의 내용은 수많은 요인들에 의해, 특히 생산력의 발전경향, 계급이해와 계급세력과의 관계, 개별 인민, 민족 및 국가의 특수성 등에 의해 결정된다.

맑스-레닌주의 고전저작가들이 강조했듯이, 노동자계급의 사회적 소명은 **세계사적**인 것이다. 역사적 사명은 보편적인, 모든 나라에 똑같은, 노동자계급의 이해와 목표, 사회주의와 평화에서 결과되는 주내용을 갖는다. 그것은 조만간 모든 나라에서 전개되며, 종국적으로는 어떤 세력도 그것을 저지할 수 없다. 해당 인민, 해당 민족의 일부로서 그리고 국제 노동자계급 및 그 운동의 일부로서 일국 노동자계급의 투쟁은 민족적 측면과 국제적 측면을 모두 갖는다. 노동자계급의 세계사적 사명의 실현과정은 일련의 근본적인 보편적 조건과 합법칙성을 보여준다. 이 사명의 목표인 무계급사회, '연합'은, 동시에 새로운 인민·민족의 세계공동체 창출을 의미한다.

노동자계급의 세계사적 사명 실현은 **세계사상 가장 심각한 사회 전체의 변혁**이다. 그러므로 그것은 오랜 역사적 기간에 걸쳐 진행되며, 여러 세대의 삶과 투쟁을 포함하고 또 강력한 물질적 및 정신적 세력을 요구한다. 이러한, 맑스-레닌주의 고전저작가들이 예언했고, 앞서간 세대의 혁명적 노동자운동 속에서 단지 부분적으로만 예견됐던 차원, 연관 및 과제는 자본주의에서 사회주의로의 이행의 시대인 바로 오늘날의 단계에서 그 전모를 명백하게 나타낸다. 이미 맑스, 엥겔스 및 레닌이 이 과정의 **몇 가지 본질특징**을 지적했는데, 그것에 오늘날 혁명적 노동자운동과 사회주의 나라들이 질적으로 새로운 실천적 및 이론적 과제로서 직면하고 있다.

———혁명적 노동자운동은 좁게 한정되는, 오로지 자기자신의 이해와 자기자신의 처지에만 해당되는 과제를 결코 설정하지 않았고, 않는다. 동업조합적인 계급이기주의와 반동적인 권력지향은 항상 그들과 무관했거나 그들의 반대투쟁에 부딪혔다. 노동자계급의 세계사적 사명에 대한 맑스-레닌주의적 이해는, 노동자계급이 그들 투쟁의 목표설정 속에 그들 시대의 문제 전체를 포함시키며, 그때그때 무르익는 민족적 및 국제적 문제에 대한 건설적 해결을 모든 단계에서 마련해야 할 과제를 갖고 있다는 점에서 출발한다. 자신의 세계사적 사명의 실현을 위한 노력은 혁명적 노동자운동으로서는, 비록 그 가능성과 구체적 형태는 역사적으로 변화해왔지만, 항상 평화를 위한 투쟁과 결합되어 있다. 그것은 민족적 및 식민지적 억압에 맞선 투쟁과의 뗄 수 없는 결합 그리고 그 이상의 문제들, 즉 도시와 농촌 간의 그리고 육체적 노동과 정신적 노동 간의 적대 및 본질적인 사회적 차이를 극복하는 것, 젊은 세대를 정치적 및 사회적 차별로부터 해방시키는 것 그리고 여성의 동등권을 관철시키는 것 등과의 결합으로 간주된다. 이러한 노동자계급의 계급이해와 인류이해의 원칙적인 일치는 갈수록 뚜렷해진다.[17]

———노동자계급의 발전과 그들의 세계사적 사명의 관철을 위한 투쟁은 특수한 방식으로 사회 전체의 운명과 연결되어 있다. 프롤레타리아트는 "자신의 처지 속에 총괄되어 있는……모든 비인간적인 삶조건을 지양하지 않고서는, 자신의 삶조건을 지양할 수 없다."[18] 다시 말해서, 자신의 해방으로써 전체 인류의, 온갖 형태의 착취와 억압으로부터의 해방이 이루어진다. 계급으로서 프롤레타리아트는 최종적으로, 현대적인 생산력의 발전에 의해 조건지어져, 무계급사회와 그것을 통한 자신의 계급으로서의 자기지양을 추구한다. 중요한 것은 단지 착취당하고 억압받는 모든 이의 이해에 맞게 행동하는 것만이 아니다. 오히려 그의 역사적 사명은 오로지 모든 근로인민과 공동으로, 광범한 동맹 속에서만 실현될 수 있다.

———노동자계급의 세계사적 사명은 현대 사회의 사회경제적 관계 속에 객관적으로 기초지어져 있다. 그러나 그것은 자생적으로, 자체진행으로 관철되지 않는다. 그 실현은 역사적으로 그리고 현재의 모든 상황마다 새롭게 근본적인 조건에 결부되어 있다. 주체적 요인, 계급의 의식성

과 조직성이 결정적인 역할을 수행한다. 그들의 과제설정의 척도와 연관하여, 노동자계급은 이전의 어떤 계급과도 다르게 그들의 해방의 조건과 그들 투쟁의 경로와 목표에 대한 과학적 인식을, 즉 이 투쟁을 이끄는 정치적 조직을, 과학적으로 기초지어진 전략과 전술을 필요로 한다. 이러한 요구로부터 또한 "프롤레타리아 해방의 조건에 대한 가르침"[19]으로서의 과학적 사회주의의 과제와 역할이 나온다.

실현의 보편적 조건

맑스-레닌주의 고전저작가들은 노동자계급의 세계사적 사명을 기초짓는 작업을 이 목표에 도달하는 경로에서 어떤 본질적인, **기본적인 수단과 방법**이 요구되는가 하는 문제에 대한 논의와 결합시켰다. 그들은 다음과 같은 점을 분명히 인식했다. 즉 역시 이러한 문제에서도 개별성, 구체적인 기한, 형태 및 방식을 미리 예견할 수 없다는 것, 모든 역사적 시대마다 그리고 각 나라마다 전혀 특수한, 개별적으로 예견이 불가능한 과제를 풀어야 한다는 것이다. 그들은 그러나, 일련의 보편적인 수단과 방법을 기초짓고, 또 노동자계급이 그들의 투쟁의 경과 속에서 해결해야 하는 상응하는 기본적 과제를 정식화할 수 있었다. 19, 20세기의 실천적 경험, 혁명적 노동자운동의 승리와 패배는, 우리 시대의 노동자계급의 역사적 과제를 성공적으로 실현하고 또 그럼으로써 인류 진보를 실현하기 위해서는 몇 가지 조건이 무조건적으로 창출되고, 몇 가지 과제가 무조건적으로 해결되어야 한다는 것을 입증하였다. 그리하여 이 과정의 근본적인 연관, **노동자계급의 세계사적 사명 실현의 합법칙성**이 관건으로 되었다.

제일의 기본적인 연관은, 노동자계급의 세계사적 사명의 성공적인 실현은 일정한, 역사적으로 정해진 그리고 역사과정 속에서 성장하는 높은 질의 **의식성과 조직성**을 전제한다는 데 있다. 따라서 사회의 인식과 변혁을 위한 **과학적인 이론**이 창조되고(그것이 19세기 맑스와 엥겔스의 역사적인 저작이었다), 또 그것이 실제 투쟁의 과정에서 지속적으로 검증되고 확대발전될 뿐만 아니라 계급의 정치적 운동과 결합되는 것, 다시 말해서 그 속에 '주입되는' 것이 필요하다. 후자는 각 나라에서 해결될 뿐만 아니라 지속적으로 모든 역사적 상황에서 항상 새롭게 다시 실현되어야 하는 과제이고, 거기서 그것을 위한 조건은 변화하며 예를 들어 사회주의 사회에서는 새로 형성된다. 그것은 다양한 형태로 벌어진다. 사회적 운동과 과학적 이론과의 이러한 결합의 주된 표현이자 상응하는 기구로서, 이 운동의 이해를 탐구하고 또 표현하는 것이 **혁명적 당**이다. 맑스-레닌주의당은 오늘날 노동자계급의 세계사적 사명 실현을 위한 주요 전제이자 주요한 수단을 이룬다. 이러한 당을 창출하고 발전시키고, 영향력 있는, 대중과 결합된 당으로 줄기차게 공고화시키는 것이, 이 사명 실현의 합법칙성이다.[20]

노동자계급의 세계사적 사명은 오로지, 이 계급이 근본문제에서 **통일적으로** 행동할 때, 그들의 여러 조직이 함께 **행동통일**로 나타나고 또 다른 근로인민 및 민주주의 세력과의 광범한 **동맹**을 실현시킬 때에만 비로소 실현될 수 있다. 노동자계급의 이해는 다수의 기본이해와 일치하고, 이 계급의 행동은 민주주의적인 성격을 띠며, 그들은 혁명적 당의 지도하에 점차 그리고 여러 가지 형태로 "연합을 통한 혁명적 통일"[21]을 발전시키고 오랜 과정 속에서 계급 균열과 사회의 계급 분열을, 자본주의적 경쟁 그리고 인민 및 민족의 적대를 극복하는 인민대중을 통합하는 세력이다. 사회주의 사회에서 계급과 계층의 행동통일, 동맹 및 제휴, 정치적, 도덕적 통일성 및 접근 등은 모두, 노동자계급의 역사적 사명을 특징짓는 사회적 운동법칙, **'연합법칙'**의 외형으로서, 최종적으로는 노동과 생산의 증대하는 사회화를 그 바탕에 깔고 있다.

노동자계급은 그들의 역사적 사명을 계급투쟁이라는 학교 속에서 전개시키는데, 그것은 여러 발전단계를 관류하며 상이한 형태를 취한다. 이 투쟁의 역사적 발전에 연관된 경험은, 그것이 "세 가지 측면――이론적인 측면, 정치적인 측면 및 실제-경제적인 측면――에 따라 조화와 연관 속에서 계획적으로"[22] 지도되어야 한다는 것, 그리고 성과는 또한, 무엇보다 맑스-레닌주의당의 지도활동에 의해 **계급투쟁의 세 가지 기본형태** 모두가 옳게 구사되는가에 달려 있다는 점을 보여주었다. 그것은 이 기본형태 각각의 고유성, 특수한 요구 및 한계를 인식하는 것을 포함한다. 19세기 이래 국제 노동자운동사는 계급투쟁의 세 가지 기본형태의 통일과 상호작용을 창조적으로 또 효과 있게 구사한 수많은 사례를 알고 있다. 그러나 그것은 또한 개별 측면에 대한 일시적인 과소평가 혹은 과잉강조의 오류와 실제적인 해악 또한 보여준다. 가령 경제주의의 모습으로(프롤레타리아트의 투쟁을 경제적 투쟁으로 국한시키는 것으로서, 이는 정치적 및 이데올로기적 투쟁의 과소평가와 그리고 자생성 이론의 경향과 결부되어 있다), 혹은 정치적 행동과 조치에 대한 주의주의적 절대화의 모습으로(이것은 경제적 조건에 대한 불충분한 고려 그리고 근로인민의 경제적 및 사회적 삶처지 개선을 위한 나날의 투쟁에 대한 경시를 동반한다), 혹은 끝으로 투쟁의 이데올로기적·교육적인, 육성의 측면에 대한 일면적 과대강조와 그것을 정치적 및 경제적 투쟁과의 살아 있는 연관으로부터 떼어내는 것으로서, 이것은 또한, 우리는 먼저 인간을 사회주의자로 교육시켜야 한다는, '새로운 인간을' 창조해야 한다는, 그때비로소 사회주의 사회의 건설이라는 작업에 착수할 수 있다는 생각에서 나타난다. 계급투쟁의 세 가지 기본형태의 통일과 상호 규정성은 새로운, 사회주의 사회의 계획적인 건설에서의 경제, 정치 및 이데올로기의 통일에서 지속되게 된다.

노동자계급 투쟁의 경로, 형태, 단계 및 기간이 아무리 다양하다고 할지라도 그들의 계급투쟁, 그 계급과 그 동맹자의 행동은 조만간에 **사회주의혁명**을, 노동자계급 및 그 동맹자에 의한, 인구의 압도적 대다수에 의한 정치적 지배의 획득을 야기시킨다. 그것은, 사회를 점차 사회주의적으로 변혁시키고 그럼으로써 새로운, 진정으로 인간적인 관계를 창출해내기 위한, 뒤집을 수 없는 전제이다. 그러므로 부르조아 지배의 타도 그리고 **노동자계급 및 그 동맹자에 의한 정치권력 획득**은——1871년 파리코뮨 이래 혁명적 투쟁의 경험이 보여주고 있듯이——노동자계급의 세계사적 사명의 온전하고 종국적인 관철을 위한 기본전제라는 것이, 또 그럼으로써 동시에 이 과정의 합법칙성이라는 것이 입증되었다.[23)]

이미 맑스-레닌주의 고전저작가들은, 오늘날 사회주의 나라들의 실천을 통해 그 타당성이 여러 가지 방식으로 또 그 의미성 전체로서 입증되는 기본인식을 강조한 바 있다. 정치적 권력의 획득은 그 자체가 목적인 것은 아니며, 사회적 해방과정의 완료도 아니다. 정치적 권력은, 사회주의적 민주주의 자체의 개선이라는 모습으로 발전하는데, 노동자계급 및 모든 근로인민을 경제적으로 해방시키는, "사회적 목적의 실현"[24]을 위해 생산력을 빠른 속도로 발전시키는 전제이자 도구인 것이다. **경제정책과 사회정책의 통일**에서의 주과제는 오늘날 사회주의 나라들에서 **노동자계급의 세계사적 사명을 더욱 실현시킴에 있어 하나의 합법칙적인 요구**임이 입증되고 있다.

역사적 성숙단계

노동자계급의 세계사적 사명의 실현은 오랜 역사적 기간을 포괄한다. 그것은 **노동자운동**이 형성되어가는 과정, 다시 말해서 이 계급이 그들의 이해를 옹호하고 관철시키기 위해 벌이는 투쟁과 행동의 역사적인 사슬들, 경제적, 정치적, 이데올로기적 및 조직적 노력 전체의 형성과정이다. 이 운동의 진보와 함께 그것의 내용, 형태 및 사회적 작용력이 변화한다. 이미 「공산당 선언」에서 맑스와 엥겔스는 당시에 예견 가능했던 성숙단계, "프롤레타리아 발전의 가장 보편적인 단계"[25]를 개괄하였다. 보편적 발전단계 및 그 객관적 조건성에 대한 이러한 인식은 후에 맑스의 「고타강령 비판」, 레닌의 「국가와 혁명」과 같은 저작에서 심화되었다.

오늘날까지 축적된 경험은, 민족적 및 국제적 노동자운동을 다룬 사회과학자들의 포괄적인 연구에서 표현되고 있듯이, 노동자계급 투쟁의 성숙단계와 새로운, 사회주의 사회의 사전준비 및 형성의 단계 사이에 뗄 수 없는 연관이 있다는 것을 입증해주고 있다. 이 과정은 개별 나라와 지역에서 균일하게 또 동일한 형태로 진행됐거나 진행되고 있는 것이 아니다. 그것은 오랜 기간에 걸친, 세력 결집 및 혁명적 절정과 휴지의 단계, 승리와 패배, 썰물과 밀물, 침체와 급속한 진보 등의 단계를 보인다.

역사적 사명의 실현은 그 첫걸음부터, 노동자계급에 대해 영향력을 행사하려는, 그들을 분열시키고 그들의 발전을 가로막으려는 부르조아지의 기도에 맞선 투쟁 속에서 이루어진다. 자본주의에서 사회주의로의 이행의 변증법이 반영되어 있는 이러한 모든 요인들을 현실주의적으로 고찰할 때, 노동자운동 그리고 노동자계급 및 그 당에 의해 지도되는 사회주의 나라들의 이해와 목표의 세계사적 관철의 보편적인 기본방향이 모습을 드러낼 뿐만 아니라, 개별 나라 및 세계사적 단계 내의 모든 역사적 및 민족적 차이와 다양성에도 불구하고 **전형적인 특징**을 내보이는, 노동자계급 투쟁의 **보편적인 성숙단계**가 드러난다.

개별 나라 내의 노동자계급 및 노동자운동의 역사는 우선 **첫째의, 기초적인 발전단계**를 보여준다. 인구의 일부가 프롤레타리아트로, 이중으로 자유로운 임금노동자로 변형되는 과정이 이루어진 이후, 수동적인, 착취당하는 대중의 자생적인, 대개는 분산된 저항으로의, 가장 극악한 형태의 착취와 억압에 맞선 사회적 투쟁으로의 이행이 결과된다. 최초의 노동자조직, 보통은 아직 부르조아적 혹은 쁘띠부르조아적 영향하에 있는 노동자조직이 창출된다. 이 발전단계에서 객관적으로 공동의 상황에 처해 있는 프롤레타리아트는 아직 대자적 계급은 아니지만 자본에 대해 이미 하나의 계급, "즉자적인 계급"으로 형성된다.[26] 독일의 경우 이 단계는 19세기의 30년대와 40년대초까지 걸쳐 있다.

다음 성숙단계의 특징은, 프롤레타리아트 내에 **혁명적 전위**가 조직된다는 것 그리고 프롤레타리아트가 자신의 혁명적 당의 도움으로 독자적인 정치적 세력으로 발전한다는 것이다. 계급의 일부가 갈수록 그들의 이해를 의식하며, 당의 지도를 받아, 사회적 발전의 모든 문제에 독자적인 계급적 관점으로 접근하는 법을 배우게 된다.

이러한 토대 위에서 대개는 오랜 과정을 거쳐, 노동자계급이 당대의 사회적 문제를 해결하기 위한 투쟁 속에서, 평화, 민주주의 및 사회적 진보를 위한 투쟁 속에서, 반제적인, 민족적인 해방투쟁 속에서 **지도적인 세력**으로, **광범한 동맹**의 틀 안에서 **맹주**로, '모든 근로인민을 위한 계급'으로 되어가는 발전이 전개된다.

노동자계급 투쟁의 **새로운, 보다 높은 성숙단계, 그들의 세계사적 사명의 실현에서의 새로운 질**은, 그 계급이 혁명적 당의 지도하에 사회주의혁명 속에서 다른 근로인민과의 동맹 속에서, **지배하는, 사회를 형성하는 계급**으로 높여지고, 부르조아지를 정치적 및 경제적으로 무력화시키며, 사회주의의 토대를 확립하며 인간에 의한 인간의 착취를 제거한다는 점에 있다. 생산할 뿐 아니라, 권력을 행사하기까지 하는 계급으로서, 그들은 이제 또한 그들의 국제주의적 연대성을 위한 그리고 국제관계에 대한 영향력 행사를 위한 새로운 가능성을 갖게 된다.

자본주의에서 사회주의로의 이행의 완료와 함께, 발전된 사회주의 사회의 형성의 개시와 더불어, 사회주의적 계급 및 계층과의 동맹 속에서 **사회적 및 정치적 주력으로서의 사회주의적 노동자계급**은, 과학기술적 진보를 관장하는 데 있어, 주과제를 경제 및 사회 정책의 통일에서 해결하는 데 있어, 그리고 세계평화를 확보하고 새로운 국제관계를 형성하는 데 있어 사회 전체적 규모에서 그들의 창조적인 잠재력을 펼친다. 무계급사회의 확립으로 가는 길 위에는 각 나라마다 그리고 국제적으로 여전히 해결해야 할 커다란, 포괄적인 과제들이 있다.

오늘날의 시각, 20세기 종반에 도달된 상황에서, 세계사적 사명 실현의 이제까지 경과의 성숙단계와 성과를 고찰해볼 때, 일련의 문제들이 눈에 잡힌다. **성숙단계**의 주어진 특징은 전형적인 것, **압도적인 진보적 경향**을 표현하고 있다. 동시에 보통 구체적인 역사적 과정이 진행중인 해당 나라에서는, 설사 계급 전체로는 그들의 진보적인 부분의 영향하에 보다 높은 성숙단계로 진전해 있다 하더라도, 계급 일부에서는 **지나간 성숙단계의 요소들이 여전히** 존속한다. 이러한 변증법은 혁명적 전위의 정치적 지도활동에서 항상 정확하게 또 현실주의적으로 고려되는 것이 바람직하다. 이와 연관하여 특히 중요한 것은, 20세기에 자본주의의 불균등한 경제적 및 정치적 발전과 그 결과를 토대로 **국제 노동자계급**이 커다란, 객관적으로 조건지어진 **발전상의 차이**를 보인다는 사실이다. 세계 주요 지역의 노동자계급의 형상 속에는 위에 거론된 성숙단계들이 국제적인 규모로 **동시적으로, 나란히** 존재한다. 제국주의 세력은 이러한 정황에 착안하여, 국제 노동자계급 내에 분열경향을 심는 데 악용한다. 그러나 본질적인 것은, 개별적인 민족적 당 및 조직의 활동에 있어, 노동자계급의 차별적인 발전수준 및 그에 상응하는 특수한 전략적, 전술적 과제를 충분히 유의하면서도, 모든 노동자계급의 민족적 부대가 평화 및 사회주의에 대해 갖는 동질의 기본관계 및 거기서 비롯되는 공동의 책임을 고려하는 그러한 연대적 행동을 발전시켜내는 것이다. 마지막으로 중요한 것은, 아시아, 아프리카 나라들 전반에서 **오늘날 형성되어가고 있는 노동자계급**이 선진적인 부대의 경험을 지주로 삼을 수 있다는 것이다.

3. 노동자계급의 세계사적 사명 실현의 새로운 조건과 요구

19세기 이래의 역사적 경험은, 혁명적 노동자운동으로서는 각각의 새로운 역사적 상황마다 달성된 성과와 그 투쟁의 가르침을 지주로 하여, 노동자계급의 역할을 근본적으로 숙고하고, 또 이 계급이 인류 및 사회적 진보의 이해에 맞게 그들의 역사적 사명에 응답하는 것을 가능케 해주는 정책을 발전시켜내는 것이 필요하다는 점을 웅변하고 있다. 그것은 특히 심각한 사회적 변화의 시기에 그러하다. 레닌은 우리 세기가 시작될 즈음, 제국주의 단계——사회주의혁명의 전야로서——로의 진입과 함께 개진된 문제에 대한 새로운 답변을 주었다. 그리고 그를 통해 노동자계급 및 그들의 과제에 대한 맑스와 엥겔스의 인식을 더욱 발전시켰다.

노동자계급의 세계사적 사명의 실현을 위한 본질적으로 **새로운 조건과 요구**가 또한 우리 시기, 20세기 종반에도 생겨났다. 세계적 규모에서 그것은 다음과 같은 사항에서 비롯된다.

———핵에 의한 인류의 자기파멸 가능성 및 위험과 연관하여 평화를 유지시키고 지속적으로 보장해야 할 과제.

———과학기술혁명의 요구, 인류의 물질적 및 정신적 잠재력의 거대한 증폭.

———수많은 그 이상의 지구적인, 또한 특수한 방식으로 노동자계급의 투쟁 및 사회주의의 형성과도 연관되는 문제의 해결에서의 요구.

———그리고 마지막으로, 본질적으로는 거기서 비롯되는 오늘날 세계의 전체성 및 모순성의 강화로서, 이는 사회주의와 자본주의 간의 기본모순이, 가장 침략적인 제국주의자 집단과, 압도적 우위의, 평화에 이해관심을 갖는 인류 간의 기초적이고 지배적인 모순과 전세계적으로 또 다양한 유형과 방식으로 뒤얽혀 있다.[27]

계급이해, 인류이해

이러한 조건하에서 원칙적으로 그리고 또한 노동자계급의 투쟁경험의 견지에서, **계급이해와 인류이해 간의 관계**, 사회적 진보와 인류 생존의, 그리고 또한 그와 더불어 노동자계급의 투쟁과 평화투쟁 간의 관계가 극도로 첨예하게 개진되고 또 새로 설정된다. 생산력, 특히 과학 및 기술뿐만 아니라 사회적 진보를 위한 인민의 투쟁의 역사적인 발전, 사회적 삶의 국제화와 사회체제의 전세계적 대치 및 무엇보다 전쟁과 평화의 문제 그리고 그 이상의 지구적인 문제들이 도달한 수준과 차원은 엄청나서, **인류 전체의 생존의 우위성**을 조건짓고 또 그럼으로써 중요한 **보편인류적 이해**——최종적으로는 인류라는 종(種)의 보존에 집중되는——의 각인을 야기시켰다. 거기서 맑스-레닌주의당 정책에 대한 요구와 그 이론을 위한 새로운 문제설정이 비롯된다. 그것은 무엇보다 **노동자계급의 세계사적 사명을 관철시키는 경로, 수단 및 방식**에 관계된 것이다.

혁명적 노동자운동의 투쟁은 또한 항상 **사회적 진보와 인류이해를 위한 노력**이었다. 공산주의를 "단순히 노동자뿐만 아니라 인류의 문제"[28]라고 했던 맑스 및 엥겔스와 마찬가지로, 레닌은, "사회적 발전의 이해가 프롤레타리아트의 이해보다 더 우위에"[29] 선다고 강조하였다. 공산주의운동은 이 문제에 있어 편협한 접근경향 및 종파주의와 거듭 대결하였다. 노동자계급의 세계사적 사명의 이론적 구상의 기본사고는 항상, 노동자계급이 자신을 해방시키면서 전체 인류를 해방시킬 것이라는 것, 노동자계급은, 전체 사회를 해방시키지 않고서는 자신을 해방시킬 수 없다는 것이었다. 무엇보다 위대한 사회주의 10월혁명 이래 권력에 도달한 노동자계급은 다른 모든 평화세력과 함께 평화의 유지를 위해 그리고 그럼으로써 인류의 기본이해를 위해 싸워왔다. 노동자계급의 투쟁 및 사회주의의 발전과, 평화, 민주주의, 민족해방을 위한, 그 모든 다양한 것에서의 인류진보를 위한 노력 사이의 뗄 수 없는 연관, 변증법적인 상호작용은 최근 10년 동안 더욱 각인되었고 현재에는 새로운 질과 형태를 획득하게 되었다.

80년대초 이래의 역사적인 상황 속에서 노동자계급의 세계사적 사명의,

그리고 그로써 사회주의의 휴머니즘적인 본질이 새로운, 보다 깊은 의미를 획득하였다. 맑스-레닌주의당과 사회주의 국가는 그에 따라 광대한 결론을 도출해내었다. 이제부터 본질적인 것은, 평화의 유지와 확보를 위한 노력 자체가 사회적 진보를 의미하며, 그럼으로써 노동자계급의 세계사적 사명을 더욱 실현시키기 위한 절대적인 전제로 되었다는 점이다. **보편-인류적인, 보편-민주주의적이고 특수-사회적인**, 계급적인 (특히 본래적 의미에서 사회주의적인) **이해와 과제**가 더욱 뒤얽혀졌으며 무엇보다 핵재앙을 막을 필요라는 문제 속에 더욱더 녹아들어 있는 상태이다. "평화를 위한 투쟁 속에는 사회주의의 계급이해가 인류 전체의 가장 고유한 이해와 뗄 수 없이 결합되어 있다."[30] 사회주의 나라들은 이러한 상황으로부터, 전세계의 광범한 평화지향적인 세력으로 구성된 모든 이성과 현실주의 동맹을, 사회적 진보에 대한 그들의 입장과 무관하게, 정치적, 이데올로기적 및 종교적 견해차이를 무시하고, 적극적으로 또 가능한 모든 수단을 동원하여 지지한다는 정치적 결론을 도출하였다.

이러한 기본적인 지향은 노동자계급의 세계사적 사명을 위한 계속된 투쟁의 포기를 의미하는 것도 아니며, 다른 계급의 이해를 노동자계급의 이해 혹은 정치 밑으로 '전술적으로 종속'시키는 따위와 관계 있는 것도 아니다. 맑스-레닌주의자는, 오늘날 **생존에 대한**, 인류문명을 절멸시키는 핵전쟁으로부터 세계를 지키는 것에 대한 중심적인, **지구적인 인류이해**를 고려하지 않고서는 그 어떤 **계급도 자신의 특수한 이해**를 추구할 수 없다는 사실에서 출발한다. 그리하여 이론적 및 정치적 작업에서 무엇보다 다음의 맑스-레닌주의적 기본인식이 강조되고 또 동시에 새로운 시야 속에 위치지어진다. 객관적인, 다시 말해서 경제적인 관계에 의해, 역사적인 위치, 역할 및 과제에 의해 결정된 요구와 필요 그리고 거기서 결과되는 여러 계급행동의 기본경향은 지양되지 않고, 민족적 및 국제적으로 계속 존재한다. 그러나 그것은 여러 다양한 물질적 및 관념적 이해의, 계급집단 및 개인 이해의, 국가적, 민족적, 전체사회적, 국제적 이해의 '얽힘' 전체 속에서 그리고 오늘날에는 보편적, 지구적 인류이해의 비중이 늘어나는 조건하에서 작용한다. 호네커는 1983년 이렇게 강조했다. "인류의 지고의 선(善)인 평화의 옹호는, 가장 우위의, 공동의, 통일적인 이해이다."[31]

그러므로 과학적인 정책은 객관적으로 존속하는 **계급적대**와 **계급이해**를, 양 사회체제간의, 국가집단간의, 계급성격을 띠고 있는 차이와 적대를, 세계관과 사회구상의 이데올로기적 적대를 얼버무리거나 부인하는 일이 없이 오늘날의 이러한 새로운 이해군(群)을 고려해야 한다. 이러한 한에서, 또한 사실이 입증하고 있듯이 **계급투쟁**이 포기되거나 폐기되는 것이 아니다. 왜냐하면 그것은 적대적인 계급, 사회체제 및 이데올로기가 존재하는 조건하에서는 불가피하기 때문이다. 맑스-레닌주의당과 사회주의 국가들은, 인류의 삶문제 해결로의 진보는 오로지, 자신의 무분별하고 모험적인 이윤이해 때문에 인류의 생존을 걸고 도박을 자행하는 독점부르조아지의 가장 침략적인 일파에 맞선 치열한 투쟁 속에서만 도달될 수 있다는 것을 의식하고 있다. 이 투쟁에서의 성과는 본질적으로 사회주의를 전면적으로 강화하는 것에, 그 장점을 펼치는 것에, 또한 통틀어 여러 형태로 가능하고 또 결과되는 평화운동 투쟁과 사회적 목적을 위한 투쟁의 결합에 좌우되는 것이다. 거기서 무엇보다 중요한 것은, 여러 경제적, 사회적, 정치적 및 이데올로기적 투쟁과 대결에서 중심적 인류이해——세계평화의 확보——의 선차성이 일관되게 고려된다는 것, 평화에 대한 위협을 전혀 초래하지 않고 국제 갈등상황의 정치적, 비군사적 해결을 장려하는 투쟁형태가 추구된다는 것, 그리고 그 불가피한 이데올로기적 대결이 문명화된 형태로, 실질적인 대화 및 광범한 이성과 현실주의 동맹이 방해받지 않게끔 추진된다는 것이다. 노동자계급의 세계사적 사명은, 객관적으로 인류 진보와 일치하며, 오늘날 그리고 장차, 오로지 양 사회체제의 평화적인 경쟁 속에서, 안정된 국제 평화질서 속에서만 펼쳐질 수 있다.

지구적 문제의 해결

우리 시대의 근본적인 인류문제, 즉 평화의 확보와, 핵으로 인한 전인류문명 절멸의 방지—— '제일의 지구적 문제'——와 밀접하게 결합되어 있는 것은, 그것의 **국제적인, 체제를 넘어서는 차원**, 그것의 **긴박성**, 그리고 그것의 **크기**와 **복잡성** 때문에 마찬가지로 인류의 지구적 발전문제로 특징지어지는, 그 이상의 문제들이다. 그것들은 수년 전부터 수많은 자연 및 사회과학 분야의 논의와 탐구의 대상이었으며, 갈수록 여러 계급 세력, 당 및 국가의 정책과 세계관적 토론에서 더욱 주요한 위치를 점하게 되었다.

지구적 문제에서 특징적인 것은, 그것이 직접 혹은 간접적으로 **인류 전체의 이해**, 모든 인민·민족의 생존에 관계된다는 것, 그것이 **객관적인 요인**으로서, 조건으로서, 무엇보다 사회적 발전의 국제화 진전으로 말미암아, 다소 강하게 **세계의 모든 주요 지역**에서 작용한다는 것이며, 그 **첨예화**는 ——그것이 해결되지 않을 경우—— 인류 절멸의 위험을 불러일으킬 정도라는 것이다. 그것의 차원 그리고 비록 속도는 완만할지 몰라도, 그 해결을 더 이상 미룰 수는 없다는 요구로부터 또한, 그것은 오로지 모든 인민·민족 공동의 노력을 통해서만 해결될 수 있으며 사회주의, 제국주의 및 신생민족국가의 책임감 있고, 편견 없는 협력과 국제적, 국가적 및 사회 기구의 더욱 효과적인 작용을 조건짓는다는 결론이 도출된다.

이 **지구적 문제**들은, 다양한 방식으로 서로 뒤얽혀 있는데, 그 중 우선적인 것은 다음과 같다.

——인류가 계속 존속하기 위한 가장 주요한 전제로서 평화의 확보.

——새로운 민주주의적인, 공평한 국제경제질서의 도입 그리고 그와 결합된, 구식민지 지역 그리고 제국주의에 종속된 나라들의 발전 정체의 점차적 극복.

——세계 인구의 성장, 즉 인구학적 과정을 고려한 세계 식량공급의 확보.

——세계 에너지 및 세계 원료토대의 확보. 이것은 또한 새로운 에너지원의 발견 및 활용, 우주 개척 및 대양자원의 활용과 결합되어 있다.

——인간의 파괴적인 영향력으로부터 자연을 보호하는 것, 다시 말해서 좁은 의미의 환경문제의 해결.

——전염병 및 다른 질병으로부터 인간의 건강을 보호하는 것.

이러한 삶문제——인류의 '생존문제'라고 해도 어느 정도는 타당할——를 해결해야 할 우리 세계 모든 사회적, 정치적 세력의 불가분한 책임은 동시에 **노동자계급 및 사회주의의 특수한 의무**를 포함한다. 이러한 다층의 문제들을 노동자계급의 세계사적 사명 실현이라는 측면에서 볼 때,

맑스-레닌주의당의 정치적 기본입장 몇 가지가 확연하게 모습을 드러낸다.

첫째, 맑스-레닌주의 고전저작가들이 폭넓게 예견했듯이, 지구적 문제, 특히 또한 인간과 그들의 자연환경 간의 상호관계를 최적으로 형성하는 문제의 해결은 **노동자계급의 세계사적 과제의,** 그리고 그로써 또한 **사회주의 사회전략의 유기적 구성부분**이다. 부분적으로 극적이기까지 한 지구적 문제의 첨예화는 그것들대로의 유형과 방식으로 새로운, 노동자계급에 의해 형성된 착취가 없는 사회의 긴박성을 명확히 해주지만, 그러나 동시에 이 계급이 그들의 동맹자와 함께 오늘날 해결해야 할 과제의 스펙트럼을 넓혀주기도 한다.

둘째, 거론된 많은 문제의 해결을 위한 투쟁은 정말 장기적인 성격을 가지며 분명 새로운, 사회주의 사회가 전세계적으로 달성되는 기간까지 지속될 것이다. 그럼에도 불구하고 사회주의 국가와 맑스-레닌주의당은 그 전체로 이미 **오늘날, 건설적인 해결제안을 그들 정책의 내재적인 구성부분으로** 발전시켜내게끔 동기를 부여받고 있다. 그들이, 이 과제를 사회주의 세계의 미래의 세대에게도 떠넘기려는 입장에 반대하는 것은 당연하다. 예를 들어 사회주의 나라들 전체와 많은 제3세계 나라들의 경험이 보여주고 있듯이, 혁명적 과정의 운명은, 자주 식량문제의 해결과 인구문제 등에 밀접하게 결합되어 있다.

셋째, 지구적 문제의 해결 요구는 **평화공존 정책**에 있어 결정적인 접합점을 제공한다. 그 차원과 지리적 특수성 그리고 현재의 경제적 및 정치적 세력관계는 보통 많은 문제의 해결에 있어 상이한 사회체제를 갖는 국가의 협력을 촉구하며 또한 이러한 점에서 **동맹 가능성**을 넓혀준다.

넷째, 혁명적 노동자운동과 사회주의 국가의 과제는, 지구적 문제의 해결에 있어, 일체의 사회적 및 계급무차별성 그리고 '지구적 인류위기'의 선전과 무관하며 또 수백 년에 걸친 착취사회의 책임, 특히 제국주의적 식민지 및 종무장 정책의 책임에 대해 침묵하지 않는, **그들 나름의 독자적인, 과학적으로 기초지어진 구상**을 개발해내는 것이다. 지구적 문제는 항상 자연적(과학기술적)이고 사회적인, 사회정책적인 측면을 갖고 있다. 그것은 때때로 체제를 넘어서지만, 그러나 체제와 무관한 것은 아니다. 그러므로 노동자계급은, 지구적 문제가 단지 그 영향력을 제한시키는 차원에서뿐만이 아니라, 종국적으로는 그 뿌리까지 극복되도록 하는 데 각별한 책임을 갖는다. 노동자계급의 세계사적 사명은 이 문제에서도 또한, 사회주의가 자신의 장점과 잠재력, 특히 계획성, 휴머니즘, 인민의 동등권과 연대성을 관철시키고, 인간이 중심에 서는 사회로의 이행을 전세계적으로 확보할 것을 요구한다.

<요점질문>

1. 노동자계급의 세계사적 사명은 무엇에 기초하고 있는가?

2. 노동자계급이 그들 발전의 모든 단계에서 혁명적인 계급으로 남는다는 것은 무엇에 기인하는가?

3. 현재 국제 노동자계급의 성장을 보여주는 가장 주요한 현상형태는 무엇인가?

4. 노동자계급의 세계사적 사명은 과연 얼마만큼 보편인류적 이해의 집약된 표현인가?

5. 노동자계급의 역사적 사명의 실현과 지구적 문제의 해결과의 뗄 수 없는 연관으로부터 맑스-레닌주의당 정책을 위한 어떤 결론이 도출되는가?

■주

1) Lenin, "Die historischen Schicksale der Lehre von Karl Marx", *Werke*, Bd. 18, S. 576 참조.
2) 이 책 제1장 1절 참조.

3) 이 책 제3, 4부, 특히 제12, 14장 참조.
4) 이 책 제7장 1절 참조.
5) 이 책 제8장 2절 참조.
6) Marx/Engels, "Manifest der Kommunistischen Partei", ***MEW***, Bd. 29, S. 410.
7) Lenin, "Die große Initiave", ***Werke***, Bd. 29, S. 410.
8) Lenin, "Geschichtliches zu Fragen der Diktatur (Notizen)", ***Werke***, Bd. 31, S. 340.
9) Lenin, "Rede auf der Konferenz der Vorsitzenden der Exekutivkomitees der Kreis, Amtsbezirks-und Dorfsowjets des Moskauer Gouvernements", 15. 10. 1920, ***Werke***, Bd. 31, S. 316.
10) Marx, "Das Kapital. Erster Band", ***MEW***, Bd. 23, S. 407, 442.
11) Engels/Marx, "Die heilige Famile oder Kritik der kritischen Kritik", ***MEW***, Bd. 2, S. 38.
12) 이 책 제3장 1절 참조.
13) Lenin, "Die Wahlen zur Konstituierenden Versammlung und die Diktatur des Proletariats", ***Werke***, Bd. 30, S. 264.
14) 이 책 제7장 1절 참조.
15) Marx, "Das Elend der Philosophie", ***MEW***, Bd. 4, S. 182.
16) Engels/Marx, "Die heilige Familie", S. 38.
17) 이 책 제12장 3절 참조.
18) Engels/Marx, "Die heilige Familie", S. 38.
19) Engels, "Grundsätze des Kommunismus", ***MEW***, Bd. 4, S. 363.
20) 이 책 제3장 1절 참조.
21) Marx/Engels, "Manifest der Kommunistischen Partei", S. 474.
22) Engels, "Ergänzung der Vorbemerkung von 1870 zu 'Der deutsche Bauernkrieg'", ***MEW***, Bd. 18, S. 516f.
23) 이 책 제6장 1절, 3절 참조.
24) 맑스가 ***The World*** 통신원에게 준 인터뷰 자료, ***MEW***, Bd. 17, S. 641.
25) Marx/Engels, "Manifest der Kommunistischen Partei", S. 473.
26) Marx, "Das Elend der Philosophie", S. 181.
27) 이 책 제5장 1절, 2절 참조.

28) Engels, "Die Lage der arbeitenden Klasse in England", ***MEW***, Bd. 2, S. 505 ; 그 책의 독일어 재판 서문(1892), ***MEW***, Bd. 22, S. 321 참조.

29) Lenin, "Entwurf eines Programms unserer Partei", ***Werke***, Bd. 4, S. 230.

30) 독일통일사회당 중앙위원회 2차회의에서의 E. 호네커 총서기의 연설, ***Unsere Innen- und Außenpolitik dient dem Sozialismus und dem Frieden.*** Berlin 1986, S. 13f.

31) E. Honecker, 독일통일사회당 중앙위원회의 국제 과학회의에서의 연설 및 결어, ***Karl Marx und unsere Zeit—der Kampf um Frieden und sozialen Fortschritt***, 의사록, Dresden 1983, S. 22.

제3장
맑스-레닌주의당과 국제 공산주의운동

노동자계급의 세계사적 사명은, 이 계급의 독자적인 혁명적 정치정당이 창조되고, 그것이 대중과 밀접하게 결합된, 사회적 진보를 위한 투쟁을 지도하는 세력으로 발전할 때에만 비로소 성공적으로 실현될 수 있다. 노동자계급의 혁명적 당에 대한 가르침은 과학적 사회주의 이론의 중요한 한 구성부분이다.

지나간 약 150년 동안의 사회적 발전은 세계사적 사명의 완수를 위한 도구로서의 당에 대한 맑스-레닌주의의 가르침의 정당성을 입증하였고, 또 다양한 새로운 경험을 제공하였다. 오늘날 맑스-레닌주의당은 세계 약 백여 나라에서 활동하고 있다. 그들은 국제 노동자운동의 일부이며 매우 상이한 조건하에서 일하고 있다. 그들의 활동은 민족적, 국제적으로 점증하는 인정과 주목을 받고 있으며, 그들의 책임 또한 증대하였다. 사회적 진보의 적들은 그들을 겨냥하여 더욱 유형, 무형의 공격을 가하고 있다. 맑스-레닌주의당은 각 나라의 전통과 조건 속에 깊고 확고하게 뿌리를 내리고 있다. 또한 동시에 그들은 동등한 권리를 갖는 독자적인 당으로서, 영향력 있는 국제적 정치세력, 즉 국제 공산주의운동을 구성한다.

1. 맑스-레닌주의당 —— 특징과 주요과제

「공산당 선언」 이래의 맑스-레닌주의 고전저작가들의 인식과 광대한, 상이한 조건하에서 여러 시대에 축적된 경험을 근거로 하여 과학적 사회주의는 다음과 같은 질문에 답변을 제공한다.

———각 나라마다 노동자계급의 혁명적 당을 **창출해야 할** 역사적인 **필요 · 필연성**에 대한 질문.

———자본주의에서 사회주의 및 공산주의로의 이행과정 전체에서 이러한 당이 **존재**하고 **활동**해야 할 필요 · 필연성에 대한 질문.

———자신의, 객관적으로 조건지어진 과제에 응답할 수 있기 위해 지속적으로 발전해야 하는 이 당의 근본적인 **특징**, 가장 중요한 **성질**에 대한 질문.

혁명적 당의 필요 · 필연성

노동자계급의 혁명적 당의 필요 · 필연성은 원칙적으로 이 계급의 **투쟁조건**에서 그리고 **자본주의에서 사회주의로의 이행의 특수성**에서, **새로운, 사회주의 사회의 요구**에서 비롯되었고 또 비롯된다.

오늘날의 의미에서의 **정치적 당**은 자본주의의 형성과정에서 생겨났다. 그것은 한 사회적 계급 혹은 계층의 대표들로 구성되어, 그들이 그 계급, 계층의 이해와 목표를 정치적, 경제적 및 문화-교육적인 영역에서 강령적으로 확정하고, 그 정치적 발걸음을 이데올로기적으로 기초지으며, 그들 이해의 관철을 위해, 사회적 삶에서의 영향력을 위해, 정치적 권력을 위해, 조직화되어 투쟁하는 정치적 결합체이다. 과학적 사회주의에서 우리는 맑스-레닌주의의 유산을 근거로, 부르조아적, 쁘띠부르조아적 당들의 성격, 내적 모순, 목표와 기능을 정확하게 평가할 기준과 수많은 사례를 본다. 19세기 전반 이래 노동자계급의 혁명적 당의 형성, 발전과 함께, 그 기능에서, 그 강령적 목표, 그 조직원칙 및 활동원칙에 대한 과학적 기초작업에서 이전의 모든 부르조아적 및 쁘띠부르조아적 유형의 당과 근본적으로 구분되는, 정치적 당의 새로운 질이 생겨났다.

맑스-레닌주의 고전저작가들에 의해 포괄적으로 기초지어진 **노동자계급의 혁명적 당의 필요·필연성**은 어디에서 비롯되는가?

첫째로, 무엇보다도 이 필요·필연성은 노동자계급의 세계사적 사명의 실현과정 전체에 걸쳐, 자본주의에서 사회주의 및 공산주의로의 **사회구성체 교체의** 객관적인 사회경제적 **토대**에 그 뿌리를 두고 있다. 이미 자본주의에서도 뚜렷한 생산과 노동의 사회화과정, 갈수록 명확하게 드러나는, 생산수단의 사적 소유를 제거할 필요·필연성, 이러한 인류사상 가장 심각한 변혁에 있어 객관적 조건과 주관적 요인의, 자생성과 의식성의 변증법, 이 모든 그리고 다른 요인들은 역사적으로 볼 때 전대미문의 높은 **의식성** 및 **조직성** 수준, **목적지향성** 및 **계획성** 수준, 목적의식적 지도를 통한 **인민대중 동원** 수준을 **요구**한다. 그럼으로써 노동자계급과 사회적 진보의 이해를 이론적으로, 정치적 및 조직적으로, 민족적, 국제적으로 표현할 수 있는, 이러한 거대한 과제를 스스로 설정하고 그것에 자신을 바치는 하나의 조직에 대한 요구가 개진된다.

둘째, 노동자계급 및 근로인민 전체는 자본주의 내에서의 그들의 처지 때문에, 그들의 이해와 역사적 과제를 인식하고 실현하는 데 필요한 과학적 및 교육적 전제를 스스로 획득할 수 있는 가능성과 수단을 갖고 있지 못하다. 또한 자본주의적 착취 및 그것의 다양한 작용에 맞선 자생적인 저항은, 경제적 투쟁의 제한된 경험에 의해 그리고 부르조아 이데올로기의 우세에 의해 그어진 그 한계를 극복하지 못한다. 노동자계급이 경제적 투쟁의 영역에 머물러 있고 또 단지 이제까지 획득된 경험을 토대로 몇 가지 부분이해에 대한 일별만을 획득하는 한, 그들은 사회주의적 의식으로 돌진할 수 없고 또 독자적인 정치세력으로 될 수 없다. 필요한 것은, **과학을 노동자운동과 결합시키는**, 사회주의적 의식을 노동자운동 속으로 주입시키는, 과학적인 통찰로의, 고유한 근본적 이해로의, 다른 계급 및 계층과의 관계로의 그리고 사회주의적 목표로의 통로를 매개해주는, 조직화된 세력이다. 이러한 과학적인 이론을 마련하고, 창조적으로 발전시키고, 적용하며 또 전파하는 것과 관련된 과제는 해당 나라에서 혁명적 당을 창출하는 데 있어 단지 일회적으로 수행해야 할 과제가 아니라, 변화하는 조건하에서 지속적으로 해결해야 할 과제이며 또 사회주의 사회에서 그것은 새로운 차원에 도달한다.[1]

세째, 노동자계급은 그들의 노동조건, 생산규율 등을 토대로, **조직된, 규율화된 행동을** 위한, 집결과 연대성을 위한 유리한 **전제**를 갖는다. 그들의 투쟁 속에서 노동자계급은 다양한 필요와 이해 때문에 자생적으로 상이한 조직과 투쟁형태를 만들어낸다. 노동자계급 및 그 동맹자는——종전보다 더 많이——자본주의 나라들에서 강력한, 고도로 조직된 적과 대치하는데, 적들은 오로지 높은 수준으로 조직화되고, 규율 있는 또 통일된 행동을 통해서만 구축(驅逐)되고 극복될 수 있다. 그러므로 노동자계급은 상이한 조직적 노력을 지도하고, 높은 질의 민주주의적, 통일적 조직성을 만들어낼 수 있는 힘과 능력을 한걸음 한걸음 발전시키는 하나의 조직을 필요로 한다. 왜냐하면 "프롤레타리아는 권력을 위한 투쟁에서 조직 말고는 다른 무기가 없기"[2] 때문이다. 이러한 정황은 총체적으로, **높은 정도의 정치적 조직성**에 대한, 그리고 운동의 전체이해에 의해 이끌어지며 사회주의에서는 사회의 정치적 체계 전체의 핵심으로 되는, 하나의 지도하고 조정하는 조직에 대한 필요를 야기시킨다.

네째, 마지막으로 독자적인, 부르조아지로부터 독립된, 노동자계급과 사회적 진보의 이해를 일관되게 대변하는 혁명적 당의 필요·필연성은 자본주의 나라들에서, 비사회주의 세계 전체에서, 특수한 사정에 의해 한층 더 확인된다. 제국주의 내에서 특권적인 상부층을 포함하는 노동자운동의 **매우 세분화된 사회적 토대**의 작용에 의해, **다른 사회적 세력의 방해적인 영향**에 의해, **부르조아 이데올로기와 생활방식의 압력**에 의해 조건지어져, 노동자운동 내에서 보통, 원칙적인 면에서 부르조아지와의 협력을, 그리고 노동자계급의 기본적 이해의 부르조아지 이해로의 종속을 지향하는 부르조아적 흐름, 즉 **기회주의**가 존재한다. 무엇보다 제국주의로의 이행 이래로 그 영향력을 강화시켰고 수많은 사회민주주의적, 사회주의적 당의 정책 및 이데올로기 속에서 드러났고 또 드러나는 이 흐름이, 부르조아 이데올로기의 압력을 효과적으로 이겨내고, 기회주의와 대결하며 또 이러한 토대 위에서 노동자계급의 이해에 복무하는 행동통일 정책을 추진할 수 있는 그런 노동자계급의 당을 형성하고 그 작용력을 강화시킬 필요·필연성의 주요한 근거였다.

오늘날 맑스-레닌주의당이라는 모습으로 존재하는 그 노동자계급의 혁명적 당은 하나의 객관적인 요구, 역사적인 노력의 산물이다. 이러한 당의 창출은, 조만간 모든 나라에서 이루어지는바, 노동자계급의 세계사적 사명 실현의 **보편적 합법칙성**에 속한다. 그것의 활동은——역사와 현재가 똑같이 웅변하고 있듯이——노동자계급 및 다른 근로인민 세력에 내재하는 혁명적인 잠재력을 개발하기 위해서, 이 사명 관철의 모든 단계에서 필요하다.

기본적인 특징

최초의 독자적인 혁명적 프롤레타리아당이었던 '공산주의자 동맹'(1847-52년) 이래로 공산주의운동은 오랜 발전경로와 심오한 정치적 성숙과정을 경과하였다. 오늘날 전대륙의 맑스-레닌주의당은 매우 상이한 정치적, 민족적 및 지리적 조건하에서 활동하고 있다. 구체적인 전략적, 전술적 과제설정 또한 상이하다. 당은 그들 나라의 역사와 밀접하게 결합되어 있으며, 특수한 민족적, 정치적 및 조직적 전통과 연결되어 있는데, 그것은 그 이름에서도 표현된다. 많은 당들이 이미 몇십 년 전부터 존재했으며(예를 들어 많은 유럽 나라에서) 또 풍부한 경험을 쌓았고, 다른 당들은, 말타(1970년), 파키스탄(1974년), 사우디아라비아(1975년)의 경우가 그렇듯이, 최근 일이십 년 동안에 비로소 생겨났다.

맑스-레닌주의당은 살아 있는, 발전하는 유기체이고, 삶 및 대중과의 밀접한 결합을 위해 진력하는, 새로운 실천과제에 몸바치고, 투쟁경험으로부터 배우며, 자신의 작업을 비판적으로 평가하고 또 미해결의 사회적 문제에 다가서는 조직이다.

그것의 건설과 그들 활동의 원칙들도 맑스-레닌주의 고전저작가들——특히 새로운 유형의 당에 대한 레닌의 가르침——에 의해 기초지어졌는데, 그것은 축적된 경험에 따라 그리고 새로운 과제와 연관하여 지속적으로 풍부해지고 또 수정되었다. 최근 10년의 역사적 과정 속에서, 맑스-레닌주의당을 특징짓는 그리고 객관적인 요구에서 비롯되는 몇 가지 **기본표지들**이 결정(結晶)되어나왔다. 그것을 지속적으로 실현시키기 위해 모든 당들은 그때그때의 조건하에서 그들의 특수한 수단과 방식으로써 노력한다.

맑스-레닌주의당은 (1) **노동자계급의 일부**이다. 이러한 원칙적인 계급성격은 여러 측면을 갖고 있다. 그것은 선언의 문제도 아니고 다른 근로대중 및 진보적인 인민세력을 편협하게 종파적으로 겨냥한 것도 아니다. 혁명적 정치와 이론의 제일의, 가장 중요한 기본원칙은——레닌이 강조했듯이——노동자계급의 역사적 사명의 승인과 관철이다.[3] 무엇보다 중요한 것은 당이, 노동자계급의 기본적 이해, 민족적, 국제적 이해, 현실적, 미래적 이해를 파악하고 또 대변하는 것, 이 계급의 투쟁경험을 종합하는 것, 과학적인 이론을 이 계급 내로 실어나르는 것, 계급의 조직성을 높이는 것을 지향한다는 점이다.[4] 그것은 또한 당의 사회적 구성에 대한 지향에서, 즉 당과 그것의 지도에서 노동자 몫을 보장하고 무엇보다도 노동자 중심으로 조직화하려는 지향에서도 드러난다. 계급당으로서 맑스-레닌주의당은 혁명적 당이다. 변증법은, 당이 계급의 일부이면서 동시에 그 전위, 그것의 지도세력이라는 점에 있다. 그것이 당의 결정적인 기능이고, 거듭 새롭게 실현시켜야 할 과제이다.

그것으로부터 (2) 노동자계급의 **의식적인 전위**로서의 맑스-레닌주의당의 기능이 주어진다. **과학적인 이론과 노동자운동의 통일**의 구체화로서 당은 그들의 대열과 운동 전체의 과학적 의식성의 포괄적 발전을 지향한다. 그것은, 혁명적 이론 없이는 어떠한 혁명적 운동도 있을 수 없다는 기본사상에 의해 지도된다.[5] 이러한 본질특성은 인류 전체가 직면해 있는 수많은 새로운 문제와 투쟁의 복잡성 및 다양성으로 인해 의미를 갖게 된다. 이와 관련하여 필요한 것은 수십 년에 걸쳐 생겨난 맑스-레닌주의 이론을 지도활동의 토대로서뿐만 아니라, 당원의 정치교육에서의 토대로서 근본적으로 또 집약적으로 자신의 것으로 만드는 일이다. 특히 새로운 사회의 형성에 있어 지도적 세력인 사회주의 나라들의 당에서 그렇다. 각 당은 모두, 과학적 사회주의 및 전체 맑스-레닌주의 이론과 방식을 그때그때의 역사적 및 민족적 조건에 사려깊게 적용하고, 그들 강령 및 전략과 전술을 마련함에 있어서 자신의 경험과 국제적인 투쟁경험의 종합을 통해, 이론의 발전에 기여해야 할 의무를 갖는다. 선전, 선동을 통해 또 다양한 다른 형태로 맑스-레닌주의 이론을 인민대중 속으로 '실어

나르고' 또 그것을 대중 자신의 경험과 결부시켜야 하는 과제가 갈수록 거듭 새롭게 제기된다.

맑스-레닌주의당은 (3) 노동자계급의 **조직화된 전위, 최고의 조직형태**이다. 그들 투쟁의 과정 속에서 이 계급은 다양한 일시적 혹은 지속적인 조직형태를 만들어내는데, 특히 조합조직, 여성조직, 청년조직 및 기타 조직이 그것으로서, 그것들은 모두 나름의 대체 불가능한 위치와 특수한 기능을 갖고 있다. 노동자계급의 세계사적 사명의 실현에 있어 해결해야 할 과제의 막중함은, "맑스주의 원칙을 토대로 한 이데올로기적 통합이 조직이라는 물질적 통일을 통해 공고화되게"[6]끔 보장해주는 고도의 조직성 및 의식화된 규율을 요구한다. 맑스-레닌주의당은, 노동자계급 및 다른 근로인민 계층의 최고 세력을 자신의 대열 속에서 통일시키는 것을 추구한다. 그것은 당원들의 자발성은 물론, 각 당원이 모두 강령과 당의 목표를 승인하고, 또한 한 기본조직에 소속되어 결정의 실현에 적극적으로 참여하기도 해야 하는 의무까지 포함한다. 당은, 민주집중제 원칙을 핵심으로 하는 그 규약으로써, 혁명적 조직성과 당 내 민주주의의 규범을 세운다. 역사의 진행 속에서 그리고 투쟁조건(예를 들어 합법 혹은 비합법)에 좌우되어 조직의 형태와 당 내 생활의 전개 가능성이 변화하였다. 당의 적들은 왕왕 그것을 '엘리트적 음모조직' 혹은 '선량(Auserwählten)의 종파'라고 중상모략하며, 당 내 규율의 내용과 목적을 왜곡하면서 공산주의자를 대중으로부터 고립시키고자 애쓴다. 맑스-레닌주의당의 목표는, 사회발전의 민주주의적 형성에 지대한 영향력을 행사하는 대중정당으로 되는 것이다. 역사는 맑스-레닌주의당이 같은 사상을 가진 자들의 자발적인 투쟁동맹으로서 발전했고, 그 동맹원의 모범적 활동과 설득력을 높은 수준으로 요구했으며, 동시에 그들에게 정치적 모국으로 되었다는 것을 보여주었다. 사회주의 건설에서는 맑스-레닌주의당이 사회주의 사회의 정치체계 전체의 핵심으로 된다.

맑스-레닌주의당은 (4) 구체-역사적, 민족적, 국제적 조건에 맞게 혁명적인 **전략과 전술을 마련**하고, 지속적으로 확대발전시키며, 사회적 진보를 위한 투쟁을 지도하고 또 추진할 사명을 지닌다.[7] 여기서 중요한 것은 편견적인, 추상적인 '지도권' 혹은 '지도 독점' 따위가 아니라, 해당 나라들이, 사회운동이 직면한 근본문제를 정확히 파악하고, 건설적인 정책을 입안하고, 모범, 희생을 불사하는 행동, 결단성 및 목적의식성을 통해, 권위를 드높이고 또 대중을 획득하는 능력을 갖추는 것이다. 레닌은 이렇게 언급하였다. "당은 계급의 전위이다. 그리고 그 과제는 결코 대중의 평균적인 수준을 반영하는 것에 있는 것이 아니라, 대중을 지도하는 것에 있다."[8] 맑스-레닌주의당은, 경험이 보여주듯이, 모든 근로인민의, 전체 국민의 사회적 진보 및 인류 진보의 이해를 파악하고 또 가장 광범한 사회적 및 정치적 동맹을 다양하게 구상하고 실현시키는 능력을 갖출 때에만 정치적 전위의 기능을 완수할 수 있다. 그것은 특히 전체 근로대중을 새로운 사회의 형성으로 이끄는 사회주의 나라의 맑스-레닌주의당의 지도활동에서 드러난다.[9]

맑스-레닌주의당은 (5) 가장 철저한 **국제주의적인 세력**으로서——프롤레타리아 국제주의 사상을 토대로——민족적 및 국제적 이해와 과제의 실현을 그들 활동 속에 결합시키며, 또 세계의 발전도상국 인민과 민주주의적 대중운동 및 노동자계급 투쟁과의 적극적인 연대를 조직한다. 동등한 권리를 갖는, 독립적이고 독자적인 당으로서 맑스-레닌주의당들은 전세계적 국제 공산주의운동의 일부이다.[10]

맑스-레닌주의당에게는 **그들 대열의 통일 및 명확성을 위한 투쟁**이 특징적이다. 당 앞에 제시되어 있는 과제의 막중함은 모든 당원의 통일되고 규율화된 행동을 요구한다. 그것은 사회주의 사회를 건설하고 더욱 형성하는 데 있어 당이 지도세력으로 존재하는 발전시기에 특히 필요하다. 그것은 또한 당 대열의 확대에서 그리고 결정적으로, 당 및 그것의 내적 발전에 영향력을 행사하고, 당을 분열시키고, 파벌 형성을 조장하려는 제국주의 부르조아지의 중단없는 기도로부터 나타나기도 한다. 그러므로 이런 영향과, 당에 대한 부르조아적, 쁘띠부르조아적 및 다른 견해 전체와의 지속적인 대결은 근본적인 요구이다.

강령과 규약

맑스-레닌주의당은 보통, 오랜 기간에 걸쳐 그것의 원칙, 목표 및 과제 그리고 당 건설의 형태, 당 생활의 규범 및 활동방식을 규정한 **기본**

적인 두 가지 문서, 즉 강령과 규약을 갖는다. 이 문서 속에 당의 특징이 구체-역사적으로 반영된다. 그것은 맑스-레닌주의의 적용이며 투쟁경험의 보편화이다. 강령과 규약은 대표단체(대개 당대회)의 포괄적인 민주주의적 토론에 따라 결의되는데, 그것은 당과 모든 당조직, 당원의 활동의 통일적인 이론적, 조직적 기초이다. 그 속에는 명시적이고 지향적으로, 당은 무엇인가, 그것은 어떻게 건설되며 또 어떻게 활동하는가, 그것의 과제와 목표는 무엇인가 등의 문제에 대한 답변이 주어져 있다. 그 속에는 본래의 의미에서의, 그리고 집중된 형태로 당의 **정치관**이 담겨져 있으며, 그것은 노동자계급의 **정치이론**을 특수한 형태로 구체화시킨다.

국제 노동자운동 및 독일 노동자운동의 역사는 노동자운동의 강령 및 규약의 작성과 실현에 대한 풍부한 인식과 가르침을 포괄하고 있으며, 강령 토론 및 강령 비판, 조직적 토대에 대한 토론 등을 보여주고 있다. 그것은 다음과 같은 세 가지 경험을 매개해준다. **첫째,** 혁명운동에서 혁명이론이 갖는 역할이 본질적으로 강령 및 규약과 같은 문서에 의해 **매개된다. 둘째, 강령과 규약의 통일이** 성공적인 정치적 행동의 주요한 전제임이 입증된다. 그리고 **세째,** 기초작업이 아주 튼튼한 강령, 심사숙고하여 만든 규약이라 하더라도 창조적으로 또 구체적으로 실현되어야 하며, 삶으로 전화되어야 한다.

맑스-레닌주의당의 **강령**은, 해당 나라에서 보다 긴 구체-역사적 시대에 대해 본질적인 견해와 목표, 당면의 과제와 미래의 과제 그리고 그것을 실현시키는 가장 중요한 수단과 경로가 개괄되어 있는 근본적인 정치적 문서이다. 레닌은 이렇게 쓰고 있다. 하나의 강령은 "**당이 추구하며, 그것을 위해 싸우는 바인 그 모든 것**에 대한 간략하고, 분명하고 정확한 서술"[11]이고, "강령이 없다면 어느 정도 완결된 정치적 유기체로서의 당은 불가능하다."[12] 혁명적 노동자 당의 강령은 단지 당 대열의 이데올로기적 통일성의 이론적 기초작업이나 구속력 있는 지향일 뿐만 아니라——특히 사회주의 사회에서는——노동자계급과 전체 인민의 강령으로서, 그러므로 또한 모든 사회적 세력의 제안을 지주로 삼아, 전사회의 진보에 경로와 목표를 제시해주기도 하는 것이다.

맑스-레닌주의당 강령은 이론적 작업, 특히 사회적 발전의 기본경향과 관련한 그것의 성과로부터 출발하며, 주어진 조건 및 역사적 경험에 대한, 가능한 최대의 포괄적이고 근본적인 분석을 그 지주로 삼는다. 각각의 당의 성숙 정도에 따라, 역사적 단계의 과제 및 민족적, 문화적 전통에 따라 **강령적 문서**는 그 형태에서, 형식 및 규모에서 차이를 보인다. 그러나 본질적인 것은――형식에 관계 없이――**정치적 기본문제**에 대한 답변이 주어져 있다는 것이다.

다음과 같은 규정들이 그것에 속한다.

―――당의 역사적 뿌리 및 전통과 계급적, 사회적 토대에 대한 규정.

―――해당 단계의 가장 중요한 전략적 과제를 다음 단계의 과제 및 최종 목표의 관계 속에서 규정하는 것.

―――해당 역사적 시기에서의 국제적 발전의 근본문제에 대한 입장의 규정.

―――노동자계급 및 그 혁명적 당이 다른 계급 및 계층, 다른 사회적, 정치적 세력과 갖는 연관의 규정,

―――해당 조건하에서의 국가 및 정치적 권력의 문제에 대한 입장의 규정.

무엇보다 사회주의 나라들의 맑스-레닌주의당은 그들의 강령에서, **사회적 삶의 본질적인 영역 전반**에서의 발전, 확대된 경제적, 정치적, 사회적, 정신적·문화적, 과학적·기술적 발전, 나라의 대내외정책 등에 대한 기본적인 지향을 제공한다. 맑스-레닌주의의 역사는, 그 틀 안에서 노동자운동 최초의 혁명적인 당강령인 「공산당 선언」(1848년) 이래 「고타 독일사회주의노동자당 강령」(1875년) 및 이 강령에 대한 맑스의 비판 그리고 「에르푸르트 독일사회민주주당 강령」(1891년)을 거치면서 강령 토론과 강령 비판이 항상 본질적인 역할을 수행했는 바, 그 기준에 대한 몇가지 인식을 매개해주고 있으며, 그것은 무엇보다 레닌에 의해 소련공산당 제1차(1903년) 및 제2차(1919년) 강령 작성을 계기로 정식화되었다. 특히 다음과 같은 일관된 과학성이 그 기준에 속한다. 즉 강령은 포괄적인 과학적 작업의 성과이어야 하며, 현실주의적 성격을 띠어야 하고 또 몽상, 가정 혹은 공허한 약속 따위가 없어야 한다. 또한 본질적인 것은 강령의 지향적인, 앞을 가리키는 성격인데, 그것은 뚜렷하고 또 알기 쉬워야 하며 불필요한 세부사항은 피해야 한다. 레닌은, 사회주의 건설에서, 새로운 사회의 형성이라는 틀 속에서는, 강령이 거대한 전사회적,

실천적 의미를 가지며, 또 지속적으로 더 이상의 문서를 통해 특히, 그가 그 역할에 상응하여 "제2의 당강령"이라고 지칭한 인민경제계획을 통해 보충되고 구체화되어야 한다고 강조했다.[13)]

맑스-레닌주의당 강령은 결코 전체 시기에 걸쳐 불변인 문서가 아니다. 노동자계급의 세계사적 사명의 실현 및 당강령 추진의 과정에서, 새로운 과제 및 요구와 연관하여 강령적 문서의 수정 혹은 신규 작성이 필요·필연적이게 된다. 예를 들어 1946년 4월 독일공산당과 독일사회민주당의 통합 당대회는 반제민주주의적 변혁을 거쳐 사회주의에 이르는 경로를 가리키는 '독일통일사회당의 원칙과 목표'를 결의하였다. 자본주의에서 사회주의로의 이행의 시대의 과제가 본질적으로 해결된 이후, 독일통일사회당 제6차 당대회는 1963년, 사회주의의 포괄적인 건설을 기본적인 과제로 규정하는 당강령을 결의하였다. 사회적 발의 결과와 새로운 경험 그리고 새로운 이론적 인식이 새로운 당강령을 가능케 했고 또 요구했는데, 그것은 제9차 당대회(1976년)에서 착수됐고, 동독에서 발전된 사회주의 사회를 더욱더 형성하고 공산주의로의 점차적인 이행을 위한 기본적인 전제를 창출하는 것을 지향하였다.

강령의 실현을 위한 투쟁은 당 대열의 통일성과 단결성에, 그것의 대중영향력에 결정적으로 좌우된다. 그것으로부터 맑스-레닌주의자의 두번째 원칙문서, 즉 규약이 갖는 중대한 의미가 비롯된다.

규약은 당과 당강령의 정치적 목표설정의 혁명적 성격에 의해 규정된다. 그것은 당원 활동과 당 내 생활의 기본법칙이며, 이 생활의 규범을 담고 있고 또 당 체계를, 즉 그 작용의 계통 및 구조를 규정한다. 특히 각각의 당의 구체적인 조건 및 과제가 규약의 확정, 가장 합목적적인 조직 및 활동원칙을 각인한다. 보통 당규약은 당원(및 후보당원)의 권리와 의무, 조직체계, 민주집중제를 따르는 당 내 민주주의, 여러 당기구, 그리고 그것의 위치 및 그 기능 등에 대한 확정을 담고 있다. 노동자운동의 역사 속에서는 맑스가 만든 '공산주의자 동맹의 규약'(1847년)이래로, 레닌이 기초지은 '당 내 생활 및 당 활동의 규범'을 거쳐 오늘날의 맑스-레닌주의당 규약, 특히 독일통일사회당 제9차 당대회가 결의한 규약에 이르기까지, 각별한 실천적 의미를 갖는 경험과 문제들이 결정(結晶)되어나왔다.

그 중 하나가 입당승인 기준과 당원의 권리와 의무 문제이다. 당의 혁명적 성격 및 목표설정의 크기에 상응하여, 기회주의적 조직유형과의 대결 속에서 다음과 같은 기본적인 요구들이 형성되었다. 당원은, 당의 강령 및 규약을 승인하고, 당의 한 조직에서 적극적으로 활동해야 하며, 당의 결정을 실현하고 또 규칙적으로 정해진 회비를 납부해야 한다. 또한 특수한 유형의 당 구성 및 조직이 당원에 대한 높은 요구에 상응한다.

민주집중제 원칙은 당 구성의 검증된 기본입장으로서, 엄격한 중앙집권제를 당 내 민주주의의 광범한 전개와 결합시키고 또 경험이 보여주듯이, 맑스-레닌주의당의 투쟁력에 있어 결정적이다. 이러한 기본적인 정치적 활동 및 조직 원칙은 혁명적 노동자운동과 사회주의의 객관적 존재조건에 그 뿌리를 두고 있다. 맑스-레닌주의당은 운동의 전체이해를 대변한다. 오로지 중앙집중화된 과학적 지도만이 운동의 통일된 의지를 표현할 수 있으며, 모든 세력을 하나로 통합할 수 있다. 그러나 오로지 민주주의적인 경로 위에서만, 문제에 대한 집단적 토의를 통해서만, 모든 창도성의 개발을 통해서만 광범한 민주주의적 대중운동으로서의 노동자운동의 이해가 반영되는 진정한, 통일적인 지도가 이루어질 수 있다. 그리하여 민주집중제는 계급원칙으로서 그리고 후에는 사회주의적 사회원리로서 혁명적 노동자운동의 객관적인 요구와 유기적으로 결합한다. 실제적으로 민주집중제가 의미하는 바는 다음과 같다.

———모든 당 지도기구의 아래에서 위로의 선출, 민주주의적으로 선출된 중앙에 의한 당의 지도.

———선출된 기구가 자신을 선출한 조직에게 자신의 활동에 대해 정기적으로 보고하는 것.

———상부 당기구의 모든 결정을 하부 당기구가 따라야 하는 것.

———엄격한 당규율, 소수가 다수에 복종하는 것.

사회주의를 위한 투쟁의 경과 속에서, 새로운 사회를 건설함에 있어, 맑스-레닌주의당 내에서 커다란 도덕적 및 교육적 의미를 갖는 보다 폭넓은 규범과 경험들이 숱하게 생겨났다. 그 중 하나가 모든 지도기구의 활동에서의 집단성으로서, 그것은 각각의 개인적 책임과 뗄 수 없이 결합되어 있다. 다른 하나는 모든 원칙적 문제에 대한 광범한 토론 그리고 결정을 집단적으로 마련하는 것인데, 그것은 의식적인 당규율을 위한 본질적인 전제이다. 중요한 역할을 수행하는 것은 비판과 자기비판인데, 그것은 민주주의적 관계 및 결정의 최적화에 기여하며, 그것이 인격 형성에서 갖는 의미 또한 지대하다.

당—계급—대중

노동자운동 및 사회주의 역사의 기본적인 경험 중의 하나는, 혁명적인 노동자 당은 오로지 매 상황마다 노동자계급 및 근로인민과 밀접하게 그리고 뗄 수 없이 결합되어 있고, 이들의 이해와 지지를 받을 때에만 비로소 자신의 기능을 완수할 수 있으며, 그럴 때에만 비로소 당이라는 이름을 부여받을 실제적 자격을 갖는다는 점이다.

제9차 당대회는 이렇게 강조하고 있다. "독일통일사회당은 노동자계급 및 전체 인민의 당이다. 그것은 인민으로부터 나온다. 그것은 인민에 속하며 자신의 온 힘을 인민에 대한 복무에 투입한다."[14)]

레닌은 「'좌익'급진주의, 공산주의 내의 소아병」, 「노동조합, 현정세, 트로츠키의 오류에 관하여」 등의 저술에서 이러한 핵심문제에 있어 당으로서는 목숨만큼 중요한 사상들을 발전시켰고, 당, 계급 및 대중의 변증법적 상호관계를 왜곡하고 당과 인민을 대립항으로 설정하는 우익기회주의, 아나키스트 및 종파주의, 비변증법적인 기계주의적 견해와 대결하였다. 또한 그는 개별 당이 다양한 경험을 축적하고 영향력 있는 대중당으로의 기나긴 도정을 밟아야 한다는 것, 그리고 각 당이 모두 대중과의 복잡한, 역사적으로 발전하는 정치적 상호관계를 그들의 활동 전체에서 더욱 새로이 통달해야 한다는 점을 강조하였다.

이 문제에서의 맑스-레닌주의 사상의 본질은 다음과 같은 점에 있다. 즉 사회주의혁명 및 새로운, 사회주의 사회의 건설은 오로지 인민대중의 적극적인 활동의 결과물로서만 가능하다는 것, '대중'이란 구체-역사적인, 정치적 크기로서, 사회적 변혁의 깊이 및 규모와 더불어 변화하고 또 확장된다는 것, 그리고 사회적 진보의 운명은 광범한 대중의 포괄적이고 안정적인 그리고 목적지향적인 조직화와 동원에 의해 좌우된다는 것이다. 노동자계급의 세계사적 사명 실현의 전과정에서 사회의 대중은 사회적으

로 분화되고 또 계급(및 사회적 계층)으로 나뉜다. 그리고 발전해가는 **노동자계급**이 객관적으로 **가장 진보적인 세력**이며, 이 계급으로부터 나온 당은 무엇보다 그들을 지주로 삼아야 한다. 그리고 노동자계급은, 계급 및 대중과 밀접하게 결합된 단일하고 규율 있는 **혁명적 당에 의해 지도될 때**에만 비로소 자신의 사명을 실현할 수 있다.

역사는 이러한 과학적 사회주의의 근본문제에서 다양한 경험을 매개해주며, 그것은 맑스-레닌주의당의 활동에서 일차적 의미를 갖는다. 이러한 경험은 **한편으로,** 당, 계급 및 대중의 상호연관은 그들 이해의 원칙적인 일치에 기초하고 있다는 것, 그리고 "총운동 전체의 이해"[15]를 대변하는 당의 정책은, 이러한 이해의 일치에 기초한 행동통일을 만들어내고 또 그것을 통해 오랜 투쟁 속에서 노동자계급 및 전체 인민의 당이 되는 것을 지향해야 한다는 것을 웅변한다. **다른 한편** 계급 및 대중의 진보적인 이해는, 이들이 하나의 당에 의해 지도될 때에만, 하나의 당이 노동자계급 및 모든 근로인민의 창조성과 창도성을 동원하고 이끌 때에만 비로소 실현될 수 있다. 그것은 당의 지도활동에 고도의 복잡한 요구를 제기한다. 그러므로 언제나 중요한 것은, 당과 계급의 뗄 수 없는 결합, "용해"(레닌)이며, 유기적인 대중결합성, 밀접한 신뢰관계이다. 레닌은 이것을 다음과 같은 요구, 즉 "대중 속에서 살 것, 그들의 기분을 알 것, 그들의 절대적인 신뢰를 획득할 것"[16]이라는 요구로 총괄하였다. 맑스-레닌주의당의 일상적인 대중활동에서 중요한 것은, 대중과의 분리 일체를 삼가하는 것, 대중이 있는 곳에서 활동하는 것, 개별 집단의 특수성을 고려하는 것, 다양한 형태와 조직을 활용하고 또 발전시키며 대중으로부터 배우는 것이다. 특히 사회주의 사회를 더욱 형성하는 데에서는 당의 기본조직 그리고 개별 당원의 활동이 의미를 갖게 된다. 그들의 지도활동에서 맑스-레닌주의당은, 객관적 발전조건을 토대로 대중과 노동자계급은 정치적, 이데올로기적 등으로 분화되어 있다는 것, 당은 모든 계층에서 활동해야 한다는 것, 그러나 그들은 전위로서, 계급의 가장 진보적인 부분으로서 나아가야 하며, 모범 및 설득작업을 통해 대중을 획득하고 설득해야 한다는 것, 다시 말해 그들을 지도해야 한다는 것을 언제나 현실주의적으로 고려해야 한다.[17]

당, 계급, 대중의 관계에서 관건은 매우 심오한 민주주의적 상호연관이다. 그것은 노동자계급의 세계사적 사명 실현의 과정 전체에서 보편타당하며 핵심에 있어 **정치적인 합법칙성**임이 입증되었다. 당과 인민 간의 신뢰관계는 사회주의 사회의 사회적, 정치적 안정성의 결정적인 요소이고, 그 발전의 중요한 추동력이다.[18]

혁명적 당을 만들어내기 위하여

독자적인 노동자운동의 생성, 혁명적 노동자 당의 형성은 19세기 초반에 시작되었다. 그것은 기나긴, 복잡한, 역류를 동반하는 과정이다. 레닌은 후에 이렇게 썼다. "이 세상 어디에서도 프롤레타리아 운동이 '단번에' 생겨난 경우는 없다. 어디에서도 그것은 그렇게 생겨날 수 없으며, 마치 미네르바가 주피터의 머리에서 나오듯이 그렇게 계급적으로 순수한 형태로 출현할 수는 없다. 오랜 투쟁과 고된 작업을 거쳐야 비로소, 가장 진보적인 노동자, 모든 계급의식적인 노동자들이, 프롤레타리아 계급운동을 온갖 유형의 쁘띠부르조아적 불순물, 한계, 편협성 및 왜곡으로부터 해방시키고 또 그 운동을 공고화하는 데 성공한다."[19]

이 경로에서의 첫걸음이 1847/48년 '공산주의자 동맹'의 창설이었는데, 그것은 약 8백 명의 당원을 포괄했고 또 민주집중제 원칙에 따라 구성되었다. 「공산당 선언」이 그것의 강령적, 전술적 원칙들을 정식화하고 있다. 이러한 "작지만, 그러나 진정 프롤레타리아적인 당"[20]의 활동은 여러 유럽 나라들로 뻗어나갔고 1852년에 종결되었다. 60년대말부터 일국적 프롤레타리아트 당 형성의 새로운 단계가 시작되었다. 1869년 독일사회민주당(아이제나하 당)이 형성된 후, 사회민주당은 미국, 프랑스, 오스트리아-헝가리, 벨기에, 스페인, 이탈리아 등에서 생겨났고, 그리하여 80년대말에 이르면서, 우익과 '좌익'의 대결의 결과로 더욱 맑스주의의 이론과 강령을 지주로 삼으면서 존재했고 또 누차 상당한 영향력을 지니고 있었던 20개 이상의 일국적인 사회민주주의적, 사회주의적 노동자 당 및 그룹이 형성되었다. 맑스와 엥겔스는 많은 저술로써 독자적인 프롤레타리아당에 대한 가르침의 토대를 마련하였다.

제국주의로의 이행과 함께 시작된 새로운 발전단계는 프롤레타리아당

(제2인터내셔널의 당들은 제1차 세계대전 전야에 3, 4백만 당원을 포괄하고 있었다)에 새로운 요구를 제기하였다. 즉 새로운 유형의 프롤레타리아당——기회주의의 영향에서 벗어난——, 혁명 및 사회주의로의 이행에 대중을 준비시키는 혁명적 정책을 실행할 당이 요구되었다. 바로 레닌이, 특히 역사적인 러시아사회민주노동당 제2차 당대회(1903년) 준비 이래의 러시아 및 국제 노동자운동의 경험을 지주로 삼아, 이러한 새로운 유형의 당의 세계관적·철학적, 이데올로기적, 전략적·전술적 원칙을 포괄적으로 창출하였다. 그것을 마련한 저작은 『무엇을 할 것인가?』(1902년), 『한 걸음 앞으로, 두 걸음 뒤로』(1904년), 『민주주의혁명에서의 사회민주주의의 두 가지 전술』(1905년), 『'좌익'급진주의, 공산주의 내의 소아병』(1920년)과 같은 고전저작들 그리고——보다 넓은 의미에서——『유물론과 경험비판론』, 『자본주의의 최고단계로서의 제국주의』 등이었다.

혁명적 당 창출의 새로운 단계가 위대한 사회주의 10월혁명 이후 시작되었다. 즉 그야말로 여러 경로를 통해, 구체-역사적, 민족적, 전통적 및 개인적 요소의 영향을 받으면서 오늘날의 세계 공산주의운동이 형성되었다. 대부분 사회주의운동 및 노동조합운동의 좌익적인 흐름으로부터 비롯되어, 우익기회주의 및 사회배외주의와 결별하는 과정에서 그리고 레닌주의 및 국제주의의 입장으로 점차 이행하는 과정에서, 공산당, 맑스-레닌주의당이 유럽의 많은 나라와 라틴 아메리카 및 아시아의 몇몇 나라에서 생겨났다. 코민테른에 의해 결정적으로 촉진되었던 이 과정 속에서 1930년대말까지 60개 이상의 나라에서 맑스-레닌주의당이 생겨났다. 당들은 복잡한 조건하에서 그리고 또한 내적인 대결 속에서 발전하였다. 반동 및 파시즘에 맞선 투쟁에서 그들은 엄청난 희생을 치렀으며, 그들 중 많은 부분이 오랫동안 비합법적으로 활동하였다. 이 당들은 반파쇼투쟁과 제2차 세계대전 이후의 민주주의적 발흥의 시기에 위대한 업적을 성취하였다.

맑스-레닌주의당의 이론과 실천에 있어 중요한 경험은 1917년 이후 사회주의 건설의 지도세력인 소련공산당에 의해 축적되었다. 그것은 제2차 세계대전 이후 보다 많은 사회주의 나라들에서의 당 발전 경험을 통해 풍부해졌다. 예를 들어 후에 동독에서의 두 개의 대규모 노동자 당, 즉 독일공산당과 독일사회민주당의 독일통일사회당으로의 통합과정이 그것이다. 민족해방운동 지역에서만 해도 1970년 이후 25개가 넘는 새로운 맑스-레닌주의당이 생겨났다. 최근의 중요한 새로운 현상은, 과학적 사회주의와 프롤레타리아 국제주의를 따르는 혁명적-민주주의적, 혁명적 전위당의 형성인데, 예를 들어 MPLA노동당(앙골라), 이디오피아노동당, 예멘사회당, 콩고노동당, 프렐리모당(모잠비크), 베닌인민혁명당 등이 그것이다. 여기서, 맑스-레닌주의당의 점진적 형성의 새로운 경로, 새로운 가능성이 열리고 있는 것이다.

2. 국제 공산주의운동

맑스-레닌주의당은 일국적 토대 위에서, 해당 나라의 범위 내에서 그들의 활동을 발전시킨다. 이 나라의 노동자운동과 인민의 일부로서 그들은 독자적이고 고유한 책임을 갖고 구체적인 조건을 고려하면서 그들의 정책을 마련하며 또 그것의 관철을 위해 노력한다. 동시에 당은 만국 노동자계급의 기본이해 및 프롤레타리아 국제주의 사상에서 출발하여, 공동의 목표와 이상을 위해 투쟁한다. 민족성과 국제성의 이러한 통일로부터 모든 당에게 국제주의적 책임과 국제협력의 과제가 주어진다. 역사는 이 협력의 다양한 형태를 보여주고 있다. 중요한 전통 및 풍부한 경험을 지주로 삼아 오늘날 국제 공산주의운동은 백여 나라의 독자적인, 동등한 권리를 갖는 혁명적 당의 전세계적 운동으로 형성되었다. 그것은 우리 시대의 영향력 있는 정치적, 이데올로기적 세력으로서, 자신이 노동자계급 이해의 대변자임을, 인류의 생존 이해의 옹호자임을 입증했다.

역사적 발전――조직형태와 경험

19세기 이래로 여러 형태의 국제적 조직과 협력체가 발전했는데, 그것들은 그때그때의 국제 공산주의운동의 공동과제와 주어진 투쟁조건, 경험 및 성숙에 상응하였다.

이미 최초의 국제적인 혁명적 노동자조직인 '공산주의자 동맹'(1847-52년)이 있었고 독일인을 주로 하여 여러 국적의 당원들이 그것에 속했다. 그리고 그 기본조직이 독일, 스위스, 런던 및 파리에 있었다. 1864-76년까지 제1인터내셔널(국제 노동자협회)이 존속했는데, 그 당원 조직들이 유럽의 많은 나라와 미국에서 활동하였고 또 "자본을 향한 그들의 혁명적인 돌격을 준비하기 위한 노동자들의 국제적 조직의 초석"[21]을 놓았다. 사회당 및 노동조합의 국제기구로서 그 후계자로 된 것이 제2인터내셔널(1899-1914년)이었다. 그것은 활동 초기에 맑스주의의 확산과 프롤레타리아 대중정당 및 조직의 발전에 본질적으로 기여하였다. 그러나 후기에는 갈수록 기회주의가 관철되었고, 그것이 제1차 세계대전 개시기에 인터내셔널의 붕괴를 야기시켰다. 러시아 볼셰비키당과 다른 나라의 몇몇 좌익그룹에서 비롯되어 혁명적, 맑스-레닌주의적 세력의 형성과정이 점차 시작되었다. 그리고 그 세력이 이후 혁명적인 제3인터내셔널, 즉 코민테른을 구성하였다.

자본주의에서 사회주의로의 이행의 시대 첫 단계에서 국제 공산주의운동의 조직으로 된 것이 1919년 창설된 코민테른(제3인터내셔널)이었다. 그것은 제1인터내셔널의 업적 그리고 제2인터내셔널의 가장 훌륭한 전통을 계승하였고 국제 노동자운동의 혁명적인 세력을 맑스-레닌주의의 토대 위에 결집시키는 데 탁월한 공헌을 하였다. 코민테른은 70개가 넘는 나라에서 공산당이 출현하고 또 형성되는 데 결정적으로 기여했으며, 맑스-레닌주의를 그들의 것으로 하는 데 있어, 그리고 그것을 그들 나라의 구체적 조건에 창조적으로 적용시키는 능력을 만들어내는 데 있어, 또한 경험 있는 지도집단을 육성해내고 안정된 당조직을 창출하는 데 있어 그들을 지원하였다. 일곱 번의 세계대회 및 열세 번의 코민테른 집행위원회 부분 확대회의(총회 사이의 활동을 지도했던)의 문서에는, 경험과 집단 토의를 지주로 삼아, 중요한 이론적, 정치-이데올로기적 및 전략적, 전술적 근본문제들이 논구되어 있으며 그로써 또한 과학적 사회주의의 이론이 창조적으로 확대발전되었다. 특히 혁명적 세계과정 그리고 세 가지 혁명적 주요 흐름의 반제적 협력, 행동통일과 동맹, 반파쇼 통일전선과 인민전선, 민족해방투쟁 그리고 평화 보장을 위한 투쟁의 문제들이 그것에 속한다. 소련공산당 내에서 사회주의 건설 경험의 종합과 소비에트연방에 대한 명료한 신조가 중요한 역할을 수행하였다. 공산주의자들의 국제협력의 조직형태는 이 시기 공산주의운동 형성단계의 조건에 상응하였다. 즉 코민테른은 민주집중제 원칙에 따라 구성되었으며, 당들은 그것의 지부를 이루었다. 제2차 세계대전 기간에, 공산당들의 증대하는 정치적, 이론적 성숙 및 투쟁력 그리고 몇몇 나라의 투쟁조건과 과제의 다양성의 증대는 코민테른이 자신의 과제를 완수했다는 것을 입증해주었다. 코민테른은 1943년 5월 자신의 해소를 결정하였다.

일람표 1 코민테른 회의

회의	기간	참 가 자
Ⅰ.	1919. 3. 2-6.	유럽, 아메리카, 아시아 21개 나라 35개 공산당 및 집단의 대표자 52명
Ⅱ.	1920. 7. 19/7. 23-8. 7.	37개 나라 67개 조직의 대표자 217명
Ⅲ.	1921. 6. 22-7. 12.	103개 조직의 대표자 605명, 특히 52개 나라 48개 공산당의 대표자
Ⅳ.	1922. 11. 5-12. 5.	58개 나라 및 지역의 66개 당 및 조직의 대표자 480명
Ⅴ.	1924. 6. 17-7. 8.	50개 공산당 및 노동당과 10개 국제조직의 대표자 504명
Ⅵ.	1928. 7. 17-9. 1.	57개 당 및 9개 조직의 대표자 532명
Ⅶ.	1935. 7. 25-8. 20.	65개 공산당 및 일련의 국제조직의 대표자 513명

제2차 세계대전 이후 1947-56년까지 유럽의 몇몇 공산당 및 노동자 당으로 구성된 정보국이 존속했는데, 그것은 경험 교환과 활동 조정상의 상호협조에 복무하였다.

변화된 조건과 가능성, 또한 새로운 경험 및 그것에 대한 비판적인 평가는 그 다음 해 국제 노동자운동 내에 새로운, 다양한 형태의 협력 및 의견교환 그리고 활동 조정을 결과시켰다. 국제적, 지역적, 양자 및 다자간 토의, 경험과 의견 및 대표 교환, 과학회의 그리고 수많은 그 이상의 형태와 방식이 그것이다.

그리하여 1957년 이래 모스크바에서 국제 대표자회의가 개최되어왔다. 12개 사회주의 국가들의 공산당 및 노동자 당 대표자회의(1957. 11. 14-16.)가 공동선언을 채택했는데, 그것은 자본주의에서 사회주의로의 이행의 시대의 중요한 경험을 종합하고 있으며 사회주의 건설의 합법칙성 분석에 기여하였다. 연이은 64개 공산당 및 노동자 당 대표자 국제회의(1957. 11. 16-19.)는 만국 인민에게 보내는 평화선언을 채택하고 새로운 세계전쟁의 위험을 막자고 호소하였다. 81개국 공산당 및 노동자 당 대표자회의(1960. 11.)는 그들 선언에서 평화, 민주주의, 민족독립 및 사회주의를 위한 투쟁의 가장 중요한 전략적 방향을 분석했고 세계의 인민에게 보내는 호소문을 결의하였다. 75개 공산당 및 노동자 당 대표자회의(1969. 6. 5-17.)는 철저한 토론을 거친 후 「현단계 제국주의에 맞선 투쟁의 과제 그리고 공산당 및 노동당, 모든 반제세력의 행동통일」이라는 주요 문서를 채택했는데, 그것은 포괄적인 행동강령을 담고 있었고 또 일련의 맑스-레닌주의 이론의 원칙들을 확대발전시켰다.

지역 모임은 그 의미가 증대하고 있는 국제적 결합형태로서, 그것은 해당 지역의 문제를 다루고, 적절한 행동강령을 마련한다. 또한, 예를 들어 연대선언에서는 다른 지역의 문제에 대해서도 발언한다. 유럽의 안정 보장을 위한 유럽 공산당 및 노동자 당 회의(칼로비 바리, 1967년), 라틴 아메리카 및 카리브해 지역 24개 공산당 회의(하바나, 1975년), 오늘날까지 유럽의 가장 대표적인 공산당 및 노동자 당 포름인 유럽 29개 공산당 및 노동자 당 대표자회의(베를린, 1976년) 그리고 평화 및 군축을 위한 22개 유럽 공산당 및 노동자 당 회합(파리, 1980년) 등이 그러한 중요한 회의에 속한다. 적도 아프리카(1978년), 아랍 나라들(1979, 1981년), 남아메리카(1982, 1984년)의 공산주의자 회의 그리고 수많은 그 이상의 회합이 개최되었다.

지속적인 의견교환 및 과학토론의 포름으로서 중요한 역할을 수행한 것은 1958년부터 출간되기 시작한 정기간행물 『평화와 사회주의의 제문제』이다. 그것은 오늘날 145개 나라에서 40개 국어로 66호까지 발행되어,

맑스-레닌주의 이론, 그 중에서도 특히 과학적 사회주의의 근본문제를 다루었다. 그리고 동시에 그것은 새로운 경험과 인식을 매개해주고, 토론하며 또 보편화하는 정보기관지이기도 하다. 그 잡지의 편집진과 편집위원회에는 69개 당 대표들이 참여하고 있다.

일람표 2　잡지 「평화와 사회주의의 제문제」

연도	잡지가 보급된 나라수	민족별 발행 판수	잡지가 인쇄된 국어수	다루어진 나라수	필자를 내놓은 당수
1958*	80	22	19	56**	41
1978	145	57	34	72	77***
1986	145	69****	40	89	76

*　1958년 9월 창간
**　1958/59년
***　1977년
**** 편집진 및 편집위원회 대표를 보낸 당

공동의 과제 해결을 위한 중요한 자극은 국제 과학회의에서 시작되었는데, 예를 들어 1978년 소피아회의(사회주의 및 공산주의의 건설과 세계의 발전), 1980년 베를린회의(제국주의에 대한, 사회적 진보를 위한 노동자운동과 민족해방운동의 공동투쟁) 그리고 1983년 베를린회의(칼 맑스와 우리 시대——평화와 사회적 진보를 위한 투쟁) 등이 그것이다. 그 중 베를린 회의는 전대륙 111개 나라의 공산당 및 노동자 당, 혁명적 전위당, 민족혁명당 및 해방운동, 사회당, 사회민주당 대표들을 결집시켜, 오늘날의 복잡하고 또 분화된 발전조건하에서 국제 공산주의운동의 통일성과 그들의 증대하는 동맹 가능성을 과시하였다.

당들간의 관계, 그들의 경험 교환, 중앙 및 지역 차원에서의 대표 교환 등은 중요한 위치를 점하고 있다. 이것은 외국의 당 대표자들이 당대회에 참석하는 것에서도 드러난다.

사회적 삶의 전영역에서의 새로운 요구를 토대로 사회주의 나라의 맑스-레닌주의당들의 협력이, 특히 사회주의적 국가공동체라는 틀 속에서 보다 다면적이고 강력하게 되었다.[22]

일람표 3　외국 당의 독일통일사회당(SED) 당대회 참가

I.	SED 당대회	1946	
II.	SED 당대회	1947	10개 공산당 및 노동자 당
III.	SED 당대회	1950	25개 공산당 및 노당자 당
IV.	SED 당대회	1954	25개 공산당 및 노동자 당
V.	SED 당대회	1958	45개 공산당 및 노동자 당
VI.	SED 당대회	1963	69개 공산당 및 노동자 당
VII.	SED 당대회	1967	67개 공산당, 혁명적-민주주의당 및 운동, 사회당
VIII.	SED 당대회	1971	93개 공산당, 혁명적-민주주의당 및 운동, 사회당
IX.	SED 당대회	1976	103개 공산당, 혁명적-민주주의당 및 운동, 사회당 및 사회민주당
X.	SED 당대회	1981	125개 공산당, 혁명적-민주주의당 및 운동, 사회당 및 사회민주당
XI.	SED 당대회	1986	140개 이상의 공산당, 혁명적-민주주의당 및 운동, 사회당 및 사회민주당

현재의 영향력 있는 정치세력

오늘날 국제 공산주의운동을 특징짓는 것은──그 발전의 전(前)단계와 비교해볼 때──**첫째**, 거대한 폭, 역동성 및 다양성 **둘째**, 구체적인 투쟁조건의 다양성 증대 그리고 **세째**, 인류 전체에 대한 맑스-레닌주의 당의 책임 증대이다. 분명 국제 공산주의운동은 1980년대에 새로운 발전 단계로 접어들었다. 당은 매우 상이한 유형의 조건하에서 활동하고, 각기 다른 경험을 종합하며 각기 다른 성숙단계에 들어서 있다. 운동에서는 촉진하는 요소와 억제하는 요소가 작용하는, 모순적인 발전과정이 진행된다. 해당 나라의 경제적 발전수준, 계급투쟁의 형태, 국제적, 지역적 및 민족적 세력관계 등이 영향을 미친다. 따라서 **운동이 불균등하게** 발전한다. 그것은 많은 나라에서 성공적으로 진전되며, 다른 나라들의 경우는 세력을 결집시킨다. 그러나 그것은 몇몇 시기에는 역류 또는 일시적 패배를 겪기도 하며 분열경향하에 놓이기도 한다.

오늘날의 국제 공산주의운동은 **사회주의 나라들 내의 15개 공산당 및 노동자 당**이며 그 나라들에 인류의 1/3이 살고 있다. 새로운, 착취가 없는 사회 형성의 지도적 세력으로서 그들은, 세계평화의 확보 그리고 제국주의와의 체제대결에서 사회주의의 장점을 개진시키는 투쟁에 커다란 책임을 지고 있다. 오늘날의 국제 공산주의운동은 서유럽, 북아메리카, 일본, 오스트레일리아 등의 **공업이 발전된 나라들** 및 뉴질랜드 내의 27개 맑스-레닌주의당으로서, 그들은 어렵고 복잡한 투쟁을 이끌고 있으며 침략적인 제국주의자 집단측의 강력한 압력하에 놓여져 있는데, 바로 그 점이 일시적으로 당원 수와 선거 결과에 작용하기도 한다. **라틴 아메리카 및 카리브해 지역 22개 비사회주의권 나라들 내의 맑스-레닌주의당**들도 오늘날의 공산주의운동에 속해 있는데, 그들은 부분적으로 비합법 혹은 반공주의 테러라는 조건하에서 자신의 영향력을 사회적 삶에서 강화시키고 있다. **아시아 및 아프리카의 30개가 넘는 비사회주의권 나라들**에서도 신생 당들이 자신의 세력을 결집시키고 있다. 그리고 일련의 해방된 나라들, 특히 아프리카 나라들의 역사는, 혁명적-민주주의당이 맑스-레닌주의당으로 변혁될 현실적인 가능성을 보여주고 있다.

지구의 약 100여 개 나라들의 8천만 명이 넘는 공산주의자들, 그들은 강력한 세력이며 또 성공적인 역사적 발전을 반영하는 것이다. 왜냐하면 1917/18년 당시 세계에 존재했던 레닌당과 다른 나라의 몇몇 공산주의자 집단은 모두 합쳐 불과 20만 명 정도의 당원을 포괄하는 정도였기 때문이다. 공산주의자는 무엇보다 파시즘에 맞선 투쟁에서 커다란 희생을 치렀다. 그리하여 러시아공산당, 유고슬라비아공산당, 프랑스공산당, 그리스공산당 등은 자신의 당원 수만 명을 잃었다. 오늘날 25개 이상의 나라들에서 공산당이 금지되어 있다. 그리고 많은 나라의 경우 제국주의 부르조아지의 정치적, 이데올로기적 압력이 그들을 겨냥하고 있다. 국제 공산주의운동의 뚜렷한 **수적 발전**은 하나의 전제, 하나의 "성공요소이다 ……그러나 숫자는, 그들이 통일적으로 결합되고, 지식이 그들을 인도할 때만 비중을 갖는다."[23)]

일람표 4 현재의 공산주의운동(기준 : 1985년)

	공산당이 있는 나라수	공산당의 당원수(백만)
사회주의 나라들	15	75.00
사회주의 세계체제 외부의 공산당	80	4.87
그 중		
아시아, 오스트레일리아, 오세아니아	22	1.34
아메리카	25	0.46
아프리카	11	0.07
서유럽	22	3.00

이 운동의 영향력은 어떤 요소에 그 뿌리를 두고 있으며, 그 역할은 무엇에 의해 좌우되는가? 역사와 현재는, 인민의 복지와 사회적 진보를 위한 개별 공산당 모두의 적극적이고 희생적인 그리고 목적지향적인 활동과 그들 협력의 수준이 일차적으로, 국제 공산주의운동을 실제로 우리 시대의 사회적 진보의 전위로 만든다는 것을 보여준다. 거기에는 다음과 같은, 거듭 새롭게 실현해야 할 요소들이 그 바탕을 이루고 있다.

——노동자계급 및 모든 근로인민의 이해를 위한 투쟁 그리고 노동자계급 및 인민대중과의 밀접한, 뗄 수 없는 결합.

——맑스-레닌주의 이론의 포괄적인 활용. 이것은 과학적으로 기초지어진 전략과 전술을 마련하는 것, 과학적 세계관을 확산시키는 것 그리고 이론을 창조적으로 확대발전시키는 것을 포함한다.

——운동에 의해 축적된 다양한 경험에 대한 지속적인 평가.

——당원의 의식성과 책임성이 그 토대인, 운동에 속하는 당의 조직성과 규율성을 높이는 것.

——맑스-레닌주의당간의 동지적인, 동등한 권리를 갖는 그리고 효

과적인 협력의 국제주의적, 연대적 연관을 발전시키는 것.

국제 공산주의운동 전체에서 커다란 의미를 갖는 것은, 맑스-레닌주의 당이 사회주의 나라들에서 권력을 행사하는 노동자계급의 당으로서 거대한 사회적 변혁과정의 선봉에 서 있다는 사실, 그리고 사회주의 건설의 결과, 성과물 및 경험은 전체 운동의 강력한 힘의 원천이라는 사실이다. 그러므로 국제 공산주의운동은 진정한 의미에서 **세계포괄적인 세력**이다. 어떤 지도적 혹은 조직자적 중심도 없는 국제 정치운동으로서, 그것은 민주주의적 상호관계로, 독자적이고 독립된 그리고 동등한 권리를 갖는 당들의, 프롤레타리아 국제주의를 토대로 한 융통성 있고 자발적인 협력으로 두드러진다.

프롤레타리아 국제주의——국제성과 민족성의 통일

프롤레타리아 국제주의는, 맑스와 엥겔스에 의해 「공산당 선언」에서 기초지어진 것으로, 맑스-레닌주의 전체의 본질특성이다. 그것은 노동자계급 및 그 역사적 사명의 국제적 성격에서 비롯되며, 노동자운동 및 사회주의 발전의 모든 단계에서 또 상이한 조건하에서 힘의 원천임이 입증되었다. 그것은 우리 시대의 혁명적 당 활동의 기본원칙이며, 그들 협력의 결정적인 이데올로기적 기초이다. 그러나 그것의 작용범위는 국제 공산주의운동에만 한정되지 않으며, 국제 연대의 원칙에 따른 사회적 및 정치적 세력이 우리 시대에 급속하게 확장되어가고 있다.

프롤레타리아 국제주의는 매우 다양한 정치적 및 이데올로기적 현상으로서, 다양한, 역사적으로 조건지어진 현상형태를 내보인다. 그러나 본질적인 것은 **프롤레타리아의 활발한 국제적 연대, 공동의 목표를 위한 투쟁에서의 상호 지지와 협력**이다. 그것은 연대적인 물질적 및 도덕-이념적 상호 지지에서, 공동의 행동에서, 노동자계급 당 조직 상호간의 연관에서, 평화를 위한 투쟁 및 사회주의 건설에서의 사회주의 국가의 협력에서 표현된다.

노동자계급의 세계사적 사명 실현의 행로에서 **프롤레타리아 국제주의** 자체가 역사적으로 발전하여, 그 **내용과 형식이 풍부해졌고**, 그것의 **작용**

영역이 확대되었다. 19세기 상이한 국적을 가진 노동자의 자생적인 공동행동으로부터, 제1, 제2, 제3인터내셔널에서의 프롤레타리아당 활동의 의식적인 조정을 거쳐 오늘날의 국제 공산주의운동에 이르기까지, 위대한 사회주의 10월혁명과 30년대 중국, 스페인 인민의 해방투쟁의 국제연대로부터, 한국 및 베트남 인민의 영웅적인 투쟁의 지원, 쿠바, 칠레, 앙골라, 니카라과 및 다른 나라와의 연대를 거치면서, 그 전통은 국제주의적 사고와 행동의 지속적인 확산을 보여주고 있다. 사회주의 국가공동체의 형성은 프롤레타리아 국제주의의 질적 풍부화를 가져왔는데, 그것은 이제 승리한 노동자계급의 국가 사이의 연관의 토대로 되었다.[24] 민족해방운동 내의 혁명적 세력과 갈수록 많은 민족국가들이 국제 연대성의 원칙을 따르고 있다.

현재 **프롤레타리아 국제주의**의 의미는 **증대**하였다. 그것은 보다 많은 객관적 요소로부터 해명된다. 거기에 속하는 것은, 무엇보다도 평화 및 그 이상의 지구적 문제의 성공적인 해결을 위해 모든 평화애호세력이 광범하게 협력해야 할 필요·필연성, 생산 및 교환의 국제화의 가속화에서 비롯되는 필요, 갈수록 강화되는 계급투쟁의 국제화에서 생장해나오는, 또 사회적 진보의 여러 세력간의 더욱 강화된 상호연관에서뿐만 아니라 가장 반동적인 제국주의 세력의 노력에서도 보이는, 자신의 행동을 전세계적으로 협력할 요구 등이 그것이다.

국제 공산주의운동은 이러한 조건하에서, 평화 및 사회적 진보 세력의 결집 및 형성 과정을 촉진시켜야 한다는 **커다란 역사적 책임을** 지닌다. 국제 공산주의운동의 통일성은, 획일성 및 가부장제와는 전혀 공통점이 없으며, 공동의 기초와 공동의 목표, 평화 및 사회주의에 그 뿌리를 두고 있다. 동시에 모든 당은 민족적 토대 위에서, 특수한 민족국가적 조건하에서 활동한다. 그러므로 운동의 통일과 프롤레타리아 국제주의의 실현은 각 당 모두의 정책에서 **민족성과 국제성 간의 상호연관**이라는 문제의 올바른 해결과 뗄 수 없이 결합되어 있다. 수십 년간의 경험을 토대로 맑스-레닌주의당은 일련의 국제주의적 태도의 기본입장을 마련하였는데, 그것은 갈수록 더욱 그들 행동의 규범으로 되고 있다.

첫째로, 무엇보다도 공산주의운동의 강력함은 **실천적 계급연대에**, 공동의 목표를 위한 투쟁에서 **동등한 권리를 갖는 협력**에 존재한다. 이러한 혁명적 연대성은 다양한 형태의 결합, 경험 교환, 공동행동, 원조 및 지지, 동지적 토론을 활용하는 것을 포함한다. 중요한 것은 실천적 협력과 활동, 국제적 연대였으며, 지금도 그렇다. **둘째,** 맑스-레닌주의당에 있어 관건은 언제나 **그들의 국제적 의무가 갖는 두 가지 측면의 유기적 결합** 즉, **내적,** 민족적 측면, 다시 말해 자기 나라의 노동자계급과 인민에 대한 각 당 모두의 책임과 뗄 수 없이 결합되어 있는, 해당 나라의 사회적 진보라는 과제를 해결하는 것과, **'외적'** 측면, 즉 다른 나라 내의 평화 및 진보 세력을 지지하는 것, 만국 근로인민의 상호연대성을 유기적으로 결합시키는 것이다. **세째, 독자성, 독립성 및 동등권의 원칙**은 그것과 뗄 수 없이 또 유기적으로 결합되어 있다. 맑스-레닌주의당간의 (그리고 또한 사회주의 나라간의) 연관에서 이 원칙을 유의하고 또 견지하는 것이 성공적인 국제협력을 위한 전제이다.

프롤레타리아 국제주의는 온갖 유형의 사회적 및 민족적 억압으로부터 사회를 해방시키는 자인 노동자계급의 세계사적 사명의 표현이다. 거기에는 또한 다음과 같은 사실의 근거가 있다. 즉, 그것은 오늘날 그 어느 때보다도 더욱 계급의 연대 혹은 계급 내 연대에 한정될 수 없다는 것 그리고 그것은 또한 맑스-레닌주의당간의 연관에서만 작용하는 것이 아니라는 것이다. 그것은 오늘날 세계 내의 모든 사회적 진보의 세력의 협력에서 갈수록 커다란 역할을 수행한다.

협력의 원칙

오늘날의 전제 및 조건에 상응하여 또 이제까지 축적된 경험을 지주로 맑스-레닌주의당간의 연관에서, **운동의 폭, 발전조건의 다양성, 개별 당의 구체적인 전략적 및 전술적 과제**가 갖는 상이성에 상응하는 원칙과 규범이 갈수록 더욱 관철된다. 그것은 당의 활동을 목적에 맞게 조정하고 또 그들의 국제협력, 그들의 공동행동을 강화시키는 데 적합한 것들이다.

무엇보다 다음과 같은 원칙들이 그 정당성을 입증받았다. 독자적이고 동등한 권리를 가지며 또 독립적인 모든 맑스-레닌주의당들은, 맑스-레닌주의 원칙을 토대로 또 해당 나라의 구체적인 조건에서 출발하면서 그들의 정책을 마련한다. 거기서 자기 나라의 노동자계급 및 인민에 대한 각 당의 책임은 만국 근로인민과의 연대와 뗄 수 없이 결합되어 있다. 당들은——한 당이 다른 당의 내정에 간섭하는 일이 없이——그때그때 요구에 따라 자발적으로 그들의 행동을 조정하며 또 그들이 직면한 과제를 성공적으로 해결하기 위한 공동의, 연대적인 행동을 수행한다. 그들은 그들의 활동에서 공동으로 마련된 평가, 공동의 투쟁과제와 관계된 결론에 주의한다. 그들은 서로를 지원하고, 협력과 연대를 발전시키며 또 전체 운동의 행동통일을 촉진시키는 것을 자신의 국제적 의무로 간주한다.

경험은, **국제 공산주의운동의 통일성**이 공동의 목표, 평화와 사회주의를 바탕으로 하여 커다란 **다양성**을 드러낸다는 것을 보여주었다. 인민의 삶, 우리 시대의 모순과 밀접하게 결합되어 있는, 살아 있는 정치적 세력으로서 공산주의운동은 항상 새로운 그리고 급속히 변화하는 과제를 설정해야 한다. 역사적으로 새로운 경로를 밟아감에 있어 새로운 이론적, 정치적 요구, 많은 맑스-레닌주의당의 급속한 수적 성장 및 그와 결합된 정치적 과정의 불균등성, 끊임없는, 다양한 형태로 행사되는 제국주의 부르조아지의 이데올로기적, 정치적 압력과 분화된 전술 등의 모든 요소들이 운동의 다양성을, 일정한 문제 해결에 대한 접근상의 차이를, 그리고 이따금씩 견해차이와 견해충돌을 야기시킨다. 이것은 오늘날 다소 정상적인 현상으로서, 그것이 책임의식적인, 국제주의적인 입장에서 고찰되고 또 실천적으로 해결된다면, 국제 공산주의운동과 그것의 통일이 문제가 되는 것은 결코 아니다.

중요한 것은 무엇보다, 상이한 관점이나 견해차이도 공동의 이해를 관철시키기 위한 공동행동에서는 장애가 되지 않는다는 점이다. **견해차이의 해명**에 있어 동지적인 토의와 상담, 형제당의 업적에 대한 존중, 경험의 근본적인 학습 및 지속적인 의견교환이 중요한 역할을 수행한다. 이런저런 당에서 형제당의 활동과 관계된 문제가 떠오를 때, 지도부가 해당 지도부에 문의하고, 필요할 경우 상담 혹은 해명 논의가 벌어지고, 그 속에서 토론을 통해, 실천적 경험에서 출발하여, 그리고 실천적 협력의 과정에서 그 문제가 해명되는 것이 올바른 방식임이 입증되었다. 이 경우에도 또한 레닌의 다음과 같은 발언에 담긴 지혜가 입증되고 있다. “정치적 당 내의 그리고 정치적 당 사이의 견해차이는 통상 원칙적인 논쟁에 의해서뿐만 아니라, 또한 정치적 삶 자체의 발전에 의해서도 결정된다."[25]

모든 평화 및 진보 세력의 동반자

국제 공산주의운동은 국제 노동자운동의, 그리고 더 나아가 광범한 민족, 국가, 정치적 당 그리고 다른 세력의, 핵전쟁을 막기 위한, 인류의 평화공존 조건을 확보하기 위한 운동의 뗄 수 없는 구성부분이다. 공산주의자들이 일관되게 대변하는 노동자계급의 세계사적 사명의 휴머니즘적 본질 때문에, 그리고 인류문명을 존속시키기 위한 국가 및 민족들의 건설적인, 창조적인 협력의 새로운 요구 때문에, 국제 공산주의운동은 단지 개별 나라 **내에서** 광범한 동맹을 실현시킬 뿐만 아니라, 또한 **국제적인 차원**에서도, 세계평화의 운명에 전념하는 모든 정치적, 종교적 흐름, 운동, 사회적 조직 및 당과의 협력 및 접촉과 대화를 모색하고 또 실시한다. 평화 및 국제적 안전을 위한 투쟁을 활성화시키려는 의미에서의 동맹 용의 및 문호개방성은 새로운 현실에 대한 과감하고 창조적인 접근의 특징에 속한다.[26]

평화 및 사회적 진보를 위한 투쟁에서 **국제 사회민주주의에 대한 국제 공산주의운동의 연관**은 일차적인 의미를 갖게 된다. 여기서 문제는, 국제 노동자운동 내의 가장 주요한 두 흐름, 즉 혁명적인 흐름과 개량주의적 흐름이고, 그 둘 사이에는 일치되거나 병렬적인 입장 외에도 여러 문제에서 심각한 이론적, 세계관적 및 정치적, 강령적 상이함과 견해차이가 존속하며, 그것들은 수십 년에 걸친 역사적 과정 속에서 형성되었다는 점이다. 국제 사회민주주의는, 1951년 새로 창설된 사회주의 인터내셔널(SI)로 결합되었는데, 80개 이상의 당과 조직을, 자세히 말하면, 정회원으로 49개 사회당 및 사회민주당, 그리고 업저버 자격을 갖는 그 이상의 당 및 운동 그리고 국제 연대조직을 포괄한다. 거기에 소속된 당의 당원들은 1600만 명을 웃돈다. 그들은 비교적 안정된 표밭을 갖고 있으며 수많은 노동조합 및 그 이상의 대중조직과 밀접하게 접촉하고 있다. 이러한 중요한 잠재력, 전세계적인 평화동맹의 창출 요구 그리고 노동자운동 및 행동통일을 위한 투쟁의 역사를 고려하여 독일통일사회당은, 공산주의자와 사회민주주의자는 "현존하는 이데올로기적 및 사회정책적 견해차이와 관계 없이 목표의, 이성의 그리고 현실주의의 정책을 실현하기 위한 투쟁에서의 중요한 동반자"[27]이며, 또한 현재의 사회적 진보를 위한 노력의 중심에 서 있는 문제들을 해결하는 데에서도 중요한 동반자라는 입장을 견지한다. 최근 몇 해 동안 사회주의 나라들의 맑스-레닌주의당과 사회민주당 및 사회당 사이에는 수많은 접촉과 공동의 창도가 진전되었는데, 독일통일사회당과 독일사회민주당이 공동으로 작성한 '중앙유럽의 비핵지대화를 위한 원칙'(1986년), 그리고 독일통일사회당의 중앙위원회 부설 사회과학 아카데미와 독일사회민주당의 인권위원회가 마련한 문서 '이데올로기 분규와 공동의 안전'(1987년) 등이 그것이다. 또한 평화를 위한 투쟁 속에서 최근 몇 해 동안 자본주의 및 사회주의 나라의 맑스-레닌주의당의 **혁명적-민주주의당**과의 그리고 국제정치 문제 전반에 걸쳐 아시아, 아프리카 및 라틴 아메리카의 몇몇 **부르조아적 당**과의 다양한 관계가 발전하였다.

자본주의에서 사회주의로의 이행의 현단계에서 인민대중의 역할 성장 및 그들의 정치적 조직성 증대의 표현으로서 **민주주의적인 정치적 대중운동**도 **국제적으로** 그 비중을 높여가고 있다. 그들은 그들의 방식으로 조직화된 정치적 행동의 스펙트럼을 풍부하게 하며 다양한 형태로 모습을 나타낸다. 중요한 것은, 비동맹운동과 같은 국가적인 차원에서 우선적으로 조직되는 운동, 노동자운동 내의 공산주의적 혹은 사회민주주의적 흐름, 평화운동, 그리고 여성, 청년, 노동조합의 국제운동 등이다. 당, 대중조직 및 다른 전통적인 조직과 달리 정치적 운동은 대개 그 참여자의 사회적 폭이 광범하다는 것, 상대적인 독자성과 고유성을 갖는다는 것 그리고 조직 및 행동 형태가 다양하다는 것으로 특징지어진다.

맑스-레닌주의당과 국제 공산주의운동은 민족적, 국제적으로, 민주주의적 대중운동 및 흐름 **속에서** 그리고 그것과 **함께** 대등한 권리를 갖는, 동반자적 작용을 지향한다. 그들은 사회적 진보를 위한 투쟁에 참여하는 사회적, 정치적 세력이 갈수록 광범해진다는 것 그리고 공산주의자는 이제까지와 마찬가지로 그들의 적극적인, 목적의식이 분명한 기여를 통해 그들의 헌신적인 노력을 통해 두드러져야 한다는 사실에서 출발한다.

<요점질문>

1. 노동자계급의 혁명적 당의 필요·필연성은 어디에서 비롯되는가?

2. 맑스-레닌주의당의 투쟁력과 영향력은 무엇에 의해 좌우되는가?

3. 현재의 평화 및 사회적 진보를 위한 투쟁에서 국제 공산주의운동은 어떤 과제를 풀어야 하는가?

4. 프롤레타리아 국제주의의 토대와 가장 중요한 현실적 필요는 무엇인가?

■주

1) 이 책 제12장 1절 참조.
2) Lenin, "Ein Schritt vorwärts, zwei Schritte zurück", *Werke*, Bd. 7, S. 491f.
3) Lenin, "Der Sieg der Kadetten und die Aufgaben der Arbeiterpartei", *Werke*, Bd. 10, S. 238f.
4) 이 책 제2장 1절 참조.
5) Lenin, "Was tun?", *Werke*, Bd. 5, S. 379.
6) Lenin, "Ein Schritt vorwärts, zwei Schritte zurück", S. 420.
7) 이 책 제4장 1절 참조.
8) Lenin, "Außerordentlicher Gesamtrussischer Kongreß der Sowjets der Bauerndeputierten……1917", *Werke*, Bd. 26, S. 318.

9) 이 책 제12, 14장 참조.
10) 이 장 3절 참조.
11) Lenin, "An die Dorfarmut", *Werke*, Bd. 6, S. 394.
12) Lenin, "Über die Wahlkampagne und die Wahlplattform", *Werke*, Bd. 17, S. 269.
13) Lenin, "VIII. Gesamtrussischer Sowjetkongreß, 22-29. 12. 1920", *Werke*, Bd. 31, S. 511f.
14) *Bericht des Zentralkomitees der SED an den XI. Parteitag der SED*, 보고자 : E. Honecker, Berlin 1986, S. 84.
15) Lenin "Die dringendsten Aufgaben unserer Bewegung", *Werke*, Bd. 4, S. 367.
16) Lenin, "Plan der Thesen 'Über die Rolle und die Aufgaben der Gewerkschaften unter den Bedingungen der Neuen Ökonomischen Politik'", Vollständige Ausgabe der *Werke*, Bd. 44, S. 497 (russ).
17) Lenin, "Aus Anlaß der 'Profession de foi'", *Werke*, Bd. 4, S. 285.
18) 이 책 제12장 2절 참조.
19) Lenin, "Aus der Vergangenheit der Arbeiterpresse in Rußland", *Werke*, Bd. 20, S. 250.
20) Lenin, "August Bebel", *Werke*, Bd. 19, S. 287.
21) Lenin, "Die Dritte Internationale und ihr Platz in der Geschichte", *Werke*, Bd. 29, S. 295.
22) 이 책 제11장 2절 참조.
23) Marx, "Inauguraladresse der Internationalen Arbeiter-Assoziation", *MEW*, Bd. 16, S. 12.
24) 이 책 제11장 2절 참조.
25) Lenin, "Die Revolution lehrt", *Werke*, Bd. 9, S. 137.
26) 이 책 제5장 3, 4절 참조.
27) *Bericht des ZK der SED an den XI. Parteitag der SED*, S. 91.

제4장
노동자계급의 혁명적 당의 정치적 전략과 전술

노동자계급 및 모든 근로인민이 평화, 민주주의 및 사회적 진보를 위한 투쟁과 사회주의혁명 그리고 발전된 사회주의 사회를 형성하는 것을 확실하게 지도할 수 있도록 하기 위하여 맑스-레닌주의당은 과학적으로 기초지어진 전략과 전술을 필요로 한다. 전략과 전술은 노동자계급의 세계사적 사명 실현의 모든 단계에 걸쳐 이 당의 정치적인 지도활동에서 중심적인 위치를 점한다.

정치적 전략과 전술이 뜻하는 것은 다음과 같다.

첫째, 과학적인 가르침인 바, 그것은 과학적 사회주의의 한 구성부분으로서 맑스-레닌주의의 **전략적, 전술적 견해**, 노동자계급 및 다른 근로인민의 창조적 행동과 **정치적 지도활동의 본질적인 보편적 원칙**을 포괄한다.[1]

둘째, 한 당의 지도활동의 정치적 태도의 총구상, **지도활동의 기본노선**인 바, 그것은——그들 당강령의 목표설정에서 출발하여——주어진 역사적, 민족적 등의 조건하에서의, 다시 말해서 해당 전략적 단계에서의 기본적인 정치적 지향을 담고 있다.[2]

1. 정치적 지도의 과학과 예술

필요 · 필연성, 위치 그리고 계급성격

혁명적 노동자 당에 있어 과학적으로 기초지어진 정치적 전략 및 전술의 **필요 · 필연성**은 우선적으로 자본주의에서 사회주의로의 이행과 사회주의의 건설 및 형성이 자생적으로 이루어지는 것이 아니고, 의식적으로 지도하고 또 완성시켜야 하는 것이라는 사실에서 비롯된다. 사회주의혁명과 새로운 사회의 건설은 오로지 맑스-레닌주의당에 의해 지도되는 노동자계급 및 그 동맹자의 의식적인, 조직화되고 목적지향적인 행동의 성과로써만 가능하다. 맑스-레닌주의 고전저작가들이 기초지었고 당의 이론적 작업을 통해 해명된, 그리고 보통은 강령에 집약적으로 표현되는 기본적인 사회적 발전의 요구는 투쟁의 모든 단계에서 확고한 방식으로, 즉 현실주의적이고 동원력 있는 **목표 제시**와 **혁명적 세력**의 성과를 약속하는 **형성** 및 **동원**, 그리고 형성에 상응하는 역사적인 대중행동의 방식으로 실현되어야 한다.

따라서 전략과 전술은 다음과 같은 것을 포괄한다.

즉 그때그때의 당의, 단계특수적으로 정해지고 또 수정되는 **목표**(최종목표, 강령적 목표, 전략적 목표, 행동목표 및 일상과제의 상호연관을 고려하여), **세력편제**(헤게모니 및 사회적 주력 혹은 주력들, 동맹자 및 연합동반자, 통일전선과 인민전선 등), 그리고 **형태와 방식**(평화적 및 비평화적 경로, 개량과 혁명, 의회적 및 의회 외적, 합법적 및 비합법적 투쟁, 사회주의의 형성에 있어 사회주의적 민주주의의 전개, 경제정책 및 사회정책의 통일, 사회주의적 경쟁 등)이 그것이다. 거기서 전략과 전술은 투쟁의 **보편적 지도원칙**을 고려한다.[3] 오로지 당의 맑스-레닌주의 이론과 사회적 현실에 대한 정확한 분석, 그리고 투쟁경험에 대한 면밀한 고찰을 지주로 해서 전략과 전술을 마련하고, 그 올바름을 대중에게 설득시키며 또한 그 실현을 위해 대중을 동원할 때에만 당은 평화와 사회적 진보를 위한, 사회주의 사회의 형성을 위한 투쟁을 성공적으로 지도할 수 있다.

그것은 노동자계급과 사회주의에 적대하는 **다른 계급세력과 당**들이 강력하게 또 장기적으로 그들의 **전략과 전술**을 마련하기 때문에 더욱 필요하다. 제국주의의 정치적 대변자들은 오랜 역사적 기간에 걸쳐 다양하게 배치할 수 있는 정치적 도구들을 개발해냈는데, 그 범위는, '비스킷과 채찍'이라는 상투어에서 보이듯이, 침략적인 대결정책 및 중무장정책의 사용에서 다양한 변종의 제국주의적 적응정책에 이르기까지 걸쳐 있고, 그때그때의 세력관계에 대한 제국주의자의 시각에 따라 배치된다. 적어도 그들 투쟁 발전의 제1단계에서는 아직 국가권력 입지를 지주로 삼을 수 없고 또 그 후에도 자신에게 불리한 세력관계를 종종 고려해야 하는 혁명적 노동자운동은, 각별한 정도로, 현명한, 선견적이고 유연한 전략과 전술을 확보하고 또 포괄적인 대중활동을 통해 그것을 실현시켜야 한다.

혁명적 노동자 당의 전략과 전술은 필연적으로 **정치적 성격**을 띤다. 왜냐하면 노동자계급의 해방은 최종적으로 오직 그들 자신의 **정치적** 행동, 즉 그들의 권력을 획득하고 옹호하며 공고화하기 위한 투쟁의 성과물로써만 가능하기 때문이다. 전략과 전술은 노동자계급 및 다른 혁명적 세력의 정치적, 이데올로기적 및 조직적 형성 그리고 맑스-레닌주의당에 의한 그들의 지도에 이바지한다. 그것은 한 역사적 단계에서의 지도활동의 기본노선을 제시하며 따라서 •**전체 정책의 본질적인 구성부분**이다. 레닌이 정식화한 다음과 같은 경험이 그것에 적절하다. "최종적으로는 포괄적인 원칙적 정책이 유일하게 현실적이고 실제적인 정책이다."[4]

역사적 발전의 과학적 분석으로부터 결과되고 또 맑스-레닌주의 이론 속에 종합되는 보편적인 요구에 대해 **전략과 전술은 과제 설정의 본질적인 구체화를 이루며**, 그 속에서 특히 구체적, 민족적인 조건이 노동자계급의 직접적인 투쟁의 토대로 주목된다. 각 당이 모두 노동자계급 및 자기 나라의 인민에 대한 책임 속에서 독자적으로 그들의 전략과 전술을 마련하는 것 또한 그에 상응한다. 동시에 **전략과 전술은 목표와 경로를 제시하는 기본지향**이며, 상황에 의해 조건지어진 결정이나 전략과 전술을 구체화시키는 당대회, 당총회 및 기타 중앙회의에서의 결의나 행동강령, 5개년 및 몇년간 계획 혹은 그와 비슷한 과제 설정과는 구분된다. 왜냐하면 후자의 경우에서는 그것이, 해결해야 할 과제의 중간단계, 순서 및 규모, 시점 및 기한 등에 의해 지속적으로 엄밀히 규정되고 또 사회주의의 경우 국가-규범적인 결정과 함께 직접적인 구속성을 갖게 되기 때문이다. **따라서 세계의 이론적 인식과 실천적 변혁 사이의 일종의 매개**로서의 정치적 전략과 전술은 대체 불가능한 과제를 가지며, 자신의 활동 속에 이론과 정치의 통일을 실현시키는 맑스-레닌주의당의 **포괄적인 정치적 지도활동의 근본 구성부분**이다. 정치적 전략과 전술에 대한 가르침의 주요한 인식 및 그 실현에서의 경험은 또한, 오늘날 세계의 혁명적 전위당 및 다른 진보적 세력들에 의해 활용되고 또 창조적으로 적용된다.

정치적 전략과 전술의 과제

정치적 지도과정의 통일성 및 거기에 포함된 전략과 전술의 통일 속에서 전략과 전술의 구별과 특수한 과제를 이론적으로 또 실천적으로 유의해야 한다.

전략은 도달된 사회적 발전 수준과 국내 및 국제 전장에서의 계급적 역관계로부터 직접 나오는데, 그 속에서 다음과 같은 것들이 규정된다.

——그때그때의 역사적, 전략적 단계에서의 주요목표와 그것에 종속되는 부분목표.

——사회적 및 정치적 주력, 노동자계급 및 사회주의와 다른 계급, 당 및 운동과의 관계, 그와 더불어 (지속적인 혹은 일시적인) 동맹자 및 주요한 적대적 세력 및 방해 세력과의 관계.

——당 활동의 주요과제와 근본방향, 결정적인 고리.

——목표 달성을 위한 투쟁과 활동의 주요한, 비교적 안정된 형태, 방식 및 수단.

전략은 비교적 불변인 투쟁의 한 단계 동안 유효한 당의 기본노선이다. 그것은, "계급투쟁 속에서 계급 상호간의 기본적인 관계가 변하지 않는다면, 변하지 않을"[5] 보편적이고 기본적인 과제를 담고 있다. 그것은 또한, 각국의 혁명적 노동자운동의 투쟁은 모두 노동자계급의 세계사적 사명 실현의 행로에서 일련의 **전략적인 단계들**을 거친다는 것을 뜻한다. 이러한 모든 단계에서 맑스-레닌주의당의 과제 중 하나는, 단계의 주요목표의 규정을 당강령에 확정된 장기목표와 결합시키는 것이다. 그러므로 전략은, 그것이 노동자계급의 역사적 사명의 실현을 위한 확대된 수단을 보장하는가라는 관점에서 마련되고 또 거듭 새로이 검증되어야 한다. 동시에 전략은 혁명적 노동자운동의 보편적 과제 외에 주어진 역사적 단계의 특수성을 항상 고려해야 하며 특수한, 오로지 이 단계에만 고유한 과제와 그 해결을 위한 주요수단을 규정해야 한다.

역사적 경험은, 전략적 지향을 면밀하게 마련하는 것이 계급투쟁에서의 확실한, 목적이 분명하고 동시에 유연한 행동 그리고 사회주의로의 이행에서의 성과 있는 전진의 불가피한 전제임을 웅변하고 있다. 그것은 특히 1940년대 및 50년대 유럽과 아시아에서의 민주주의적 개혁이 직접 사회주의적 변혁으로 성장전화했던 통일적인 혁명적 과정에서 입증되었다. 이 과정의 첫 단계에 이미 사회주의의 맹아가 생겨났고, 또한 두번째 단계에서는 다양한 민주주의적 성격의 과제를 더욱 추진하고, 심화시키고 또 완성시킬 수 있었다. 사회주의로의 혁명적 이행의 과정의 통일성과 지속성을 강조하는 것이 역사적인 관점에서 정당한 반면, **전략적인 관점**에서는 각 단계 모두에 대해 특수한 주요과제를 규정해야 하고, 그 특수한 주요과제와 그에 상응하는 구체적 슬로건을 정확하게 확정해야 했다는 사실을 강조해야 한다. 다시 말해서, 우선 전략적 지향은 일관되게 민주주의적 개혁의 수행을 지향해야 하고, 그것이 본질적으로 완성된 후에 비로소 사회주의적 변혁의 일관된 수행에 마찬가지로 집중해야 한다. 거기서 맑스-레닌주의당의 전략적인 과제 설정에 관한 다음과 같은 보편적인 결론이 도출된다. 즉 전략은 항상 두 가지 측면으로 최적화되어야 한다. 그것은 한편으로, 근로인민의 잠재적인 용의성(用意性)이 효과적인 사회적 진보를 위해 가능한 한 최고로 광범하게 개진되고 행동에 옮겨질 만큼 동원력이 있는 것이어야 한다. 다른 한편 그것은 근로인민대중의 삶이해와 결부되어 그들을 적극적인 행동의 추동력으로 되게 할 정도로 현실주의적이어야 한다. 이러한 가르침은 또한, 예를 들어 해당 나라의 조건하에서, 발전된 사회주의를 확대 형성하는 데에서 과학기술적 진보를 숙달하는 문제에 대한 올바른 지향이 문제로 될 경우의 부분목표에 대해서도 타당하다.

전략적인 목표 규정은 항상 해당 단계의 조건과 요소를 전면적으로 고려해야 한다. 사회주의를 그 고유한 토대 위에 형성하는 것과 함께 이제 사회주의 사회의 전영역과 전측면의 유기적인 협력 자체가 일반적으로 하나의 주요목표로 되고 또 더 이상의 발전의 전제로 되는 한에서 이러한 요구는 새로운 질을 갖는다. 이러한 사정은, 주요한 목표 및 과제의 설정이 명시적으로 **사회전략**[6]이라고 지칭되는 점에서 표현되며, 그것은 다시 사회정책과의 통일 속에서의 경제적 발전을 위한 부분전략이나 과학, 교육 등의 영역에서의 부분전략을 통해 보충되고 또 구체화된다.

중요한 **전략적인 문제**로 입증되는 것은, 혁명적 노동자운동이 자신과의 관계를 확정해야 할 그 **사회적 및 정치적 세력**을 올바르게 규정하는 과제이다. 다른 사회세력의 동맹 및 연대 잠재력을 종파주의적으로 과소평가하는 것은 평화, 민주주의와 사회적 진보를 위한 투쟁에서 결정적인 힘의 우위를 획득하는 데 장애로 작용하며, 사회주의를 창조적으로 형성하는 데 잠재력 추동력을 충분히 활용하는 것을 방해한다. 그러나 특수성과 차이 및 불일치를 고려하지 않는 무차별한 동맹정책 또한 장기적이고 안정된 동맹을 달성하는 데에는 전혀 적합하지 않다. 이 문제는 예를 들어, 사회적 분화가 아직 안정된 계급구조 및 사회구조 그리고 그에 상응하는 뚜렷한 형태의 고정된 사회적 이해를 결과시키지 못한 상태인 신생민족국가 내에서의 사회주의적 발전경로를 위한 결정에서 특히 첨예하게 그 모습을 나타낸다. 그러므로 이런 나라의 혁명적 전위당은 특히 세심하게 사회적 관계 및 발전경향의 분석에 진력해야 하며 또 이것을, 전략적 과제라는 관점에 볼 때 오랜 세월을 요하며 그 단계가 여럿인, 사회주의로 가는 경로에서 필요한 정치적 안정을 달성하기 위한 전략 및 전술의 바탕으로 삼아야 한다는 결론이 도출된다.

전략적 목표를 실현하기 위한 투쟁의 **주과제와 주방향**을 정확하게 규정하고 면밀하게 정식화하는 과제는 높은 지위를 차지하며 또 매우 복잡한 것으로 나타난다. 역사적 발전 속에서 사회적 요구는 대개 보편적인 형태로 나타나지 않으며, 오히려 특수한, 민족적 및 역사적 상황에 의해 뚜렷이 각인된 모순과 이해를 매개로 일상의식과 사회정치적 사고 내에 그 모습을 나타낸다. 그것은 민족해방에 관한 이해일 수도 있고, 토지 혹은 저개발의 극복과 민주주의적 권리의 확장에 관한 이해일 수도 있으며, 사회주의의 경우 물질적, 정신적 생활조건의 개선과 철저한 사회주의적 지도원칙의 관철 등에 관한 이해일 수도 있다. 따라서 전략적 단계의 목표를 규정하는 것은 목적지향적으로 그들의 일상경험을 토대로 사회적 과정에 대한 정치적 시야로, 사회적 책임감으로 그리고 상응하는 혁명적 행동으로 인도하기 위해 언제나 결정적인 투쟁의 장, 즉 그 안에서 결정적인 과제를 해결해야 하는 그러한 영역을 해명하는 것과 결합되어야 한다는 결론이 도출된다.

이러한 연관 속에서 **올바른 슬로건을 도출해내고 정식화하는 것**은 당의 정치-이데올로기적 작업에서 본질적인 의미를 갖는다. 예를 들어, 히틀러 파시즘의 분쇄 이후 그 반인류적인 정책으로 인한 수백만 근로인민의 혹독한 경험에 직면하여, 사회적 관계의 민주주의적 변혁을 즉각 선포할 뿐만 아니라, 그것을 반파쇼 민주주의적 재건이라고, 그리고 독일 땅에서 다시는 전쟁이 발발할 수 없도록 보장해주는 사회적 조건의 창출이라고 명시적으로 성격규정한 것이 그러한 것이었다. 현재의 경우, 발전된 사회주의를 확대 형성하는 보편적인 과제를 대중영향력 있는 슬로건과 결합시킴으로써 개인적 이해와 사회적 이해 사이의 작용력 있는 매개를 창출해내는 것이 중요하다고 입증되었는데, 예를 들어 '나의 작업장이 평화를 위한 나의 투쟁장', '우리 투쟁의 주요장은 경제정책 및 사회정책의 통일' 같은 것이 그렇다.

맑스-레닌주의당의 **전술**은 전략에 종속되며, 그것은 전략의 실현에 이바지하는 것이다. 전술에서는 한 전략단계 내 세력관계의 구체적인 변화를 고려한 그때그때의 실제적 상황에서의 당정책이 표현되며, 투쟁의 형태와 방식 그리고 그 합목적적인 배합이 규정되고, 전략적 목표로의 바로 다음 발걸음을 가능케 하는 새로운 과제의 해결에 어떻게 접근하는 것이 가장 좋은 방식인가가 규정된다. 전략과 달리 전술은 보다 유연하며, 매우 가변적이고, 통상적으로 그 기간이 비교적 짧으며 또 급속히 변화하며 다양한 형태, 수단 및 방식을 거쳐 실현된다. 자신의 전술에서 맑스-레닌주의당은 인민대중의 경험, 그 의식의 변화, 당의 대중영향력, 대중심리적인 정치적 요소들, 혁명적 운동에서의 때때로 급속한 변화, 민족적, 국제적 틀에서의 부르조아지의 전술 등을 직접적으로 고려한다. 그리고 그들은 사전에 인식될 수 없는 사건, 적대세력의 움직임 등에 반응한다. 당은 투쟁의 전술을 자의적으로 규정하거나 변경할 수 없다. 투쟁의 형태와 방식은 마찬가지로 객관적으로 정해진다. 전략이 그렇듯이 전술 또한 **대중을 획득하고 교육하는 것**과 뗄 수 없이 결합되어 있다. 따라서 전술은 혁명적 세력이 그때그때의 전략적 과제의 해결로 나아가기 위한 경험을 쌓을 수 있도록 마련되어야 한다. 1905년 러시아혁명의 가르침을 평가하면서 레닌은 이렇게 썼다. “대중을 실제로 교육하는 것은 결코 대중 자신의 독자적인 정치적 투쟁, 특히 혁명적인 투쟁과 분리되어 또 그 밖에서 일어날 수 없다. 최초로 투쟁이 피착취계급을 교육하며, 최초로 투쟁이 그들에게 그들 힘의 크기를 실감시키며, 그들의 지평을 넓혀주고, 그들의 능력을 상승시키고, 그들의 이성을 계몽하며, 그들의 의지를 단련시킨다.”[7]

전술과 전략은, 대개 그 보편수준에서 그리고 그 유효성의 시간 및 공간 면에서 서로 구분되지만, **실천 속에서 서로 밀접하게 결합**되어 있다. 왜냐하면 정치적 전략의 확보는 오로지 그에 상응하는 전술의 확정과의 연관 속에서만 이루어질 수 있고 또 정치는 항상 전략과 전술의 통일을 구체화하기 때문이다. 더군다나 많은 문제들이 종종 전략적인 동시에 전술적인 성격을 갖는다. 예를 들면 매 단계에서 광범한 동맹을 형성하는 것은 전략의 문제이지만, 동맹의 구체적인, 부분적이고 일시적인 형태와 방식이 문제일 때, 그것은 수많은 전술적 측면을 동시에 갖는다.

과학적 토대

공산당 및 노동자 당의 정치적 전략과 전술이 갖는 힘과 생명력은 무엇보다, 그것이 노동자계급의 삶이해의 표현이며, 맑스-레닌주의에서 확고한 과학적 토대를 갖는다는 것, 그 자체가 하나의 과학이며, 또 과학으로서 맑스-레닌주의당에 의해 집행된다는 점에 기초하고 있다.

이 전략과 전술은 맑스-레닌주의의 모든 구성부분을, 맑스-레닌주의의 역사과학을, 그리고 갈수록 더욱 그 이상의 과학을 토대로 하여 마련된다.

변증법적 · 사적 유물론은 정치적 전략과 전술의 철학적 토대이다. 그것의 일관된 적용은 현실에 대한 객관적인, 유물론적인 분석을 보장하며, 전략과 전술에서 경제, 정치와 이데올로기의, 객관적 조건과 주체적 요인의 상호연관의 올바른 반영과 과학적인 예견을 가능케 해준다. 그것은 객관적인 조건에서 출발하며 그 변화 및 발전에 유의하는 것을 지향한다. 유물론적 변증법의 도움으로, 극도로 복잡하고 또 모순에 가득찬 사회발전을 일관된 유물론적, 혁명적 관점에서 분석하는 것이 가능해진다. 그것은 맑스-레닌주의당을, 그들의 전략 및 전술 결정에서의 일면성, 도식주의 및 주관주의로부터 보호해준다.

또한 불가피한 것은 정치적 전략 및 전술을 마련함에 있어 맑스-레닌주의 **정치경제학**의 인식을 적용하는 것인데, 확실히 정치적 모순과 합법칙성은 최종적으로 경제적 모순과 법칙을 그 밑바탕에 깔고 있는 것이다. 그러므로 정치적 전략과 전술의 마련에는 사회의 경제적 발전에 대한, 그 모순 및 거기서 결과되는 계급과 계층의 경제적 처지에 대한 심원한 분석이 선행되어야 한다. 그를 통해 맑스-레닌주의당은 계급과 계층의 이해를 올바르게 규정할 수 있으며, 광범한 동맹이 가능해지고, 실제적 과제의 해결이 미래 과제를 위한 투쟁과 결합되도록 노동자계급의 이해와 다른 근로인민계층의 이해를 서로 결합시킬 수 있는 것이다.

과학적 사회주의는 정치적 전략과 전술을 마련하는 데 있어 **직접적인 이론적 토대**이다. 왜냐하면 후자는 혁명적 세계과정의, 자본주의에서 사회주의로의 이행의, 발전된 사회주의의 형성의 합법칙성에 대한, 그 형태, 동력 및 단계에 대한 인식을 지주로 해야 하며, 맑스-레닌주의당이 노동자계급을 그들의 역사적 사명을 실현하도록 조직하고 또 지도할 수 있도록 해주어야 하기 때문이다. 과학적 사회주의의 주요한 한 과제는, 노동자운동 투쟁의 전략적, 전술적 경험을 연구하고 종합하는 것 그리고 그로써 정치적 전략과 전술에 대한 가르침을 지속적으로 개선하는 데 기여하는 것이다.

전략과 전술의 절대적인 토대 중 하나가 **노동자운동사의 기본가르침**, 즉 일반화된 민족적, 국제적 경험을 고려하는 것인데, 이것은 또한 정치적 원칙의, 근본적인 행동규범의 역할도 수행하는 것이다. 그것은 노동자운동에 올바른 지향을 주며 또한 실패와 비극적인 오류 및 기회주의적 편향으로부터 노동자운동을 보호해줄 수 있다. 따라서 우리 시기의 혁명적 투쟁과 사회주의의 역사는 국제 노동자계급에게, 사회주의를 건설하고 그것을 더욱 안정되게 또 역동적으로 형성하는 것은 오로지 노동자계급 및 그 동맹자의 정치적 지배가 이런저런 형태로 확립되고 또한 사회주의적 민주주의의 전개를 통해 지속적으로 공고화되며 모든 공격에 맞서 방어될 때에만 가능하다는 가르침을 매개해준다.

맑스-레닌주의 전략과 전술의 장점 중 하나는, 그것이 **사회적, 정치적 발전에 대한 과학적으로 기초지어진 예측**을 그 출발점으로 삼을 수 있다는 점이다. 일국 내 사회주의 승리의 가능성에 대한 레닌의 과학적인 예견은 위대한 사회주의 10월혁명 및 소련 사회주의의 건설에서 전략과 전술을 마련하고 또 실현시키는 데 커다란 의미를 갖는 것이었다. 물론, 역사적 경과를 개별적으로 미리 규정짓는 것은 불가능하다. 그러나 계급세력 및 그들 태도의 기본적인 발전방향에 대한 인식을 통해 전략과 전술은 확실성과 현명함을 획득한다. 올바른 동맹정책에서, 노동자계급의 총력을 동원하는 데 있어 투쟁목표를 예시하는 것, 모든 난관에도 불구하고 가능한 혁명의 승리를 예시하는 것은 역사과정 내 불리한 돌발사건과 난관을 극복하는 데 있어 창조적인 활동을 증진시킨다.

맑스-레닌주의당의 전략과 전술은 의식적이고 조직화된 **대중의 창조성**을 발전시키며, 그것을 조정하고 또 통일된 목표로 이끈다. 노동자계급 및 그 동맹자의 이러한 창조성과 주도성 및 활동성은 역사적으로 새로운 것을 만들어내는데, 어떤 도식주의도 용납하지 않으며, 그 실현을 위한 정치적 노선과 수단이 끊임없이 검증되고 또 개선될 것을 요구한다. 레닌은 이렇게 썼다. "역사 일반 그리고 특히 혁명사는 언제나, 가장 탁월한 당이나 가장 진보한 계급의 가장 계급의식적인 전위가 표상하는 것보다 더 내용이 풍부하며, 더 다양하고, 더 다면적이며, 더 살아 있고, 더 '구절양장'이다. 그것은 또한 당연하다. 왜냐하면 최고의 전위는 수만의 의식, 의지, 정열, 꿈을 표현하지만, 혁명은 그러나 순식간에 수백만의 의식, 의지, 정열, 꿈을 통한 모든 인간능력의 각별한 비약과 각별한 진력을 실현하기 때문이다."[8)]

정치적 지도의 예술

정치적 전략과 전술에 대한 가르침이 결코 모든 정치적 상황에 대한 고정된 '규칙'이나 '지침'의 수집이 아닌 것처럼, 구체적인 전략과 전술 및 실제적 정치를 이론적 주지의 단순한 적용으로 이해해서는 안된다. 그것을 성과 있게 실현시키기 위해서는, "정치는 하나의 과학이자 예술로서, 하늘에서 떨어지는 것도 아니고, 태어날 때 누가 갖다주는 것도 아니"[9]라는 통찰이 요구된다. **정치적 지도** 그리고 그 핵심으로서의 **정치적 전략 및 전술**은 **이론의 창조적인 적용**을 요구하며, 대중에게 그들 이해의 실현에 상응하는 정치적 노선을 **설득하고**, 대중을 **획득하며** 또 **조직해낼** 수 있는 **능력**의 개발을 요구한다.

전략과 전술에 대한 과학적인 가르침은 맑스-레닌주의 정치의 기본원칙을 매개해주는데, 이것은 **지속적인 이론적 심화와 풍부화**를 요구하며 또 정치적 실천 속에서 **창조적으로 적용**되어야 한다. 정치적 지도의 예술은 바로, 맑스-레닌주의 이론 및 역사적 경험의 인식과 적의 전략과 전술을 가장 정확하게 고려함에 있어 계급 전체를, 수백만 인간을 **지도할 수 있는 능력**을 갖추는 것, 지속적으로 대중 속에서 활동하고 투쟁의 올바른 형태와 방식을 찾는 것에 있다. 그것은 무엇보다 세분화된 사회적 이해와 여러 사회적, 정치적 세력 발전의 서로 다른 성숙도, 역사적 행동에 참여한 사람들의 정치적, 삶적 경험의 다양성, 그리고 그 경험들을 다듬는 데에서의 상이성, 나아가 그로 인해 많은 다른 요인들에 의해 조건지어진 그들의 의식성, 열정, 투신 각오, 확고함의 정도에 의해 조건지어진다. 당의 특수한 과제인 지도의 예술은 모든 근로인민을 공동행동으로 고무시키는 것을 가능케 해주는 '공통분모'를 이해의 전개 속에서 찾아내고 동시에, 일치되는 이해의 공동관철 속에 참여한 계급, 사회적 계층 및 집단의 특수한 이해를 실현시키는 결정적인 열쇠를 또한 찾아야 한다는 점을 명백하게 하는 것에 있다. 사회주의 건설의 기본적인 경험 중 하나는, 맑스-레닌주의당의 정책은, 모든 사회적, 정치적 세력의 이해를 지도적인 노동자계급의 객관적인 발전 요구에 의해 본질적으로 각인된 사회적 총이해와 결합시키고 또 개인적, 집단적 및 사회적 총이해 사이의 역동적인 상호작용을 실현시키는 데 그것이 성공할 때만 성과가 있을 수 있다는 점이다. 이러한 전략적이고 동시에 전술적인 측면을 나타내는 과제를 해결하려면, 각 당의 다양한 경험과 형제당의 경험과의 국제주의적 관계가 필요하다. 거기에 또한 속하는 것은, 이미 작은 징후 속에서 새로운 것의 씨앗을, 미래의 더 큰 변화의 요소를 보는 능력이다. 정치적 지도의 예술은 대표할 수 있는 위험에의 용기, 과단성, 책임질 각오와 유연성 그리고 조건 변화에 대응하는 능력을 또한 포함한다. "복잡한 정치적 문제를 신속하고 올바르게 해결하기 위해, 주어진 계급의 모든 사상적 대표자의 기나긴, 집요한, 다양하고 전면적인 활동을 통해 필요한 지식, 필요한 경험——앎과 경험 말고도——, 필요한 정치적 감각을 획득한다는 것, 바로 그 점에 무엇보다, 당조직과 당지도자의 본질적인 의미가 있다."[10]

정치적 지도의 예술은 또한, 부르조아지 내에 현존하는 내분과 모순을 정확히 평가하고 활용하거나 그에 상응하는 전술을 통해, 평화와 사회적 진보에 도움이 되는 그러한 정치적 세분화를 촉진할 수 있는 능력에서도 드러난다. 오늘날 이러한 요구가 특히 모습을 나타내는 것은 전세계적인 이성과 현실주의의 연대를 창출하기 위한 노력에서인데, 그것은 미국 및 NATO 권력집단의 중무장노선 및 대결노선에 자신을 맞세우고 또 계급을 넘어서는 이해에서 국제정세의 회복 및 긴장완화로의 복귀를 관철시킨다.

정치적 전략과 전술은 또한 경험의 포괄적인 가치평가에 본질적으로 뿌리를 두고 있다. 노동자계급의 세계사적 사명 실현을 위한 투쟁의 **역사적이고 실제적인 경험**은 맑스-레닌주의를 지속적으로 확대발전시키기 위한 토대일 뿐만이 아니라 또한 정치적 전략과 전술을 마련하고 실현시키며 또 올바로 이해하는 데 결정적인 의미를 갖기도 하는 것이다. "계급의식적인 노동자는, 그들이 자신의 운동을 진전시키는 중에, 노동자운동이 밟아온 길을 지속적으로 돌이켜보며 항상 새롭게, 이 길이 올바른 길인가 또 보다 좋은 길이 없을까에 대해 생각한다."[11]

국제 공산주의운동, 특히 사회주의 나라의 당들도 최근 들어 전략 및 전술에 있어 경험을 획득, 평가, 적용하는 문제에서 의미 있고 또 풍부한 학습과정을 겪었다. 거기서 획득된 지식은 **역사적** 및 **실제적인 일상 경험, 역사과정 전체의 경험**(개별 단계 혹은 사건의 경험뿐만 아니라) 및 모든 계급과 계층의 **경험 전체**를 고려해야 할 필요성, **성과 있는 발전으로부터** 또 **패배** 혹은 오류로부터 배우는 것과 관계된다. 거기서 볼 수 있는 것은, 맑스-레닌주의적 입장은 경험의 과소평가와도, 다른 시대 혹은 다른 나라의 해결을 모방하거나 단순히 받아들이는 것과도 무관하다는 점이다. 그 어느 때보다도 오늘날 양자간 혹은 다자간 **경험교환** 그리고 다른 나라 및 당의 경험에 대한 주의깊고 사려깊은 태도는 사회주의 세계의 주요한 비축분인데, 그것은 한 당의 정치적 전략과 전술에서 구체적인 역사적, 민족적 조건에 상응하여 활용되어야 한다.

2. 정치적 전략과 전술의 기본원칙

노동자계급의 세계사적 사명 실현에 있어 맑스-레닌주의당의 정치적 지도활동은 나라, 지역 및 시대별로 매우 상이한 조건하에서 이루어진다. 충일한 객관적, 주체적 요인들을 고려해야 한다. 따라서 그때그때마다 여러 구체적인 전략적, 전술적 과제를 해결해야 하고, 다양한 조직화 및 활동의 수단, 형태가 사용된다. 그러므로 정치적 전략과 전술에서는 보편적인 도식이나 행동모형이 있을 수 없으며, 그것은 국제적 중심지로부터 모든 나라에 해당되도록 확정될 수도 없다.

그러나 맑스-레닌주의당은 정치적 지도에서의 자신의 책임감 있고 또 복잡한 활동에서 단지 맑스-레닌주의라는 형태의 포괄적인 과학적 기초나 일반화된 투쟁경험만이 아니라, 또한 근본적인 원칙도 지주로 삼을 수 있다.

정치적 전략과 전술의 기본원칙은 그 속에서 노동자계급 및 사회주의의 기본이해와 목표가 표현되고 또 그 속에 사회주의혁명 및 사회주의 건설의 보편적 합법칙성의 요구가 반영되어 있는, 정치적 지도활동의 보편적이고 지향적인 주지이다. 그것은 노동자운동의 경험의 일반화를 통해 획득됐으며 또 실천 속에서 그 타당성이 입증되었다. 정치-전략적 성격의 기본적인 규칙으로서 그것은 과학적 사회주의의 이론 속에서 주요한 위치를 점한다. 그것을 인식하는 것, 특히 그것을 창조적으로 적용하는 것은 성과 있는 정치적 지도활동의 전제 및 구성부분 중 하나이다.

이 기본원칙은 또한 노동자운동 내에서 의견차이의 대상이었고 지금도 역시 그러한데, 거기서는 주로 두 가지 일면적인 견해의 극복이 문제가 된다. 즉 **한편으로** 이러한 보편적인 원칙의 현존과, 정치적 활동의 주요 출발점으로서의 그것의 역할, 그리고 국내 및 국제적인 경험을 근본적으로 연구하고, 정치에 있어 원칙적인 입장에서 출발해야 할 필요성을 부정하는 것이다. 이러한 견해는 종종 한 나라 혹은 어떤 상황의 구체적인 투쟁조건이 그 세부사항에서 일회적이며 반복될 수 없다는 사고와 연결되어 있다. 그렇지만 이미 엥겔스는, 정치적 활동의 통일성이 "각 나라의 특수한 상황에 따라 서로 다르다. 그러나 자본에 대한 노동의 기본적인 관계가 대체로 동일하며 또 소유계급의 정치적 지배라는 사실이…… 어디에서나 존재하기 때문에 프롤레타리아 정치의 원칙과 목표는 동일하게 된다"[12]고 강조하였다. **다른 한편** 개별 나라 혹은 몇몇 단계의 노동자운동에서는 일정한 경험을 절대화하고, 어떤 투쟁형태를 보편적인 도식의 수준으로 끌어들이거나 다른 나라의 해결을 단순하게 모방하려는 경향을 보이는 세력들이 나타난다. 그리하여 급기야는, 기본원칙은 "**각각 옳은 방향으로 수정되며** 또 민족적, 민족국가적 상이성에 옳게 적응되고 사용되"[13]는 것이 필요하다는 점이 부인된다. 그러므로 국제성과 민족성의 변증법을 체화하고, 혁명적 정치의 보편적 원칙을 그때그때의 구체적 조건하에서 창조적으로 적용하는 것이 정치적 전략과 전술의 기본문제임이 입증되는 것이며, 또한 그것은 항상 축적된 경험의 연구와 일반화를 포함하는 것이다.

정치에서의 유물론적 변증법의 적용

정치에서의 유물론적 변증법의 적용이 표현되고, 그것의 인식과 활용이——역사적 경험과 실제 투쟁이 똑같이 증명하듯이——성과 있는 정책의 확보 및 관철에 있어 기초적인 의미를 갖는 그 **맑스-레닌주의의 정치적 전략과 전술의 주요한 원칙**은 무엇인가? 이 원칙은, 여기서는 단지 그 보편적인 기본성격에서만 서술되며 또 과학적 사회주의의 이론과 실천 전체 속에서 고려되어야 하는데, 그것은 또한 정치적 현상을 분석하고 평가하는 데에서도 방법론적인 유효성을 갖는다.

(1) 맑스-레닌주의당 및 세계 공산주의운동의 정치적 전략과 전술의 첫번째 기본적 원칙은, 언제나 **주어진 역사적 시기의 성격, 내용, 기본적인 모순과 발전수준에 대한** 정확한 **규정**을 출발점으로 삼는 것을 지향한다.[14] 그것이 의미하는 바는 세계 내의 전체 상황, 인류 전체의 생존과 확대발전의 이해에 맞게 해결해야 할 기본과제, 전체 노동자운동 및 해방운동 앞에 놓인 공동의 과제로부터 출발하는 것이고, 또 거기서 정치 면에서는 인류 전체의 삶문제의 해결에 대한 자기 당의, 자기 나라의 기여를 정확히 규정하고 실현하는 것과, 국제적 기본문제에 관해 똑같은 혹은 비슷한 이해나 견해를 갖고 있는 모든 사회적, 정치적 세력과의 행동조정 및 협력과 대화를 발전시켜나간다는 두 가지 문제에 집중하는 것에 다름아니다. 따라서 20세기말에 이른 오늘날의 세계정세에서, 사회적 진보를 위한 그리고 사회주의 및 공산주의 운동의 목표를 더욱 관철시키기 위한 전제로서 세계 핵전쟁을 막는 것과 평화공존을 보장하는 것이 맑스-레닌주의당의 전략과 전술에서 인류 발전의 가장 긴급한 문제로서 포괄적으로 고려되어야 한다.

(2) 정치적 전략과 전술의 가장 중요한 기본원칙 중 하나, 즉 레닌의 표현을 빌자면 "맑스주의 및 맑스주의적 전술의 요체"[15]는, 성과 있는 정치의 전제로서 **구체적인 상황과 계급의 역관계의 전면적인 분석**이다. 정치적 지도의 예술에는 역관계의 여러 요인을 파악하고 또 활용하는 능력도 들어 있다. 역관계의 판단 오류는 잘못된 전략과 전술을 마련하는 결과를 낳을 수 있다. 레닌은 수많은 저작에서 이러한 과학적인 정치의 근본문제에 주의를 기울였고 거기서 유물론적 변증법을 창조적으로 적용하였다. 예를 들어 그는 이렇게 정식화하였다. "주어진 사회의 모든 계급의 상호관계 전체에 대한 예외 없는, 객관적인 고려만이, 따라서 이 사회의 객관적인 발전수준에 대한 고려, 그리고 그것과 다른 사회 간의 상호연관에 대한 고려만이 진보적인 계급의 올바른 전술을 위한 토대로서 봉사할 수 있다. 거기서 모든 계급과 모든 나라는 그 정태성 속에서가 아니라 역동성 속에서 고찰된다."[16]

맑스-레닌주의의 고전저작들과 정치적 투쟁의 경험을 지주로 맑스-레닌주의당은 오늘날 **계급관계의 분석**에 대한 접근의 검증된 기준을 갖고 있다. 다음과 같은 것들이 그것에 속한다.

———**내적(민족적), 국제적 세력관계**의 차이와 상호연관을 유의해야 할 필요성.

———**자신의 힘**, 즉 노동자계급의 정치-이데올로기적, 조직적 등의 상태를 현실주의적으로 평가해야 한다는 요구, 다시 말해서, 노동자계급의 다수가 얼마만큼 당을 따르는가, 대중조직 특히 노동조합은 어떤 태도를 취하고 있는가, 어떤 이데올로기적 흐름이 그 속에서 작용하고 있는가라는 문제에 답변하는 것. 본질적인 것은, 해당 과제의 해결을 위해 동맹으로 획득될 수 있는 사회적 계급, 계층 및 집단 그리고 그들을 대표하는 정치적 흐름을 분석하는 것이다. 거기서 중요한 것은 동맹자의 특수한 이해, 전통과 조직형태를 유의하는 것이다.

———노동자계급의 **적의 힘과 가능성**, 그 중에 또한 부르조아지의 개별 국가, 당 및 집단 간에 현존하는 차이를 정확하게 평가하는 것이 필요하다.

———또한 국제적 역관계의 분석에서 직접 본질적인 것은, **성분 전체**(경제적, 과학기술적, 정치적, 이데올로기적, 도덕적, 군사적)를 고려하고 또 거기서 **양적인 요소와 질적인 요소**의 변증법을 유의하는 것이다. 그렇게 우리 시기의 국제적 체제대결의 발전은 사회주의의 실질적 힘과 영향이, 예를 들어 세계 인구나 세계 산업생산 등에서 사회주의가 차지하는 부분에 비해 통상적으로 더 컸으며 지금도 그렇다는 것, 그것은 여기서 사회체제로서의 사회주의의 질적인 장점이 결정적으로 중요하기 때문이라는 것을 보여준다.

———더 나아가 유의해야 할 점은, 계급의 역관계나 사회적 역관계는 결코 정태적이 아니라 **역동적 관계**로서, 그 발전과 변화는 **경향성**을 띤다는 것이다. 그것은 부분영역에서의 급속한, 일시적인, 엄밀한 변화와, 한 시기의 주내용과 역사적인 진보가 그 속에서 표현되는 그 심각한, 오래 작용하는 경향을 포괄한다.

이러한 복잡한 정치적 지도활동 문제에서 맑스-레닌주의적 이해는, "객관적인 정황과 객관적인 발전과정의 분석에서의" 절대적으로 과학적인 "냉철함"[17] 그리고 "우리의 동감이나 희망과 무관하게"[18] 세력관계를 가늠하는 것을, 세계평화의 확보와 사회의 진보에 이바지하는 세력관계를 창출해내거나 공고히 하는 것을 지향하는, 행동촉진적인 정치의 마련 및 실현과 결합시킨다.

(3) 그것은 그 이상의 원칙과 본질적으로 결합되어 있는데, 전략과 전술에서 민족성과 국제성의 올바른, 때에 맞는 결합이 그것이다.[19] 오늘날 강화되어가고 있는 사회적 발전의 이러한 두 측면의 변증법적 상호작용에 정치부분에서 상응하는 것은 민족적, 국제적 이해 및 조건의 면밀한 고려, 국제경험의 연구, 공동의 과제해결이라는 이해에 맞게 효과적인 협력을 기꺼이 벌일 자세와, 민족적 잠재력을 온전하게 개진시키는 능력 등이다. "공산주의자의 국제협력의 심화는 오늘날 그들의 정책을 마련하고 수행하는 데 있어, 그들의 구체적 과제를 민족적 및 국제적 조건의 고려하에 해결하기 위한 창조적인 노력에서의 각 당 모두의 독자성과 자기책임성을 그 토대로 하고 있다."[20]

(4) 정치적 전략과 전술의 기본원칙 중 하나는 **맑스-레닌주의당과, 인민, 대중과의, 노동자계급 및 그 동맹자와의** 밀접한, 뗄 수 없는 **결합**이다. 자신의 역사적 사명 실현을 위한 노동자계급의 투쟁의 모든 단계에 타당한 이 요구는 프롤레타리아 세계관의 본질 및 사회적 지향으로부터, 공산주의자의 목표와 근로인민대중의 근본이해가 동일하며 또 사회적, 인류 진보의 이해와 일치한다는 점으로부터 비롯된다. 전략과 전술은 첫째로 그때그때의 과제의 해결을 위해 대중을 획득하고 형성하는 것을 지향한다. 즉 맑스-레닌주의당 정책의 운명은 최종적으로, 어떻게 노동자계급과 그 동맹자들이 이 정책의 관철을 위한 그리고 그로써 그들의 고유한 삶이해 관철을 위한 의식적이고 조직화된 행동으로 획득될 수 있을 것인가에 의해 결정되는 것이다. 엥겔스는, "이론적으로는 대부분 옳다 하더라도, 사람들의 실제적 필요와 연결되는 법을 이해하지 못한다면, 그 강령은 얼마나 쓸모없는 것이겠는가"[21]라고 지적했다. 또 레닌은 이렇게 강조했다. "당의 권고가, 수백만 인간의 고유한 삶이 그들에게 가르쳐주는 바와 일치하지 않는다면, 그들은 그러한 당의 권고를 듣지 않을 것이다."[22]

계급투쟁과 사회주의 건설의 역사 경험은, 맑스-레닌주의자의 대중정책 및 대중지향에 있어 어떤 상황에서든, 노동자계급을 지주로 하는 것,

그들의 의식성과 조직성을 높이는 것, 그들의 이해를 대변하는 것, 그들의 통일된 행동을 확보하는 것, 그들의 헤게모니를 각인시키는 것이 관건이라는 점을 웅변해주고 있다. 그것은, 계급으로서 프롤레타리아가 이제 형성되기 시작한 초기 역사적 단계 및 나라에서도 그렇고, 노동자계급이, 맑스-레닌주의당에 지도되어, 나라의 모든 사회적 및 정치적 세력과의 광범한 동맹 속에서 새로운 사회, 사회주의를 형성하는 그 발전된 사회주의 사회의 형성기에도 그렇다. **당의 대중과의 뗄 수 없는 결합**은, 당이 대중을 단지 가르치고 또 지도할 뿐만 아니라 대중행동 내의 새로운 것을 지속적으로 연구하고 또 거기서 획득된 경험을 종합하기도 한다는 것, 다시 말해서 대중에게서 배우기도 한다는 것에서도 또한 표현된다. 레닌은 당에게, 그들의 대중과의 관계를 공개성과 명확성 위에, 말과 행동의 일치 위에 세울 것을 요구하였다. '대중'이라는 개념이 구체적 조건에 따라 역사적인 성격을 띤다는 것[23], 대중이 그들 고유의 경험을 토대로 배우는 것이 **모든 위대한 혁명의 기본법칙**이라는 것,[24] 그리고 맑스-레닌주의당은 당이 일시적인 대중 분위기에 기회주의적으로 '추수'하는 것에도, 일상적인 대중작업을 종파주의적으로 과소평가하는 것에도 맞서야 한다는 것을 강조했다.[25]

그와 밀접하게 결합되어 있는 것이, 매 상황마다 가능한 최대로 광범한 인구계층을 노동자계급 주위에 결집시키고 또 **동맹의 최적 범위**를 달성할 원칙적 필요성이다. 동맹의 가능성, 내용 및 형태는 당연히 투쟁의 개별 단계에서 또 개별 나라에서 매우 상이하다. 그러나 이미 맑스-레닌주의 고전저작가들에 의해 기초지어지고 발전된 광범한 계급적, 정치적 동맹의 전략은 원칙적으로 노동자계급의 세계사적 사명과 우리 시기 사회의 세분화된 사회적, 정치적 구조로부터 나온다. 반공주의 이데올로그들은 이러한 맑스-레닌주의적 동맹정책의 원칙적인 성격을 의심하고 또 그것을 일시적인, 기술적 책략으로 중상모략하지만, 공산주의자 및 노동자 당의 투쟁의 역사는 최근 10년 동안 전대륙에서 다음과 같은 점을 보여주고 있다. 즉 역사적 근본경향에서, 그것의 해명, 고려 및 조정이 동맹정책의 대상인 그 사회적 문제와 이해의 스펙트럼이 넓어지고 세분화되었으며, 매우 광범한——일시적, 장기적——동맹을 창출할 가능성이, 특히 세계 핵전쟁을 막고 평화공존을 관철시키는 문제에서 확대되었고,

동맹을 실현하는 형태와 방식이 다양하게(당 연대, 인민운동, 협약, 반제전선 등) 되었다는 점이다. 이러한 발전은 공산당 및 노동자 당 그리고 사회주의 국가의 동맹 능력, 열린 자세, 타협 용의, 유연성 및 확고한 원칙에 대한 요구, 그리고 대화 용의와 설득력에 대한, 동맹의 정치적 연마에 대한 요구를 높였다.

(5) 그 이상의, 맑스와 엥겔스가 이미 「공산당 선언」에서 기초지은 정치적 전략과 전술의 원칙[26]은, **일상과제**의 해결을 위한, 근로인민의 직접적인 이해와 필요를 위한 투쟁을, 기본적인, 전략적인 과제의 해결과 **운동의 목표를 위한 투쟁과 결합시키는 데** 있다. 여기서 중요한 것은 운동의 과거, 현재 및 미래 사이의 상호연관과, 강령적 목표 설정, 전략적 지향과 직접적인 일상과제 사이의 변증법적 상호연관의 체화이다. 정치적 우익 및 좌익기회주의적 견해와의 대결에서 언제나 관건은, 일상의 문제와 '커다란 정치'를 상호연결시키는 것이며, 또 직접적 과제의 기회주의적, 실용주의적 절대화뿐만 아니라 추상적이고, 현실을 무시한 생경한 목표의 지향도 용인하지 않으며 또 필연적인 발전단계를 건너뛰지도 않는 것이다.

이론적 작업에서뿐만 아니라 실천적 작업에서도 의미를 갖는 이 원칙은 또한, 맑스-레닌주의자가 그들의 투쟁과 활동의 목표(단기목표, 중간목표, 최종목표)와 그 달성을 위한 수단 사이의 변증법적 상호연관에 대해 지지하는 그러한 입장을 포함한다. 그것은 혁명적 정치의 중심문제 중 하나이다. **목표와 수단**은 정치에서 뗄 수 없이 그리고 유기적으로 서로 결합되어 있다. 정치적 전략과 전술의 과제는 무엇보다, 이 결합의 **정도와 형태**를 그때그때의 역사적 상황에 맞게 확정하는 데 있다. 이러한 문제에서 맑스-레닌주의의 과학적으로 기초지어진 견해는 목표와 수단의 상호연관에 대한 두 가지 유형의 왜곡 및 날조와의 대결 속에서 형성되었다. 즉, 특히 "운동이 전부이고, 목표는 아무것도 아니다"라는 베른슈타인의 정식에서 표현되는, 주어진 조건에 대한 우익기회주의적, 실용주의적 적응이나, 차후의 목표의 부인 혹은 부정에 맞서서, 그리고 "전부가 아니면 전무"라는, 목표(목적)는 일체의 수단을 요구하며 또 정당화한다는 반동적인 견해까지 종종 받아들이는 좌익종파주의적, 극단주의적 입장에 맞서 형성된 것이다. 노동자운동의 경험은, 혁명적 목표를 달성하기 위한 정치에서 다양한 투쟁 및 행동 수단이 사용된다는 것, 이 수단은 항상 목표와 그 성격에 종속된다는 것, 그리고 목표뿐만 아니라 수단 또한 자의적으로 선택되어서는 안된다는 것을 웅변해주고 있다. 두 가지 모두 객관적 조건에 대한 분석을 토대로 해야만 그리고 근로인민의 이해에 대한 고려하에서만 결정될 수 있다. 또한——그리고 여기서 목적(목표)과 수단의 관계가 갖는 도덕적 측면이 드러난다——노동자계급의 목표의 휴머니즘은 그들 투쟁의 수단이 갖는 인간적인, 민주주의적인 성격을 조건짓는다. 정치적 전략과 전술의 이러한 복잡한 문제를 해결하는 것은 매 경우마다 구체-역사적 접근을 요구하며 추상적인 고려는 성취될 수 없는 것이다. 따라서 인류 전체가 세계적 핵재앙의 위협에 직면해 있는 오늘날의 세계정치적 정세에서는, 목표와 수단의 관계에 대한 문제가 근본적으로 새로운, 세계정치적 측면을 갖는다. 이러한 한에서 목표와 수단의 관계의 원칙적인 변화가 있게 된 것이다. 예를 들어, 핵무기 전쟁을 야기시킬 수 있는 수단으로서의 전쟁은 일체의 의미를 상실하였다. 노동자계급의 정치적 목표의 실현은 오히려 핵전쟁을 막고 세계평화를 확보하는 것을 그 전제로 한다.[27]

(6) 맑스-레닌주의의 정치적 전략과 전술의 그 이상의 원칙은 **모든 투쟁 형태와 방식의 숙달**을 지향한다. 혁명적 과정의 복잡성과 다양성, 그리고 노동자계급이 그들의 기나긴 투쟁의 각 단계에서 직면하는 과제의 풍부성과 상이성은 수단, 형태, 방식의 문제가 언제나 거듭 새롭게 제기되고 또 해결되어야 할 것으로 나타난다. 또한 이 문제에서도 확고한 원칙의, 과학적으로 기초잡힌 그리고 유연한 접근이 요구된다. 개별적으로 사전에 투쟁 및 조직 형태를 규정짓는 것은 불가능하더라도, 오히려 이 때——여타의 문제와 달리——맑스-레닌주의자는 구체적인 조건을 분석하고, 상응하는 경험을 연구하며 또 지속적으로 배워야 한다. 그리고 그 때 풍부한 경험보물과 중요한 가르침이 눈앞에 전개되는 것이다.

정치적 전략과 전술은 **정치, 경제 및 이데올로기의** 변증법적 **상호관계**를 유의하고 또 의식적으로 만들어내야 한다. 이미 엥겔스가 노동자계급의 계급투쟁을 정치적, 경제적 및 이데올로기적인 영역의 상호연관 속에서 이끌어야 할 필요성에 주목을 요한 바 있다.[28] 그들 역사의 경과 속에서 공산당 및 노동자 당은, 예를 들어 경제주의가 그렇듯이, 이 뗄 수 없는 통일의 개별 측면을 경시하거나 절대화하는 견해 및 그 경향과 대결하였다. 사회주의 건설에서 경제, 정치 및 이데올로기의 통일성은 맑스-레닌주의당의 정치적 지도활동의 한 원칙으로 되었다.[29]

맑스-레닌주의는, 혁명적 당이 예외 없이 **투쟁 및 활동의 모든 형태와 방식**에 숙달해 있어야 하며 또 운동이 일정한 한 투쟁형태에 묶이거나 개별 형태 및 방식을 절대화해서는 안된다고 가르친다. 성과 있는, 경험 많은 당의 특징은, 그것이 그들 역사의 경과 속에서 내용적 요구에 상응하여 다양한 투쟁 형태 및 방식(경제적, 정치적 및 이론적, 의회적 및 의회 외적, 합법적 및 비합법적, 평화적 및 비평화적)을 적용하고 또 숙달했다는 것, 그것이 노동조합, 협동조합 및 다른 조직에서 활동하며, 현존의 조직적 전통에 결부되고, 존속하는 조직을 변혁시켜 새롭게 만든다는 것이며, 또한 공격하는 것과 쟁취된 입지를 공고화하는 것 혹은 일시적으로 후퇴하는 법을 잘 알고 있다는 것이다.

맑스-레닌주의자는 **투쟁형태**의 문제에 **역사적으로** 접근한다. 구체적인 상황에 따라 개별 투쟁형태가 차지하는 위치와 의미는 달라진다. 이와 연관하여 새로운, 사회주의 사회 건설의 시작은 주요한 모멘트이다. 자본주의 사회 내의 착취와 억압을 겨냥했던, 낡은, 전통적인 투쟁형태가 그 기능을 완수했고, 모범자 및 경쟁 운동(Aktivisten- und Wettbewerbsbewegung) 등 새로운, 사회주의적 민주주의를 구체화시키는 형태가 발전하였다. 원칙적으로 맑스-레닌주의당은, 상황이 요구할 경우 투쟁형태를 신속하게 바꾸는 능력과 용의를 갖추는 것이 요구된다. 중요한 것은, 그때그때 가장 합목적적인 형태와 방식을 규정하는 것, 즉 운동의 최대범위와 파괴력을 확보하며, 대중이 알아듣기 쉽고 또 신뢰할 수 있는 그리고 과제의 해결을 효과적으로 보장하는 형태와 방식을 규정하는 것이다.

맑스주의는, 레닌이 거듭 강조하고 있듯이, 투쟁형태의 문제에 있어 추상적인 공식이나 교조적인 처방과는 무관하다. 맑스주의는 **대중투쟁의 경험을 연구**하며, 또한 이 투쟁 속에서 새로운, 이제까지 알려지지 않은 투쟁형태가 나타날 수 있다는 점을 고려한다. "맑스주의는 이런 연관 속에서 대중실천으로부터 **배우며**……대중에게 그 골방 '체계론자들'에 의해 고안된 투쟁형태를 가르치는 것과는……거리가 멀다."[30] 동시에 레닌은, 당이 투쟁수단을 사건의 자생적인 과정에 떠넘겨서는 안되며, 오히려 그것을 합목적적으로 조직하고 또 그것이 의식적이고 목적지향적으로 적용되게끔 신경써야 한다는 것을 강조하였다. 노동자운동 및 사회주의 건설의 역사는 새로운 투쟁형태를 성과 있게 발견해내고 더욱 발전시킨 사례가 풍부하다. 맑스가 천재적으로 파리코뮨을 사회주의적 변혁의 "마침내 발견된 정치적 형태"[31]라고 평가한 것, 소비에트를 소련 내 사회주의적 국가권력의 맹아 형태로 밝혀낸 것, 30년대 이래 인민전선 및 민족전선을 발전시킨 것, 사회주의 건설에 있어 모범자 및 경쟁 운동과 다른 창도성을 발전시킨 것 등이 그것이다.

다양한 투쟁형태와 방식의 숙달이 집중적으로 표현되는 것은, 혁명적인 투쟁에서, 정치적 활동에서 **주력을 올바른 시기에 결정적인 장소에, 가장 중요한 영역에, 그때그때의 핵심과제의 해결에, 그리고 주적과의 대결에** 결집시키는 능력이다. 레닌은 이러한 기본규칙을 유의하는 것을 계급투쟁에서의 "정치적 성과의 법칙"[32]이라 지칭하고 이렇게 지적하였다. "대체로 혁명가이자 사회주의 혹은 공산주의의 신봉자인 것만으로는 충분치 않다. 우리는, 매 순간마다 온 힘을 다해 움켜잡아야 할, 그래야만 전체 고리가 유지되고 또 그 다음 고리로의 이행이 확고하게 준비될 수 있는, 그러한 특수한 고리를 찾아내야 한다."[33] '핵심고리'의 근본적인 의미는, 정치에서의 시간요소의 고려를 포함하여, 현재까지의 사회주의 건설의 경과 속에서 그리고 또한 사회주의적 대외정책 속에서 드러난 바다. "지도와 정치의 예술 전체는, 우리의 주력과 우리의 주목이 어디에 집중되어야 하는가를 적시에 인식하고 아는 것에 있다."[34]

(7) 정치적 전략과 전술의 그 이상의 원칙은, 맑스-레닌주의당을 정치적 활동에서 **타협**을 진행시킬 용의와 능력을 개발시키는 것을 지향하게 한다. 여기서 관건은 정치의 이론과 실천이라는 가장 복잡한 문제이다.[35]

항상 **계급성격**을 띠는 **정치적 타협**은, 상이한 혹은 적대적인 **계급세력**(국가, 당, 조직)의 비슷한 혹은 일치하는 이해와 노력에 바탕하는, 다면적인 형태로 실현되는 이들 세력간의 (대개) 일시적인 약정 혹은 다투는 문제의 합의(조정)로서, 상호간, 양자간의 양보의 계기를 포함하며 주어진 문제에 있어 양자에게 유리하게 작용하는 것이다. 19세기 이래 국제 노동자운동의 역사가 진행되면서 타협의 용인 및 그것을 사용할 가능성의 문제에서 많은 논쟁이 진행됐으며 다양한 경험이 축적되었다. 타협은 노동자계급의 투쟁에서 주요한 **하나의** 수단이며, 그것은 계급과 국가 사이의 객관적인 역관계로부터, 노동자계급의 세계사적 사명 실현을 위한, 사회적 진보를 관철시키기 위한 투쟁의 장기성 및 복잡성으로부터 비롯된다는 것이 입증되었다. 맑스, 엥겔스, 레닌이 많은 저작에서 발전시킨 이 문제에서의 입장은 두 가지의 거짓된 입장을 비판하고 있다. **한편으로** '배반자적인', '썩은' 타협의, 부르조아지와의 협정의 기회주의적인 정책으로서, 그것은 노동자계급 및 사회주의의 원칙적 입장, 즉 혁명적 당의 정치적, 이데올로기적 및 조직적 독자성 그리고 사회주의의 근본적인 성과물과 이해를 포기한다. **다른 한편으로** 소위 원칙을 지킨다는 명분하에 일체의 타협을 교조주의적으로, 좌익종파주의적으로 거부하는 것이다. 레닌은 "진정으로 혁명적인 당의 과제는, 가능하지도 않은, 일체의 타협에 대한 포기를 선언하는 데 있지 않고, 불가피한 한에서, **모든 타협을 관통하여**, 그들의 원칙, 그들의 계급, 그들의 과제를……성실하게 지키는 것을 이해하는 데 있다"[36]라고 강조했고 또 다른 곳에서 "타협할 일은 수없이 많다. 우리는, 모든 타협 혹은 타협의 모든 변종의 구체적 상황과 조건을 분석하는 법을 이해하고 있어야 한다"[37]라고 강조하였다. 맑스-레닌주의당과 사회주의 국가에 의해 추진되는 정치적 타협은 성실하고 올바른 정책의 표현이다. 모든 타협에서 사회주의의 원칙, 목표 및 토대를 지키겠다는 명백한 표명은, 타협을 정치적 '암소거래'로 오해하는 것 일체를 방지해준다.

우리 시기의 역사는, 평화 및 사회적 진보의 본분에 이바지하는 타협의 사례를 숱하게 보여준다. 다양한 계급세력, 국가, 당, 조직들이 그것에 참가한다. 타협은 국내정치적 영역에서뿐만 아니라 대외정치적인, 국가간의 영역에서도 추진된다. 적대적인 세력간에도, 동맹자간에도, 타협은 국가간의 조약, 당간의 협약, 선거동맹, 경제협약 등의 상이한 형태로 모습을 나타낸다. 그것의 내용은 다양한 경제적, 정치적 및 군사적 문제와 연관되어 있다. 바로 70년대 이래 유럽에서 합의된, 서베를린에 관한 다자간 협약(1971년)이나 유럽의 안전과 협력에 관한 회의 폐회선언문(헬싱키, 1975년)에 이르는 조약들이 수많은 합리적인 타협을 담고 있다. 이데올로기적, 강령적 영역에서는 어떤 타협도 있을 수 없다. 그렇지만 이러한 근본원칙이, 경험이 보여주듯이, 다른 영역에서의 장·단기간 타협의 가능성을 결코 축소시키지는 않는다. 그리고 필연적인 이데올로기적 대결의 영역에서도 공산주의자는 문화적인 예절을 갖추며 이데올로기적 전향에 맞선다. 그로써 타협의 집행 및 가치평가는 곧바로 '과학과 예술'로서 입증된다. 그러나 이러한 연관 속에서 구체적인 조건을 정확히 평가하고 하나의 타협을 총정책 속에 배열하는 것, 추구된 그리고 있을법한 결과와 원칙적인 한계를 예견적으로 파악하는 것은 타당하다. 본질적인 것은 그때그때의 이해일치 및 타협의 가장 합목적적인 형태를 포괄적으로 규정하는 것이다.

상이한 사회체제를 갖는 국가의 평화공존을 관철시키기 위한 투쟁에서, 세계 내 양 체제의 대결에서, 긴박한 지구적 문제의 해결에 있어, 주권의 틀 안에서, 모든 책임 있는 정치세력의 타협 용의는 커다란 의미를 갖는다. 평화에 이해를 갖는 모든 세력에 대한 고려하에, 이해 조정을 토대로, 합리적인 정치적 타협을 목적지향적으로 사용하는 예술은, 전세계적인 이성, 현실주의 및 선의의 연대를 형성하는 데 중심적인 위치를 차지한다.

전략 및 전술관의 변천사

과학적 사회주의의 구성부분으로서의 전략 및 전술에 대한 가르침의 마련은 19세기 이래 노동자계급의 세계사적 사명 실현에서의 증대하는 요구와의 뗄 수 없는 연관 속에서, 노동자계급의 계급투쟁 경험을 기초짓고 종합화하는 과정 속에서 이루어졌다. 맑스주의 발전의 첫 10년 동안 '전술'이라는 개념은 주로 가장 넓은 의미에서 정치 전체를 지칭하는 말로 사용되었다. 즉 전략과 전술을 포함하는 말로 이해되었다.

맑스와 엥겔스의 수많은 저작과 제1, 2차 인터내셔널의 기본적인 문서에서 전략과 전술의 근본문제가 마련되었다. 무엇보다 「공산당 선언」(4장), 엥겔스의 「독일에서의 혁명과 반혁명」 및 「프랑스의 계급투쟁」, 맑스의 「루이 보나파르트의 부뤼메르 18일」 및 「프랑스의 시민전쟁」, 「공산주의자 동맹에 보내는 중앙당국의 메시지」 그리고 맑스와 엥겔스의 방대한 서신 교환에서 프롤레타리아 당의, 특히 부르조아민주주의혁명과 그것의 심화 및 확대 추진에서의 고유한 전략 및 전술의 필요·필연성과 주요토대 그리고 기본원칙이 다루어지고 있다. 민족성과 국제성의 관계, 동맹, 그리고 경제적, 정치적 투쟁, 혁명적 의회전술 등의 문제가 거기서 주요한 역할을 수행하였다. 레닌은 후에 '프롤레타리아 계급투쟁의 전술'이라는 부제가 달린 자신의 저작 「칼 맑스」에서 맑스와 엥겔스의 주요한 전략적, 전술적 인식을 총괄하였다.

20세기에는 누구보다 레닌이 포괄적인 방식으로 전략과 전술의 이론 및 실천의 문제를 대중지도의 과학과 예술로서 마련하였다. 새로운 유형의 당에 대한, 노동자계급의 헤게모니에 대한, 부르조아민주주의혁명과 사회주의혁명 그리고 민족 및 식민지 문제에 대한, 제국주의 전쟁에 맞선 투쟁 등에 대한 그의 이론의 구성부분으로서 레닌의 저작에서는 전략과 전술의 모든 본질적인 부분이 다루어지고 있다. 거기서 위대한 사회주의 10월혁명에 이르는 기간까지 주요한 역할을 수행한 것은 「무엇을 할 것인가?」, 「민주주의혁명에서의 사회민주주의의 두 가지 전술」, 「빨치산 전쟁」, 「우리 혁명에서 프롤레타리아의 과제」, 「전술에 대한 편지」, 「슬로건에 대하여」, 「타협에 관하여」, 「보이콧트에 맞서」 등과 같은 저작들이다. '맑스-레닌주의 전략과 전술의 지침서'로서 중심적 위치를 점하는 것이 레닌의 저작 「'좌익'급진주의, 공산주의 내의 소아병」이다. 위대한 사회주의 10월혁명을 준비하고 수행한 경험 그리고 신생 공산당의 투쟁경험을 지주로 이 문헌에서는 정치적 이론과 실천의 많은 문제들이 다루어지고 있는데, 그것들은 보편타당한 의미를 갖는다.

그 이후 시기에는——실천적 계급투쟁의 요구에 상응하여——정치적 전략과 전술의 문제가 국제 공산주의운동에서 두 가지 차원으로 확대되었다. 한편으로 제국주의, 식민지주의, 파시즘 및 전쟁위험에 맞선 투쟁에서의 코민테른 및 그에 속한 당의 활동이 그것이다. 코민테른 문서는 대중의 획득과, 20년대, 30년대 및 40년대 통일전선 및 인민전선 그리고 반파쇼 및 민족해방 투쟁의 정책을 둘러싼 노력과 연관된 새로운, 수많은 전략적, 전술적 가르침과 인식을 담고 있다. 다른 한편으로 그것은 소련에서의 사회주의 건설에 있어 소련공산당과 사회적 삶의 전영역을 변혁하고 지도하는 과학을 마련하고 또 이러한 연관 속에서 정치적 전략과 전술, 맑스-레닌주의당에 의한 사회의 정치적 지도를 확대발전시키는,

역사적으로 새롭고 복잡한 과제를 해결한 것이다. 당의 전략적, 전술적 활동의 영향력, 과제영역, 책임, 가능성, 수단 및 방식이 이 과정 속에서 증대한다.

제2차 세계대전 이후 도래한, 노동자계급의 세계사적 사명 실현의 새로운 단계에서, 정치적 전략 및 전술에 대한 맑스-레닌주의적 가르침은 본질적으로 풍부해졌다. 그것은 예를 들어 공산당 및 노동자 당의 국제회의 및 지역회의 문서에서 그리고 특히 평화투쟁의, 민족적 해방 및 반독점 투쟁의 숱한 새로운 전략 및 전술 문제를 건설적으로 확보한 것에서 반영된다. 사회주의 나라에서 전략과 전술은 사회를 과학적으로 지도하는 포괄적인 민주주의적 체계의 핵심으로서 더욱 발전한다.[38]

〈요점질문〉

1. 맑스-레닌주의당의 지도활동 전체 속에서 정치적 전략과 전술의 위치와 기능은 무엇인가?

2. 레닌이 정치적 전략과 전술을 '과학과 예술'이라고 지칭한 것의 내용을 설명하라.

3. 현재의 평화투쟁 중 한 사례를 들어 맑스-레닌주의당의 전략과 전술 사이의 상호연관을 설명하라.

4. 전략과 전술을 마련하고 관철시키고 또 이해하는 데에서 '역관계'라는 범주가 갖는 의미는 무엇인가?

5. 예를 하나 들어 정치적 투쟁에서의 타협의 조건, 목표 설정 및 성과를 설명하라.

■주

1) 이러한 인식이 이 장의 주요내용을 이룬다.
2) 전략적, 전술적 문제는 과학적 사회주의의 대상 및 과제에 따라 이 교과서 대부분의 장에서, 특히 제7, 8, 10, 11, 12장에서 다루어지고 있다.
3) 이 책 제4장 2절 참조.
4) Lenin, "Die Stellung zu den bürgerlichen Parteien", ***Werke***, Bd. 12, S. 492.
5) Lenin, "Über einige Besonderheiten der hitstorischen Entwicklung des Marxismus", ***Werke***, Bd. 17, S. 23.
6) 이 책 제10장 2절 참조.
7) Lenin, "Ein Vortrag über die Rovolution von 1905", ***Werke***, Bd. 23, S. 249.
8) Lenin, "Der 'linke Radikalismus', die Kinderkrankheit im Kommunismus", ***Werke***, Bd. 31, S. 82f.
9) Ebenda, S. 66.
10) Ebenda, S. 54f.
11) Lenin, "Die Einheit der Arbeiter und die 'Strömungen' der Intellektuellen", ***Werke***, Bd. 20, S. 293.
12) Engels, "An den Spanischen Föderalrat der Internationalen Arbeiterassoziation", ***MEW***, Bd. 17, S. 288.
13) Lenin, "Der 'linke Radikalismus', die Kinderkrankheit im Kommunismus", S. 79.
14) 이 책 제5장 1절 참조.
15) Lenin, "Über 'linke' Kinderei und über Kleinbürgerlichkeit", ***Werke***, Bd. 27, S. 320.
16) Lenin, "Karl Marx", ***Werke***, Bd. 21, S. 64.
17) Lenin, "Gegen den Boykott", ***Werke***, Bd. 13, S. 23.
18) Lenin, "Rede auf dem Gesamtrussischen Verbandstag der Eisenbahn- und Schifffahrtsarbeiter", ***Werke***, Bd. 32, S. 279.
19) 이 책 제3장 2절 참조.

20) *Bericht des ZK der SED an den XI. Parteitag der SED.* 보고자 : Erich Honecker, Berlin 1986, S. 90f.

21) "Engels an F. A. Sorge. Brief vom 8. 4. 1891", *MEW*, Bd. 38, S. 80.

22) Lenin, "Erster Gesamtrussischer Kongreß der Bauerndeputierten……1917", *Werke*, Bd. 24, S. 498.

23) Lenin, "Ⅲ. Kongreß der Kommunistischen Internationale……1921", *Werke*, Bd. 32, S. 498f.

24) Lenin, "Der 'linke Radikalismus', die Kinderkrankheit im Kommunismus", S. 80 참조.

25) Lenin, "Aus Anlaß der 'Profession de foi'", *Werke*, Bd. 4, S. 285f 참조.

26) Marx/Engels, "Manifest der Kommunistischen Partei", *MEW*, Bd. 4, S. 492 참조.

27) 이 책 제5장 2절 참조.

28) Engels, "Ergänzung der Vorbemerkung von 1870 zu 'Der deutsche Bauernkrieg'", *Werke*, Bd. 18, S. 516f.

29) 이 책 제12장 참조.

30) Lenin, "Der Partisanenkrieg", *Werke*, Bd. 11, S. 203.

31) Marx, "Der Bürgerkrieg in Frankreich", *MEW*, Bd. 17, S. 342.

32) Lenin, "Die Wahlen zur Konstituierenden Versammlung und die Diktatur des Proletariats", *Werke*, Bd. 30, S. 248.

33) Lenin, "Die nächsten Aufgaben der Sowjetmacht", *Werke*, Bd. 30, S. 248.

34) Lenin, "Rede in einer Beratung der Vorsitzenden der Gouvernements-und Kreisexekutivkomitees…1920", *Werke*, Ergänzungsband 1917-23, S. 151.

35) Lenin, "Gegen den Boykott", *Werke*, Bd. 13 ; "Über Kompromisse", *Werke*, Bd. 25 참조.

36) Lenin, "Über Kompromisse", *Werke*, S. 313.

37) Lenin, "Der 'linke Radikalismus', die Kinderkrankheit im Kommunismus", S. 22.

38) 이 책 제12장 1절 참조.

제Ⅱ부
자본주의에서 사회주의로의 이행기의 평화와 사회적 진보를 위한 투쟁

노동자계급의 세계사적 사명의 실현은 1917년 이래 전세계에 걸친 자본주의에서 사회주의로의 이행기에 이루어지는데, 그 이행기는 오늘날 평화의 확보를 위한 인민의 투쟁으로, 사회주의와 자본주의의 역사적인 경쟁과 대결로 각인되어 있다. 사회적 진보의 추동력은,

———사회주의혁명과 그것으로부터 생겨나는 사회주의 세계체제,

———자본주의 나라들에서의 노동자운동 및 민주주의적 대중운동의 투쟁,

———민족해방혁명 그리고 민족적으로 해방된 국가의 인민이다.

제5장
세계평화의 확보를 위한 투쟁과 체제대결에서의 사회주의

자본주의에서 사회주의로의 이행기의 핵심적 내용은 사회주의와 자본주의라는 두 적대적 사회·세계체제간의 대결이며, 사회주의 자체의 성공적인 발전과 보다 넓은 인류 발전이라는 기본적인 전지구적 문제의 해결을 수반하는 모든 혁명적 세계과정의 확대발전은 점점 더 그 과정에 좌우된다. 80년대에 들어선 이래 이러한 대결과 전국제적 발전의 조건과 요구, 내용, 전략적 지향 등은 심각한 변화를 겪었다. 무엇보다도 세계평화의 확보와 유지를 위한 투쟁이 정치적으로 새로운 의미를 지니게 되었다. 이 모든 것이 사회주의 나라들의 평화투쟁뿐만 아니라, 사회적 잠재력과 사회주의의 장점의 질적인 발전에 근본적인 요구를 제기하고 있으며, 동시에 맑스-레닌주의당의 정치적 전략 및 전술의 확대발전을 조건짓는 것이다.

1. 자본주의에서 사회주의로의 이행기 ——인류 발전의 주방향

세계사적 시기란, 그 주내용을 통해 인류의 일정한 발전단계를 특징짓는 기간을 말한다. 한 기간을 시기로 지칭하려면, 일정한 기간의 **사회적 현상 및 과정 전체의 지배적인 연관** 그리고 세계사적 발전의 주내용을 드러내는 것이 필요하다. 그것을 위해서는 사회구성체와 계급투쟁, 사회적 진보, 그리고 구체-역사적인 세력관계의 발전에 대한 인식이 요구된다.[1] 한 시기의 성격을 규정짓는 일은 무엇보다, 그것의 계급내용을 규정하고 또 어떤 계급이 사회적 발전과 진보의 주경향을 표현하는가, 어떤 여타 세력 및 사회적 운동이 이 계급에 동맹자로서 합류할 수 있는가, 그리고 어떤 계급세력이 그들에 맞서는가를 정확하게 파악할 것을 요구한다.[2]

주내용과 기본모순

현재 시기는, "자본주의에서 사회주의 및 공산주의로 이행하는, 양 사회정치적 세계체제의 역사적인 경쟁의 시기이고, 사회주의 및 민족해방 혁명의 시기이며 식민지주의 붕괴의 시기이고, 사회적 발전의 추동력——세계 사회주의, 노동자운동 및 공산주의운동, 민족적으로 해방된 국가의 인민과 민주주의적 대중운동——이 제국주의와 그것의 침략 및 억압에 맞선, 평화와 민주주의 그리고 사회적 진보를 위한 투쟁의 시기이다."[3]

이 시기는 위대한 사회주의 10월혁명에 의해 1917년에 개시되었다. **우리 시기의 주내용을** 전세계적인 차원에서 자본주의가 사회주의로 이행하는 것으로 규정하는 것은, 위대한 사회주의 10월혁명 이래로 세계를 각인해온 그 역사적인 과정을 반영하는 것이다. 이전의 역사 시기에는 제국주의가 포괄적인 세계체제로서 착취와 전쟁으로 전인류를 정복했으며, 사회가 사회주의 혁명쪽으로 무르익었던 반면, 우리 시기는 **그 성격상** 자본주의가 점차 사회주의에 의해 해소되는 **이행기**이다. 따라서 이 시기는 무엇보다 양 사회체제의 투쟁에 의해, 두 사회구성체의 과정 및 발전경향에 의해 특징지어지는데, 그 하나는 낡은, 역사적으로 쇠퇴한 체제이고, 다른 하나는 새로운, 미래를 구체화시키는 체제이다. 이 대결은 매우 오래 걸리고 또 복잡한 과정임이 입증되었다.

우리 시기의 중심에 서 있는 것은 **국제 노동자계급**과 그들에 의해 창출된 가장 중요한 것, 즉 **사회주의 세계체제**이다. 노동자계급은 전세계적으로 사회적 진보의 주력으로서, 그들의 정치적 행동을 통해 사회적 발전의 주방향을 규정한다. 그리고 그들은 자신의 객관적인 역사적 처지와 계급이해 때문에, 낡은, 역사적으로 쇠퇴한 계급세력에 맞서 필요한 역사적 변화를 관철시킬 능력을 갖는다.

위대한 사회주의 10월혁명의 승리와 함께 사회주의가 취소 불가능한 사회체제로서 생겨났다. 자본주의와 사회주의 사이에 국제적인 대립이 생겨났는데, 그것이 **우리 시기의 기본모순**을 구성하며, 우리 시기의 본질을 특징짓고, 다른 모든 모순을 관통하며 시기의 발전을 그 생성에서 종료까지 규정한다. 이 기본모순은 구체-역사적인 현상형태를 취하고, 하나의 역사적인 발전과정을 경과하며 또 각 시기마다 그 이상의 특수한 모순과 결합되어 있다. 그러나 바로 다음과 같은 이유 때문에 자본주의와 사회주의 간의 모순은 우리 시기의 기본모순이다. 즉 **첫째**, 그것이 자본주의로부터 사회주의로의 이 이행기의 본질을 표현하며 또 오로지 이러한 적대적 모순의 점차적인 해결만이 전체 인류의 사회주의로의 이행을 보장한다는 점이다. 이 모순의 출현, 발전 및 해결은 우리 시기 역사의 주요단계와 일치한다. **둘째**, 세계적인 양 체제간의 모순은 보편적인, 국제적인, 지구적인 모순이다. **세째**, 이 모순은 사회적 삶의 한 영역에 관계되는 것이 아니라 사회의 경제, 정치, 이데올로기 및 문화의 전영역에서 작용한다. **네째**, 이 모순은 우리 시기의 다른 모든 모순의 발전 및 해결에, 예를 들어 제국주의와 자신의 독립을 위해 투쟁하는 민족 간의 모순의 해결에 결정적인 영향을 끼친다.

발전단계와 합법칙성

이제까지 우리 시기의 발전은 **세 개의 커다란 역사적 단계**로 이루어졌다. 이것은 그때그때마다 시기의 기본모순, 특히 사회주의와 제국주의간 역관계의 구체-역사적 발전이라는 질적인 기준에 의해 특징지어진다. 국제 세력관계 내에서 도달된 발전수준을 분석하는 데에서 중요한 것은 다만 통계적으로 파악 가능한 여러 영역에서의 세력배분 대차대조표가 아니라, 그 핵심은 여러 세력의, 전세계 규모에서의, 국제적 발전에 정치적으로 작용력 있는 영향을 행사하고 또 상대방 세력의 국제 영향력을 견제하거나 막을 수 있는 능력이다.

첫번째 단계는 **1917년부터 40년대 중반**까지 지속되었다. 그것은 소련에서의 사회주의의 승리로 각인되었다. 제국주의는 이 기간에 여전히 국제적 발전에서 우월한 영향력을 갖고 있었지만, 세계의 유일한 지배체제는 더 이상 아니게 되었다. 국제 공산주의운동이 생겨나고 또 강화되었다. 민족해방운동과 민주주의적 대중운동이 발흥하게 되었다. 사회주의 국가를 제거하려는 제국주의, 특히 그 침략적 세력인 독일 파시즘 및 그 동맹자의 최초의 강화된 노력에도 불구하고, 사회주의를 더 이상 절멸시킬 수는 없었다. 소련에 대한 파시즘의 야만적인 습격은 그 장본인의 궤멸로 끝났다.

우리 시기의 발전에서 **두번째 단계**는 무엇보다 **사회주의 세계체제의 출현 및 공고화**로 특징지어진다. 전후 수년 동안 제국주의적 신식민지주의가 붕괴되었으며, 민족해방운동, 자본주의에서의 노동자운동 그리고 민주주의적 대중운동이 발흥하였다. 소련 및 다른 바르샤바조약기구들이 대략적인 군사적 평형을 최종적으로 달성하였고, 그 결과 제국주의의 주요세력은 사회주의를 상대로 한 힘이, 냉전 및 군사적 위협 정책의 성과 전망이 더 이상 전혀 없다는 것을 깨닫게 되었다. 제국주의는 전후 10년 동안 국제 전장에서의 자신의 정치적 힘의 우위를 상실하였다. 다른 한편 사회주의도 세계정치에서 지배적인 영향력을 획득한 것은 아직 아니었다. 그러나 국제적 발전의 주요문제는 더 이상 사회주의에 반대하여 또한 사회주의 없이는 해결될 수 없게 되었다. 따라서 제국주의의 주요

세력은 일련의 주요한 긴장완화 조치를 취하게 되었다(1972년과 1979년의 SALT협정, 1975년 헬싱키 폐회선언문).

그것을 통해 전체적으로 우리 시기 발전에서의 **세번째 단계**로의 이행이 이루어졌는데, 그 시작 시기에 대해서는 맑스-레닌주의 사회과학자들마다 견해가 다르다.[4] 이 새로운 단계는, **사회주의와 제국주의 간 정치적 역관계 전체에서의 상대적인 균형**을 토대로 한 국제 계급대결의, 모순에 가득차 있고 역동적인 경향에 의해 특징지어진다. 제국주의와 특히 그것의 가장 침략적인 세력은, 과학기술혁명의 결과를 활용하여 이제까지의 그것 중에서 가장 집중적인 형태로 혁명적 세계과정의 세력에 맞선 역공을 개시하고, 특히 사회주의와 그 국제적 발광력(發光力)을 결정적으로 약화시켜, 우리 시기의 경과를 다시 한번 반전시켜보려는 시도를 시작하였다. 가장 침략적인 제국주의 세력을 정치적으로 고립시키기 위한, 군축으로의 이행을 통해 세계평화를 안정시키고 또 최종적으로 확보하기 위한 투쟁은, **사회적 진보를 위한, 국제적 역관계를 더욱 변화시키기 위한 노력의 중심**에 위치한다. 이 투쟁은 아직 제국주의의 국제적 작용 가능성 전체의 축소를 야기시키지는 않지만, 양 체제의 대결을 평화적 경쟁의 궤도 위로 인도하기 위한 전제를 창출하는 데 기여한다.

그리하여 80년대로의 이행 이래로 국제적 대결의 전면에 부상한 것은, 미국 및 다른 제국주의 나라들에서의 군산복합체의 가장 침략적인 세력의 **고도의 핵무장과 우주무장을 지향하는 노선과, 자신의 문명의 유지와 지속적 발전을 향한 인류의 노력 간의 대립**이다. 그것은 **우리 시기의 주요모순**으로 되었다. 평화애호적인 인류의 이해에 맞게 그것을 해결하는 것은 절대적인 전제로 되었으며 또한 시기가 더욱 경과하면서 **기본모순 해결의 하나의 중심적 내용**으로 되었다. 두 적대적 체제 사이의 대결은 오로지 평화 속에서만 가능하며, 체제대결의 유형과 양식은 평화의 안정화에 기여해야 한다.

이러한 주요모순의 토대 위에서 혁명적 세계과정의 전통적인 주요흐름——사회주의 세계체제, 민족해방운동, 자본주의 나라들에서의 노동자운동 및 민주주의운동——은 전세계적인 평화운동 그리고 인민의 다른 일반민주주의적 노력들과 강하게 결부되게 된다. 머지 않아 **혁명적 세계과정의 중심**에 평화보장, 저개발의 극복, 새로운 민주주의적 경제질서, 환경보호 및 다른 전지구적 인류문제의 해결, 그리고 자본주의 나라들에서의 권리의 옹호 및 확장이라는 가장 절박한 일반민주주의적 요구의 관철을 위한 투쟁이 나타나게 된다. 혁명적 세계과정을 더욱 발전시키는 데에서 가장 커다란 의미를 갖는 것은 사회주의의 모든 장점과 동력의 각인 그리고 그 국제적 발광력과 세계 내에서의 그것의 영향을 높이는 것이다.[5)]

사회주의 공동체는 그들의 창도성 풍부한 평화정책을 토대로 그들의 국제적 권위를 상당히 높일 수 있었다. 동시에 사회주의 나라들과 혁명적 세계과정의 다른 세력은 세계정치에서 그들의 작용 가능성을 유지하고 또 확장시켜야 한다는 질적으로 새로운 요구에 직면하게 되었다. 여기에는 평화문제의 새로운 의미는 물론, 과학기술혁명의 역동적인 발전과 전지구적 인류문제의 첨예화도 포함된다. 사회주의 공동체의 거의 모든 나라들은 집약적 확대재생산 및 과학기술적 진보로의 포괄적 이행과 연관된 사회주의의 장점과 동력을 온전하게 형성시켜내는 투쟁이 중심에 서게 되는 사회적 발전의 단계로 접어들었다.

전반적으로, 우리 시기의 이제까지의 경과와 현재 및 가까운 장래의 국제적 발전은 일련의 **합법칙성**으로 특징지어지는데, 그 합법칙성은 **역사과정에서의 모순에 가득찬 경향**으로 관철된다. 그것은 다음과 같이 열거될 수 있을 것이다.

(1) **사회주의의 국제 영향력**이 증대한 것, 세계적으로 국제적 역관계가 사회주의 및 모든 사회적 진보의 세력에 유리한 쪽으로 변화한 것 그리고 혁명적 세계과정의 사회적 내용이 심화된 것.

(2) **일반민주주의적인 그리고 인류 전체에 관계되는 문제**가 혁명적 세계과정 세력에게 또 세계정치 전체에 대해 갖는 의미가 증대한 것.

(3) **사회주의와 제국주의 간의 대결**이 혁명적 세계과정과 인류발전 전체의 **중심축**으로 발전한 것, 오로지 평화적인 체제경쟁으로만 가능한 이 과정에서 정치의 복잡성, 그리고 지구적 차원 및 역할이 확대된 것.

(4) **시기의 주력**으로서의 **노동자계급** 및 그 혁명적 전위의 역할이 증대한 것. 그와 결합되어 장기적으로 혁명적 세계과정 **세력의** 사회적 및 정치적 **확대**가 증대하며, 마찬가지로 그 다중성과 차별성이 증대

하는데, 이것은 그들의 협력에 대해 보다 높은 요구를 제기한다.

(5) **자본주의의 일반적 위기**[6]가 계속 심화된다. 동시에 제국주의는 포괄적인 과학기술적 잠재력 및 다른 잠재력을 아직 펼칠 수 있는 처지이다. 특히 그것의 가장 반동적인 세력은 이 잠재력을 사회적 진보와 인류 전체의 삶의 이해에 반(反)하는 목적으로 사용한다.

2. 국제정치에서의 새로운 조건과 요구

우리 시기 발전의 현재 단계는 심각하게 변화된 객관적인 조건과 세계정치에서의 모든 세력의 행동에 대한 요구와 결합되어 있다. 사회주의 공동체는 국제적 발전과정에 대한 이러한 새로운 요구에 대응하는 **정치적 접근**을 전세계적으로 관철시키기 위해 투쟁한다. 그들은, 그들의 정치적 · 전략적인 지향을 오늘날의 조건에 상응하여 확대발전시켜감으로 인해 세계적으로 갈수록 많은 사회적, 정치적 세력의 지지를 받는다. 무엇보다 제국주의의 가장 침략적인 세력이 이 요구를 가로막으며 그들의 정책으로써 인류 전체의 더 이상의 진전을 위태롭게 하고 있다.

평화문제의 새로운 위상

제2차 세계대전 이래의 10년 동안 **과학과 기술의 발전**에서 근본적인 질적 변화가 점차 관철되었는데, 그것은 그 전체성과 오늘날의 복잡한 틀속에서 그리고 세계정치적인 대치와 연관하여 갈수록 우리 시대를 틀짓고 있으며, 그리하여 **'핵-우주시대'**라는 명칭을 사용하게끔 하고 있다. 그를 통해 우리 시기의 주내용이나 발전경향이 지양된 것은 아니다. 그러나 그를 통해 세계적으로 여러 계급세력이 역사적 전개에 영향력을 행사할 구체적인 가능성이 갈수록 뚜렷해졌으며, 이 모든 세력의 정치적 행동에 대한 새로운 요구가 객관적으로 제시되었다.

무엇보다 **전쟁과 평화의 문제**가 이러한 조건하에서 질적으로 **새로운 차원**을 획득하였다. 국제적인 과학기술 발전은 특히 원자에너지의 광범한 평화적 사용뿐만 아니라, 그 군사적 악용의 파괴적인 절멸적 영향력도 가능케 하는 정도의 단계에 도달해 있는 것이다. 우리 시기의 근본적인 정치적 대결은 그 이래로——40년대 중반에 이미 그 단계가 시작되었다——핵시대의 이러한 전개의 조건 및 가능한 결과와 더 이상 무관하게 진행되지 않는다. 현단계에서 세계적으로 가장 주요한 사회적, 정치적 세력의 대결의 밑바탕에는 전혀 새로운 차원의 새로운 요구가 깔려 있다. 그것은 그동안 축적된 핵 파괴 잠재력 때문에 더욱 그렇다(전세계에 핵탄두가 약 5만 개 있는데, 이는 히로시마 원폭 백만 개 및 그 현대적 운반수단에 맞먹는 양이다).

그러나 **인류 위협**의 주원인은 제국주의, 특히 미국 내의 가장 침략적인 집단들이, 현대적인 중무장을 토대로 현실의 사회주의에 대한 압력 및 그것의 절멸을 꾀하는 정책을 추구하고 있다는 점이다. 그들 중 가장 극단적인 세력은 사회주의를 상대로 핵전쟁을 수행할 수 있으며 또 이길 수 있다고 보고 있다. 이러한 정책은 인류문명 전체를 위험에 빠뜨리는 것이다. 오늘날 핵전쟁이 일어난다면——세계에 이미 있는 핵무기 재고 중 단지 일부만을 투입한다 하더라도——그 폭발 및 방사선의 영향은, 지구상의 인류 전체와 모든 생물을 절멸시키는 환경적, 생물학적 및 생태학적인 결과를 야기시킬 것이다.

인류의 이런 전쟁에서라면, 그 어떤 정치적 목표도 관철될 수 없다. **핵전쟁을 수단으로 정책을 관철시키는 것**은 객관적으로 **더 이상 가능하지 않다.** 또한 독점으로서도 이러한 전쟁에서라면 전쟁이윤도 챙길 수 없다. 나아가 국제적 역관계의 여러 구성물의 현재적 발전수준으로 볼 때 미국과 NATO 내의 가장 침략적인 세력들에서 늘상 비롯되는, 군사전략적인 우위를 획득하기 위한 일체의 노력조차 실현기회를 전혀 갖지 못하며, 오히려 근접하는 군사전략적 평형의 수준과 그로 인한 똑같은 불안의 수준을 단지 더욱 높이기만 할 뿐이다. 제국주의적 중무장은 인류에 대한 심각한 위험으로 되었다. 그것은 오늘날의 지구적인 문제를 첨예화시키며 그 해결을 가로막는다. 그것의 계속적인 추진은 군비제한과 군축협정을 어렵게 한다. 더군다나 다음과 같은 위험이 증대된다. 즉 중무장의 계속적인 추진 때문에, 국제안전 유지에 영향을 행사하려는 정책의 가능성이 제한될 위험이 증대한다. 이 때문에 핵무기전쟁이 발발할 위험이 더욱 고조된다. 이 모든 사실로부터, **평화와 무장해제**는 오늘날 객관적으로 **인류 전체의 이해,** 모든 계급과 양 체제의 이해에 합치한다는 결론이 도출된다. 그에 맞서 있는 것이 최대이윤에 대한 군수콘체른의 이해이며, 미국 및 다른 몇몇 NATO국가 군산복합체의 가장 침략적인 대표자들이 취하는 중무장노선 및 핵전쟁노선이다. 비록 침략성은 제국주의에 본질적으로 고유하며 또 최종적으로 독점에 기초한 것이기는 하지만, 점차 제국주의의 지배집단 속에서도 실제적인 자멸 위험을 스스로 품고 있는 그 극단적 형태의 침략성을 재고하고 또 반대하는 세력의 비중이 증대한다. 더군다나 이미 오늘날 중무장은 제국주의 나라들에서 예산적자 및 다른 위기현상을 심화시키는 주원인으로 되었다. 이리하여 제국주의 내에서도 군비제한 및 군축에 대한 이해가 증대한다. 여기에 사회주의 공동체의 정책은 연결된다. 오늘날의 조건하에서 핵전쟁으로부터의 안전은 객관적으로 **양측 모두에게** 오로지 **정치적** 수단으로써만, 오로지 양측의 **상호성** 속에서만, 오로지 공동의 **국제적 노력**을 통해서만 그리고 오로지 **모든 참여측의 안전이해**를 고려하여야만 달성 가능하다. 사회주의 공동체는 이러한 정치적 접근의 전세계적 관철을 위해 투쟁한다. 독일통일사회당 제11차 당총회에서는 다음과 같은 점이 강조되었다. "요구되는 것은, 대결과 군사우위 추구의 사고틀 안에 경직되지 않고, 새로운 방식으로 사물에 접근하려는 의지, 여러 사회적 체제, 국가 및 영역 사이의 관계에서 새로운 형태의 행동방식을 찾아내려는 의지이다."[7]

세계의 모순성과 전체성

오늘날의 세계는 수많은 **근본적인 모순과 적대적 대립**으로 특징지어진다. 그것은 **첫째,** 우리 시기의 기본모순, 즉 양 세계체제인 사회주의와 자본주의간의 적대적인 계급대립이며 **둘째,** 자본주의 체제 자체의 내적 모순, 즉 노동과 자본, 제국주의 국가들, 제국주의 3대 중심(미국, 서유럽 및 일본), 초국적 콘체른과 사회의 민족국가형 정치조직 사이의 모순이다.

세째, 제국주의와 발전도상국 간의 모순, 특히 첨예화된 기아, 빈곤 및 저개발의 문제이다. **네째**, 인류문명과 자연 사이에 일련의 지구적인 모순이 생겨났고, 그것들이 갈수록 첨예화된다. 공해 및 외계환경, 대기권 및 대양의 파괴, 전통적인 지하자원의 상대적인 고갈 등이 여기에 속한다.

전체적으로 이러한 모순은 매우 차별적인 성격을 띠며, 차별적인 원인과 그 해결의 다양한 경로를 갖고 있다. 그러나 일치하는 것은, 이러한 모순의 해결은 오로지 세계평화를 보장하는 한에서만 가능하다는 점이다. 동시에 사회적 진보라는 의미에서, 이 모순을 해결하는 과정은 평화보장 및 군축을 위한 투쟁에서의 성과와 갈수록 밀접하게 연결된다.

이러한 모순의 해결을 둘러싼 현재 및 미래의 대결에서 특히 **인류 전체**의 계속적인 발전과 관계된 문제의 비중과 의미가 무엇보다 증대한다. 여기에 속하는 것은 핵시대에서 평화문제가 차지하는 새로운 위상, 보다 넓은 지구적인 인류문제의 증대된 의미, 그리고 생산력, 커뮤니케이션 및 교통의 국제화 증대, 과학기술혁명의 가속화 등이다. 이러한 문제의 해결은 "**전지구상의 모든 국가와 민족들이 건설적이고 창조적으로 협력하는 것**을 갈수록 힘차게 요구한다."[8] 동시에 이러한 접근을 위한 정치적, 사회적 및 물질적 전제가 발생한다. 이러한 대치 속에서 "모순적인, 그러나 **상호의존하는**, 많은 점에서 전체적인 세계가 형성된다."[9] 그를 통해 현존하는 세계의 사회적 대치가 지양되는 것은 아니며 그 의미가 상대화되는 것도 아니다. 그러나 세계의 모든 기본적인 사회적, 정치적 세력에 대해 객관적으로, 그들의 정치적 행동의 내용과 유형 및 방식에서 전체로서의 인류 발전의 문제에 대해 보다 높은 위상을 부여해야 한다는 요구가 발생하는 것이다.

모든 국가, 민족 및 양 체제의 이러한 상호종속(상호의존)성의 증대에 비추어 전세계적인 관철을 위해 사회주의 공동체가 싸우는 바인 그 **국제적 발전의 기본문제에 대해** 다방면에서 **새로운 정치적 접근이** 필요하다. 전쟁의 방지와 군축 그리고 인류가 직면한 기본문제와 아울러, 양자간 혹은 국제적 이해의 문제를 해결하기 위한 공동의 길에 대한 추구가 이러한 정치적 접근의 중심에 놓여져야 한다. 그것은 교섭에서의 타협과 모두가 받아들일 수 있는 이해 균형의 추구, 문명적인 형태의 상호접촉,

수단의 적합성, 즉 예의바른 그리고 경우에 따라서는 자제하는 대응태도, 고유한 이해를 주장할 때 상대방의 특수한 관심사와 우려를 고려해주는 것 등의 원칙을 정치적 접근에서 실현시킬 것을 요구한다. 상대방의 입장을 요령있는 유형과 방식으로 분석하고 서술하는 것, 이데올로기적 대결을 평화 및 대화 정책의 필요와 일치시키는 것, 정치의 요량 가능성과 언행일치가 필요하다. 정치의 군사화, 모든 형태의 힘의 정책을 추구하는 것, 상대방의 이해를 무시하는 것은 오늘날의 세계현실에 맞지 않는다.

평화공존을 위한 투쟁의 내용

80년대에 심각하게 변화된 국제 조건으로부터 나오는 가장 주요한 결론은, 서로 대치하고 있는 양 체제에게 객관적으로 **평화공존의** 어떤 **대치물**도 있을 수 없다는 점에 있다. 그리하여 평화공존을 위한 투쟁의 객관적인 토대가 본질적으로 확대되었다. 동시에 평화공존을 관철시키기 위한 노력에 일련의 새로운 요구와 내용적 과제가 생겨났다.

평화공존은 그 본질상 **상이한 사회과제를 갖는 국가의 평화적인 병존**, 그리고 **그 협력을 발전시키는 것을** 뜻한다. 1917년 최초의 사회주의 국가가 출현한 이래로, 상이한 사회체제를 갖는 국가간의 평화공존의 관철을 옹호하는 것이 언제나 사회주의 대외정책의 중심적 관심사였다. **평화공존의 관철**을 위한 이제까지의 투쟁은 **여러 발전단계**를 거쳐왔다. 신생 소비에트권력에게, 제국주의 나라들의 우세와의 평화공존이 객관적으로 단지 잠정적인 상황, '숨돌릴 짬'일 수 있었다면, 제2차 세계대전 이후 10년 동안에는 국제적 역관계가 제국주의에 불리한 쪽으로 변화했기 때문에, 평화공존을 지속적인 것으로 만들 수 있는 가능성이 점차 생겨나게 되었다. 이를 위해서는 무엇보다 사회주의 세계체제의 출현 및 강화, 자본주의에서의 민족해방운동 및 노동자운동의 발흥, 그리고 특히 소련 및 다른 바르샤바조약 국가가 비등한 군사전략적 균형을 취소 불가능한 것으로 획득한 것과 같은 요소들이 결정적이었다. 이러한 국제적 역관계 변화의 요소들, 특히 60년대 및 70년대에 제국주의가 군사적, 정치적 힘의 우위를 상실하고 상대적 동등성이 이루어진 것은, 70년대 국제 긴장완화 과정상 일정한 성과가 달성되기 위한 가장 주요한 조건임이 입증되었다. 80년대로의 이행 이래로 **평화공존을 위한 투쟁의 새로운 요구**가 생겨나게 되었다. 일련의 주요한 제국주의 나라들에서 가장 침략적인 집단이 정치에서 결정적인 영향력을 획득하였다. 그러므로 평화공존의 지속적인 관철을 위해서는 현재 존속되는 사회주의와 제국주의 간의 역관계라는 바탕 위에서 이 세력의 영향력을 억제시키는 것이 결정적이고, 그럼으로써 제국주의 내에서 긴장완화에 관심을 갖는 세력이 자신의 영향력을 강화시킬 가능성이 열리게 된다. 오늘날의 시기에 평화공존의 관철을 위한 투쟁은 제국주의 전체계가 아니라 그 가장 침략적인 세력을 겨냥하며, 동시에 평화 및 군축에 관심을 갖는 모든 제국주의 세력과의 협력 추구를 포함한다. **평화공존은 오늘날 사회주의와 제국주의 간 대결의 유일하게 이성적인 유형과 방식**으로서, 핵 중무장노선 및 정면대결노선을 호전적으로 옹호하는 세력만을 겨냥한다. 오늘날 평화공존은 단지 사회주의를 위한 가장 유리한 외적 조건일 뿐만 아니라, 결국에는 **양 체제가 내적으로 더욱 발전하기 위한, 그 역사적인 경쟁을 해결하고 그들의 협력을 위한 유일하게 가능한 토대**이기도 하다. 결국 제국주의 또한 오늘날의 조건하에서는 자신의 이해를 객관적으로 오로지 평화공존의 틀 속에서만 실현시킬 수 있다. 양 체제 사이의 계급대립의 해결은, 세계평화의 확보에 기여하고 동시에 양 체제의 상이한 내적 발전 가능성까지도 보장하는 유형과 방식으로, 평화공존의 관철과 결합되어 있다. 그럼에도 불구하고 이러한 객관적인 정황에 상응하는 고려가, 사회주의와 대결하는 주요 제국주의 나라 지배집단의 정치적 전략에서 전혀 이루어지지 않고 있다.

평화공존의 정책에서는 다음과 같은 **국가간 관계의 원칙과 규범**이 중요하다. 즉 국가간의 분쟁문제 해결을 위한 수단으로서 전쟁의 포기와 협상의 경로를 통한 해결, 국가간 동등한 권리, 상호 이해 및 신뢰, 상대방의 이해 고려, 내정 불간섭 및 독자적으로 자기 나라의 모든 문제를 결정할 그 민족의 권리를 존중하는 것, 모든 나라의 주권과 영토권을 엄격히 존중하는 것 등이 그것이다. 이러한 토대 위에서 평화공존의 정책은 경제적, 문화적 및 기타 영역에서 자본주의 국가와 사회주의 국가 간의 평화적인, 동등한 권리를 갖는, 호혜적인 협력을 지향하며, 그럼으로써 양측 모두의 이해에 복무한다.

평화공존에서 중요한 것은 **두 개의 대치하는 사회체제 사이의 계급대립** 문제이다. 이것은 **우리 시기의** 하나의 **객관적인 합법칙성**이다. 평화공존은 시기의 기본모순이나 계급투쟁의 법칙을 지양할 수 없다. 그것이 요구하는 바는 전쟁, 특히 핵전쟁 준비 및 수행의 포기이며, 지역갈등의 해결에서 군사적 폭력의 배제이다. 그러므로 평화공존 관계는 한 나라에서의 권력의 계급적 본질을 건드리지는 않으며, 그러므로 상이한 사회체제를 갖는 국가들에서 수용 가능한 것이다. 따라서 평화공존은 그 어느 때에도 양 체제 사이의 적대적인 계급이해와 계급투쟁을 지양하지 않으며, 오늘날 그 해결을 위한 유일하게 가능한 유형과 방식일 뿐인 것이다. 적대적인 계급이해는 이미 평화공존을 위한 국제협약을 마련할 때부터 서로 충돌한다. 협약을 통해 확정되는 보다 넓은 모든 협력 조치들에서도 역시 이 적대적인 이해의 평준화, 균형을 찾아야 하며 그때그때의 상대방의 이해가 고려되어야 한다. 동시에 양 체제와 관계하여 몇몇 영역, 무엇보다 지구적 인류문제의 해결에서는, 또한 공동의 이해도 있다. 평화공존은, 평화유지에 대한 공동의 이해를 정치적 연관의 중심에 설정하고 그것을 협력의 토대로 만들 것을 요구한다. 다른 체제에 맞서서 자신의 체제를 강화시키거나 그 국제적 영향력을 높이려고 한다면 양측의 계급이해가 지양되거나 평준화될 수 없을 것이다. 양측의 이 적대적 이해는 오로지 평화적인 수단으로써만 실현될 수 있는 것이다.

평화와 사회적 진보의 관계

현재 평화와 사회적 진보 사이의 관계는 중대하게 수정되었다. 우리 시기의 이제까지의 전체 경과에서 한편으로 인류가 평화의 세계를 옹호한 것과, 다른 한편으로 사회적 진보를 추구한 것(예를 들어 사회안전, 민주주의, 자유, 진보적인 **사회변혁**의 추구) 사이에는 밀접한 연관이 있어왔다. 이 연관은, **사회적 진보를 위한 투쟁의 세력**은 언제나 또한 **평화투쟁의 주력**이었던 점, 그리고 일체의 사회적 진보를 가로막는 주적은 대개 평화를 가장 위협하고 전쟁을 야기시키는 정책의 추진자였던 점에 근거한다. 또한 우리 시기 민주주의 세력과 민족해방세력 그리고 무엇보다 사회주의 세력의 실제적인 강화는 제국주의의 가장 침략적인, 평화를 위협하는 세력의 작용영역을 축소시켰다. 다른 한편 평화보장을 위한 투쟁에서의 실제적인 성과는 사회적 진보와 민주주의 그리고 사회주의를 위한 인민의 투쟁에 유리한 조건을 가져온다. 이러한 보편적인 연관은 또한 현재에도 작용한다. 그럼에도 불구하고 역사적 전개는 오늘날 새로운 상황을 야기시켰다.

오늘날의 조건하에서 비사회주의권 나라들 및 세계정치적인 틀에서 **일반민주주의적 요구의 관철**은 사회적 진보를 위한 인민의 투쟁의 중심에 위치한다. 그것은 평화, 저개발의 극복, 자연환경 보호의 보장, 노동과 사회안전 보장, 그리고 민주주의와 인권에 대한 요구이다. 그것의 해결은 그 어느 때보다도 오늘날의 혁명적인 세계과정의 과제 속에 편입되었으며 또 장기적으로 오늘날의 비사회주의권 나라들에서의 진보적인 사회변혁과 사회혁명을 위한 전제를 창출할 수 있다. 오늘날 **평화를 위한 투쟁과 사회적 진보를 위한 투쟁의 관계**는 다음과 같은 요인들로 특징지어진다.

첫째, 핵 세계전쟁을 막고 또 **세계평화를 확보**하는 것은 '그것만으로도' 이미 세계의 **사회적 진보에 대한** 근본적인 **기여**를 의미한다. 이것은 무엇보다 세계평화의 유지와 함께 우리 시기의 최고의 사회진보 단계가 확보되며, 그와 더불어 사회적 진보를 위한 인민의 계속적 투쟁의 바탕이 확보된다는 점에서 기인한다. 그것은 결코 '수동성'이나 '정지'로의 지향이 아니고, 오히려 모든 평화 및 진보 세력의 상당한 노력을 요구하는 사항이며, 그래야만 미제국주의가 옹호, 변명하는 그 사회적 보복의 신지구전략을 억제하고 결국 극복할 수 있는 것이다.

둘째, 세계평화의 확보는 오늘날 동시에 더 이상의 사회적 진보를 위한 절대적인 전제로 되었다. 무엇보다도 오늘날 객관적으로 **상황**이, 그 어떤 경우라도 세계전쟁의 결과가 진보적인 변혁을 이루어낼 수 있다고는 절대로 생각할 수 없게 하고 있다. 왜냐하면 그러한 전쟁은 곧 인류의 절멸을 의미하기 때문이다. 오로지 세계평화가 존재해야만 더 이상의 사회적 진보가 가능하다.

세째, 평화보장과 군축을 위한 **투쟁**은 사회적 진보를 위한 전세계적 투쟁의 **중심적인 지향점**이자 **결정적인 내용**으로 되었다. 오늘날 세계적으로 사회적 진보를 위한 투쟁의 주요목표를 실현하는 것은 평화보장 및 군축을 위한 투쟁에서의 성과와 밀접하게 연결되어 있다.

세계적으로 현재 최고의 사회진보 단계인 **사회주의**의 경우, 긴장완화와 군축을 위한 투쟁에서의 실제 성과는 주요과제의 정책, 즉 경제 및 사회 정책의 통일을 실현하는 것, 그와 더불어 인류의 물질적, 문화적 삶의 수준을 더욱 개선하는 것에 직접적으로 유리하게 작용한다.[10]

자본주의의 경우 노동자운동 및 다른 민주주의 세력의 주요요구는 평화투쟁과 밀접하게 결합되어 있다. 제국주의적 중무장노선은 자본주의에서의 높은 실업률의 주원인이다. 「데일리 월드」지의 연구에 따르면 10억 달러로 7만 5710명의 노동력이 군수산업에 고용되어 있는데, 이와 같은 액수의 투자라면 교육계의 18만 7299명, 보건업체의 13만 8939명에게 일자리를 마련해줄 수 있는 것이다. 군산복합체의 권력 증대는 자본주의에서 근로인민의 민주주의적 및 사회적 성과물을 해체시키는 주원인 중의 하나이다. 그러므로 이런 나라들의 경우 사회적 및 민주주의적 권리와 자유를 옹호하고 또 확장시키기 위한 투쟁은, 독점자본의 가장 반동적인 집단 및 그 정치적 대표자의 영향력, 사회적 삶의 군사화, 그리고 민주주의의 철폐에 맞선, 자본주의 정책의 새로운 변형을 위한 그리고 최종적으로 민주주의적 전환을 위한 투쟁을 요구한다.[11]

한편으로 평화 및 군축 문제와 다른 한편으로 사회적 문제 사이의 이러한 갈수록 밀접해지는 연관은 특히 각별한 정도로 **발전도상국**에 해당된다. 미국은 SDI계획을 위해 1조 달러 이상을 선뜻 지출할 참이다. 동시에 세계에서 6억의 아동이 극빈 이하의 삶을 살고 있다. 해마다 약 6000만 명의 인간이 죽고 있으며, 그 중 아동은 매일 4만 명씩 영양실조로 죽어간다. 교육연령에 달한 3억의 아동이 아무 교육도 받지 못하고 있다. 트라이덴트 로케트를 갖춘 핵잠수함 1대 값만으로도 1600만 아동이 1년 동안 학교에서 배울 수 있으며, 미국이 계획하고 있는 MX 로케트 100대 중 단 1대 값만으로도 병원을 5채나 지을 수 있다. 발전도상국들은 교육, 보건, 식량 및 주택 분야에서의 그들의 긴박한 필요를 충족시키기 위해 매년 추가로 약 200억 달러가 필요하다. 1000억 달러가 더 있으면 약 300개의 화력발전소, 300개의 정유소, 200개의 합성고무공장, 1000개의 화학비료공장, 1600개의 설탕공장을 지을 수 있다. 그 모든 것이, 오늘날의 연간 세계 군비지출의 단 10%만 삭감하더라도 가능하다. 바로 이것은 소련이 오래 전부터 제출한 제안이다. 발전도상국의 외채 극복 및 그들의 더 이상의 경제적, 사회적 발전은 제국주의적 중무장노선의 종식과 구체적인 군축조치를 요구한다.[12)]

충분한 에너지, 원료 및 생활수단 자원의 보장, 생태학적 균형의 확보, 핵에너지와 해양 및 우주의 경제적 자원의 평화적 사용 등의 **지구적 문제의 해결**이 갈수록 더욱 긴박해지고 있다. 인류의 지속적 발전을 위한 이러한 근본문제는 마찬가지로 평화확보와 군축을 위한 투쟁과 가장 밀접한 연관을 갖는다. 오늘날 **평화공존의 관철을 위한, 군비제한 및 군축으로의 실제 조치를 위한 투쟁 자체가 세계의 사회적 진보를 위한 투쟁에서 주요한 기여이다. 동시에 이 투쟁은 인류 전체의 이해에 합치되며, 그러므로 또한 대치한 양 사회체제 모두의 이해에 합치된다.** 그러나 **평화**에 대한 이해는 **사회주의의 본질**과 일치하는 반면, 제국주의의 경우 위험의 현재 차원에서, 오늘날 도달된, 사회주의를 겨냥한 어떤 군사적 성과의 기회도 허용하지 않는 국제적 역관계에서, 그리고 사회주의 나라들과의 경제적 및 정치적 협력에 대한 구체적인 이해에서 비롯된 것이다.

네째, 평화문제가 우리 시대에서 차지하는 지배적인 위상은 더 이상의 사회적 진보를 위한 투쟁의 포기를 요구하는 것이 결코 아니다. 세계의 **사회적 진보를 질적으로 심화시키는** 모든 조치는 동시에 또한 **평화투쟁에의 기여**이다. 왜냐하면 그로 인해 평화세력의 경제적, 사회적 및 정치적 잠재력이 강화되고 또 제국주의의 가장 반동적인 집단이 퇴치되기 때문이다. 무엇보다 사회주의의 질적인 확대발전이 국제적으로 평화의 공고화를 옹호할 가능성을 확대시켜준다. 자신의 사회적, 민주주의적 권리의 보호 및 확장을 향한, 그리고 민족적 독립과 저개발의 극복을 위한 자본주의 나라들과 발전도상국의 인민의 노력 또한 평화투쟁에의 주요한 기여이다.

오늘날 세계의 **평화확보에 기여**할 수 있는 세력에 **사회적 진보의 세력만이 있는 것은 아니다.** 중요한 것은 평화와 군축에 이해를 갖는 세계의 **모든** 세력을 결집시키고 그들의 공동행동을 발전시켜내는 것이다. 사회주의 공동체 나라들에서는 거기서 두 개의 전략적인 과제가 밀접한 연관을 갖게 된다. 그것은 세계의 평화를 공고화시키기 위해 모든 평화, 이성 및 현실주의 세력의 공동행동을 위해 전력을 기울이는 것, 그리고 사회주의를 더욱 강화시키기 위해, 과학기술의 진보, 경제적 성장과 사회적 진보를 결합시키기 위해, 정치적 안정을 심화시키고 사회주의적 민주주의를 더욱 개선하며 또 요구되는 방위능력을 지속적으로 보장하기 위해 전력을 기울이는 것이다.

3. 사회주의와 평화의 통일 그리고 사회주의 공동체의 평화전략

노동자계급, 사회주의 그리고 평화

공상에서 과학으로의 사회주의의 발전 그리고 사회주의와 노동자운동의 결합과 함께 인민의 평화적인 공동삶에 대한 수백 년 동안의 희구는 꿈에서, **과학적 기초를 가진 행동 및 투쟁 강령**으로 되었다. 노동자계급의 등장과 함께 비로소 평화를 위한 투쟁은 강력한 사회운동으로 되었고, 그 실현이 실제적 전망을 갖게 되었다. 평화를 위한 투쟁은 항상 자신의 역사적 사명 실현을 위한 노동자계급 투쟁의 불가결한 구성부분이었으며 지금도 그렇다.[13)]

80년대의 근본적으로 변화된 국제적 발전 조건으로부터, 평화문제와 노동자계급의 역사적 사명 간의 보편적인 연관에 대한 결론이 도출되었다. 오늘날 **평화를 위한 투쟁은 객관적으로 국제 노동자계급 작용 전체의 요체이자 축점으로 되었다.** 동시에 **평화확보를 위한 투쟁은 질적으로 새로운 방식으로 노동자계급의 세계사적 사명 실현의 과정 속에 포함되게 되었다.** 노동자계급의 세계사적 사명의 전세계적 실현과 사회주의의 전세계적 관철은, 종국적으로 전쟁의 뿌리를 근절시킬 것이라는 점은 예전과 마찬가지로 유효하다. 그러나 시대는 군축 및 지속적인 세계평화 보장을 촉구한다. 그에 반해, 대치한 양 사회체제가 병존하는 기간은 여전히 오래 지속된다. 평화는 이러한 조건하에서, 즉 제국주의가 존속하더라도 지속적으로 관철되어야 하고, 또 관철될 수 있다. 그것은, 오늘날 인류의 위험에 비추어 사태 개선으로의 전환을 관철시켜야 할 긴박성으로부터뿐만 아니라, 오늘날의, 전세계적으로 형성된 국제적 역관계의 그리고 통틀어 노동자계급의 역사적 사명 실현의 발전수준을 그 근거로 하는 새로운 가능성으로부터 비롯된다.

세계평화의 지속적인 안정화를 위한 투쟁에서, 세계에서 사회주의가 차지하는 비중은 종국적으로 결정적인 의미를 갖는다. 사회주의 공동체 나라들과 사회주의 세계체제 전체는 전세계에 걸친 평화투쟁의 주력이다. 그들은 평화의 유지 및 공고화를 위해 자신의 거대한 경제적, 정치적, 정신적 및 군사적 잠재력을 일관되게 투입한다. 평화는 사회주의의 본성이다. 그것은 사회주의가 사회적으로 추구하는 최고의 가치이다. 적대적인 계급사회의 극복과 함께 그 구성부분이자 지속적인 동반자인 전쟁도 종국적으로 근절될 것이다. "인류는 전쟁의 채찍질로부터 해방"[14]될 것이다. 사회주의혁명은 인간에 의한 인간의 착취와 함께, 전쟁의 사회적 뿌리를 근원적으로 영원히 제거한다. 사회주의에서는 노동자계급의 지도하에 근로인민이 지배하며, 그들의 삶이해가 요구하는 사회는 "그 국제적 원칙이 **평화**일 것이다. 왜냐하면 각 민족마다 모두 동일한 원칙이 지배할 것이기 때문이다. 바로 **노동**!"[15]

사회주의의 평화정책은 그리하여 깊은 토대를 갖게 된다. 사회주의 내에는, 전쟁과 그것의 준비를 통해, 무장을 통해 이윤을 챙기거나 다른 혜택을 누릴 어떤 계급도, 어떤 사회집단 혹은 개인도, 어떤 정치적 혹은 군사적 세력도 존재하지 않는다. 사회주의에서는 이윤이 추동력으로 작용하지 않고, 인민의 물질적 및 문화적 생활수준 증대를 꾀하는 경제법칙으로 작용한다. 더욱이 사회주의는 평화와 군축을 필요로 한다. 노동자계급 및 그 동맹자에 의한 새로운 사회적 관계의 의식적인 형성과 사회주의적 민주주의가 이 이해의 실현을 보장한다. "민주주의는 전쟁과 평화의 근본문제에서 가장 강력하게 표현된다"[16]라고 레닌은 썼다.

그러나 사회주의가 **내부**에서 평화를 위한 토대를 만들어낼 뿐만 아니라, 또한 평화와 긴장완화는 언제나 **사회주의의 국제적 작용**을 위한 가장 유리한 조건이었으며 지금도 그런 것이다. 이미 레닌이, 혁명은 무장된 폭력을 통해 '수출'되어야 한다는 트로츠키의 견해와 결별한 바 있다. 사회주의가 작용하기 위한 결정적인 토대는 그 장점의 포괄적인 발전 속에 있다. 독일통일사회당 제11차 당총회에서는 당 및 동독의 국제정책의 우선적인 목표를 다음과 같이 정식화한 바 있다. 그것은 "소련 및 다른 사회주의 나라들과의 목적지향적인 형제동맹의 확장, 사회주의의 장점을 더욱 잘 발전시킴으로써 그것의 힘과 국제적 발광력을 강화시키고 더욱 높이는 데 기여하는 것"[17]이다.

사회주의에서 평화란 단순히 전쟁에서 살아남는 것보다 훨씬 이상의 것이다. 그것은 인민의 공동삶과 동지적 협력의 **새로운 사회적 관계**로서, 생산수단의 사회적 소유와 새로운 사회적 연관을 그 토대로 하고 있는 것인데, 왜냐하면 "민족 내부의 계급적대와 더불어 민족 상호간의 적대적인 대립이 소멸하기"[18] 때문이다. 평화는 사회주의 사회 그리고 후에는 공산주의 사회의 지속적인 재생산과 발전의 필연적인 조건인 것이다.

제국주의와 전쟁위험

맑스-레닌주의는, 적대적인 계급사회와 더불어 생겨난 역사적 현상인 **전쟁의 원인과 본질**을 밝혀냈다.[19] 착취자는 거듭하여 전쟁을 수행했는데, 그것은 다른 나라의 물질적 재부, 생산수단 및 직접생산자를 자신의 것으로 만들기 위해서였다. 독점자본주의가 우리 시기에 가장 파괴적인 전쟁을 야기시켰다. 팽창과 침략을 향한 충동의 최종적 원천은 경제적 독점에 있다. 제국주의 국가들의 불균등한 경제적 및 정치적 발전의 결과, 제국주의는 세계의 새로운 분할을 둘러싼 투쟁에서 제1, 2차 세계대전을 일으켰다. 양차 세계대전을 포함하여, 제국주의가 야기시킨 전쟁은 20세기에 통틀어 8000만 명의 목숨을 앗아갔다.

역사와 현재는 **침략성**, 즉 다른 민족과 국가를 겨냥한 반동적인 폭력사용을 향한 충동, 팽창과 다른 나라의 정복 및 약탈의 추구, 패권과 병합을 향한 충동은 **제국주의의 기본특성**이며 언제나 그렇다는 것, 또한 전쟁, 특히 세계전쟁은 결코 불가피한 합법칙성이 아니라는 맑스-레닌주의적 인식의 정당성을 뚜렷하게 입증하고 있다. 이것은 우선적으로 **제국주의에서의 경제와 정치의 변증법**으로부터 해명된다.

도표 2　제1, 2차 세계대전 비교

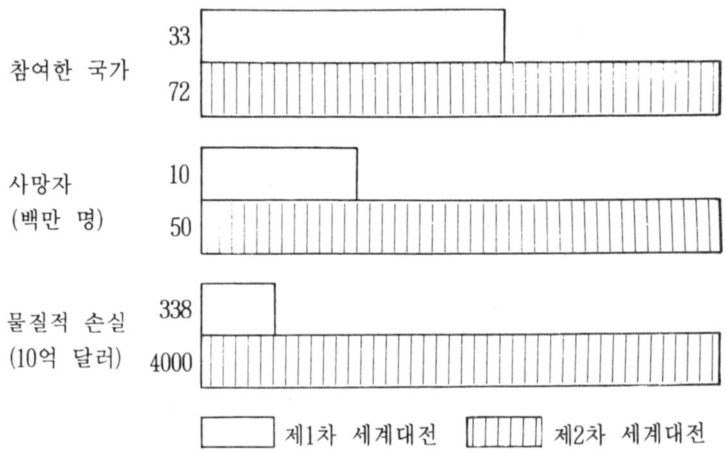

경제적 관계, 즉 독점의 지배로부터 합법칙적으로 결과되는 침략 본성은 정책 및 지배계급의 정치적 행동에서 어떻게 또 어느 정도로 표현되는가? 그것은 일국 내 및 국제전장에서의 실제 세력관계에 의해, 평화 및 사회적 진보 세력이 갖고 있는 영향력에 의해, 지배집단 자체 내의 분화의 정도에 의해, 그리고 독점자본의 어떤 분파가 내정, 특히 대외정책에 주요영향력을 행사하는가에 의해 완전히 결정적으로 좌우된다. 거기서 침략성 자체가 상이한 형태를 띤다. 그것은 최근 10년 동안, 그 수단이 경제적이든 정치-이데올로기적이든 군사적인 것이든, 사회주의 나라들 및 모든 혁명적 세력에 맞선 반혁명의 조직화로 그 모습을 보였다. 제국주의적 침략성의 무기고는 국제관계에서의 위협 혹은 군사적 폭력의 사용 외에도 다양한 다른 수단과 방식을 포괄한다. 가장 침략적인 제국주의자 집단은 다른 나라 내의 전복활동을 조장하는데, 그것은 해당 정부의 정책 변경을 강제하거나 반혁명을 지원하여 정부 전복을 야기시키기 위해서이다. 또한 그들은 경제적 압력 조치를 구사하는데, 그것을 통해 다른 국가의 주권 혹은 경제적 독립이 침해되고 또 경제적 삶의 토대

일람표 5　제2차 세계대전에 의한 인명 손실

	사망(백만)	전쟁 전 인구 중(%)
폴란드	6.3	17.2
유고슬라비아	1.71	10.9
소련	20.0	10.4
독일	6.0	8.8
그리스	0.52	7.2
오스트리아	0.48	3.2
루마니아	0.6	3.4
헝가리	0.42	3.0
본	2.0	2.7
체코슬로바키아	0.4	2.7
알바니아	0.03	2.5
네덜란드	0.2	2.3
핀란드	0.08	2.2
중국	10.0	2.0
룩셈부르크	0.01	1.7
프랑스	0.65	1.6
이탈리아	0.41	0.9
영국	0.37	0.8
벨기에	0.06	0.7
뉴질랜드	0.01	0.6
불가리아	0.03	0.4
미국	0.5	0.4
노르웨이	0.01	0.3
캐나다	0.03	0.3
오스트레일리아	0.01	0.2
영국령 인도	0.02	0.1

가 위협받게 된다. 그들은 다른 국가가 국내의 천연자원을 사용하거나 국유화하는 것을 막으며 경제봉쇄를 선포한다. 그들은 국수주의적, 인종주의적 및 민족주의적 흑색선전을 조장하는데, 그것은 자국의 인민에게 다른 인민과 민족에 대한 증오와 멸시감을 불러일으키기 위한 것이다.

현재 제국주의적 침략성의 **가장 위험한 영향**은 미국의 중무장노선에 의해 더욱 증대하는 세계평화의 위협이다. 이것을 통해 단지 사회주의만 위협받을 뿐만 아니라, 객관적으로 인류 전체가 위협에 처하게 된다. 그러므로 제국주의 나라들 내의 영향력 있는 정치적 세력까지도 이러한 제국주의적 침략성의 폐해에 맞서 갈수록 이성의 목소리를 드높이고 있는 것이다. 현재 세계평화에 대한 상존하는 중대한 위협은 제국주의, 특히 미국의 가장 침략적인 집단이, **중무장노선 및 정면대결노선**에서 가장 집중적으로 표현되며, 그것이 실현될 경우 인류생존을 위험에 빠뜨리게 될, 그 새로운 변종의 **지구전략**으로 이행한 결과이다. 여기서 문제는, 미제국주의가 자신의 모든 군사적, 경제적 및 정치적 잠재력을 총결집시켜 역사진행에 어떤 **전환**을 도입시키려는, 매우 육중한 시도이다.

새로운 지구전략은 미국의 전쟁성인 펜타곤의 **군사원칙에도 심각한 변화를** 가져왔다. 무엇보다, 이미 오래 전부터 핵무기중무장을 대공(對供) 위협설로써 정당화하고자 했던 NATO의 그 공식적인 '위협전략'이 직접적인 **핵전쟁수행전략**을 포괄적으로 마련하는 것과 결합되어 있었다. 미국의 이러한 군사원칙의 가장 본질적인 요소는, 선제공격 개념을 실현시키기 위한 군사전략적 우위의 추구였다. 그러므로 미국의 중무장계획은 거대한 파괴력, 높은 명중도와 짧은 경계경보시간을 갖춘 **새로운 전략적 방어체계의 건설**을 가속화하는 것을 예시하고 있다.

이러한 미국의 중무장계획의 주요한 구성부분이 **우주무장계획 'SDI'**이다. 그 요체는 방어계획이라고 설명하면서 그들은 대중을 우롱한다. 그러나 침략적인 세력이 정말로 바라는 것은, 위험 없이 자신의 핵무기 선제공격 의도를 실현시키기 위해 소련을 무방비상태로 만드는 것이다. 또한 그 밖에 우주기지의 레이저무기가 지구상의 목표물을 직접 겨냥하여 배치될 수 있다. 이 계획의 실현은 국제상황을 가장 위협적인 방식으로 첨예화시키고 또 동요시킬 것이다. 그렇게 되면, 주로 컴퓨터에 의해 배치, 조정되는 새로운 무기체계의 무장경쟁이 벌어지는 상황이 전개될 것이다.

그러므로 평화를 위협하는 SDI계획에 맞선, **우주의 군사화에 맞선** 투쟁은 오늘날 평화의 확보를 위한 전세계적 투쟁의 핵심문제이다. 지상에서의 무장 종식을 위한 투쟁과 우주의 군사화 저지를 위한 투쟁은 서로 분리될 수 없는 것이다. 거기서 명백한 것은 미국의 전쟁전략이 소련의 군사기술의 가능성과 전체 사회주의 공동체의 정치적, 경제적, 과학기술적 및 군사적 잠재력을 과소평가하고 있다는 점이다. 소련은, 자신이 군사적 우위를 추구하는 일은 결코 없지만, 제국주의의 군사적 우위를 결코 방관하지 않을 것이다. 동독 또한 바르샤바조약기구의 성실한 구성부분으로서 여기에 기여한다. (도표 3)

도표 3 SDI 예산

펜타곤 자료와 미국의 과학자 및 무기전문가의 추경에 의하면 다음과 같은 폭발적인 비용이 SDI 계획에 소요된다.

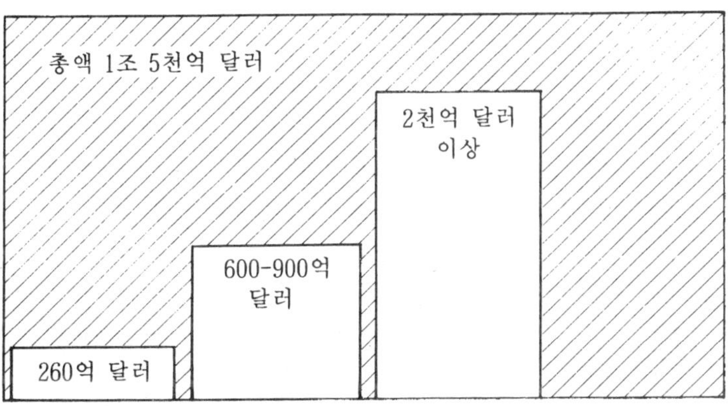

1988년까지	1993년까지	1997년까지	2005년까지
이것은 10년에 걸친 '아폴로' 계획 틀 속에서의 개발, 투입 및 평가 총액과 맞먹는 액수이다.	이것은 최초의 미국 아메리카 핵폭탄 3개를 만들기 위한 '멘하탄 계획'에 지출된 비용을 오늘날 액수로 환산한 것의 4-6배이다.	이것은 단 15년 동안에, 지난 30년 동안 미국의 우주 비행 비행 전체에 지출된 비용의 4배를 쓰겠다는 의미이다.	이것은 어림짐작이 불가능할 정도의 액수로서, 그 크기는 제2차 세계대전의 비용과만 비교될 수 있다.

새로운 변종의 미국 지구전략의 경우 문제는 **장기적인** 시야라는 점이 고려되어야 한다. 이 전략은 제국주의의 증대하는 힘의 표현이 결코 아니다. 거기에서는 오히려 일정한, 즉 가장 침략적인 미국의 독점자본 집단이 자본주의의 일반적 위기의 심화로부터 벗어나기 위해 각별히 반동적인 '탈출로'를 찾으려는 시도가, 사회주의를 무기로 질식사시키고 또 세계를 다시 자신의 구상에 따라 형태지으려는 것과 결합되어 표현되고 있는 것이다. 이 정책의 추동력은 오늘날 미국을 지배하는 **군산복합체** 집단, 다시 말해서 군수자본 군 수뇌부. 대보수정치가들 그리고 몇몇 정치-군사적 및 과학-전략적 연구소들이다. 80년대 초기부터 이 군산복합체는 전대미문의 규모로 그 나라의 대내 및 대외 정책을 지배하고 있다. 제너럴 다이내믹스, 유나이티드 테크놀로지, 제너럴 일렉트릭, 노드롭, 로크웰 인터내셔널, 휴즈 항공, 보잉, 록히드, 맥도널 더글라스 및 리튼 인더스트리 등과 같은 거대 군수콘체른이 오늘날 국가 및 군부와 밀접하게 유착되어 있다. 독점의 군수이윤은 납세자의 부담으로 국가에 의해 보장되는데, 그것은 국제정세를 첨예화시킨 완전히 결정적인 추동력이다. 군산복합체 콘체른의 비율은 오늘날 미국 상원 조사위원회 자료에 의하면 평균 50-200% 정도이고, 일부에서는 500%나 되며, 몇몇 경우에는 1000%에 도달함으로써 민간산업 부분의 그것을 훨씬 넘어선다. SDI '별들의 전쟁 계획' 하나만 보더라도 미국의 전자콘체른은 1994년까지 690억 달러의 순이익을 챙길 것이 예상된다. 그러나 군수산업만이 높은 이윤을 가져다주는 것은 아니다. 긴장완화과정의 재생을 토대로 경제연관을 확장하는 것은 **중무장노선 및 정면대결노선의 대안**으로서, 마찬가지로 독점의 이윤이해에 맞는 것이다. 군수생산을 민간생산으로 전화시키는 것, 그것과 연관된 새로운 자본투하영역을 개척하는 것 그리고 그것을 국가가 장려하는 것도 최대이윤에 대한 독점의 이해를 보장하는 것이다.

정면대결전략 및 중무장전략이 생겨나고 또 그것이 미국과 NATO 내에서 규정적인 전략으로 발전되어가는 것이 전체적으로 객관적인 요소에 근거하고 있다고 하더라도, 다른 한편으로 이것이 사회적 발전의 불가피한 경향인 것은 결코 아니다. 80년대의 경험은 독점자본 내 가장 침략적인 집단의 정책이 내적인 체제위기를 '극복'할 수도, 축소시킬 수도 없으며, 그것이 국제적 체제대결에서 전체적으로 제국주의에 유리하게 작용

일람표 6 서독의 실업과 군비지출

	실업* (천 명)	군비지출** (십억 마르크)
1980	889	48.5
1981	1272	52.2
1982	1833	54.2
1983	2258	56.5
1984	2266	57.3
1985	2304	59.7
1986	2228	60.4
1987	2412***	62.1

* 공식 집계된 실업자에 대한 연방 노동청(뉘른버그) 연평균 자료
** 나토 기준에 따라 공식 개시된 액수
*** 1987년 3월 현재

하지도 않는다는 것을 증명해주고 있다. 그러므로 영향력 있는 제국주의 집단은 다른 정책에 찬표를 던진다.

무엇보다 서유럽에서, 위험스러운 미국의 중무장 및 전쟁 정책에 대한 제한 및 의견차이가 심해졌다. SALTⅡ조약을 파기한 것, ABM조약을 파기하고 또 우주를 군사화하려는 것, 결정적인 문제에서 소련의 군축제안에 대해 그리고 통틀어 긴장완화과정에 대해 파괴적인 태도를 취하는 것, 1986년 4월 리비아 폭격 등에서 드러난 미국의 정책은, 서유럽의 많은 지도적 정치세력에게 그리고 부분적으로는 미국 내에서도 우려를 불러일으켰다. 이것이 중무장 및 정면대결 정책과 연관하여 미국의 변화를 야기시킬 것인지는 두고볼 문제이다. 지금까지로 보아, 세계 내 모든 평화세력의 커다란 성과인 소련과 미국 간 중거리로케트의 전지구적인 파기에 관한 협정이 포괄적인 군축과정으로 상승될 수 있을지, 또 새로운 무기 개발이 저지될지 아직 장담할 정도는 아닌 것이다. 전세계의 평화세력은 갈수록 끈질기게 이것을 요구하고 있다. 또한 긴장완화과정의 요구를 감안하는 독자적인 서유럽 정책이 필요하다는 점에 대한 지배계급의 인식은, 매우 차별적으로 또 모순적으로 발전한다.

오늘날 세계 내의 변화된 세력관계는 통틀어, 긴 안목으로 볼 때 평화

공존의 원칙을 토대로 한 체제의 평화적 경쟁으로 맞상대해줄 수 있는 그러한 반작용쪽으로 제국주의를 유도할 수 있는 가능성을 열어주고 있다. 그러기 위해서는 오늘날 제국주의 내에서 여전히 결정적인, 미국 및 NATO의 가장 침략적인 세력의 영향력이 퇴치되어야 하고, 또한 독점자본의 많은 부분과 주요 제국주의 정치세력까지도 포함하는 평화, 이성 및 현실주의의 모든 세력의 협력이 세계평화의 안정화를 향해 발전되어야 한다.

사회주의의 평화계획 및 군축계획

지구상에서 군비경쟁을 종식시키고 우주에서의 그것을 저지하기 위한, 세계평화의 유지 및 공고화를 위한 투쟁은 사회주의 공동체 나라들이 행하는 국제활동의 주방향을 이룬다. 소련과 사회주의 공동체의 다른 나라들은 그들의 평화 및 군축 계획을 본질적으로 확대발전시켰다. 제27차 당대회에서 소련공산당은 **포괄적인 국제 안전체제**를 제안하였다. 그것은 군사적, 정치적, 경제적 및 인도적인 영역에서의 조치를 위한 구체적인 제안을 담고 있다.[20] 부다페스트에서 열린 바르샤바조약 참여국 정치자문위원회 회의(1986년 6월)에서는, 지상에서의 군비경쟁을 종식시키고 우주에서의 그것을 저지하며 군축으로 이행하기 위하여 다른 나라들과 포괄적으로 협력할 것임이 만장일치로 선언되었고, 건설적인 군축계획이 제출되었다.[21]

이것은 1986년 1월 15일 고르바초프 선언에서 제출된, **2000년대까지 세계를 핵무기에서 해방시키기 위한 소련의** 포괄적인 **계획**과 밀접한 연관을 갖는다. 이 계획은, 우선 소련과 미국을 그리고 후에는 다른 핵열강들도 대상으로 하는, 세 단계로 구성되는 군축과정을 통해, 2000년대 전까지 세계의 핵무기를 완전히 해소하는 것을 예시하고 있다. 여기서 중요한 것은, 각 사회주의 나라들이 제출한 가장 포괄적이고 폭넓은 군축계획들이다. 그것은 또한 핵전쟁 위험의 추방을 위한 투쟁에서의 객관적인 요구와 현존하는 국제적 현실에 충분히, 완전히 상응한다. 그것은 모든 민족과 국가에게 동등하게 대등한 안전을 보장해준다. 그것의 점차적인 실현은 오늘날 핵무기의 제거를 위한 실천 가능한 한 경로이다.

소련은 중요한 평화 및 군축 제안을 레이캬비크에서의 고르바초프-레이건회담(1987년)과 연관하여 제출하였다. 1987년 5월 베를린에서 개최된 바르샤바조약 참여국 정치자문위원회 회의에서, 나아가 소련 및 다른 사회주의 나라들의 선언에서 군축 창도는 지속적으로 구체화되었으며 확대 발전되었다. 군축 제안은 핵탄두와 그 운반수단 외에, 전략적 로케트체계 및 단거리로케트를 그 대상으로 하고 있다. 원칙적으로는 어떤 무기체계도 군축 제안에서 제외되지 않았다. 바르샤바조약 국가들은 효과적인 군사적 신뢰 및 안전형성 조치를 찬성하며 목표하는 군축조약 실현의 효과적인 조정메카니즘을 지지한다. (일람표 7)

일람표 7 이제까지 체결된 군비경쟁 중지 및 군축 관련 협약(발췌)

1961 남극조약(남극을 오로지 평화적으로만 사용할 지역으로 선포)
1963 공중, 우주 및 수중에서의 핵무기실험 금지에 관한 조약
1968 핵무기의 비확장에 관한 조약(NPT)
1972 세균(생물) 및 독물 무기의 개발, 생산 및 배치를 금지하고 또 그 것을 폐기하는 것에 관한 조약
전략형 공격무기 제한구역 조치에 관한 소-미조약(SALT Ⅰ)
소련과 미국 간 로케트 방어체제 제한에 관한 조약(ABM)
1979 전략형 공격무기 제한에 관한 소-미조약(SALT Ⅱ)
1987 장단거리용 중거리 핵로케트 제거를 위한 소-미조약

＊사회주의가 제안한 그 이상의 평화 및 군축 창도(발췌)

1978 핵무기의 소유, 생산 및 배치를 중지하는 모든 국가에 대해 일체의 핵무기를 사용하지 않겠다고 소련이 단독 서약함
1980 2만 명의 소련군, 1000대의 장갑차 및 그 이상의 군비가 중유럽에서 단독 철수됨
1982 소련이 유럽지역에 대한 중거리 핵무기 배치를 유예시킴
소련이 최초의 핵무기 배치를 단독 중지함
소련이 핵무기실험의 완전하고도 전반적인 금지에 관한 조약 초안

	을 제37차 유엔총회에 제출함
1983	'우주공간에서의 그리고 우주로부터 지구를 향한 폭력의 사용을 금지하는 것에 관한 조약'을 체결하자고 소련이 제안함
	소련이 인공위성퇴치 무기를 우주에 최초로 배치하지는 않겠다고 서약함
1984	유럽을 화학무기로부터 해방시키자고 바르샤바조약 국가들이 나토 국가들에게 제안함
1985	독일통일사회당과 서독사민당 작업그룹이 '유럽 내 비(非)화학무기 지역을 형성하는 협약을 위한 초안'을 제출함
	소련이 핵실험 일체를 단독 중단함
1986	소련의 포괄적인 군축계획 '세계를 1990년말까지 핵무기로부터 완전히 해방시키는 것'(3단계계획)
	포괄적인 국제 안전체제를 창출하기 위한 소련공산당 제27차 당대회의 제안
1987	9년 내에 화학무기를 단계적으로 철폐하자고 소련이 제안함

그들의 건설적이고, 원칙에 확고히 입각한 동시에 유연한 평화정책으로 인해 소련 및 다른 사회주의 나라들은 갈수록 **공세**에 처하고 있다. 제국주의적 군산복합체 세력은 이러한 평화공세에 직면하여, 그들의 중무장노선의 파괴성 및 위험성을 감추기가 갈수록 어렵게 되었다. 사회주의적 평화 및 군축 창도는 세계 내 평화세력의 갈수록 많은 부분에 고무적이고 지향적으로 작용하는데, 그 이유는 특히, 이 제안들 중 많은 것들이 새로운 요소를 담고 있으며, 상당한 정도로 제국주의 나라들의 특수한 안전이해에 관계되어 있으며, 그 속에 타협용의가 표현되어 있고 이것이 부분적으로는 단독적인 솔선수범(예를 들면 소련의 핵실험 유예)과 결합되어 있기 때문이다. 그것을 통해 세계 내 모든 평화세력의 협력과정은 갈수록 새로운 자극을 받게 되었다.

동독은 평화를 위한 투쟁에서 적극적이고 또 **전세계적으로 인정받는 기여**를 하였다. **첫째,** 이것에 본질적으로 기여하는 것은 이 나라에서의 사회주의의 안정되고 또 역동적인 발전이다. 동독이 세계정치와 국제적 경제생활에서 자신을 지도능력 있는, 안정된 동반자로 입증하며, 그리하여 사회주의의 국제적 발광력을 드높이는 것은 평화투쟁에서 커다란 의미를 갖는다. 각 근로인민은 모두 자신의 작업장에서 상응하는 노동 수행을 통하여 평화투쟁에 동참한다. **둘째,** 동독은 자신의 국제대화 및 협력 노선을 일관되게 추진한다. 제11차 당대회에서 독일통일사회당은 모든 평화, 이성 및 현실주의 세력의 활성화와 공동행동을 위해 효과적으로 기여할 것임을 확정하였다.[22] **세째,** 동독은 더 나아가 사회주의의 방위력에, 그리고 유럽에서의 대치하는 양 체제 사이 분계선에서의 안전 및 안정의 보장에 확실하게 기여하였다. 동독은 평화보장을 위한 자신의 투쟁에서 소련 및 다른 사회주의 공동체 나라들과 공고하게 결합되어 있으며, 일체의 관계에서 소련의 평화 및 군축 제안과 일치하고, 그 실현에 직접 동참한다.

사회주의 공동체 나라들은, 인류 전체가 오늘날 그 발전의 기로에 서 있다는 사실을 출발점으로 삼는다. 제국주의적 중무장노선의 계속적인 추구, 특히 무장을 우주로까지 확대시키는 것은, 국제상황을 가장 위험한 수준으로까지 불안정하게 만들 것이고 세계를 갈수록 더욱 핵의 수렁 속으로 몰아갈 것이다. 그러므로 우주의 군사화를 저지하기 위한 투쟁은 사회주의 공동체의 평화 및 군축 정책의 중심에 위치한다. 어떤 상황하에서도, **군사전략적 균형**이 그 질적인 규정성에서 손상받는 것을 일체 허용하지 않는 것이 사회주의적 평화정책의 기초에 속한다. 바르샤바조약 국가들은 언제든지 전쟁의 저지 및 가능한 제국주의적 침략자의 방어를 위해 충분한 구조, 무장 및 전투 준비를 보장하고 있다. 그렇지만 현재 수준의 군사전략적 균형으로 보자면 '대등한 불안전성'을 운위하는 것이 앞순서일 것이다. 그러므로 사회주의 나라들은 군사전략적 균형 그 자체가 이미 충분하게 평화를 보장하는 작용을 하리라고 보지는 않는다. 그것은 대등성 및 대등한 안전을 토대로 이 균형의 수준을 낮추는 것, 즉 군축으로 이행하는 것에 얼마만큼 성공할 것인가에 따라 비로소 이루어질 수 있을 것이다.

바르샤바조약 국가들의 군사원칙은 오늘날 평화와 국제안전을 위한 투쟁이 요구하는 바와 완전히 그리고 전적으로 일치한다. 그것은 평화의 원칙이며 방어적인 성격을 강하게 갖는다. 전쟁의 저지와 지속적인 평화의 확보는 군사원칙의 주내용이다. 여기서 주요한 목표는, 대치하는 전투력의 상호불가침 차원을, 대등한 안전을 전제로 그 구조와 무장 내용에서 달성하는 것에 있다. 사회주의에서 군대의 의미는, 평화를 보장하고 또 전쟁을, 그것이 발발하기 전에 높은 경계심과 전투준비로써 미리 막는 것에 있다. 전쟁에서 승리할 일체의 기대를 제국주의적 침략자로부터 박탈하기 위한 바르샤바조약 동맹군의 능력과 준비는 오늘날 사회주의적 평화 확보의 중요한 구성부분이다.

대화와 협력의 정치

독일통일사회당 제11차 당대회는 다음과 같이 확정하였다. "동독은 성과지향적인, 실질적인 대화와 협력의 정책을 통하여 국제정세를 개선하고 긴장완화로의 복귀를 추진하는 데 더욱 앞장설 것이다."[23] 상이한 사회체제를 갖는 국가들간의 대화와 협력은, 제국주의적 정면대결 및 중무장 정책에 의해 조건지어진 인류절멸의 위험을 토대로, 평화확보와 긴장완화로의 복귀를 위한, 그리고 무장해제로의 이행을 위한 노력 속에서 높은 위상을 획득하였다. 이러한 **대화와 협력의 정치**는 사회주의 나라들에게는 그 자체가 목적인 것은 결코 아니고, 새로운 국면의 긴장완화를 위한 그들의 투쟁 속에 일관되게 배치되어 있다. 이 정치는, 상호간 이해와 신뢰를 심화시키고, 군비제한, 군축, 평화확보 그리고 호혜적인 협력을 위한 구체적인 조치들을 발전시키는 데 기여한다. 독일통일사회당은 제11차 당대회에서 "동등한 권리와 호혜를 토대로 환경보호나, 문화, 교육 및 보건 분야 그리고 다른 문제들에서 새로운 형태의 경제적, 과학기술적 협력을 추구할"[24] 용의가 있음을 천명하였다. 사회주의 공동체는 또 COMECON과 EC 사이의, 그리고 바르샤바조약기구와 NATO 사이의 직접적인 현안관계 개설을 제안하기도 하였다. 사회주의 국가들은, 제국주의 나라들과의, 또 더 나아가 양 체제간의 다면적인 관계를 발전시키는 새로운 가능성, 새로운 내용범위, 차원 및 형태를 개진시키고자 노력하였다.

새로운 국면의 긴장완화를 위한 투쟁에서 사회주의 공동체는, 70년대 긴장완화과정에서의 사회주의 및 자본주의 나라들의 긍정적인 경험과 제국주의적인 중무장 및 정면대결 정책 때문에 심각하게 타격을 받기는 했지만, 여전히 존속되며 또 부분적으로는 확장되기까지 한 긴장완화과정의 토대를 실마리로 삼을 수 있었다. 동시에 새로운 국면의 긴장완화의 조건과 요구가 70년대의 이행 때와는 달리 형성되었다. 이제 중심에 위치하는 것은 군축 요구인 것이다. 동시에 그것은 동서관계를 정치와 경제, 과학과 기술, 문화와 환경보호, 교통과 인간 문제 등의 영역에서 목적지향적으로 확장시켜나가는 것과 절대적으로 결합되어 있다. 이러한 관계의 발전은 새로운 국면의 긴장완화를 형성하기 위한 물질적 토대와 정치적 신뢰를 강화시키고 또 제국주의의 다양한 세력들이 긴장완화에 대해 갖는 이해를 공고히 할 수 있다. 동시에 이 과정은 사회주의의 내적 발전을 위한 새로운 요구를 불러일으킨다.

평화세력은 80년대에 이전의 어떤 10년대보다 더 강화되었다. 오늘날 이성과 현실주의의 전세계적인 연대, 즉 모든 평화세력의 공동행동이 형성되기 시작하고 있는 것이다. 그것은 가장 침략적인 집단, 특히 미제국주의의 그것의 정면대결 및 중무장 노선을 한편으로 하고, 독점부르조아지의 적지 않은 부분까지도 포함하는 압도적 다수의 인류를 다른 편으로 한 양자간의 모순을 토대로 형성된다. 상이한 정치적 강령, 세계관적 입장, 종교적 신조, 그리고 계급적 테두리와 견해차이를 초월하여 평화의 옹호가 일차적인, 공동의, 모두를 통합시키는 이해로 된다. 이 발전해가는 연대——그것은 결코 고정된 상태로 꽉 짜여진 동맹으로 볼 수는 없다——의 영향력은, 비록 긴장완화로의 전환이 아직 달성되지 않았고 또 제국주의적 중무장노선의 속행 때문에 위험이 더욱 증대한다 하더라도, 갈수록 늘어난다. **사회주의 국가들, 비동맹운동, 국제 공산주의 및 사회민주주의 운동, 전세계적으로 생겨난 평화운동, 모든 종교 및 신념의 대표자들이, 그리고 갈수록 또한 자본주의 정부, 의회, 국가 및 독점부르조아지의 대표자들이 이러한 이성의 연대의 발전과정에 참여한다.**

평화정책적, 안전정책적인 요구와 구상의 그 모든 차별성에도 불구하고 이성과 현실주의 연대 세력에게 공통분모가 형성된다. 우주군사화의 금지, 핵무기 재고량 일체의 동결과 철폐, 화학무기의 전세계적인 폐기, 모든 핵폭발의 금지 그리고 공동안전의 창출에 대한 요구 등이 그것이다. 소련 및 사회주의 공동체 전체의 평화 및 군축 정책은 80년대 중반 이래 본질적으로 더욱 커다란 영향력을 갖게 되었다. 그것은 대공위협설을 격퇴하는 데 어느 정도 성공하였다. 핵무기에 의한 경고라는 NATO 구상은, 갈수록 더욱 현실주의적으로 사고하는 제국주의 내 세력에게서 그 신빙성을 잃었다. 이성과 현실주의의 전세계적인 연대가 형성되는 과정 속에서 평화를 신봉하는 사람들의 사회운동은 갈수록 더욱, 긴장완화와 군축을 옹호하는 국가 및 국가집단과 일치하고 있다. 핵군축의 길이 열릴 실제적인 가능성이 최초로 그 징후를 보이고 있다. 그러나 군축으로의 전반적인 전환의 관철은 여전히, 제국주의의 가장 침략적인 세력에 맞선 길고도 치열한 투쟁을 요구한다.

80년대의 시작 이래 제국주의의 가장 침략적인 세력의 반작용이 더욱 강화되었음에도 불구하고 **국제적 역관계는 통틀어 이 10년대에 세계 내의 평화, 민주주의 및 사회적 진보 세력에 유리하게 더욱 발전하였다.**

정면대결노선의 옹호자들은, 그들의 새로운 전략으로써 추구했던 주요한 목표를 달성할 **수 없었다.** 그들은 사회주의에 대한 군사전략적 우위도, 사회주의 나라들의 약화 혹은 불안정화 그리고 평화운동의 분열도 달성할 수 없었다. 그러나 그들의 정책은, 인류에 대한 위험의 확대증가를 가져온다. 이 위험한 정책에 맞서 전세계적으로 인류의 양심이 봉기하고 있는 것이다.

세계 내 평화세력을 더욱 강화시키는 것은 사회주의 나라 근로인민의 성과에 결정적으로 좌우된다. 동독의 '나의 작업장—평화를 위한 투쟁의 장' 운동은 이것을 구체적으로 표현한다. **사회주의의 평화정책의 국제적 영향력은 사회주의의 내적인 강화와 밀접한 상호관계에 있다.** 80년대초 제국주의 나라들은 사회주의 나라들에 대한 그들의 신용봉쇄를 다시 철회할 수밖에 없었는데, 그것은 사회주의 나라들의 경제적 힘으로 말미암아 이런 수단을 쓸 경우 제국주의 은행 및 콘체른 자신이 불리하게 될 것이라는 인식이 증대했기 때문이었다. 결국 정면대결노선은 그 한계를 드러냈다. 마찬가지로, 사회주의를 중무장 및 정면대결 노선으로 굴복시킬 수 없다는 것을 증명하는 것은 중요하다.

'평화투쟁—이제 더욱'이라는 슬로건은 사회주의의 경제적 강화를 통해 평화세력의 국제적 발광력이 성장하며, 사회주의를 '중무장 질식사'시키려는 가장 침략적인 제국주의 세력의 희망의 근거가 실제적으로 박탈될 것이며, 또한 방위능력의 물질적 전제가 창출될 것이라는 사실을 표현하고 있다.

4. 사회주의 그리고 사회체제의 대결

서로 대치한 양 사회체제 대결의 세계사적 과정은, 1917년 이래 갈수록 많은 나라에서 **자본주의 사회의 기본모순이 해결되고** 또 그것이 **국제적 차원으로** 새로이 설정된 것의 합법칙적인 결과이다. 양 체제의 적대적인 계급본질, 평화공존의 가능성과 필연성, 이 대치에서 사회주의가 성과있게 진전하는 데에서 경제영역이 갖는 결정적인 의미 등에 관한 맑스-레닌주의의 기본적인 입장은 역사를 통해 그 정당성이 입증되었다. 70년 이상 지속되어온 체제대결 이후 동시에 그것의 내용, 의미 및 경과에 대한 인식이 본질적으로 확대발전되었다. 거기서 이 대결이 비교적 단기간 지속될 것이라고 보았던 단순화된 표상, 체제경쟁의 기준을 우선적으로 양적인 견지에서 보았던 것, 체제의 작용을 일면적으로 고찰했던 것 혹은 체제대결의 '합법칙적인' 첨예화에 대한 견해 따위가 극복될 수 있었다.

인류진보를 위한 역사적 수행

인류사에서 사회적 진보의 관철은 언제나 치열한 대결 속에서 이루어져왔다. 사회주의의 행군은 또한 시련, 일시적인 침체 및 부분적인 역류 그리고 몇몇 나라에서의 위기상황을 동반하였다. 그러나 **역사진보를 위한 이 대결**에서 사회주의는 비교적 짧은 역사를 거치면서도 전범적인 것을 수행하였다. 그것은 무엇보다, 오로지 사회주의만이 우리 시기의 기본문제를 인류의 이해에 맞게 해결하고 또 인류의 필요를 더욱 더 그리고 전면적으로 충족시키기 위한 전제들을 수중에 쥐고 있다는 점을 설득력 있게 입증하였다.

첫째, 사회주의는 **세계평화를 위한 노력**에서 결정적인 기여를 했으며 지금도 그렇다. 제국주의가 우리 세기의 전반부에 바로 독일 및 유럽을 근거지로 하여 두 차례의 세계전쟁을 발발시켰다는 사실, 1945년부터 바로 유럽을 근거지로 두 개의 세계체제, 두 개의 군사블록이 직접 대치했으며 제국주의의 가장 침략적인 집단이 이곳에서 여러 차례 간접적인 전쟁도발을 진전시켰다는 사실을 감안한다면, 우리는 유럽에서 40년 이상 동안 평화가 확보된 것의 역사적 차원을 인식할 수 있다. 그것을 일차적으로 작용시켜낸 것은, 사회주의, 특히 소련의 성장한 경제적, 정치적 및 군사적 힘, 그리고 사회주의 공동체의 끈질긴, 유연한 평화정책이었다.

둘째, 사회주의는 **세계 전체의 사회적 진보**에 강력하게 기여하였으며, 그 자신이 오늘날 사회적 진보의 최고단계이다. 근로인민은 더 이상 예전처럼 단순히 사회적 진보의 가장 주요한 담지자일 뿐만 아니라, 노동자계급 및 그 당의 지도하에 최초로 자기자신의 운명을 의식적으로 형성해가며 따라서 사회적 진보를 형성시켜가는 자이기도 한 것이다. 인민의 복지는 맑스-레닌주의당, 사회주의 국가 정책의 관건이자 요체이다. 사회주의는 인류 전체가 직면하고 있는 근본적인 사회적, 정치적 문제들——평화, 노동, 민주주의, 환경 등의——을 더욱 잘 해결하는 과정에서, 자신의 역사적 우월성을 드러냈다.

세째, 사회주의는 국제적 연관의 전체 체계를 **민주주의적으로 변혁시키는 데** 주요하게 기여하였다. 사회주의 나라들의 사회주의적 국제주의, 동등한 권리, 독립성 및 상호 이해동기를 토대로 사회주의 국가와 민족[25] 사이의 역사적으로 새로운 연관을 형성함으로써, 사회주의 세계체제는 자본주의 세계체제 내의 국가간 연관과 특히 국가독점적 통합과정에 대한 하나의 대안을 제시하였다. 평화공존의 원칙을 토대로 자본주의 나라들과의 연관을 형성하기 위한, 그리고 발전도상국들과 대등한 권리를 가지며 호혜적인 협력을 설정하기 위한 사회주의 공동체의 투쟁이 그것이다.

네째, 국제적 역관계에서 사회주의가 차지하는 비중이 증대한 것은, **민족해방운동**, 자본주의 나라들 내의 **노동자운동**과 **민주주의적인 대중운동에 보다 유리한 조건과 역사적으로 새로운 전망을 열어주는 데** 근본적으로 기여하였다.[26] 우리 시기 이 추동력의 투쟁은, 새로운 세계전쟁의 위험이 추방될 수 있고 또 제국주의적인 내정간여, 명령, 간섭 및 침략행위 정책의 실현기회가 적어진 조건하에서 비로소 가능하다. 신생 민족국가에게는, 독자적인, 민족독립적, 민주주의적 발전경로를, 그리고 몇몇 나라의 경우에는 사회주의적인 발전경로를 밟을 수 있는 가능성이 근본적으로 생겨났고 또 강화되었다. 자본주의 내 노동자운동에서는――여전히 국가독점자본주의라는 조건하에서――역사상 최초로, 그들의 사회적, 정치적 존재조건의 악화에 맞선 방어벽을 세우고 또 그들의 사회적, 민주주의적 쟁취물을 성공적으로 방어하며 위기상황을 벗어나는 민주주의적 출구와 민주주의적, 사회적 진보로의 전향을 쟁취해낼 수 있는 가능성이 열렸다. 나아가 사회주의에 대한 새로운 접근 및 이행의 경로(평화적인 발전경로, 가장 광범한 민주주의적 동맹, 개혁, 선거, 의회의 새로운 역할 등)와 그것을 실현시키는 새로운 수단과 방식이 가능해진다.

다섯째, 사회주의는 자신의 안정되고 또 역동적인 발전 그리고 국제적 역관계 내에서의 그 위치 및 작용을 통해 **제국주의적 존재조건** 및 그것의 전략적 반작용에 **대해** 중요한 **영향력을** 객관적으로 행사한다. 이것은 제국주의의 내적인 발전과정, 그 내적 모순의 증대 및 그 일반적인 위기의 심화와 밀접하게 결부되어 있다. 그러므로 변화된 국제적 역관계는 마침내, 제국주의로 하여금 체제의 평화적인 경쟁으로서의 평화공존을 토대로 담지될 수 있는 그러한 정치적 행동을 하도록 이끌어낼 수 있는 가능성을 열어주게 된다.

체제대결의 새로운 시대

80년대로의 이행과 더불어 사회주의와 제국주의 사이의 전세계적인 투쟁에서 새로운 시대가 개시되었다. 그것을 특징짓는 것은 변화된 국제적 역관계, **체제대결의 장** 혹은 그 내용의 새로운 비중 설정, 국제 체제대결 경과가 갖는 합법칙성의 새로운 전반적 경향 및 수정, 그리고 여러 계급세력의 정치적 전략의 확대발전이다. 이 대결은 그 지구적인 작용과 내용적 영역 및 그 상호작용, 참여하는 세력의 폭과 분화성, 그리고 그것을 추진하는 양측의 목표에 대한 투쟁성 및 결단성, 수단 및 방식 면에서 새로운 경향을 보여준다. 그러나 이러한 과정이 첨예화된 국제적 긴장을 야기시켜서는 안된다. 세계 내 모든 평화세력을 동원하고 또 협력시킬 오늘날의 실제적인 가능성을 보다 포괄적으로 실현시키며, 세계 내의 세력관계를 평화세력에게 유리하게 더욱 변화시키는 데 성공한다면, 세계전쟁의 위험은 영원히 추방될 수 있으며 양 세계체제 경쟁의 정치적 조건으로서의 평화공존이 지속적으로 관철될 수 있다.

70년대 이래로 **국제적 역관계**에서 사회주의와 제국주의 간에 **대략적인, 상대적인 정치적 세력균형**이 형성되었다. 제국주의는 전후 10년대가 진행되면서 국제적인 정치적 역관계에서의 그 우위성을 최종적으로 상실하였다. 오늘날에는 사회주의의 동참 없이 혹은 사회주의의 이해를 고려하지 않고는 국제발전의 기본적인 문제를 해결하는 것이 더 이상 가능하지 않다. 더욱이 사회주의는 직접 창의력 풍부한 평화정책을 통해 자신의 정치적 발광력을 상당히 높일 수 있었다. 그것은, 사회주의 나라들이 비록 전체 평균에서는 자본주의 세계체제의 경제적 잠재력에 비해 역사적으로 조건지어진 차이를 아직 보이고 있음에도, 달성 가능한 것이었다.

국제적 역관계를 더욱 변화시키는 주요문제는 가장 침략적인 제국주의 세력의 영향력을 전세계적으로 퇴치하는 것에 있다. 그것은, 특히 과학기술혁명과 연관하여, 사회발전의 모든 기본문제에서 자신의 질적인 우위성을 더욱 발전시키고 사회주의의 장점을 더욱 포괄적으로 입증하는 데 얼마나 성공할 수 있을 것인가와 밀접하게 결합되어 있다.

거기서 **내용적인 주요문제, 국제적 체제대결**의 '영역'이 수정되었다. 서로 대치한 양 세계체제가 그때그때 갖는 국제적 비중은 오늘날 무엇보다도 **다음과 같은 점에 의해 좌우된다.**

———세계평화의 확보 및 안정화 그리고 다른 지구적인 인류문제의 해결을 위한 어떤 창도가 그들로부터 나오는가.

———그들이 어떻게 과학기술혁명을 포괄적으로 활용하고 또 더욱 진전시키며, 경제적 효율성을 높이고 과학기술혁명의 사회적 및 생태학적인 문제를 해결하는가.

———그들이 어떻게 그들의 사회적 및 인본주의적 잠재력을, 생활양식 및 민주주의 발전과 연관한 그들의 발광력을, 그들의 가치와 이상을, 그들의 사회적 및 정치적 질 전체를 발전시키는가.

사회주의는 이 대결에서 단지 그것의 중요한 역사적 성과 및 수행뿐만 아니라, 무엇보다 그 사회적 장점을 더욱 포괄적으로 활용하고 또 펼쳐 나가는 것을 지주로 삼을 수 있다. **사회주의의 장점**은 제국주의와의 대치 혹은 경쟁에서 우월함이 입증되는, 즉 제국주의 내의 상응하는 발전과 비교하여 사회주의의 국제적인 비중과 국제적인 발광력을 높일 수 있는, 그것의 발전의 모든 특징이다.[27] 이제까지의 그리고 가까운 장래의 체제 대결의 경과로 볼 때, 무엇보다도 다음의 방향에서 사회주의의 장점을 더욱 각인시키는 것이 체제대결에서 의미를 획득해간다는 결론이 도출된다.

첫째, 사회주의는 **평화**의 사회이다. 이 토대 위에서 사회주의 공동체는 매우 선도적인, 국제적으로 영향력 있는 평화정책을 마련하고 또 더욱 포괄적으로 실현시킬 수 있었다.

둘째, 사회주의는, **과학기술적 진보와 경제적 성장 그리고 사회적 진보**를, 장기간의, 과학적으로 기초지어진 사회전략의 통일적인, 상호규정된 과정으로서 서로 결합시킬 능력이 있음을 입증하였다.

세째, 사회주의는, 이윤이 아니라 **인간의 복지가 그 중심**에 있는 사회, 즉 창조적인 인격의 발전, 재능과 능력의 개발 그리고 사회적 삶에의 민주주의적 참여를 중심으로 하는 사회이다.

사회주의의 **장점의 그 이상의 각인**은 자본주의에 대한 그것의 역사적 우월성을 더욱 명확하게 드러낼 것이다. 사회주의가 오늘날 사회주의 세계체제의 거의 모든 나라들에서 이미 고유한 사회경제적, 정치적 토대를 갖고 발전한다는 사실 때문에, 이것을 위해 보다 유리한 전제가 존재한다. 다른 한편 사회주의에 본질적으로 내재하는 장점과 추동력의 발전은 오늘날에도 결코 저절로 이루어지지는 않는다. 이 장점과 추동력을 **더욱 영향력 있게 발전시키고 또 활용**하는 것이 그 어느 때보다도 요구된다. 거기서 또한 고려해야 할 것은, 개별 사회주의 나라들의 경제적, 사회적 발전수준은 아직 매우 차별적이며, 대부분의 사회주의 공동체 나라들 자체가 이제 비로소 인민경제의 집약화의 개시기로 이행하였다는 점이다. 거기서 본질적인 것은 이 나라들의 호혜적인 협력, 동지적인 관계 그리고 일치된, 공동의 수행을 더욱 효과적으로 형성시켜나가는 일이다.

앞으로의 **체제대결**에 대한 사회주의 공동체 나라들의 **전략**은 무엇보다,

양 체제 사이의 관계에서 **평화공존** 및 평화적 경쟁을 관철시키고 또 안정화시키는 것 그리고 이 경쟁에서 **사회주의의 장점**을 더욱 전개시키는 것을 지향하고 있다. 소련공산당 제27차 당대회는 다음과 같이 강조하였다. "우리는 현재적 관계하에서 투쟁의 주방향이, 가치있는, 실제로 인간적인 물질적 및 정신적 삶의 조건을 모든 인민에게 마련해주는 것, 지구의 살기 좋은 조건을 확보하고 또 그 부(富)를 절약해서 쓰는 것에 있다는 사실로부터 출발한다. 무엇보다 그 가장 위대한 부, 즉 인간 자신과 그의 가능성을 아끼는 것, 바로 이 영역에서 우리는 자본주의 체제와 경쟁하기를, 지속적인 평화에 근거한 경쟁을 요망한다.[28]

이러한 복잡하고 또 장기적인 지향의 관철을 위한 투쟁에서 사회주의 나라들에게 새로운, **보다 높은 요구**가 발생한다. 그것은 대내 및 대외 정책의 모든 문제에서, 그 변증법적인 통일에 관계되는 것이다. 사회주의의 확대발전을 위한 **내적 요소와 외적 요소 사이의 변증법적 연관**은 본질적으로 더욱 강화되고 또 복잡해졌다. 사회주의 나라들의 내적인 경제적, 과학기술적, 사회적, 정치적 및 정신문화적 발전의 구체적인 수준은, 근본적인 인류문제를 해결하고 또 전세계적인 사회적 진보를 관철시킬 가능성에 상당히 강력한 영향을 끼쳤다.

평화적인 경쟁의 정치적 규범

오늘날 사회적 및 정치적 양 세계체제의 평화적인 경쟁보다 더 현실주의적인 대안은 없다. 사회주의와 자본주의 사이의 사회적 대치가 또한 미래에도 존속할 것이고, 따라서 양 체제의 사회정치적 발전의 수렴은 이루어지지 않을 것이므로, 그 대치는, 평화에 대한 새로운 위협이 거기에서 생겨나지 않도록, 오히려 공동의 평화보장을 위한 자극이 생겨날 수 있도록 조정되어야 할 것이다. 이를 위해 우선 근본적인 규범 혹은 규칙이 제안된 것이다.[29] 그것을 양 체제간 연관의 실천에서 관철시키는 것은 호전적인 제국주의의 반공주의적, 침략적 세력을 정치적으로 고립화시키는 데에서 주요한 의미를 갖는다. 이러한 정치적 규범에는 다음과 같은 것들이 속한다.

존재할 권리의 상호 인정 : 이것은, 그때그때 정치적 상대방과 공동으로 안전을 달성할 것을 목표로 하는 모든 정치의 원칙적인 전제이다. 거기서 또한 장기적인 시각에서 볼 때 국제 발전은 서로 대치한 두 개의 사회 및 사회체제, 사회주의와 자본주의의 존속 및 행동으로 특징지어진다는 것이 고려되어야 한다.

평화능력의 인정 : 사회주의에서는 평화가 본질에 고유한 것인 반면, 제국주의는 그 본질상 침략 경향을 발생시킨다. 그러나 세계 내에는 오늘날 이미, 많은 독점의 이해와 제국주의의 체제이해가, 적지 않은 그 대표자들로 하여금 사회주의에 대한 그들의 정책을 평화공존의 틀 안에서 형성하려는 인식을 갖게끔 하는 실제적 상황이 존재한다. 어쨌든 이것은 아직 주요한 제국주의 국가들의 지배적인 정책은 아니다. 이러한 정치적 구상을 관철시키기 위해서는 무엇보다, 사회주의를 경제적, 정치적으로 더욱 강화시키는 것, 그 장점과 발광력을 더욱 높이는 것, 세계 내 모든 평화세력의 영향력을 더욱 증대시키는 것, 긴장완화과정에 대한 제국주의의 경제적 이해 및 다른 이해를 확대시키는 것, 그리고 제국주의에서 권력과 영향력을 장악하고 있는 세력의, 핵-우주시대의 현실과 정치적 결과에 대한 보다 포괄적인 통찰을 확대시키는 것이 필요하다. 제국주의에게도, 그들의 잠재적인 평화능력을 실제적인, 지속적인 평화정책으로 전화시켜내는 것은, 여전히 평화투쟁의 현실주의적인 목표이다.

발전 및 개혁 능력을 인정할 것 : 우익보수주의 및 호전적인 반공주의 세력의 주장과는 반대로 사회주의는 결코 '경직된', '전체적인' 사회가 아니다. 오히려 그것은 생산력과 생산관계의, 사회주의적 민주주의 및 인권 실현의, 정신문화적 삶 및 사회적 연관의 발전에서의 매우 역동적인 과정으로 특징지어진다. 자본주의의 경우 역동적인 발전과정은 국가독점적 개혁과, 민주주의적 개혁을 향한 진보세력의 투쟁 사이의 사회정치적 차이로 특징지어진다.

정치적인 신뢰 형성 : 정치전략적 및 정치-이데올로기적 활동을 통해, 상이한 사회체제간의 관계에서 정치적 신뢰, 성실성, 그리고 산정(算定) 가능성의 발전을 작용시켜내는 것이 필요하다. 그것은 무엇보다, 각자의 정치적 행동을 통해, 위협 및 공포 요소의 철폐를 작용시켜내고 또 시인되지 않은 그 어떤 위협설——영향력 있는 제국주의 집단이 사회주의와 연관하여 자주 써먹는 것과 같은——도 스스로 퍼뜨리지 않는 것을 포함한다. 마찬가지로, 예를 들어 실제 사회주의를 '악의 제국'으로 규정하는 반공주의적 저주가 표현하는 바의 그러한 상대방의 모습에 대한 모든 왜곡선전은 금지되어야 한다. 군사적 수단의 투입을 통해 사회주의를 제거할 의도를 갖고 있는 제국주의 내 가장 침략적인 세력은, 단지 사회주의의 적일 뿐만 아니라, 인류와 평화의 적이기도 함이 입증되고 있다. 그들에 대한 환상은 절대 금물이며 그들의 정치적 영향력은 퇴치되어야 한다.

내정간섭이 없는 비판 및 논쟁 : 다른 사회체제 내의 발전에 대한 비판은 체제간 이데올로기 논쟁의 불가피하고 또 자명한 요소이다. 그러나 인류 발전의 기본문제를 둘러싼 이데올로기적 대결은 객관적으로 이데올로기적 전향, 매도 및 도발선동과 다르다. 이데올로기적으로 동기부여된 체제협력의 전제조건은 평화의 이해를 해친다. 체제의 평화적 경쟁의 발전은 오로지 다른 국가의 내정에 대한 불간섭을 보장해야만 이루어질 수 있다.

체제대결의 합법칙성

양 체제의 상호연관에서의 현재적 발전경향의 분석은, 이 대결의 이제까지 및 가까운 장래까지의 경과 전체의 바탕을 이루는 합법칙성에 대한 인식을 더욱 풍부하게 해준다. 오늘날의 시각에서 보자면 다음과 같은 점을 합법칙성으로 들 수 있다.

1. **국제적 역관계가 사회적 진보, 민주주의, 민족적 자유 및 평화를 위해 투쟁하는 세력에게 유리하게 점차 변화되어가는 것.** 우리 시기의 이 기본적인 경향의 두드러진 특징은, 사회주의가 세계 내 사회적 진보의 주력이자 최고단계로서 자신의 보다 높은 사회적 진보의 질을 더욱 명확하게 보이며, 자신의 장점을 더욱 포괄적으로 펼치고 또 특히 근본적인 인류문제의 해결과 연관하여 자신의 발광력을 높인다는 사실이다. 이것을 토대로 국제적 역관계에서 사회주의가 차지하는 비중은 강화되었다. 동시에 제국주의는 그 경향 속에서 전세계적인 정치적, 군사적 역관계에서의

자신의 우위를 상실하였다. 그러나 제국주의는 여전히, 광범위한 새로운 과학기술적 잠재력 및 다른 잠재력을 발전시킬 수 있는 위치에 있으며, 그것을 제국주의의 가장 침략적인 집단이 인류 전체의 삶이해에 역행하는 쪽으로 작용시키고자 시도하고 있다.

2. **체제대결과 세계 전체성의 연관성 증대.** 생산력의 국제화, 지구적인 인류문제의 의미 증대 그리고 무엇보다 평화문제가 갖는 새로운 위상을 토대로 하여 모든 국가와 민족간의 상호의존성, 양 체제간 협력의 필요와 가능성이 객관적으로 증대한다. 동시에 양 체제간 연관의 유형과 방식으로부터 그 상호침투적인 인류문제의 해결을 위한 결정적인 자극 혹은 방해가 초래된다. 사회주의와 제국주의 간 기본모순 외에, 세계 내 정치적 발전의 주요모순으로서 한편으로 가장 침략적인 제국주의적 중무장 및 핵전쟁 노선 옹호자들과 다른 한편으로 평화를 사랑하는 인류 전체 사이의 대치가 전면에 부상한다.

3. 체제대결에서 **군사적 요소의 역할이 역사적으로 수정**되고 또 사회주의에 맞선 투쟁에서 제국주의가 사용하는 수단으로서의 그 가치가 소멸되는 경향. 사회주의 및 모든 평화세력이 세계 내에서 행사하는 영향력이 증대되고 또 군사전략적 균형이 이루어짐에 따라, 제국주의의 가장 침략적인 세력이 자신의 국제 영향력을 확대시키고 체제대결을 헤쳐나가기 위해 직접적인 군사적 폭력을 투입하는 것을 저지할 가능성이 증대한다. 세계 내 정치적 역관계의 변화라는 객관적인 경향 속에서 가장 침략적인 제국주의 세력은 이 상황을 벗어나는 군사적 탈출구를 더욱 강하게 추구한다. 동시에 그들이 무장수단을 투입하는 것은 더욱 저지되며, 사회주의와의 역사적인 대결은 오로지 평화적인 경쟁을 토대로 해야만 수행될 수 있다는, 조건에 대한 통찰이 또한 제국주의 내에서도 강화된다. 또한 국제적인 규모로 집약적인 확대재생산으로의 점진적인 이행이 이루어짐으로써 제국주의에게도, 이윤 가능성의 확대를 침략적인 팽창에서가 아니라 자본주의 나라들의 내적인 경제적 발전과 전세계적 국제협력에서 추구할 새로운 사회경제적 가능성과 필요성이 생겨난다.

4. **양 사회체제의 역사적 대결 및 경쟁에서 생산력 및 사회발전의 질적인 요소가 갖는 의미 증대.** 양 체제의 작용 가능성 그리고 대결에서 그들의 잠재력을 펼치는 것은 점점 더 현대적 생산력을 발전시키는 그들의 능력

에 의해 결정된다. 그것은 모든 사회적 및 정치적 질, 장점, 가치 및 이상이 체제경쟁에서 갖는 의미의 증대를 포함한다. 강요된 전쟁부담, 무장 및 정면대결을 통해 제국주의가 오랜 동안 사회주의의 사회적 장점의 포괄적인 발전을 가로막으려고 했지만, 최근의 발전은, 평화의 확보와 자신의 장점 및 동력의 온전한 발전이라는 두 개의 전략적 과제를 동시에 해결할 수 있는 사회주의 사회의 능력을 갈수록 분명하게 보여주고 있다.

5. **각 체제의 내적 발전과 체제대결 사이의 상호 연관성이 심화된다.** 양 체제의 내적 잠재력이 전세계적 대결에서 더욱 큰 비중을 갖는다. 동시에 이 대결과 경쟁은 체제의 내적 형성에 대한 보다 높은 요구를 제기한다. 따라서 제국주의는 자신의 내적 발전에서 국제적 삶에서의 사회주의의 비중과 발광을 더욱 고려하지 않을 수 없다. 또한 사회주의 발전의 내용, 규모 및 기간도 체제의 경쟁에 더욱 의해 각인된다. 이러한 체제의 간접적인 상호작용 외에 직접적 작용의 가능성 또한 증대한다. 문제는, 이러한 증대하는 상호작용이 오로지 평화공존 및 평화적 경쟁의 원칙을 토대로 진행되게끔 투쟁하는 일이다.

6. **체제대결의 국제화 증대.** 사회주의와 제국주의는 세계체제로서의 자신의 잠재력을 더욱더 개진시킨다. 체제대결은 세계의 전지역에 점점 더 영향을 끼친다. 동시에 양 세계체제의 발전의 경로와 형태의 다양성이 증대한다. 또한 자본주의 세계체제에서는 여러 나라 사이에 커다란 발전의 차이가 존재한다. 즉 사회경제적으로 이 세계체제에 속하는 많은 나라들이, 그 정책에서는 반제적 입장을 취하며 상이한 정치적 동맹에 소속되어 있다. 제국주의 자체 내에서 여러 중심이 상호 경쟁하고 있다. 사회주의 세계체제 나라들의 발전수준 및 발전의 경로는 상당한 차별성을 보인다. 전반적으로 보아 새로운 세력들이 우리 시기의 사회적 대결 속에 편입되고 있으며 그들은 국제적 정책에서 자기 나름의 프로필을 갖는다(예를 들어 비동맹운동, 전세계적인 민주주의 세력 및 대중운동, 특수한 지역집단, 종교단체 등). 일련의 지역과 나라들이 차지하는 국제적 비중이 더욱 변화한다. 그러므로 세계는 양 세계체제의 존재에서 표현되는 것보다 본질적으로 더 다양하고 더 모순에 가득차 있다. 동시에, 체제의 대결이 갈수록 세계 내 사회적 진보를 위한 모든 투쟁과 인류발전

의 중심축으로 되는 경향이 관철된다.

7. **세계 내 사회주의와 모든 평화 및 사회적 진보 세력의 공동이해의 역사적 각인.** 일반민주주의적인 그리고 인류 전체에 해당되는 기본문제가 사회적 진보의 모든 세력에게 증대하는 위상을 갖게 된다. 동시에 사회주의는 세계 내 평화, 휴머니즘 및 일반민주주의적 투쟁의 목표를 위해 작용력 있는 기여를 할 수 있는 자신의 전제와 능력을 더욱 각인한다.

8. **체제대결에서 주체적 요인이 수행하는 역할의 증대.** 체제대결은 양측에 의해 더욱 의식적으로 조직화되고 또 목적지향적인 형태로 수행된다. 사회체제의 역사적 경쟁이 추구해야 할 경로와 목표에 대한, 정치적인 구상, 전략, 전범 및 조직형태에 관한 논쟁, 토론 및 대화가 전반적으로 증대한다.

<요점질문>

1. 현재의 세계정치적 발전과 관련하여 우리 시기 경과의 합법칙성을 설명하라.

2. 오늘날 평화투쟁과 사회적 진보의 연관의 가장 주요한 측면을 설명하라.

3. 핵-우주시대의 정치적 요구를 상술하고, 사회주의 공동체의 평화정책에서의 그 실천을 입증하라.

4. 이성 및 현실주의 연대의 본질과 목표는 무엇인가?

5. 평화의 확보를 위한 투쟁에 대한 우리들의 역사적 낙관주의는 어떤 실제적 발전과정에 근거하고 있는가?

■주

1) Lehrbuch. *Dialektischer und Historischer Materialismus*, Kap. 7. 1 참조.

2) Lenin, "Unter fremder Flagge", *Werke*, Bd. 21, S. 134.

3) *Programm der Kommunistischen Partei der Sowjetunion, XXVII. Parteitag der KPdSU. Dokumente*, Moskau 1986, S. 29.

4) 60년대라는 견해도 있다. 우리 생각으로는, 이 단계는 80년대와 함께 시작된다.

5) 이 책 제8장 참조.

6) Lehrbuch. *Politische Ökonomie des Kapitalimus und Sozialismus*, Kap. 11 참조.

7) *Bericht des Zentralkomitees der Sozialistischen Einheitspartei Deutschlands an den XI. Parteitag der SED*, Berlin 1986, S. 10.

8) *XXVII. Parteitag der KPdSU. Politischer Bericht des ZK der KPdSU an den XXVII. Parteitag der KPdSU*, Berlin 1986, S. 29.

9) Ebenda.

10) 이 책 제10장 2절 참조.

11) 이 책 제7장 3절 참조.

12) 이 책 제8장 2절 참조.

13) 이 책 제2장 3절 참조.

14) *Programm der Sozialistischen Einheitspartei Deutschlands*, Berlin 1976, S. 76.

15) Marx, "Erste Adresse Generalrats über den Deutsch-Französischen Krieg", *Werke*, Bd. 17, S. 7.

16) Lenin, "Bericht über die Arbeit des Gesamtrussischen Zentralexekutivkomitees und des Rats der Volkskommissare auf der ersten Tagung des Gesamtrussischen ZEK. 2. 2. 1920", *Werke*, Bd. 30, S. 309.

17) *Bericht des Zentralkomitees der Sozialistischen Einheitspartei Deutschlands an den XI. Parteitag der SED*, S. 20.

18) Marx/Engels, "Manifest der Kommunistischen Partei", *Werke*, Bd. 4, S. 479.

19) Marx, "Erste Adresse des Generalrats über den Deutsch-Französischen Kreg ; Die Rolle der Gewalt in der Geschichte", ***MEW***, Bd. 21 ; Engels, "Kann Europa abrüsten?", ***Werke***, Bd. 22 ; Lenin, "Der streitbare Militarismus und die antiimperialistische Taktik der Sozialdemokratie", ***Werke***, Bd. 15 ; Lenin, "Sozialismus und Krieg", ***Werke***, Bd. 21 ; Lenin, "Über die Junius-Broschure", ***Werke***, Bd. 22 ; Lenin, "Der Krieg und die russische Sozialdemokratie", ***Werke***, Bd. 21 ; Lenin, "Zweiter Gesamtrussischer Kongreß der Sowjets der Arbeiter und Soldatendeputierten. 25-26. 10. 1917. Rede über den Frieden", ***Werke***, Bd. 26 ; Lenin, Seltsames und Ungeheuerliches, ***Werke***, Bd. 27 참조.

20) ***XXVII. Parteitag der KPdSU***, ***Politischer Bericht***, S. 109f 참조.

21) "Kommuniqué der Tagung des Politischen Beratenden Ausschusses der Teilnehmerstaaten des Warschauer Vertrages", ***Neues Deutschland (B)***, S. 2 참조.

22) ***Bericht des Zentralkomitees der Sozialistischen Einheitspartei Deutschlands an den XI. Parteitag der SED***, S. 20 참조.

23) Ebenda, S. 11.

24) Ebenda.

25) 이 책 제11장 2절 참조.

26) 이 책 제7장 1절, 제8장 2절 참조.

27) 이 책 제10장 2절 참조.

28) ***XXVII. Parteitag der KPdSU. Politischer Bericht***, S. 29.

29) "Der Streit der Ideologien und die gemeinsame Sicherheit , ***Neues Deutschland (B)***, 28. 8. 1987.

제6장 사회주의혁명

노동자계급의 세계사적 사명 실현과정의 하나의 중요한 단계인 사회주의혁명은 민족해방혁명과 마찬가지로, 자본주의에서 사회주의로의 이행시대에 사회적 진보의 근본적인 운동형태에 속한다. 그것은 자본주의 사회구성체에서 공산주의 사회구성체로의 전환에서의 객관적인 합법칙성으로서 개별 나라의 범위 내에서 발전하며, 맑스-레닌주의당이 이끄는 노동자계급 및 그 동맹자에 의해 수행된다. **사회주의혁명의 주내용**은 부르조아 지배의 극복, 광범한 동맹의 선봉에 선 노동자계급 지배의 확립, 인간에 의한 인간의 착취 제거, 주요 생산수단의 사회적 소유 창출, 새로운 사회적 관계 및 새로운 생활양식의 관철 그리고 새로운 유형의 국제관계의 관철에 있다. 그리고 이것은 평화의 보장과 더불어 사회적 진보를 위한 조건을 민족적 및 국제적 차원에서 만들어낸다. 인류가 자본주의에서 사회주의로 이행하는 것은 장기간의 세계사적 시기를 포괄하며, 그 시기가 경과하는 중에 개별 나라 혹은 나라집단 내의 내적 조건의 성숙에 상응하여 사회주의혁명이 수행되고 점차 사회주의 세계체제가 형성된다.

1. 사회주의혁명의 필연성과 조건

역사적 필연성

이제까지의 모든 사회주의혁명은, 자신의 세계사적 임무의 실현을 위한 노동자계급 투쟁의 새로운 대단원을 연 위대한 사회주의 10월혁명을 필두로 하여, 맑스와 엥겔스의 다음과 같은 인식의 정당성을 이러저러한 방식으로 입증하였다. 즉 노동자계급의 혁명적인 입장과 행동은 "이러저러한 세계개선자에 의해 발명되거나 발견된 원리나 이념"에 기초하는 것이 아니라, 언제나 "존재하고 있는 계급투쟁의 실제적인 관계의 보편적인 표현, 우리 눈앞에서 벌어지는 역사적 운동의 보편적인 표현"[1]이라는 것이다. 이것은, 사회주의혁명은 **객관적인 원인**을 갖고 있으며 그것이 이루어지는 것은 **역사적 진보의 본질적이고 필연적인 조건**이라는 것을 의미한다.

이 혁명을 강제하는 것은 자본주의 체제 속에 내재하는 **합법칙성** 그 자체이다. 생산력의 발전과 함께 그것의 사회적 성격 또한 증대하는데, 그것은 무엇보다 생산 및 노동의 사회화와 대기업의 형태에서 표현된다. 생산의 사회적 성격은 갈수록 더욱 자본주의적 소유관계와 모순에 빠진다. 맑스는 그것에 대해 『자본론』에서 이렇게 쓰고 있다. "생산수단의 집중과 노동의 사회화는, 그것이 자신의 자본주의적 껍질"[2], 즉 자본주의적 생산관계와 서로 못견디게 되는 지점에 도달하게 되고, 그러므로 후자는 혁명적인 방식으로 극복되어야 한다. 생산의 사회적 성격과 그 조건 및 결과물의 자본주의적 전유 사이의 모순은 **자본주의 사회의 기본모순**이다. 그것은 오늘날 그 어느 때보다도 다양한 사회적 모순 속에서 전개되며, 그 핵심은 부르조아지와 노동자계급 사이의 대립이다. 그리고 그것은 필연적으로, 다양한 형태로 담지되는 정치적, 사회적, 경제적 등등의 계급대결로 귀결된다. 노동자계급은 착취당하고 억압받는 계급으로서의 자신의 사회적 위치를, 오로지 그들이 자본주의적 생산관계를 제거할 때만 지양할 수 있다. 자본주의는 물질적 생산에서의 자신의 위치를 토대로, 인간에 의한 인간의 착취를 제거하고 새로운 사회주의 사회를 확립할 소명을 받으며 또 그렇게 할 능력이 있는 사회적 세력을 만들어 낸다. 그러므로 사회주의혁명의 전제는 자본주의 자체 내에서 무르익는다.[3] 그것에 대한 역사적, 이론적 탐구에 의해 맑스와 엥겔스는 다음과 같은 인식에 도달했다. 즉 이제까지의 모든 사회의 문헌으로 남겨진 역사는 계급투쟁의 역사로서, "어떤 경우에든 사회 전체의 혁명적인 변혁으로 혹은 투쟁하는 계급 모두의 몰락으로 끝났다"[4]는 것이다. 역사는 맑스와 엥겔스가 옳다는 것을 입증했다. 그것은 결국 **임노동과 자본 사이의 기본적인 이해 대립**의 발전이었으며, 그러한 대립은 20세기에는 여러 가지 확대된 모순으로 표현됐고, 숱한 역류와 패배에도 불구하고 노동자계급 및 다른 근로인민을 언제나 다시 그들의 생존문제의 해결을 위한 투쟁으로 내몰았으며 또 혁명적 행동 및 다양한 성격의 사회적 혁명으로 이끌었다. 일단의 유럽 및 아시아 나라에서 또한 쿠바에서 인민은 사회주의혁명을 성공시킬 수 있었다. 자본주의 나라들에서는, 인민대중을 혁명적 변혁을 위한 투쟁으로 치닫게 하는 원인이 계속 작용한다. 우리 시대에 제국주의의 발전은, 자본주의 사회가 인민의 삶문제를 지속적으로 또 안정적으로 인류의 이해에 맞게 해결할 능력이 없다는 것을 거듭 새롭게 입증하였다.

자본주의의 생산력 및 파괴력 발전에서의 내적 연관은 숱한 모순을 자본주의 체제 내에 야기시켰으며 그것의 기생적인, 진보를 위협하는 성격을 강화시켰다. 제국주의 나라들의 경우 생산력의 발전은, 특히 과학기술혁명의 전개와 더불어, 그것을 이성적으로 활용한다면 지구에 사는 모든 인간의 기본적인 물질적, 정신적 필요를 충족시킬 수 있는 수준에 도달해 있다. 그러나 제국주의가 경제적으로 지배하는 자본주의 세계체제, 그리고 비사회주의 세계에서, 수억의 인류가 전과 다름없이 굶주림에 고통받고 있고 체계적인 교육과 의료 혜택을 받지 못하고 있으며, 또 많은 나라의 저개발상태가 갈수록 명확하게 감지되고 있다. 수백만 인간에게 사회적으로 유용한 노동으로의 길이 차단되어 있거나, 생업을 갖고 있는 자에게는 일자리의 안전이 보장되지 않고 있다. 과학은 갈수록 깊숙이 자연의 비밀을 파고든다. 그러나 제국주의적 이윤욕은, 이윤이 눈에 뜨이는 즉시 지식의 악용을, 무분별한 자연 손상과 인간의 자연환경 파괴를 야기시킨다. 또한 바로 이 이윤욕이 제국주의적 독점에 본질적으로 고유한 그 침략성을 발생시키는데, 그것이 두 차례의 파괴적인 세계대전을 일으켰고 현재에 이르러 인류의 존재 자체의 위협을 초래하고 있는 것이다. 바로 이러한 정황, 이 **객관적인 모순**이 오늘날에도 사회적 진보를 위한 행동과 투쟁의 토대를 준비시키는 것이다.

다음과 같은 점 또한 역사의 **근본 가르침**이다. 경제위기와 그 사회적 결과가 아무리 파괴적인 것이라 할지라도, 생산양식이자 지배체제로서의 자본주의가 그것으로써 붕괴되지는 않는다. 다만 그 속에서 혁명적인 상황과 행동이 무르익을 수 있는 조건이 생겨날 뿐이다. 그런 다음 **강력한 대중행동이 필요**하다. 레닌은 여러 차례 강조했다. "그래야만 낡은 정부를 무너뜨릴 수 있다(혹은 뒤흔들 수 있다). 왜냐하면 정부는 결코, 단 한번도, 위기시기일망정, 우리가 그것을 '몰락시키지' 않는 한 '저절로 몰락'하는 일이 없기 때문이다."[5] 마찬가지로, 자본주의는 순수하게 진화적인 방식의 개혁 경로를 밟아서, 즉 소유 및 정치적 권력관계의 근본적인 변화 없이도 사회주의 사회로 성장전화할 수 있다는 개량주의적 기대는 그 정당성이 입증되지 않았다. 이제까지 세상에서 그러한 사례는 단 한번도 없었다. 그에 반해 소련과 다른 사회주의 나라들에서는 숱한 어려움에도 불구하고 사회주의혁명을 통하여, 착취자도 피착취자도 없으며 또 근로인민을 위한 사회적 보장, 완전고용 및 실질적인 민주주의 그리고 세계평화의 확보가 질적으로 새로운 생활양식을 가능하게 하는 새로운 사회적 관계에 도달할 수 있었다. 자본주의 체제의 객관적인 모순과 마찬가지로, 이러한 역사적 경험은——비록 그 매개가 여러 가지일망정——계속적인 혁명적 변화의 추동력으로 작용한다. 여기서 사회주의 나라들의 경험은, 노동자는 사회주의혁명에서 단지 "그들의 사슬"을 잃을 뿐만 아니라 무엇보다 "하나의 세계를 획득"[6]하기도 한다는 맑스와 엥겔스의 인식을 인상적으로 명료화시켰다.

사회주의혁명 그리고 구체-역사적 조건

사회주의혁명의 보편적 합법칙성은 언제나 구체적인, **여러 가지 면에서**

일회적인 역사적 조건하에서 관철된다. 맑스와 엥겔스는 이러한 사실을 강조하였다. 엥겔스는, 맑스가 1850년에 집필한 저작 『프랑스에서의 계급투쟁』에 대한 한 회고에서 다음과 같이 말하고 있다. "이제까지 역사적 경험의 궤도 속에서 또한 그 당시 상황에서 우리로서는, 위대한 결전이 발발했다는것, 그것은 하나의 장구하고 격변하는 혁명기간 동안 벌어져야 한다는 것, 그러나 그것은 프롤레타리아트의 최종적인 승리로써만 끝날 수 있다는 것에 대해 하등의 의문이 (있을 수) 없었다……그러나 역사는 우리 또한 틀렸음을 보여주었고, 우리의 그 당시 견해가 하나의 환상이었음을 폭로해주었다. 그것뿐이 아니었다. 역사는 우리의 그 당시 오류를 산산히 깨부수었을 뿐만 아니라, 프롤레타리아트의 투쟁조건 또한 송두리채 뒤바꿔놓았던 것이다."[7)]

투쟁조건의 역사적 변화를 지속적으로 고려하는 것은 맑스와 엥겔스 이래로 혁명투쟁의 근본적인 방법론적, 정치적 요구에 속한다. 레닌은 이 경험에 대한 신빙성 있는 증거를 제공하고 있는데, 그는 맑스와 엥겔스의 혁명이론적 인식 전체뿐만 아니라 또한 실제적 경험, 예를 들어 파리코뮨까지도 평가하여 최초로 포괄적인 사회주의혁명 이론을 마련해냈던 것이다. 레닌은 제국주의 단계에서의 자본주의의 경제적, 정치적 불균등발전의 법칙에 대한 자신의 발견에서 출발하여, 일국 혹은 몇개국에서의 사회주의혁명의 승리 및 사회주의 건설이 가능하다는 중요한 결론에 도달하였다. 그간의 실천을 통해 입증된 이 결론은 세계혁명과정에 대한 레닌적 이해의 출발점이었다. 그것은 혁명의 이론과 실천에 관한 여러가지 새로운 결론을 담고 있었는데, 그것은 무엇보다도 민족성과 국제성의, 객관적 조건과 주체적 요인의 그리고 민주주의, 민족독립, 평화 및 사회주의의 변증법에 대한 현실주의적 이해에 관한 것이었다. 그 새로운 인식은 **위대한 사회주의 10월혁명**을 성공적으로 준비하고 수행함에 있어 볼셰비키의 전략과 전술의 실현을 위해 커다란 의미를 갖는 것이었다. 그것은 20세기의 최대 사건으로 되었다. 왜냐하면 그것은 최초의 승리한 사회주의혁명이었기 때문이다. 그로 인해 인류의 발전에서 수세기 동안 지속되어왔던 착취계급의 지배에서 노동자계급 및 그 동맹자에 의한 권력 행사로의 세계사적 전환이 개시되었다. 10월혁명은 국제 해방운동을 새로운, 보다 높은 단계로 끌어올렸다. 그것은 "전세계에 사회주의로의 경로를 가르쳐주었고, 부르조아지에게 그들의 통치권이 끝났음을 보여주었다."[8]

새로운 세계사적 시대로의 전환이라는 **10월혁명**의 성격과, 혁명 이전의 짜르 러시아의 고유성에서 비롯되는 그것의 **몇 가지 특수성**은 뗄 수 없이 결합되어 있다. 예를 들면 권력문제가 비교적 빠르게 또 직접적으로 첨예화됐다는 것, 그리고 프롤레타리아 독재의 확립을 통해 그것이 단기간에 걸쳐 급진적으로 해결됐다는 것, 무분별한 제국주의의 반혁명적 간섭의 결과로 빚어진, 희생으로 가득찬 내전이 보다 장기적으로 지속됐다는 것, 그러나 또한 신생 소비에트권력의 개척자 역할에서 비롯된 탁월한 희생정신과 새로운 체제의 건설 및 방어에서 소비에트연방 근로인민의 대중적 영웅주의를 보여주었다는 것 등이 그것이다.

이후의 혁명에서 그 정당성이 입증되는, **국제적 의미를 갖는 근본적인 가르침**은 무엇보다, 사회주의로의 성공적인 이행은 노동자계급이 맑스-레닌주의당의 지도하에 단일하게 행동하고 또 다른 근로인민, 무엇보다 농민대중과의 강고한 동맹을 그 지주로 할 때만 가능하다는 점이다.

부르조아지에게 승리하기 위해서는 부르조아 국가권력의 해체를 위한, 그리고 그 본질상 노동자계급의 지배를 구현한 것인 동시에 착취의 지속적인 극복과 근로인민의 이해의 전면적 실현을 위한 결정적인 정치적 조건인 혁명적 국가의 확립을 위한 대중의 단호한 투쟁이 요구된다. 더 나아가 혁명의 승리를 위해서는 프롤레타리아 국제주의가 절대적으로 필요하다. 왜냐하면 그것은 한편으로 권력에 도달한 노동자계급에게 반혁명과의 투쟁에서 국제적 연대를 보장해주며, 다른 한편으로는 쟁취한 권력지위를 세계혁명과정의 강고한 한 토대로 되게 하기 때문이다. 이러한, 그리고 그 이상의 가르침에 부쳐 레닌은 이렇게 쓰고 있다. "우리 혁명의 몇 가지 기본성격은 지역적이 아닌, 특수하게 민족적이 아닌, 배타적으로 러시아적이 아닌, 오히려 국제적인 의미를 갖는다."[9] 이 말 속에는 사회주의혁명의 보편적 합법칙성이 반영되어 있다. 당시의 특수한 조건의 토대 위에서 각각의 나라마다 특수한 방식으로 또 다양한, 일회적인 현상형태로 관철되는 그 보편적 합법칙성 말이다.

제2차 세계대전에서 파시스트 독재를 분쇄한 이후 **유럽과 아시아에서 진행된 인민민주주의혁명** 또한 그 점을 보여준다. 이 혁명은 침략적인 파시즘과 그것에 의해 노예화된 인민 사이의 모순에 의해, 인민의 반파쇼 저항투쟁에 의해 그리고 공산당의 광범한 반파쇼 통일전선 및 인민전선 정책에 의해 특수하게 성격지어졌다. 그것은 하나의 단일한 과정 속에서 혁명적-민주주의적 변혁을 수행하고 이것을 점차 사회주의혁명으로 인도해가는 것을 가능케 하였다.

인민민주주의혁명은 일반적으로 **노동자계급 헤게모니하의 근로인민의 혁명적-민주주의 독재의 확립을 위한 투쟁**으로 시작되었는데, 그 독재는, 아직 프롤레타리아 독재를 구현하지는 않지만, 그러나 부르조아민주주의의 틀을 깨는, 즉 프롤레타리아트의 헤게모니를 권력기관 내에 정립하는 권력이었다. 이러한 인민권력의 토대 위에서, 부르조아지의 경제적 권력지위를 본질적으로 축소시키고 또 점점 더 극복하는 사회경제적 변혁이 가능하게 된다. 이러한 혁명적-민주주의적 변혁(토지개혁, 노동자 공장관리, 은행, 산업 일부, 교통수단 및 천연자원의 국유화, 교육특권의 타파, 교육개혁 등)은 **사회주의로의 이행조치**로 입증되는데("아직은 사회주의가 아니지만, 그러나 더 이상 자본주의도 아니다." 오히려 "사회주의로의 강력한 조치"[10]이다), 그것은 노동자계급에게는 권력문제의 완전한 해결을 위한, 즉 근로인민의 혁명적-민주주의 독재를 점차 프롤레타리아 독재로, 국가기관 내에서 프롤레타리아트의 헤게모니를 확장해나가고 공고화해나가는 경로 위에서 인민권력의 지속적인 공고화를 통해 완성되는 프롤레타리아 독재로 사회적으로 심화시키기 위한 출발점으로 된다. 노동자계급 지배의 확립은 그들에게는 사회경제적 변혁을 계속 추진하고 심화시키고 완성하기 위한, 사회주의의 기초를 계획적으로 건설하기 위한 출발점으로 된다.

인민민주주의혁명에서는 정치적 혁명, 권력문제의 해결, 그리고 사회적 혁명, 사회경제적 개조가 단일한 혁명과정의 대열 속에서 독특하게 얽히는 것이 전형적이었다. 이 혁명은, 혁명적-민주주의 독재를 프롤레타리아 독재로 심화시키고 반제민주주의 변혁을 지속적으로 또 비교적 평화적인 경로 위에서 사회주의로 인도하는 데 성공했다는 전제하에서, 자본주의에서 사회주의로의 이행기를 총체적으로 구체화하였다. 국내에서의 동맹의 광대함 그리고 제국주의에 불리한 쪽으로의 국제 세력관계의 변화는 노동자계급의 정치적인 이행을 가능하게 해주었고 또 대개의 경우 노골적인 제국주의적 간섭을 막아주었다.

역사적으로 **새로운 형태의 혁명적 변혁**이 우리 세기의 후반에, 사회주의 체제의 형성과 더불어, 그리고 제국주의적 식민지체제의 붕괴와 더불어, 국제 세력관계가 사회적 진보세력에 더욱 유리하게 변화된 이후에 생겨났다. 즉 **반제인민혁명**에 이르른 것이다. 그것은 1959년 쿠바에서 시작됐고, 칠레의 경우 70년대 초반 민주주의적 및 혁명적 운동이 진압되었으며, 니카라과의 경우 혁명세력이, 특히 미제국주의의 악착같은 반혁명적 활동에도 불구하고 최초의 성과를 달성할 수 있었다.

몇몇 아프리카 및 아시아 나라에서는 **민족민주해방혁명**이 사회주의적 지향에 연결되었는데, 이는 자본주의적 사회체제를 우회하면서 점차 사회주의로의 경로를 취하기 위한 것이었다. 이디오피아, 예멘 등과 같은 나라에서는, 보다 장기간의 그리고 비교적 단일한 과정 속에서 사회의 사회주의적 개조에 접근할 가능성이 생겨났다.[11] 이제까지의 모든 경험은, 사회주의로의 접근에서 이들 나라의 경우, 새로운 사회체제로 직접 이행하는 데 필요불가결한 경제적, 사회적 및 정신-문화적 전제를 하나하나 창출해내기 위하여, 여러 단계를 통과해야 한다는 것을 보여주었다. **그 혁명과정의 다단계성**은 인민민주주의혁명과 대비해볼 때 더욱 강하게 두드러지는데, 시간범위가 늘어나고, 진화적인 과정이 혁명의 요소로서 더욱 의미를 갖게 된다. 또한 개별 국가 내의 혁명과정의 전망은 상당 정도 세계혁명과정의 발전 전체와, 사회주의와 제국주의 간의 역사적 경쟁과, 평화의 유지 및 공고화, 국제적 차원에서의 민주주의적 원칙의 관철 그리고 우리 시대의 긴박한 지구적 문제의 해결 등에서의 성과와 연관되어 있다.

최근 10년간 광범한, 특히 과학기술혁명과 연결된, **더 많은 인민이 사회주의로 이행하는 것에 영향을 끼칠 국제 과정**이 펼쳐지고 있으며, 또 갈수록 의식에 와닿고 있다. 그것의 가장 원대한 결론은 다음과 같은 점이다. 즉 평화야말로 인류가 계속 생존하기 위한 결정적인 토대이며, 다른 모든 사회적 문제를 해결하기 위한 제일의 전제이고, 그와 더불어 또한 그 이상의 혁명적 발전을 위한 제일의 전제로도 되었다는 것이다. 다른 결론들은, 증대하는 국제화, 통일체적 세계의 형성 그리고 국가의 상호의존성 강화에 해당되는 것으로서, 이것들은 한 나라에서의 혁명적인 사건을 보다 신속하게 다른 나라와의 상호작용으로 변화시킨다. 무엇보다 과학기술혁명과 결합된 생산력의 역동성 그리고 그것이 사회적 과정에 미치는 영향력의 증대, 평화 및 사회적 진보를 위한 투쟁에 참가하는 사회적 세력의 다양성 증대는, 새로운 동맹 가능성을, 그러나 또한 제국주의 분열정책의 새로운 기회를 열어준다. 평화공존의 조건하에서 사회주의와 자본주의 간 체제경쟁이 강화된다.

이러한 상황에서 모든 나라의 혁명적 세력은, 당장의 전략적 목표가 무엇이든간에 일체의 발걸음과 일체의 조치를, **세계평화의 유지를 위한**, 그리고 제국주의의 침략 및 중무장 정책의 퇴치를 위한 **투쟁에서의 국제과정에 그것이 어떤 결과를 초래할 것인가**라는 측면에서 검증할 것을 요구받고 있다. 그것은 기간, 형태 및 방법, 또한 전략적 지향 전체에도 해당되는 사항이지만, 그럼에도 불구하고 그것이 사회주의혁명의 기본과제와 보편적 합법칙성을 폐지하지는 않는다. 오히려 정반대로 보아야 한다. 즉 과학기술혁명 그리고 그것의 국제적, 사회적 및 정신-문화적 결과를 성취하는 것은, 자본주의 나라들에서, 자본주의에서 사회주의로의 이행의 기본문제인 생산수단의 사회적 소유에 의한 사적 소유의 해체를 강제하는 근거의 크기와 강도를 강화시킨다는 것이다.

이렇게 계속 변화해가는 조건이 언제 그리고 어떠한 경로를 거쳐 사회적 모순을 혁명적 변혁으로 이끌어갈 것인지, 얼마만큼의 시간범위를 이 과정이 점하게 될 것인지, 자본주의에서 사회주의로의 이행에서 개혁과 혁명의 관계가 어떻게 발전할 것인지 그리고 진행되는 혁명에서 폭력은 어떤 의미를 지니며 어떤 형태를 띨 것인지는 개별적인 숱한 요인의 영향에 의해 좌우된다. 그럼에도 불구하고 사회주의혁명의 **역사적 합법칙성**에 대한, 그리고 그것을 관철시키기 위해서는 이제까지의 사회주의혁명의 경험을 연구하고 또 활용하는 것이 필요하다는 통찰은 여전히 요구된다.

적지 않은 제국주의 이데올로그들이, 무엇보다 노동자계급 및 다른 근로인민이 평화를 사랑한다는 점을 이용해보려고 기도한다. 그리고 평화는 진보세력이 평화를 위하여 더 이상의 혁명적 투쟁을 포기하고 전세계에 걸쳐 그리고 각 나라 모두에서 사회적 '현상태'를 받아들일 경우에만 유지될 수 있다고 주장한다. 숱한 제국주의 이데올로그들이 사회적 보복이라는 그들의 정책을 투쟁 없이 단념할 생각은 전혀 없다는 사실과 별도로, 우리는 그런 식의 견해에 대항하여 무엇보다 이렇게 이의를 제기해야 한다. 즉 평화와 사회적 진보는 맑스-레닌주의적 이해로 볼 때 오로지 변증법적인 통일 속에서만 달성될 수 있다는 것이다. 인민의 가치, 목표설정, 사회적 추구 그리고 결의의 포기를 국제안전 확보의 전제조건으로 간주하자는 것은 사실상, 그것을 방해하자는 속셈이다. 세계평화의 유지는 도리어 **모든 인민이 자기의 발전경로와 그 형태에 대해 주인으로서 결정할 권리**의 존중을 곧장 조건지으며, 다른 인민에 대한 내정간섭 일체를 금지시킨다.

2. 사회주의혁명——노동자계급 및 그 동맹자의 창조적인 행동

사회주의혁명은 가장 깊은 의미에서 **인민혁명**이다. 그것은 모든 근로인민의 이해에 맞게 수행되며, 근로인민 대다수가 그 수행에 적극적으로 참여하게 된다. 오로지 혁명적인 투쟁 속에서만 노동자계급과 그 동맹자는 사회와 자기자신을 변화시키며 그리하여 자본주의에서 사회주의로의 이행을 완수한다.

객관적 조건과 주체적 요인

혁명은 언제나, 대중을 강화된 행동으로 이끌며 또 새로운 사회적 요구를 관철시키게끔 돕는 '역사의 기관차'였다. 그것은 승리한 혁명은 물론, 실질적인 전제가 존재함에도 불구하고 목표를 이러저러한 이유 때문에 관철시키지 못한, 그러나 전체적으로 역사적 과정의 가속화를 야기시킨 그런 혁명에도 또한 해당된다. 그러나 혁명적 봉기의 패배와 역사적 퇴보 또한 언제나 있었는데, 그것은 가망성 있는 투쟁을 위해 필요한 전제가 결핍되고 또 혁명적 슬로건이 순전한 말장난으로 입증되는 경우로서, 혁명에 참여한 근로인민에게 오랫동안의 고통과 추가적인 빈곤을 가져다주었다. 그러므로 혁명적 노동자운동은 혁명의 전제 및 그것에 대한 접근이라는 문제에 커다란 의미를 부여하였다.

우선 첫째로 **사회주의로의 이행을 위한** 그리고 그와 더불어 사회주의혁명을 위한 **근본적인 객관적, 물질적(물질-기술적) 전제**가 고려되어야 한다. 그것에 해당되는 것은 무엇보다 생산력의 발전수준, 생산의 집중 및 사회화 정도 그리고 해당 나라의 인구에서 노동자계급이 차지하는 비율이다. 유럽의 거의 모든 자본주의 나라들과 미국에서는, 자본주의가 제국주의 단계로 이행함으로써 이러한 전제가 주어졌다. 그리고 레닌은 무엇보다 국가독점자본주의의 발전에서 "사회주의의 완전한 **물질적** 준비"[12]를 인식하였다.

이러한 근본인식은 노동자운동에 있어 다수의 역사적인 연관 속에서 문제시되었다. 첫째, 10월혁명과 연관하여 그러했는데, 몇몇 세력은 사회주의로의 성공적인 이행을 위해 필요한 **물질적인 전제**가 러시아에 주어져 있는가를 의문시했던 것이다. 러시아는 일정한 역사적 후진성을 보였다. 고도로 발전된 독점자본과 후진적인 토지소유형태가 병존했고, 생산력과 물질적 문화의 수준이 불충분했던 것이다. 레닌은 이러한 상황에서 정말 어려운 요인을 보았지만——그리고 역사는 그 정당성을 입증하였다——그것은 결코 혁명의 성공을 가로막는 극복 불가능한 장애는 아니었다. 그리고 그는 이렇게 확언하였다. "사회주의를 창출하는 데 일정한 문화수준이 필요하다면……그렇다면 우리는 왜 혁명적인 경로를 밟아 이 일정한 수준을 위한 전제를 획득하는 것으로 시작하면 안된단 말인가, 그리고 **그런 다음에** 기어코, 노동자 및 농민 권력과 소비에트체제를 토대로, 앞서나가며 다른 인민을 견인해낸다면 왜 안된단 말인가."[13]

우리 세기 사회주의혁명이 대부분의 경우 그 물질적 전제가 상대적으로 미약하게 발전됐거나 혹은 커다란 불균형을 드러내고 있었으므로, 사회주의 나라들에서는 사회주의적 발전국면에 들어서기까지, 사회주의의 물질-기술적 토대를 창출하기 위하여 커다란 노력이 필요하였다. 레닌은 중요한 혁명이론의 보편화에 적중하고 있었는데, 그는 1920년에 이렇게 강조했다. 즉 "러시아로서는 구체적인, 역사적으로 특히 고유한 상황에서, 1917년 당시 사회주의혁명을 **시작하는 것**이 수월하였다. 그런 반면 러시아로서는, 그것을 **지속시키고** 또 끝까지 추진하는 것이 유럽의 다른 나라들보다 더 어려울 것이다."[14]

이 원대한 인식은 또한 산업발달이 아직 미약하고 또 현대적인 노동자 계급이 아직 형성되지 않은 상태이지만, 사회주의적 지향을 갖는 발전경로를 채택한 민족해방국가에도 해당된다. 사회주의의 물질-기술적 토대의 창출은 이러한 나라들에서 보다 많은 시간을 요구하며, 또한 무엇보다 유리한 국제적 조건의 발전과 결부된다.

사회주의혁명을 시작하고 또 성공적으로 추진하기 위해서는 물질적인 전제 외에도 **일정한 사회적, 정치적, 이데올로기적 및 다른 객관적 조건**이 필요하다. 이제까지의 혁명의 경험이 보여주듯이, 이러한 조건에 속하는 것은 무엇보다 부르조아지 혹은 부르조아지의 일정한 분파에 대한 노동자계급의 대립이 명확하게 형성되는 것, 계급투쟁의 첨예화, 사회발전의 기본문제를 둘러싼 심각한 대결의 전개, 인민대중 대부분이 독자행동을 할 용의를 갖는 것 그리고 혁명세력에 유리한 세력관계의 형성, 특히 부르조아지의 정치적 지배체제의 약화이다. 개별 나라에서 다양한 형태의 계급투쟁으로 진행되는 이러한 과정은 구사회의 일반적 위기를 야기시킬 수 있으며, 이 속에서 사회주의혁명의 객관적, 주체적 조건이 생겨나고 또 모순의 첨예화를 통해 **혁명적인 상황**이 형성될 수 있다.[15]

사회주의혁명의 **객관적인 사회정치적 조건**은 무엇보다, 모든 투쟁조건을 토대로 개별 계급이나 당의 의지와 무관하게 착취자의 지배를 뒤흔들고 또 노동자계급 및 다른 근로인민의 투쟁결의를 폭발적으로 상승시키는 그러한 과정이다. 이러한 조건은 무엇보다 생산력과 생산관계 간의 모순의 전개로부터 생장한다. 또한 그것은 종종 민족적, 인종적 및 종교적 모순과 갈등으로부터 결과되기도 하는데, 그것들이 혁명적 상황을 첨예화시키거나 직접적인 혁명의 계기를 형성할 수 있는 것이다. 또한 그것들은 대개는 혁명의 경과를 수정시키기도 한다.

객관적인 조건은 혁명의 가능성 혹은 혁명적 변화의 가능성을 열어준다. 그러나 그것이 혁명에 도달할 것인가의 여부는 **주체적인 요인의 성숙도**에 의해 본질적으로 좌우된다. 무엇보다 다음과 같은 점이 사회주의혁명의 **주체적인 요인**에 속한다. 고유한 근본이해에 대한, 또한 그것을 부르조아지의 이해를 거스르면서까지 관철시키려는 노동자계급의 용의와 결의, 통일된, 고유한 이해에 봉사하는 행동과 힘의 집중을 가능케 하는 노동자계급 및 그 동맹자의 정치적 조직성, 혁명적인 투쟁에서 대중의 신뢰를 획득하며 또 노동자계급 및 모든 근로인민의 혁명적인 행동을 위한 효과적인 전략과 전술을 마련하고 또 부르조아지에 맞선 투쟁에서 그것을 실현시킬 능력이 있는 혁명적 당에 의한 대중의 지도가 그것이다.

사회주의혁명을 위한 **객관적인 조건**과 그것의 **주체적인 요인**은 대개 **불균등하게** 발전하며 또한 때에 따라 폭발적으로 발전한다. 그처럼 혁명적인 상황은 매우 빠르게, 그러나 또한 비교적 느리게 많은 진보와 퇴보를 거쳐 발전될 수 있다. 예를 들어 레닌은 1917년초에는 아직 러시아에서 프롤레타리아혁명으로 곧바로 이행할 가능성이 역사적으로 매우 희박한 것으로 보았다.[16] 그러나 3월초에는, 광범한 대중의 폭발적인 혁명화 및 활성화를, 그리고 러시아 2월혁명을 야기시켰던 "세계사적 의미를 갖는 일련의 상황들"[17]을 분석했고, 이 혁명의 확대발전을 위한 결론을 끌어냈다. 첨예화된 상황에서, 무엇보다 혁명이 전쟁의 종식과, 특히 커다란 곤란, 불안 등과 결합되어 있을 경우, 혁명적인 상황에서 주체적 요인의 빠른 성숙과정이 이루어진다.

객관적인 사회정치적 조건과 주체적인 요인의 이러한 빠른 발전은, 20년대 후반과 30년대에 그것이 무르익어가던 상황에서는 아직 피부에 와 닿지 않았다. 혁명적인 상황의 형성은 분명 과정성을 강하게 띤다. 그리고 주체적인 요인은——또한 세계평화의 확보를 위한, 그리고 다른 지구적 문제의 해결을 위한 투쟁과의 복잡한 상호작용 속에서——매우 세분화된 방식으로 전개된다. 이 새로운 상황은, 자본주의 나라들의 맑스-레닌주의당에게 더 높은 요구를 제기한다.[18]

혁명의 시작과 성공을 위해서는 객관적인 조건이 존재한다는 것만으로는 불충분하다. 그것을 보여주는 사례를 계급투쟁의 역사는 풍부하게 갖고 있다. 예를 들어 독일의 경우 제1차 세계대전말인 1918/19년에 사회주의 지향의 혁명을 수행할 수 있는 일정한 객관적인 조건이 존재했었다. 비록 공산당이 형성되었지만, 주체적인 요인의 성숙은 전체적으로 객관적인 조건에 상응하지 못하였다. 그러므로 노동자계급은 대부르조아지의 정치적, 경제적 권력을 제거할 수 없었다. 그러한 역사적 경험은 다음과 같이 가르친다. 주체적인 요인을 상응하게 발전시키는 일에 성공하지 못할 경우, 전반적으로 혁명에 이르지 못하거나, 사회주의적 변혁으로 가는 길을 쟁취하려는 시도에서 좌절을 맛본다. 그런 다음 혁명적 상황이 다시 형성된다. 지배계급은 혁명적인 발흥의 시기에, 혁명세력의 성장과정을 저지하고 또 반혁명적 출구를 찾는 데 온 힘을 기울인다. 그러므로 증대하는 혁명적 가능성은 어떤 경우에든, 혁명적 세력에게 필요조건의 폭발적인 상승을 의미한다.

모든 조건을 주의깊게 고려하는 것은, 혁명을 '부추기고' 또 '수출'할 수 있다고 생각하는, 그 때문에 제국주의 이데올로그들이 공산주의운동 및 맑스-레닌주의에 맞선 소위 공범증인(Kronzeuge)으로 즐겨 악용하는 좌익급진주의와 맑스-레닌주의적 입장을 근본적으로 구분짓는다. 이런 유의 입장은 혁명적 노동자운동에 의해 언제나 단호하게 거부되었다. 레닌은 그것에 관해 1918년에 이렇게 강조하고 있다. 즉 이런 유의 입장은 "맑스주의와의 완전한 결별(일 것)이다. 왜냐하면 이것은, 혁명을 불러일으키는 계급대립이 첨예화하는 정도에 따라 발전하는 혁명의 그 '편달'을 거부하기 때문"[19]이라는 것이다. 레닌은 동시에, 하나의 혁명이 발발할 시기와 승리 가능성을 정확히 예견할 수 있으리라는 기대를 거부하였다. 혁명적 행동의 경과를 정확히 예견하기란 불가능하므로, 그것은 언제나 일정 정도의 불가량성을 감수하면서 고려되어야 한다. 그리고 혁명적 투쟁에서 과학과 예술로서의 정치적 지도에 각별히 높은 요구가 설정되어야 한다. 정치적 지도는 각 상황마다 신중함과 통찰력, 용감성과 과단성을 보여야 한다.

동력, 헤게모니 그리고 동맹

애초부터 맑스-레닌주의적 이론과 혁명적 실천에서는, 어떤 **세력이 혁명적 과정을 추진해가며 또 혁명을 적극적으로 수행할 준비가 되어 있는가** 하는 문제가 중심적인 위치를 차지해왔다. 맑스와 엥겔스는, 노동자계급이 사회주의혁명의 주요 담지자여야 하고 또 그 당이 그것의 정치적 지도자여야 한다는 것, 또한 모든 다른 근로인민을 그 완수에 끌어들여야 하며,

착취계급의 일원도 새로운 사회에서 근로인민으로서의 자신의 위치를 찾을 수 있으며, 그 대표자들 중 선견지명이 있는 자들은 이런저런 방식으로 창조적으로 혁명에 참여할 수 있다는 것을 인식하였다. 어떤 계급이, 개별 계급의 어떤 집단과 어떤 사회적 계층이 일국 내의 주어진 혁명적 투쟁의 계기에서 가장 단호하게 낡은 체제에 맞서며, 다소 급진적인 사회적 변화를 지지하고 나서고 또 가장 일관된 동력에 속하는가는, 많은 구체적, 역사적 요인에 의해 좌우된다. 또한 장기적으로 보자면 우리 시대의 혁명적 고양, 투쟁의 지속과 일관성에서, 결정적인 전환에서, 혁명적 투쟁에서의 권력교체에서 **노동자계급의 사회적 헤게모니와 맑스-레닌주의당에 의한 정치적 지도가** 결정적이다. 노동자계급은 일관되게 혁명적인 유일한 사회적 계급이며 그로 인해 객관적으로 더 이상의 사회적 진보를 위한 투쟁에서 모든 근로인민을 지도하는 계급이다. 그것은 노동자계급이 반제민주주의 투쟁에서도 맹주로 소명받았음을 뜻한다. 레닌은 자신의 저서 「민주주의혁명에서의 사회민주주의자의 두 가지 전술」에서 무엇보다 노동자계급의 헤게모니에 대한 인식을 서술하였다. 노동자계급 **헤게모니의 근본사상**은, 노동자계급의 영향력하에 여러 계급과 계층이 그들 공동의 이해관심사인 과제의 해결을 위해 행동을 통일한다는 점에 있다. 그것은 통일된 행동을 가로막는 당시 주적의 영향력이 퇴치되고 또 극복되는 것을 전제로 한다. 헤게모니는 정치적 투쟁에서는 물론 문화 및 이데올로기 영역 내의 대결에서의 지도까지도 포괄한다. 헤게모니는 무엇보다, 정치권력을 위한 투쟁에 광범하고 또 공고한 사회적 바탕을 마련해주고, 부르조아지의 헤게모니를 격퇴하며 그럼으로써 또한 그들의 지배잠재력을 축소시키는 능력을 표현한다. 노동자계급의 헤게모니는 오늘날의 과학기술혁명의 조건하에서, 숱한 그 이상의 영역에서 형성되거나 견지되어야 한다. 스스로 변화하는 노동자계급은 여전히 자본주의 사회의 결정적인 혁명적 주체이다.

부르조아 이데올로그들은 종종 혁명에 있어 노동자계급의 헤게모니를 맑스-레닌주의당의 전횡적인, 형식적인 지도 찬탈로 왜곡시켰다. 이 당의 혁명적인 자기이해는 그것과 정반대이다. 그것은, 그 자신의 투쟁의 의미를 대중에게 이해시키고 또 사회진보를 위한 투쟁을 의식적으로 이끄는 것에 자신의 결정적인 기능이 있는 것으로 본다. 헤게모니란 우선적으로, 노동자계급과 그 당이 혁명적 투쟁에서 가장 어려운 과제를 스스로 떠맡고 모든 근로인민의 삶이해를 관철시킴에 있어 주된 책임을 져야 함을 의미한다. 헤게모니가 의미하는 바는 다른 사회적 및 정치적 세력에게 행동수칙을 하달하는 것이 아니라, 인민의 가장 긴박한 주요문제에 대해 맑스-레닌주의적인 입장에서 해답을 내리는 것이다.

노동자계급의 헤게모니는, 다른 모든 진보세력 및 협력할 용의가 있는 세력과 안정된 동맹관계를 만들어낼 수 있는 능력에서, 또 그 실천에서 표현된다. 그것은 **사회적 동맹관계**, 다시 말해 노동자계급 및 그 정치적 조직이 여러 사회적 계층 및 집단과 맺는 동맹관계뿐만 아니라, **정치적** 혹은 **정치-조직적 동맹관계**, 다시 말해 노동자계급의 정치적 조직이 다른 민주주의적 당 및 조직과 맺는 동맹관계 또한 포함한다. 비록 사회적 동맹관계와 정치적 동맹관계의 차이는 상대적이기는 하지만, 혁명적 과정을 분석하는 데에서는 그것을 고려하는 것이 유효하다. 근로 계급과 계층의 동맹은 10월혁명에서 소비에트로 구체화되었는데, 그에 상응하는 당의 동맹을 지속시키지 못했고, 그리하여 얼마 안되어 일당체제가 소련에서 생겨났다. 다른 역사적 조건에 있었던 1945년의 동독, 또한 1949년 승리한 중국 인민혁명에서도, 민주주의적 당블록의 창출은 풍부한 사회적 동맹의 공고화에 본질적으로 기여할 수 있었다. 칠레 혁명은 결국 자신의 초기성과를 70년대에 들어서면서부터는 유지하지 못했는데, 그 이유는 진보적 정당의 협력이 모든 근로인민 계급과 계층의 사회적 동맹에 의해 기초지어지지 않았기 때문이었다. 그러므로 혁명적 노동자운동은, 사회적 동맹관계와 정치적 동맹관계를 그 밀접한 연관 속에서 발전시켜야 할 과제 앞에 서 있다는 결론이 도출된다. 자본주의 나라들의 공산당은 다른 민주주의적 당, 조직 및 운동과의 동맹에서의 중요한 경험을 보편화하였다.[20]

동맹 속에서의 노동자계급의 헤게모니에 있어 결정적인 것은, 혁명투쟁에서 **동반자의 가장 긴박한 삶이해**와 결부되고, 또 각자 의미충만한 것으로 느껴지고 조직화된 투쟁에 대한 개인적 의무감과 적극적인 참여를 불러일으키는, **달성 가능한 대안**을 제시하는 일이다. 왜냐하면 역사과정 속에서는——이제까지의 모든 사회주의혁명이 입증하고 있듯이——주체적인 요인이 여러 성숙단계를 거쳐 발전하며, 거기서 최초로 대중행동의 인식과 경험이 그 이상의 통찰을 위한 토대로 입증되기 때문이다. 그러므로 혁명적 경험을 근본적으로 평가하고 선전하는 것은 맑스-레닌주의 당의 정치-이데올로기적 및 조직적 작업에서 중심적인 위치를 점한다. 이 연관에 대해 레닌은 위대한 사회주의 10월혁명 이후 특히 주목하였던 바, 그는 '모든 위대한 혁명의 기본적인 법칙'을 정식화했던 것이다.[21)]

혁명적 투쟁에서는, 개별 사회적 및 정치적 세력의 **가장 긴박하고 구체적인 당면과제를 전략적 목표를 위한 투쟁과** 유기적으로 결합시키는 것이 필요하다. 볼셰비키는 위대한 사회주의 10월혁명에서, 병사의 전쟁종식 요구, 농민의 토지에의 열망과 짜리즘에 예속된 인민의 자결권에의 열망을 파악하고 또 그것을 사회주의혁명과 연결시켜, 사회주의혁명이 근로인민의 대규모적인 지지를 얻고 또 진정한 인민혁명으로 되게끔 할 수 있었다. 유사한 방식으로 인민민주주의혁명에서는 반파쇼투쟁과 평화 및 민족독립을 위한 노력이 근본적인 사회변혁과 결합될 수 있었다.

민주주의를 위한 투쟁

사회발전의 전영역에서 민주주의를 위한 투쟁은 혁명적 노동자운동에서 처음부터 중심적인 위치를 차지해왔다. 이 투쟁은 수백 년간의 사회적 예속과 정치적 소외 이후 마침내 자신의 운명을 자신의 손 안에 거머쥐려는 노동하는 인간의 열망의 보편적 표현이다.

혁명적 노동자운동은 **민주주의를 위한 투쟁을 원칙적인 근거에서** 수행한다. 그것은 이미 그 성격상 민주주의적이다. 왜냐하면 그것은 갈수록 인민 대다수를 직접 대표하고, 스스로를 민주주의적 대중운동의 일부로 파악하고, "만국의 진보적 당의 결합 및 상호이해에 전반적으로"[22)] 협력하고, 자신을 스스로 정립하기 위해 민주주의를 필요로 하며, 그리고 민주주의를 위한 투쟁은, 그 필연성을 점차 인식하고 또 혁명적 능력을 획득하는 학교이기 때문이다.

민주주의를 결코 포기할 수 없는 정치적 기본권으로 간주하는 공산주의자들에게는 민주주의를 위한 투쟁이 언제나 독자적인 가치를 갖는다. 그러므로 **민주주의적 권리와 자유를 관철시키고 또 확장시키기 위한 투쟁**은 혁명적 노동자운동의 모든 단계에서 하나의 본질적인 요소이다. 이 투쟁 속에서 그것은 인민대중의 역사적 투쟁에서 나오는 모든 진보적 전통과 결부되며, 그것을 견지하고 가다듬으며 또 선입견 없이, 즉 그것 나름의 정체성을 버리지 않고 모든 민주주의운동과 협력한다. 공산주의자들이 사회적, 민족적, 정치적 및 세계관적 차이와 대립을 넘어 모든 반파쇼세력과 함께 광범한 민주주의 인민운동을 창출했던 우리 세기 30, 40년대의 반파쇼투쟁은 그것에 대해 많은 경험을 제공해준다.

현재의 공산주의자들은 자본주의 나라들에서 이미 쟁취된 민주주의적 권리의 공동화(空洞化) 및 철폐에 맞선 가장 단호한 투사들이다. 이 투쟁은 이들 일련의 나라의 보수적인 사회정책과 연관하여 그 의미를 강하게 획득했고 또 **정치적 대결의 중심**으로 그 위치가 옮겨졌다. 공산주의자들은 보수적 반동의 반민주주의적인 본질을 폭로했고 그것에 맞선 적극적인 투쟁을 위한 결론을 도출해냈다. 공산주의자들은 여러 나라에서 그들의 전략을 정확하게 규정했으며, 국가독점자본주의적 체제라는 토양위에서도 보수적 전향에 맞선 그리고 민주주의적 전향을 위한 투쟁을 전면으로 부상시켰다.

최종적으로, 민주주의적 전향을 위한 투쟁 속에서 **일상이해**와 **미래이해**의, 민주주의를 위한 투쟁과 사회주의를 위한 투쟁의 **객관적인 연결**이 드러난다는 점은, 자의적인 역사구성과는 전혀 무관하다. 그것은 역사적으로 다음과 같은 사실의 표현이다. 즉 민주주의를 위한 투쟁에서——숱한 역사적 사실이 보여주고 있듯이——많은 근로인민들이, 민주주의적 권리와 자유의 안정되고 또 지속적인, 번복 불가한 관철은 오로지 사회주의적 조건하에서만, 오로지 경제적 및 정치적 권력관계의 근본적인 변화 이후에만 가능하다는 통찰에 도달했다는 것이다. 이러한 통찰은, 독점부르조아지가, 이미 쟁취된 권리를 근로인민에게서 도로 빼앗고 또 거기서 노동자와 농민의 권리뿐만 아니라, 지식인, 도시중간층 심지어 비독점부르조아지 구성원의 권리까지도 축소시키고자 시도한다는 사실에 의해 확산된다. 그러므로 제국주의의 정책과 선전은, 평화를 위한, 피억압 인민의 민족독립을 위한 그리고 지구적 문제의 해결을 위한 투쟁에서도 또한 표현되는 그 민주주의를 위한 투쟁과 사회주의를 위한 투쟁 사이에 존재하는 객관적 연관성을 잠시 호도하고 또 단절시킬 수는 있지만, 결코 지양할 수는 없다. 사회적 신분과 소속이 매우 다양하고, 정치적 입장과 세계관적인 전통이 매우 다른 사람들을, 모두 평화, 민족독립, 민주주의 및 사회적 진보를 위한 행동과 투쟁으로 이끌어내는 원인과 계기는 증대한다. 레닌은 이미 1915년에 제국주의에 내재하는 이 경향을 특징짓고 이런 결론을 도출하였다. "프롤레타리아트는 오로지 민주주의를 통해서만, 즉 민주주의적 요구를 운동의 모든 걸음마다 가장 단호한 정식화로써 결합시켜야만 승리할 수 있다."[23] 이러한 의미에서 민주주의를 위한 투쟁은 사회주의를 위한 투쟁의 필요불가결한 전제이고 또 객관적으로 후자에 접근해간다.

사회주의와 민주주의의 유기적인 연관은 마지막으로, 오로지 가장 광범한 인민대중의 창조적인 노력으로써만 이루어질 수 있는 사회주의혁명의 인민성에서 또한 반영된다. 그것은 "인민의 그리고 인민을 위한, 인간을 위한, 그들의 해방 및 발전을 위한 혁명"[24]이다. 이러한 인민성으로부터 그것은 사회 전체를 변혁시키기 위한 힘을 획득한다. 그것으로부터 또한 사상, 창도성 및 행동형태의 보고(寶庫)가 생장한다. 사회주의혁명이 근로인민의 민주주의적 이해를 최초로 철저하게 실현시키므로, 사회주의적 민주주의는 새로운, 사회주의 사회의 건설에서, 노동자계급 및 다른 모든 근로인민의 의식적 행동의 가장 중요한 추동력으로 된다.

세계혁명과정의 구성부분

사회주의혁명의 이론 및 실천의 중요한 문제 중의 하나는 **혁명적 과정에서의 민족성과 국제성의 올바른 관계**이다. 『공산당 선언』에서 맑스와 엥겔스는, 시장의 자본주의적 국제화와 더불어 국제적 조건이 노동자계급의 투쟁에서 커다란 역할을 수행한다는 논거를 마련해냈다. 그들은, 어느 나라의 프롤레타리아트이든 "당연히 자국 부르조아지와 맞설 채비를 먼저 해야 한다"[25]고 강조했다. 그러나 변증법적인 견지에서 또한 이렇게 강조하였다. 즉 "최소한 문명화된 나라들의 통일된 행동, 그것이…… 그들 해방의 첫째 조건이다."[26] 그로 인해 조건의 상호작용에 대한 지적이 이루어졌으며, 그 이래로 그것은 모든 혁명적 투쟁의 근본문제에 속하며 또 지속적으로 그 의미를 획득해왔다.

그것은, 레닌이 제국주의 조건하의 자본주의의 경제적, 정치적 불균등 발전법칙을 인식하고, 또 자본주의에서 사회주의로의 혁명적인 이행은 결코 동시적으로 또 '통일된 행동'으로서 이루어질 수 있는 것이 아니고, 오히려 역사적 시기 전체라는 틀 속에서 진행되며, 그 경과에서 한 나라 혹은 나라집단이 내적 조건의 성숙에 따라 자본주의 체제로부터 떨어져 나와 사회주의로의 경로를 밟는다는 통찰을 획득함으로써 더욱 분명해졌다. 그럼으로써 레닌은 **민족성과 국제성의 특수한 상호작용이 갖는 보다 장기간의 혁명적 세계과정**에 대한 그 이상의 견해를 기초지었다. 거기에 속하는 것이, 서로 다른 사회체제를 갖는 국가들의 가능한 또 필요한 공존에 대한 가르침이다. 그것은 정치적으로 중대한 의미를 갖는 몇 가지 새로운 혁명이론적 결론을 야기시켰다.

새로운 역사적 조건을 고려하지 않고 또 국제주의를 비변증법적으로, 단순화시켜 이해하는 세력에 맞서 레닌은, 사회주의혁명은 **민족적 토양** 위에서 해당 민족 스스로에 의해 이루어져야 한다고 단언하였다. 이와 연관하여 그는, 노동자계급이 민족과 인민의 자결권을 존중해야 할 뿐만 아니라, 또한 국제 자본주의적 전횡 및 식민지정책에 맞서 그것을 전반적으로 최초로 일관되게 관철시켜야 함을 지적하였다. 레닌은 또한, 우리는 혁명을 수출할 수 없으며 이와 연관된 모든 시도는 고유한 혁명의 운명을 위협한다는 맑스주의의 근본의식을 강조하였다.

혁명의 '수출' 사상을 거부했던 것과 마찬가지로 레닌은, 사회주의혁명이 새로운 조건하에서는 민족적 분리를 야기시킬 수밖에 없다는 견해를 단호하게 비판하였다. 그 논리에 대해 그는, 자본주의적 국제화에 맞서 **혁명적인 세력의** 안정된 **국제주의적 자세와 정책을** 세워야 한다고 강조하였다. 10월혁명은 민족적 및 국제적 조건과 요인의 밀접한 상호연관을 보여주는 첫 사례였다. 그 경우 국제 노동자계급에 의한 지지가 커다란 의미를 가졌듯이, 그 영향력하에 많은 자본주의 나라에서 혁명적 대중운동이 성장하였던 것이다. 동독의 사회주의혁명 또한 세계혁명과정과 뗄 수 없는 연관 속에서 진행됐으며 소련공산당 및 다른 형제당들의 경험을 활용할 수 있었다. 독일통일사회당은 **민족성과 국제성의 상호작용**을 "진정으로 혁명적인 정책의 근간문제"로 보았고, 노동자계급은 자신의 역사적 사명을 실현함에 있어 "국제적인 측면과의 연관은 물론 민족적 및 역사적 특수성을 엄격히 고려"해야 하며 또 "국제주의적 세력으로서 동시에 자기 나라 인민의 진정으로 민족적인 이해 또한 관철시켜야 할 소명을 받았다"[27]는 경험을 따랐다.

현재 모든 혁명적 및 민주주의적 당과 운동은 평화의 확보, 지구적 문제의 해결에 대해 특히 커다란 책임을 지고 있다. 혁명적 변화를 위한 투쟁에서도, 사회주의 나라들에서 사회주의혁명의 계속적 추진에서도 **국제적 작용과 조건**이 근본적으로 고려되어야 한다. 또한 이러한 요구는 질적으로 새로운 방식으로, 다음과 같은 사실에서도 생겨나온다. 즉 **국제적 요인**은 그 이전 어느 때보다도 강하게 경제발전, 자본의 가치증식 조건 및 각 나라 모든 근로인민의 노동 및 생활 조건에 영향을 끼친다는 것이다. 50년대와 60년대에 경제생활의 국제화는 새로운 단계에 도달하였다. 자본주의로서는 국제 경제력 통합과정과 초국적 독점의 활동반경 확장이 특징적이었다. 이 국제화과정이 노동자계급에게 끼친 결과는 다음과 같은 점에 있다. 즉 이제 그것의 재생산 및 착취 조건 그리고 그와 더불어 그것의 삶 및 투쟁 조건이, 독자적인 통제 그리고 또한 해당 국가의 통제가 미치지 않는 곳에 존재하는 그 국제적인 요인에 의해 본질적으로 영향을 받는다는 것이다. 그로부터 혁명적 투쟁에 대한 새로운 요구가 생장한다. 그리고 공산당 및 노동자 당의 국제적으로 조율된 전략적 지향이 이전보다 더욱 긴박해진다. 노동자계급은 또한, 유럽공동체라는 틀로서 진행되는 지역적인 제국주의적 통합과 연관해서도 현실주의적인 전략을 필요로 한다. 객관적으로 조건지어진 이 요구에, 노동자계급은 민족국가적인 대안만으로써는 응답할 수 없다. 그러므로 혁명적 과정에서의 민족성과 국제성의 관계를 통달하는 데 있어 숱한 새로운 문제가 개진되는데, 그것은 더욱 근본적으로 탐구와 토론 그리고 무엇보다 그 이상의 경험의 이론적 종합을 요구하는 것이다.

새로운 요구는 또한, 제국주의에 맞선, 평화, 민주주의 및 사회적 진보를 위한 투쟁을 수행하는 모든 세력의 국제적 협력에서도 생겨난다. 그들 협력의 창출 및 공고화는 결코 가벼운 문제가 아니다. 우리 시기 사회적 발전의 각 추동력은 모두 그들의 특수성을 갖는다. 그리고 사회적, 정치적 및 이데올로기적 차이를 토대로 그 발전은 긴장, 견해차이 및 경계설정의 시도 없이는 진행되지 않으며, 지속적인 진보와 일시적인 역류가 상호 교차하는 것이다. 그럼에도 불구하고 역사적 경험은 다음과 같은 점을 웅변하고 있다. 즉 모든 저항에도 불구하고 사회주의 나라들, 노동자운동과 공산주의운동, 민족해방국가의 인민과 민주주의적 대중운동의 공동투쟁은 객관적으로 일치하는 기본이해를 토대로 갈수록 더욱 관철된다. 그것은 민족적 및 사회적 해방투쟁, 평화와 사회적 진보를 위한 투쟁에서의 그 이상의 성과를 보장하며 앞으로도 그럴 것이다.

3. 권력문제의 해결

사회주의혁명은 **인류역사상 가장 철저한 변혁**이다. 맑스와 엥겔스는 이렇게 강조하였다. "공산주의혁명은 유산으로 넘어온 소유관계와의 가장 근본적인 결별이다. 그 발전경로에서, 유산으로 넘어온 사상과 가장 근본적으로 결별하는 것이 뭐 그리 놀라운 일이겠는가."[28] **사회적 변혁**으로서 그것은 공산주의 사회구성체에 의한 자본주의 사회구성체의 해체과정 전체를 포함한다. 동시에 그것은 노동자계급에 의한 권력획득이라는 집중점을 가지는데, 권력획득은 한편으로는 선행된 숱한 혁명적 투쟁의 성과로서 낡은 체제를 극복하는 **전환점**이고, 다른 한편으로는 사회경제적 변혁을 위한 **출발점**이다. 사회경제적 변혁은, 그것이 근본적이고 또 지속적이기 위해서는, 노동자계급에 의한 정치권력의 장악을 그 전제로 한다. "국가권력이 한 **계급**의 수중에서 다른 계급의 수중으로 이행하는 것은, **혁명**의 첫째 가는, 가장 중요한, 근본적인 특징인데, 그것은 엄격히 과학적인 의미에서도 그렇고 실제-정치적인 의미에서도 그렇다."[29]

혁명의 근본문제

정치권력을 둘러싼 투쟁은 모든 사회혁명의 중심문제이다. **정치권력**은,

한 계급 혹은 사회적 계층(권력주체)이, 생산수단의 소유, 대중적 토대, 군사적 잠재력, 의식성, 조직성, 전문지식, 권위 등을 토대로, 자신의 필요 및 이해를 부분적으로 혹은 전체적으로, 잠시동안 혹은 지속적으로 다른 계급 및 계층(권력대상)에 대하여 관철시킬 수 있는 능력으로서, 항상 일정한 형태의 **정치적 지배**로 나타난다. 이것은, 상응하는 사회의 정치체제를 수단으로 하는 권력요소의 의식적이고 조직적인 사용을 뜻하며, 또 권력주체의 이해와 의지를 관철시키기 위한, 권력유형에 알맞는 수단과 방법의 투입을 포함한다. 거기서 정치권력은 무엇보다 국가권력으로 집중된다. 국가는 사회의 상부구조의 가장 중요한 제도적 부분이며, 그것을 지배하는 것은 계급지배의 확보와 사회의 변혁을 위한 결정적인 전제이다. **사회주의혁명**에서 **권력문제**는 **각별한 비중**을 차지하는데, 왜냐하면 그것의 해결은 사회경제적 변혁의 종결적 결과가 아니라, 오히려 무엇보다도 자본주의에서 사회주의로의 이행에서 철저한 사회경제적 및 정신-문화적 변혁의 전제이기 때문이다.

노동자계급에 의한 부르조아 권력의 해체가 어떻게 이루어지는가에 대해서는 정해진 **도식이 전혀 없다.** 이제까지 이 권력교체는 변형으로 이루어졌다. 위대한 사회주의 10월혁명에서 노동자 및 병사 대표 소비에트로의 권력교체는 비교적 단기간 동안에 이루어졌다. 노동자 및 병사 대표 소비에트는 2월혁명에서 생겨났고, 잠시동안 일종의 이중지배 형태로 부르조아 정부와 같이 활동하다가 1917년 11월 7일 임시정부의 타도와 함께 전체 권력을 장악하였다. 유럽 인민민주주의 나라들은 대체로, 노동자계급 혁명이 반제반파쇼민주주의 단계에서 사회주의 단계로 이행하는 과정에서, 본질적으로 비교적 평화적인 형태로 완전한 권력을 장악하였다. 쿠바의 경우 낡은 국가기구의 분쇄는 반란군 투쟁을 통해 이루어졌고, 그 성과로서 특수한 형태의 혁명적-민주주의 독재가 생겨났으며, 그것에서 후에 사회주의적 국가권력이 발전하였다.

독일제국의 낡은, 제국주의적 국가기구 분쇄의 특수성은 다음과 같은 점에 있다. 즉 파시스트 침략군 및 파시스트 독일제국주의의 다른 무장된, 중심적 국가기관이 소련군 및 그 동맹자에 의해 제2차 세계대전에서 절멸적으로 파괴되거나 해소되었다는 것이다. 파시스트 국가의 침략적이고 반인류적인 성격은 반파쇼민주주의 세력에 의한 최종적이고 근본적인 분쇄를 요구하였다. 그 대신에 이후의 동독지역에는 반파쇼민주주의 권력기관이 들어섰다. 여기서 질적으로 새로운 권력, 다른 계층의 참여 속에서 노동자·농민의 혁명적-민주주의 독재의 한 형태가 생겨났는데, 그것이 더욱 발전하면서 노동자계급의 정치적 지배를 확립하는 경로를 닦았던 것이다.

역사적 경험은 다음과 같이 가르치고 있다. 노동자계급은 어떤 수단과 방법을 사용해야 하는가, 부르조아지의 정치적 지배의 제거와 노동자계급의 정치적 지배의 확립을 위한 계급투쟁은 얼마만큼의 시간을 요구하며 어떤 단계를 거치는가 하는 것은 각 나라의 구체적인 역사적 상황과 세력관계에 영향을 끼치는 내적, 외적 요인에 의해 좌우된다. 그럼에도 불구하고 이제까지의 모든 혁명은 **권력교체**와 함께 해결해야 할 세 가지 **근본적인** 과제를 가르치고 있다.

첫째, 혁명을 담지하는 세력의 광범한 계급적, 정치적 동맹을 통한 결정적이고 안정된 세력우위의 창출.

둘째, 사회주의적 성격을 갖는 기관과 제도를 통한 기존 국가권력체제의 혁명적 대체(기관과 제도의 해체, 변혁 및 새로운 창출의 통일로서) 그리고 사회주의적 정치체제 전체의 점진적인 형성.

세째, 장악된 권력입지를 계급투쟁에서 방어하고 또 지속적으로 확장해나가기 위한, 모든 투쟁형태의 통달.

노동자계급의 정치권력의 획득이란 무엇보다도, 혁명에 이해를 갖고 또 참여하는 대중이 **새로운 권위로서의 혁명적 세력의 강령, 의지 및 결정**을 인정하고 또 적극적으로 지지하는 사회적 상황을 이끌어내는 과제임이 역사적으로 입증되었다. 노동자계급은 자신의 동맹자와 공동으로 사회문제들에 대한 지도를 철저하게 자신의 수중에 장악해야 했고, 또 노동자계급 및 모든 민주주의 세력의 투쟁 속에서 생장한 새로운 규범과 원칙을 설정함으로써 모든 근로인민의 민주주의적 동참을 위한 새로운 가능성을 열고 또 실현시켜야 했다. 이러한 권력교체를 오로지 '결정적인 전투'에서만 기대하고 또 그것으로 모든 것이 완료된 것으로 보는 극좌적인 견해와는 반대로 이제까지의 혁명의 경험은, 권력교체 또한 다소 긴 **도입 및 공고화 기간**을 가지며, 그것은 통틀어 여러 단계의 사회적 발전을 포괄할 수 있다는 점을 웅변하고 있다. 노동자계급 및 다른 근로인민에 의한 부르조아 정치지배의 해체는 단 한번의 혁명적 돌격으로 달성될 수 있는 것이 아니고, 혁명적 발전의 일정한 중간단계와 **과도권력관계**를 필요로 한다. 그것은 무엇보다 다음과 같은 사실에 의해 조건지어진다. 즉 제국주의는 한편으로 사회주의의 물질적 전제 준비의 최고단계를 창출했지만 그러나 다른 한편으로, 사회주의혁명의 직접적인 수행에 엄청난 난관을 가져오는 조건을 만들어내기도 했다는 것이다. 제국주의 부르조아지는 확장된 지배메카니즘을, 가장 현대적인 전쟁기술을 갖춘 강력한 전투력을, 그리고 높은 노동생산성을 갖춘, 고도로 조직화된 생산메카니즘을 지주로 삼을 수 있다. 제국주의 나라들에서 독점부르조아지는 대중매체에서 결정적인 권력지위를 점하고 있으며, 그것을 수단으로 여론을 조작한다. 지배세력은, 제국주의와 기회주의의 연관을 토대로 노동자운동을 국가독점적 체제 내로 통합하기 위하여 다양한 형태의 시도를 한다. 이 모든 경향은, 제국주의가 자신의 이윤을 실현하고 또 사회주의와의 대결을 수행하기 위하여 국가기구의 활용에 의지하게 되는 만큼 강화된다. 이러한 정황은 제국주의 나라들 내의 많은 맑스-레닌주의당으로 하여금 다음과 결론을 도출하게끔 하였다. 즉 독점자본의 권력은 여러 형태 및 단계의 반제민주주의 투쟁에서 우선 축소되어야 하고, 그래야만 비로소 사회주의적 의미에서의 최종적인 권력변화가 실현 가능하다는 것이다.

맑스와 엥겔스는 1850년에, "다소간 모든 유산계급이 지배로부터 축출될 때까지, 국가권력을 프롤레타리아트가 장악할 때까지 혁명은 영구화된다"[30]는 사상을 전개하였다. 레닌은 그 사상을 포착하여 자신의 저서 「민주주의혁명에서의 사회민주주의자의 두 가지 전술」에서 부르조아민주주의혁명의 사회주의혁명으로의 성장전화에 대한 이론적 구상을 마련하였다. 그에 따르면 노동자계급이 이끄는 성공적인 부르조아민주주의혁명은 제국주의 시대에 그에 상응하는 국가권력을 만들어낼 수 있는 바, 프롤레타리아트와 농민의 혁명적-민주주의 독재가 그것이다. 이 국가권력은 노동자계급과 농민의 이해에 상응하며 부르조아민주주의혁명의 과제를 철저히 실현한다. 혁명적-민주주의 국가권력의 도움으로 노동자계급은 혁명을 계속 추진하고 또 사회주의혁명 수행에 유리한 출발점을 만들어낼 수 있다. 그에 대해 레닌은 이렇게 설명하고 있다. "현재에, 사회주의를 보다 가까이 가져오기 위해서는, 완전한 정치적 자유 외에는, 민주주의 공화국 외에는, 프롤레타리아트와 농민의 혁명적-민주주의 독재 외에는 다른 어떤 수단도 있지 않다는 점을 우리는 결코 잊지 말아야 한다."[31] 이러한 레닌의 견해는 위대한 사회주의 10월혁명의 준비와 수행에서, 또한 사회주의로의 혁명적 이행의 다른 구체-역사적 형태에서도, 아리아드네의 실임이 입증되었다.

그러나 혁명적 발전에서 하나 혹은 그 이상의 중간단계 및 과도권력관계를 갖는 그 분명한 **과정성**은, 노동자계급의 정치권력의 확립으로써 철저하게 완결될, 한 계급의 수중에서 다른 계급의 수중으로의 권력 이행의 필연성을 지양하지는 않는다. 노동자계급이 다른 모든 근로인민과 함께 행사하는 이러한 **노동자계급의 지배**는 이론적으로는 **프롤레타리아 독재**로 지칭되며, 여러 혁명에서 소비에트권력, 의회권력, 인민민주주의권력, 노동자 및 농민 권력, 인민권력 등으로 나라별로 그 구체적인 명칭을 갖게 되었다. 프롤레타리아 독재를 일정한 국가 혹은 지배 형태로 축소시킨 다음 부르조아적 민주주의이해를 맞세우는 부르조아적 왜곡과는 반대로, 맑스-레닌주의 이론은 무엇보다 프롤레타리아 독재를, 자본주의 사회에서 공산주의 사회로 이행하는 과정의 일정한 계급관계의 표현으로 파악하며,, 그 속에서 근로인민이 최초로 그들의 운명을 그들 손에 철저히 틀어쥐게 된다고 본다. 그에 대해 레닌은 이렇게 강조했다. "오로지 특정한 계급만이, 말하자면 도시노동자와 대개 공장노동자, 공업노동자가, 자본의 권력을 타도하기 위한 투쟁에서, 이 권력을 타도하는 과정에서, 승리를 확보하고 또 공고화하기 위한 투쟁에서, 새로운 사회주의 사회체제의 창출에 있어 계급의 완전한 지양을 위한 투쟁 전체에서 근로인민과 피착취대중 전체를 이끌 수 있는 위치에 있다."[32]

프롤레타리아 독재의 지배기능은 첫째로 서로 대립하는 주요계급, 노동자계급과 부르조아지 사이의 적대로부터 결과된다. 다양한 형태로 담지되는 그들의 투쟁은 노동자계급 권력의 공고화 및 확대발전을 야기시킬 수도 있고, 부르조아 독재의 재생을 야기시킬 수도 있다. 그러므로 프롤레타리아 독재는 또한 승리한 노동자계급의, 부르조아지에 맞선 **계급투쟁의 속행**인 바, 왜냐하면 부르조아지는 그들이 계속 존재하는 한 상실한 정치권력을 다시 쟁취하려고 하기 때문이다. 새로운 국가권력이 자신을 공고화해가는 과정에서 이전의 착취계급의 일원들에게조차 사회주의 사회 건설에 적극 참여할 기회를 제공하고 또 많은 이전의 자본가들이 노동자계급의 편으로 가는 길을 찾는 반면, 그 새로운 국가권력은 동시에 낡은 교정 불가능한 착취계급의 일원들의 저항을 단호하게 억압하고 또 혁명적 발전의 확보를 위해 국가권력을 자기의식적으로 투입해야 한다. 이러한 분화로부터 보이듯이, 프롤레타리아 독재는 무엇보다 계급과 인간에 대한 폭력 사용이라는 제국주의적 비방은, 일체의 근거를 갖지 못하며 반공주의적 매도의 무기고에나 속하는 억지일 뿐이다. 당연히 노동자계급은 사회주의혁명에서, 그들이 필요할 경우 투입할 수 있는 충분한 폭력을 수중에 쥐고 있어야 한다. 그러나 그것의 투입은 노동자계급의 선입견적 의도가 아니라, 항상 계급투쟁의 실제적 경과에 따라 결정된다. "그러나 오로지 폭력에, 주로 폭력에 프롤레타리아 독재의 본질이 있는 것은 아니다. 그것의 주된 본질은 프롤레타리아트의……조직화와 규율에 있다"[33] 라고 레닌은 언급하였다. 권력은 결코 근로인민의 불충분한 혁명적 활동을 메꾸는 수단이 될 수 없다. 이 점에 대한 레닌의 다음과 같은 인식은 그동안에 그 정당성이 여러 번 입증되었다. "정치가의 예술(그리고 자신의 과제에 대한 공산주의자의 올바른 이해)은, 권력장악 과정과 그후에 충분히 광범한 층의 노동자계급 및 비프롤레타리아 근로인민대중의 넉넉한 지지를 얻기 위하여, 프롤레타리아의 전위가 권력을 성공적으로 장악할 수 있는 조건과 시점을 옳게 산정하는 것에, 그리고 권력장악 이후 갈수록 더욱 광범한 근로인민을 이끌고 교육하고 또 견인하는 것을 통해 그들의 지배를 확보하고 공고히 하고 또 확대시킬 수 있는 조건과 시점을 옳게 산정하는 것에 있다."[34]

혁명의 형태

사회주의혁명은 언제나 매우 어렵고 복잡하며 또 위험이 도사리고 있는 과정으로서, 그 형태와 기간을 사전에 정확히 규정하거나 심지어 가늠하는 것조차 허락하지 않는다. 그것은 "일정한 객관적 조건 속에 놓여 있고, 일정한 방식으로 작용하며 또 크고작은 성과를 내면서 이러저러한 투쟁형태를 사용하는, 살아 있는 사회적 세력의 투쟁으로서 고찰해야 한다."[35] 구체-역사적으로 분화된 역사적인 요인으로서 우리 시대 해당 혁명의 역사적 위치와 역사적 기능이 보여주는 것은 무엇보다, 평화, 민족독립, 민주주의 및 사회주의를 위한 투쟁의 연관유형과 연관방식, 구체적인 사회적 모순의 작용과 그 첨예화 정도, 사회적 동력 및 정치적 지도세력의 성숙 및 조직화 정도, 권력관계의 계급성격, 계급투쟁의 내용과 형태, 그리고 주어진 조건에 상응하는 전략과 전술을 발전시켜내는 지도적인 혁명적 당의 능력이다. 작용하는 요인들의 풍부함으로 보나, 혁명적 투쟁에서 인민대중이 발전시켜내는 그 무진장한 창도성으로 보나, 원칙적인 전략적 지향을 넘어서 미래 사회주의혁명의 구체적인 경과를 정확하게 예견해보려는 것은 멍청한 짓일 것이다. 이제까지의 모든 민족적 및 사회적 해방혁명은 우리 시기 혁명과 경험의 보고 속에 일회성을 들여놓았고 형태와 방식에서의 도구를 풍부하게 하였다. 다양한 구체-역사적 형태는 그들의 방식으로 사회주의혁명의 인민성을 입증해준다. 바로 근로인민 계급과 계층의 역사적 창조성이 종국적으로 또한 시도, 실험 등을 통해 가장 적절한 형태와 방식을 찾아낸다.

혁명적 노동자운동의 형성 이래로 각별히 고려되어왔던 전략적 차원의 문제에 속하는 것이 **사회주의혁명의 평화적 혹은 비평화적 형태의 선택**이다. **비평화적 형태**란, 무장봉기를 수단으로 권력이 장악된다는 것, 혹은 혁명수행의 경과에서——반혁명의 행동에 의해 야기되어——내전 혹은 무장대결에 이른다는 것을 뜻한다. **평화적 형태란**, 권력변화에 무장폭력으로 맞설 가능성을 반혁명세력이 박탈당했다는 것을 의미한다. 맑스와 엥겔스 또한 프롤레타리아트에 의한 권력획득에서의 여러 형태의 가능성에 대해 언급했다.[36] 평화적 권력장악을 논하면서, 동시에 맑스는, 일국의 부르조아지가 자발적으로, 저항하지 않고 권력과 생산수단을 포기하리라는 것은 전혀 기대하기 힘들다고 언급하고 있다.

제국주의를 분석하면서 레닌은, 독점자본주의는 "그것의 근본적인 **경제적** 본성으로 말미암아 매우 빈약한 평화성과 자유애 그리고 매우 거대한, 도처에서 목도되는 군사주의의 발전"[37]으로 특징지어진다는 것을 인식하였다. 이러한 역사적 변화에서 출발하면서 레닌은 다음과 같은 인식, 즉 제1차 세계대전중 및 그후에 생겨난 사회정치적 조건하에서는 무장봉기가 노동자계급에 의한 권력획득으로 가는 주요경로라는 인식에 도달했다. 그러나 레닌은 무장봉기를 절대화하지는 않았다. 그것은 특히 10월혁명의 준비기에 드러난다. 「4월테제」(1917년)에서 그는 부르조아민주주의혁명에서 사회주의혁명으로 넘어가는 평화적 이행의 경로를 구상하였다. 구체-역사적인 상황은 이중지배에 의해, 다시 말하면 부르조아 정부 외에 또한 혁명적인 권력이 노동자와 병사의 무장조직을 기초로 한 소비에트의 형태로 존재했다는 점에 의해 특징지어졌다. 그러나 볼셰비키당의 모든 노력에도 불구하고 혁명의 평화적 경로의 가능성은 실현되지 않았다. 따라서 러시아의 노동자와 병사들에게는 무장봉기의 가능성만이 남아 있었다. 볼셰비키당의 지도하에 이 봉기는 성공적으로 수행되었고 며칠 안되어 나라의 주요 중심지에 소비에트권력이 세워졌다.

제2차 세계대전 이후 사회주의 세계체제의 형성, 제국주의 식민지체제의 붕괴, 공산당, 노동자 당의 강화에 의해 새로운 조건이 생겨났다. 1957년 「사회주의 나라 공산당 및 노동당 선언」은 그것에서 출발하면서 이렇게 확정하고 있다. "여러 나라가 자본주의에서 사회주의로 이행하는 형태는 서로 다를 수 있다. 노동자계급과 그 전위인 맑스-레닌주의당은 사회주의혁명을 평화적인 수단으로 수행하고자 노력한다. 이 가능성의 실현은 노동자계급 및 전체 인민의 이해에, 나라의 전민족적 이해에 상응하는 것일 것이다."[38]

그동안에 **평화적인 경로의 지향**을 위한 그 이상의 근거가 주어졌다. 그것은 무엇보다 핵시대의 기술적 발전에서 비롯되는데, 이는 급진적, 테러리스트적 및 반혁명적 세력측의 통제하기 힘든 대규모 절멸수단의 투입으로써, 국지적인 갈등을 제어 불가능한 지역적 및 지구적 갈등으로 그리고 인류의 절멸로 이끌어갈 수 있는 것이다. 그러므로 우리 시대의 모든 민족적 및 사회적 해방투쟁에서 평화적인, 타협용의를 갖는 투쟁형태를 보다 강하게 사용하고, 또 국제 안전체계의 형성에 대한 요구를 단호히 존중하는 것이 두말할 것 없이 필요하다. 그것은, 정치의 수단으로서의 폭력, 무엇보다 군사적 폭력을 갈수록 국제관계로부터 멀리 떼어내고 책임의식이 있는 국제 협력관계를 관철시키는 것을 필요로 한다. 이와 연관하여 또한 고려해야 할 것은, 일체의 착취정책을 펼칠 용의를 갖고 있는 군산복합체가 현재 숱한 제국주의 나라들의 대내 및 대외 정책에 행사하고 있는 영향력이다. 혁명적 노동자운동은 제국주의와의 계급대결을, 사회주의혁명이 새로운 사회의 '산파'로 여전히 머무르고 또 분별력 없는 정책 때문에 자기자신의 '무덤을 파는 자'로 되는 일이 없도록 하는 방식으로 이끌어나가야 한다.

노동자운동에서 그 이상의 이론적 및 실천적 문제는 **개혁과 혁명의 관계**였고 지금도 그렇다. 부르조아 이데올로그들은, 사회주의혁명이 오로지 급격한 '혁명적' 단절을 수단으로 해서만 실현되며 또 공산주의자들은 진화적인 발전과 개혁을 거부한다고 하며, 줄기차게 사실을 왜곡해왔다. 그러나 맑스-레닌주의당에게는 혁명과 개혁의 분리, 혹은 대립화 따위는 전혀 존재하지 않는다. 그들은 이미 자본주의 사회에서 사회 내의 부분적인 질적 변화를, 그리고 부르조아지가 그것을 공동화시키지 않는 한, 사회주의를 위한 직접적인 투쟁을 야기시킬 수 있는 민주주의적 개혁을 위해 투쟁한다. 그리고 그들은 사회주의혁명을 위해 싸운다. 왜냐하면 그 속에서 민주주의적 개혁이 철저하게 수행되고 또 그 성과가 최종적으로 확보될 수 있기 때문이다. 역사적인 근본경향에서 사회주의혁명의 직접적인 준비와 수행 자체가 숱한 개혁과 결부되며 또, 그것이 갈수록 사회주의적인 내용을 취할 경우, 사회주의혁명은 본질적으로 그러한 개혁을 통해 이루어진다. '직접적인 혁명'의 이름으로 사회적 및 민주주의적 개혁의 포기를 선전하고 또 낡은 체제의 급진적인 파괴를 새로운 사회형성의 전제로 요구하는 사이비혁명적인 문구에 맞서 맑스주의자는 이론과 실천에서 투쟁한다. 숱한 성공적인 사회주의혁명의 역사적 현실이 그것과 대립해 있는 것이다.

오늘날 비사회주의 나라들 내에서, 사회적 진보를 위한 혁명적 투쟁에 영향을 끼치는 새로운 조건하에서 **개혁의 역할은 더욱 증대되었다.** 진화적 변화와 혁명적 변화의 상호작용에서 전자가 비중을 획득해가고 있는 것이다. 그러나 사회주의혁명의 실현은 개혁의 총합 이상의 것이며 또 앞으로도 항상 그럴 것이다. 민주주의적 개혁은 권력으로, 사회주의혁명으로 근접할 수는 있지만, 그러나 결코 자본주의 사회의 혁명적인 변혁을 대체할 수는 없다. 오로지 사회주의혁명만이 권력 및 소유 문제를 노동자계급 및 다른 근로인민의 이해에 맞게 근본적으로 또 최종적으로 해결할 수 있다.

또한 이제까지 혁명의 중요문제로 입증된 것은 **정치적, 경제적, 사회적 및 정신-문화적 변혁의 올바른 관계**를 그 전후맥락과 상호접점에서, 당시의 출발 및 발전 조건에 맞게 보장하는 것이었다. 어떤 한 영역의 변혁도 그 자체로는 완수될 수 없다는 것이 드러났다. 권력문제의 해결 없이는 예를 들어 사회경제적 관계의 어떤 변혁도 가능하지 않았다. 그리고 새로운 생산양식의 관철 없이는 어떤 새로운 생활양식도 생겨날 수 없었다. 또한 새로운 사회경제적 관계의 창출 없이는 노동자계급의 정치적 권력이 그 토대를 갖거나, 공고화되거나 방어될 수 없었다. 또한 새로운 생활양식의 전개를 향한 첫걸음 없이는 숱한 복잡한 경제적 과제가 새로운, 사회주의적 방식으로 해결될 수 없었다. 이러한 한에서 사회주의혁명의 모든 변혁과정은 상호 피규제성의 관계 속에 놓인다. 그러나 혁명적 당이 사회주의혁명의 모든 과제를 동시에 그리고 동일한 비중을 두고 실천에 착수하는 것은 가능하지 않다는 사실 또한 주목해야 한다. 이러한 의미에서 권력문제의 결정적인 해결은 경제적 변혁의 전제이다. 그리고 후자는 다시 사회주의적 변혁을 이데올로기 및 문화의 영역에서 전개시키기 위한 중요한 물질적 전제를 창출해야 한다.

사회주의 건설의 실천은 더 나아가, 혁명의 근본문제는 철저하게 해결되어야 하며 최초의 성공 이후 등한시되어서는 안된다는 것을 가르쳐주었다. 그것은, 정치적 영역에서 새로운 국가기구를 창출해내는 것만으로는 충분치 않으며, 문제는 정치체제 전체의 재조직과 사회주의적 사회 내 모든 정치적 조직의 작용에서의 새로운 원칙과 규범이라는 경험이다. 이것을 관철시키고 또 근로인민의 일상적 습관으로 되게끔 하는 일은 많은 시간과, 발전된 사회주의 사회 건설에서의 거대한 노력을 요구한다. 그리고 이러한 경험으로부터 독일통일사회당은 이전에 생각했던 것과는 달리, 사회주의혁명은 사회주의적 생산관계의 승리와 함께 완료되는 것이 아니라는 인식을 획득하였다. 동독의 내적 발전과 국제적 계급대결에 대한 분석 결과, 사회주의 사회 발전의 전시기가 **사회주의혁명의 전체 과정**에 속한다는 점이 입증되었다.

혁명의 방위

계급투쟁의 경험으로부터, 우리 시대 구성체 변화의 특수성으로부터 그리고 대립하는 사회체제를 갖는 국가들의 장기적인 공존으로부터, **혁명의 방위라는 문제**가 커다란 의미를 갖는다는 결론이 나온다. 자신의 특권을 계속 유지하기 위해 착취계급은, 이데올로기적 조작에서 야만적 테러 및 노골적인 폭력에 이르는 모든 동원 가능한 수단을 사회주의혁명 및 다른 민주주의적, 혁명적 운동을 겨냥해 무분별하게 투입하는 것을 거리끼지 않는다. 상이한 형태의 격렬한 대결과 반혁명적 폭력의 투입은 이전 혁명과 사회주의혁명 그리고 또한 다른 민주주의적, 혁명적 운동의 경로를 특징짓는 것이다.

혁명적 노동자운동은 혁명적 폭력을 예찬하지는 않는다. 그것은 또한 폭력을 폭력 자체를 위해 쓰지 않고, 다만 반인민적 세력에 대해, 그들의 저항 정도에 따라 사용할 뿐이다. "폭력은, 자신의 지배를 다시 확립하고자 하는 자에 대해서는 유효하다. 그러나 그럼으로써 폭력의 의미는 소진된다."[39] 통상적으로 혁명에서 패배한 세력은, 다른 편의 결정적인 힘의 우위를 인식하게 될 때 비로소 물러났고 새로운 상황에 굴복하였다. 10월혁명에서도, 유럽 및 아시아의 인민민주주의혁명에서도 그리고 다른 인민혁명에서도 그랬다. 그러나 한 나라의 반혁명세력이 제국주의 국가들의 국제적 지지를 의식하게 될 때에는, 그들은 혁명에 맞서는 투쟁을 강화시키고 다시 공세를 취하려고 기도하였다. 레닌은 이러한 **내적 반혁명과 외적 반혁명**의 연관을 예견하고 다음과 같이 확언했다. 사회주의는 "우선 한 나라 혹은 몇몇 나라에서 승리하며, 다른 나라들은 일정 기간 동안 부르조아적 혹은 전(前)부르조아적 상태에 머문다. 그것은 다른 나라 부르조아지의, 사회주의 국가의 승리한 프롤레타리아트를 분쇄하려는 충동뿐만 아니라 그 직접적인 추구 또한 불러일으킬 것이 분명하다."[40]

우리 세기의 역사는, 공산주의자는 혁명의 수출을 실제로 거부하지만, 그러나 제국주의 세력은 반혁명의 수출을 적극적으로 조직한다는 점을 거듭 입증하였다. 신생 소비에트권력을 겨냥한 외국의 군사적 간섭은 이러한 정책의 첫 역사적 사례였다. 신생 소비에트권력이 제1차 세계대전으로부터의 러시아의 이탈을 신속하게 관철시킬 수 있었고, 또한 획득된 휴식기 동안에 모든 부르조아적 기대와는 반대로, 인민대중을 새로운, 사회주의적 삶의 평화적인 건설로 이끌 수 있는 능력이 있음을 스스로 입증하자, 모든 제국주의 강대국은 소비에트 러시아를 겨냥한 군사적 침략과 내적 반혁명에 대한 직접적인 지원을 결정하였다. 거기서는 특히 두 가지 동기가 작용하였다. 제국주의 독점은 한편으로, 짜르권력과 임시정부가 그들 수중에 쥐어주었던 수십억 루블을 잃고싶지 않았다. 그러나 그들은 무엇보다, 노동자와 농민이 권력을 장악하고 또 그들의 전범으로써 자본주의 나라들의 근로인민과 식민지 인민에게 혁명적인 작용력을 행사하는 나라의 존재를 그냥 두고볼 맘이 아니었다. 소비에트 나라의 인민은 소비에트권력과 그들 조국의 독립을 유지할 수 있었다. 그러나 또한 내전과 간섭의 격퇴는 소비에트 러시아의 근로인민에게 전대미문의 고통을 가져왔고 새로운 삶의 건설에 있어 그들에게 숱한 추가적 노력을 부담지었다.

간섭은 **제국주의 세력이, 혁명적 세력의 약점을 잡았다고 믿고 자신에게 기회가 왔다고 생각하는 순간에는 어김없이,** 상실된 권력과 상실된 국제 영향력을 재획득하기 위하여 어떤 형편, 어떤 수단도 거리끼지 않는다는 점을 명확히 하였다. 엄청난 희생을 치르며 근로인민의 이해에 맞게 사회적 진보를 관철시키려는 노동자계급의 인본주의적 원칙에, 범죄와 계급이기적인 무분별함으로 가득찬 제국주의의 반혁명적 인류경멸이 맞서 있다. 그것에 대해서는 수많은 역사적 사건이 증거하는 바, 유럽, 아시아 및 라틴 아메리카의 사회주의혁명과 민족해방운동 및 민족민주혁명의 정의로운 투쟁을 저지하고자 했던 사건은 매우 많다. 베트남 인민에 대한 수십 년에 걸친 침략과 쿠바 및 니카라과에 대한 미제국주의의 침략행위는 인민의 의식 속에 남아 있다. 그것은 10월혁명 이후 몇 해 동안 독일 및 다른 나라에서, 무엇보다 바이에른과 헝가리의 소비에트공화국에서 혁명적 봉기가 진압됐던 그 참혹함에 대해서도 마찬가지이다. 또한 30년대 스페인공화국의 분쇄, 제2차 세계대전 이후 숱한 민족해방운동에 재갈이 물려진 것 그리고 70년대 및 80년대 칠레와 그라나다의 혁명적 과정을 미제국주의가 교살한 것도 그런 것이다.

사회주의 사회의 공고화는 **노동자계급** 및 모든 근로인민의 **안정된 권력**

과 사회적 관계의 근본적인 변혁뿐만 아니라, **그것의 신뢰할만한 방위를 조직하는 것** 또한 요구한다. “하나의 혁명은, 그것이 스스로 방위하는 법을 이해할 때에만 비로소 가치가 있다.”[41] 그러므로 혁명의 방위를 위해 무장세력이 형성되는 것이 필요하다. 몇몇 사회주의 나라의 경우 그것은 빨치산 전투력에서 나왔으며, 다른 나라들에서는 인민 전투력이 혁명과정에서 새로이 창출되었다. 실천은, 기존의 부르조아적 군대 혹은 그 일부를 재형성하여 점차적으로 민주주의화할 수 있는 가능성 또한 보여주었다. 모든 경우에서 결정적인 것은, 군대가 그 과제설정 및 구성에서 실제적인 인민적 성격을 갖고, 또 혁명적 행동에 대한 무장된 폭력 투입을 거부하거나 혹은 혁명적 행동을 적극적으로 지지할 준비가 되어 있어야 한다는 점이다. 많은 경우 이 준비 정도는, 낡은 체제의 대표자들로 하여금 노골적인 반혁명적 행동과 내전 도발을 포기하게끔 하는 데 충분하였다. 특히 신생 민족국가의 경우 무장투쟁세력은 중요한 과제를 갖고 있었으며 지금도 그렇다.[42]

인민과 결합된 무장기관은 혁명 및 그 성과물의 방위에서 중심적인 위치를 점한다. 혁명의 각 단계마다 가장 중요한 사항으로 남는 것은, 반사회주의적 세력의 발판이 갈수록 박탈될 정도의 정치적 세력우위를, 그 정도의 사회적 및 **정치적 안정**을 보장하는 일이다. 맑스-레닌주의당, 노동자계급 및 모든 근로인민간의 공고한 신뢰가 지배하는 곳에, 사회주의적 발전의 보장을 위한, 높은 정치적 경각심을 위한, 사회주의적 권리규범의 엄수 및 사회주의적 소유의 보호를 위한 최상의 전제가 주어진다. 그것은 또한, 법률 및 안전 기관의 활동을, 사회주의적 법치주의의 관철을 위한 그리고 질서와 안전의 보장을 위한 근로인민의 행동과 밀접하게 결합시키는 것을 포함한다. 또한 사회주의 국가들의 대외정책도, 반혁명세력의 발단점과 발전기회를 갈수록 점점 더 좁히고 끝내는 전반적으로 없애버리는 데 기여한다. 게다가 사회주의 및 다른 민주주의 세력에게 유리한 국제적 역관계의 변화와 더불어 적극적으로 활용할 수 있는 새로운 가능성 또한 생겨났다. 평화와 사회적 진보를 위한 투쟁에서의 모든 진보세력의 협력에 있어서는 그로부터 새로운 요구와 과제가 생장해나오는데, 이것을 더욱 숙고해야 하며 또 이론적인, 강령적인, 전략적인 결론으로 전환시켜야 한다.

이 과정에서는, 혁명적 당이 그들의 **경험을 교환하고** 또 사회주의혁명의 맑스-레닌주의 이론의 확증된 인식을 기초로 삼는 것이 중요하다. 이것은 혁명운동의 승리에서나 퇴행에서나 검증된 바이고 또 실천적 경험의 보편화인 것이다. 여기서 중요한 것은 복잡한, 장기간의 배움 및 인식 과정인데, 그것은 끊임없이 새로운 인식을 야기시키고, 그 인식이 혁명적 실천에서 검증되며 또 그것이 실천적 검증을 버티지 못할 경우, 때에 따라 수정되는 그러한 과정이다. **맑스-레닌주의 혁명이론을 창조적으로 적용하고 확대발전시키는 것**은, 풍부하고 또 다양한 일상사 속에서, 우리 세계 내의 사회적 진보를 위한 투쟁의 "일반적 과제"를 파악해내는 데 도움을 준다. "그리고 그 일반적 과제는 역사적 과정의 각 특수한 시기의 구체적인 경제적, 정치적 상황에 의해 수정되지 않을 수 없는 것이다."[43)]

〈요점질문〉

1. 사회주의혁명의 가장 중요한 전제는 무엇인가?

2. 사회주의혁명의 역사적 과제는 어디에 있는가?

3. 사회주의혁명에서 왜 노동자계급이 사회적 맹주로 되어야 하며, 또 맑스-레닌주의당은 정치적 지도자로 되어야 하는가?

4. 권력문제는 왜 사회주의혁명의 근본문제인가?

5. 사회주의혁명에서의 민족성과 국제성의 변증법을 설명하라.

■주

1) Marx/Engels, "Manifest der Kommunistischen Partei," ***MEW***, Bd. 4, S. 475.
2) Marx, "Das Kapital. Erster Band," ***MEW***, Bd. 23, S. 791.
3) 이 책 제2장 1절 참조.
4) Marx/Engels, "Manifest der Kommunistischen Partei", S. 462.
5) Lenin, "Der Zusammenbruch der II. Internationale," ***MEW***, Bd. 21, S. 207.
6) Marx/Engels, "Manifest der Kommunistischen Partei", S. 439.
7) Engels, "Einleitung zu Marx' 'Klassenkämpfe in Frankreich'", Bd. 22, S. 512f.
8) Lenin, "Rede auf einer Rotarmistenkundgebung auf dem Chodynka-Feld in Moskau. 2. August 1918", ***MEW***, Bd. 28, S. 30.
9) Lenin, "Der 'linke Radikalismus', die Kinderkrankheit im Kommunismus", ***MEW***, Bd. 31, S. 5.
10) Lenin, "Die drohende Katastrophe und wie man sie bekämpfen soll", ***MEW***, Bd. 25, S. 371.
11) 이 책 제8장 3절 참조.
12) Lenin, "Die drohende Katastrophe und wie man sie bekämpfen soll", S. 370.
13) Lenin, "Über unsere Revolution (Aus Anlaß der Aufzeichnungen N. Suchanows)", ***MEW***, Bd. 33, S. 464f.
14) Lenin, "Der 'linke Radikalismus', die Kinderkrankheit im Kommunismus", S. 49.
15) Lenin, "Der Zusammenbruch der II. Internationale", ***MEW***, Bd. 21, S. 206 참조.
16) Lenin, "Ein Vortrag über die Revolution von 1905", ***MEW***, Bd. 23, S. 261.
17) Lenin, "Briefe aus der Ferne", ***MEW***, Bd. 23, S. 311.
18) 이 책 제7장 1절, 3절 참조.

19) Lenin, "Seltsames und Ungeheuerliches", ***MEW***, Bd. 27, S. 56.
20) 이 책 제7장 2절 참조.
21) Lenin, "Der 'linke Radikalismus', die Kinderkrankheit im Kommunismus", S. 80.
22) Marx/Engels, "Manifest der Kommunistischen Partei", S. 493.
23) Lenin, "Das Selbstbestimmungsrecht der Nationen", ***MEW***, Bd. 21, S. 415.
24) M. Gorbatschow, "Der Oktober und die Umgestaltung. Die Revolution wird fortgesetzt", ***Neues Deutschland***, 3. 11. 1987, S. 3.
25) Marx/Engels, "Manifest der Kommunistischen Partei", S. 473.
26) Ebenda, S. 479.
27) ***Thesen des Zentralkomitees der SED zum Karl-Marx-Jahr 1983***, Berlin 1983, S. 31.
28) Marx/Engels, "Manifest der Kommunistischen Partei", S. 481.
29) Lenin, "Briefe über die Taktik", ***MEW***, Bd. 24, S. 26.
30) Marx/Engels, "Ansprache der Zentralbehörde an den Bund vom März 1850", ***MEW***, Bd. 7, S. 248.
31) Lenin, "Zwei Taktiken der Sozialdemokratie in der demokratischen Revolution", ***MEW***, Bd. 9, S. 102.
32) Lenin, "Die große Initiative", ***MEW***, Bd. 29, S. 409.
33) Lenin, "Gruß an die ungarischen Arbeiter", ***MEW***, Bd. 29, S. 377.
34) Lenin, "Der 'linke Radikalismus', die Kinderkrankheit im Kommunismus", S. 36.
35) Lenin, "Zur Einschätzung der russischen Revolution", ***MEW***, Bd. 15, S. 44f.
36) 맑스가 ***The World*** 지 기자와 가진 인터뷰 기록, ***MEW***, Bd. 17, S. 461 참조.
37) Lenin, "Die proletarische Revolution und der Renegat Kautsky", ***MEW***, Bd. 28, S. 237f.
38) ***Erklärung der Beratung von Vertretern der Kommunistischen und Arbeiterparteien der sozialistischen Länder*** (Moskau, 14. bis 16. November 1957), Berlin 1958, S. 19.

39) Lenin, "Rede in der Aktivversammlung der Moskauer Organisation der KPR(B)", ***MEW***, Bd. 31, S. 452.

40) Lenin, "Das Militärprogramm der proletarischen Revolution", ***MEW***, Bd. 23, S. 74.

41) Lenin, "Bericht in der gemeinsamen Sitzung des Gesamtrussischen Zentralexekutivkomitees, des Moskauer Sowjets, der Betriebskomitees und der Gewerkschaften. 22. Oktober 1918", ***MEW***, Bd. 28, S. 115.

42) 이 책 제8장 2절 참조.

43) Lenin, "Briefe über die Taktik", S. 25.

제7장
자본주의 나라의 노동자운동 및 민주주의적 대중운동의 투쟁

자본주의 나라의 노동자운동 및 민주주의적 대중운동은 평화, 민주주의 및 사회적 진보를 위한 전세계적 투쟁에서 주요한 동력을 구성한다.[1] 그들의 행동은——특히 제국주의의 중심인 미국, 서유럽 및 일본의 경우——무엇보다 우리 시대 근본문제의 해결, 즉 핵지옥의 저지, 군비경쟁의 종식 및 지속적인 평화확보에서 결정적이고 중대한 의미를 갖는다. 그들은 국제적 역관계의 형성에 지속적인 영향을 끼친다.

과학적 사회주의의 이론을 더욱 가다듬고 또 발전시키는 데 있어 노동자운동 및 민주주의적 대중운동의 역사적인 위치와 그 전망을 규정하는 것, 그리고 제국주의에 맞선, 민주주의적 및 사회적 진보로의 전환을 위한 투쟁에서의 새로운 투쟁조건 및 요구, 동력, 경로, 형태와 전략적 지향을 분석하는 것은 중요한 의미를 갖는다.

1. 노동자운동 및 민주주의적 대중운동의 투쟁의 새로운 조건과 요구

노동자계급——투쟁의 주력

자본주의 나라의 노동자계급은 국제 노동자계급의 중요한 일부이다.[2] 자본주의에서 그들의 발전은 **두 가지 기본경향**으로 특징지어지는데, 그것은 자기 시대 프롤레타리아트에 대한 맑스, 엥겔스 및 레닌의 인식의 올바름을 입증하고 또 심화시킨다. 그것은 **첫째로** 노동자계급의 수적인 성장이며, **둘째로** 그들의 내적 구조의 세분화 증대이다. 이 계급이 수적으로 '감소'하며 점차 '소멸'하고 '중간층사회'가 형성된다는 부르조아적 주장과 반대로 자본주의 세계에서 그들의 수는 최근 10년 동안 절대적으로도, 또 생업활동인구 전체 수에서 차지하는 비율에서도 증가하였다.

자본주의 공업국에서 노동자계급에 속하는 사람의 수는 1950년 약 1억 5800만 명에서 60년 약 1억 8000만 명으로 증가하였으며 85년에는 약 2억 8000만 명으로 증가하였다. 자본의 독점화 강화 및 과학기술적 진보의 진전은 동시에 노동자계급의 수적 강화를 야기시켰다. 자본주의 공업국에서 85년에 노동자계급이 생업인구에서 차지하는 비율은 평균 75-80%였다. (도표 4)

부르조아지가 생업활동인구에서 차지하는 비율은 자본주의 공업국들의 경우 평균 2-3%였다(예를 들어 프랑스 약 5%, 서독 4%, 미국 3%). 독점자본의 대표자는 이 나라들의 경우 종종 전체 인구의 0.1%를 밑돈다.

중간층——임금을 받거나 자영적인——은 이 나라들에서 생업활동인구의 평균 12-20%를 점한다. 그와 함께 계급구조의 객관적인 양극화는 더욱 강화되었다. 그것은 노동자계급 헤게모니하의 광범한 반독점민주주의 동맹 형성을 가능케 하는 사회경제적 토대를 구성한다.

부르조아지, 노동자계급 및 중간층 사이의 **수적 비례**는 주요 자본주의 공업국의 경우 집약적 재생산유형의 관철과 연관하여, 그리고 미약한 인구증가를 기초로 그동안 **비교적 안정화**되었다. 그렇지만 생산력 발전의 확대된 역동성과 연관하여 **모든** 계급 및 계층에서 심각한 내적 구조 및 구성상의 변화가 이루어졌다. 그리고 그들 사이의 사회적 유동성은 지속될 것이다. 이러한 구조변화는 무엇보다 과학기술적 진보의 빠른 발전, 자본주의적 집약화의 새로운 단계 그리고 그와 결합된 국가독점적 생산관계의 진화의 결과이다. 그와 더불어 개시된 국민경제구조의 근본적인 전환과 함께 노동자계급 구성부분간의, 즉 공업, 농업 및 상업, 그리고 서비스업 프롤레타리아간의 비율 또한 변화하였다.

1985년 자본주의 공업국에서의 **서비스부문**(상업, 은행 및 국가기구 포함)의 **임금노동자** 수는 1억 4150만 명으로서 공업 및 농업에 종사하는 임금노동자 수 1억 2350만 명보다 이미 14%나 높았다. 동시에 임금노동자 중에서 **봉급생활자**가 차지하는 비중이 상당히 증가하였고 선진자본주의

도표 4 선진자본주의 나라들에서의 임금노동자 및 봉급생활자 구조변화
(당시 근로대중 전체에서 차지하는 비율[%])

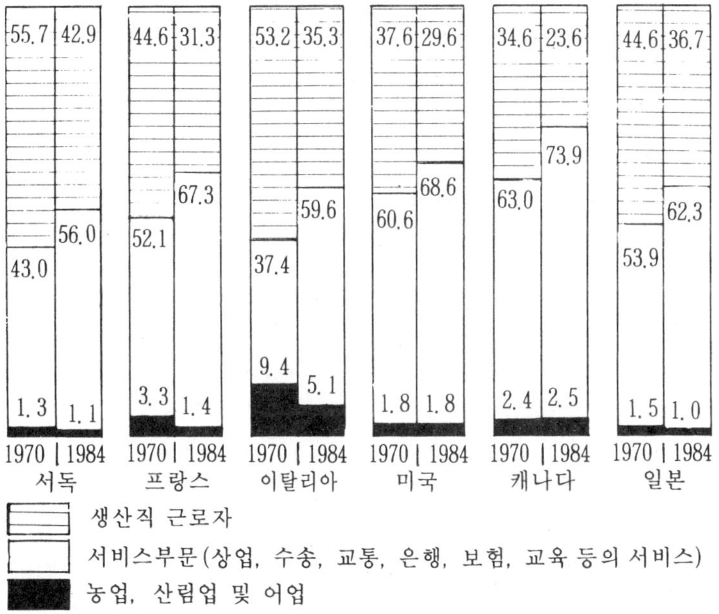

나라들에서는 머잖아 노동자의 비율에 도달하거나 그것을 초과할 것이다(몇몇 나라, 예를 들어 미국의 경우, 오늘날 사정이 이미 그렇다). 그러나 오늘날 봉급생활자의 압도적 다수가 노동자계급에 속한다. 노동자의 활동과 봉급생활자의 활동의 성격이 접근하는 경향은 사회적 분업의 새로운 단계의 결과이자 표현이다. 그 결과로서, 이제까지 지배적이었던 육체우위노동과 정신우위노동 간의 분리는 단선적으로 지속되지 않고, 오히려 사회적 노동능력은 일차적으로 복잡성이 우위인 노동과 단순한 노동으로 분화된다. 또 사회적 기준으로 볼 때 노동의 복잡성 정도가 전반적으로 증대한다. 동시에 새로운, 기술적 주요분야 노동자의 수와 비중이 확대된다.

본질적인 변화가 **노동자계급의 핵심** 내에서 이루어진다. 노동자계급의 핵심을 이루는 것은 이전과 마찬가지로 대규모 물질적 생산기업(공업, 에너지업, 건축업, 운수업 및 통신업)의 노동자와 봉급생활자이다. 그것은 이 부문의 경제적 근간 역할에서, 그 안에 현존하는 노동자계급의 수적 집중에서 그리고 무엇보다 그들의 투쟁경험 및 행동에서 비롯된다. 동시에 노동자계급 핵심이 전통적인 토대를 넘어 확장되는 경향이 있다. 모든 주요한 경제부문에서 자본의 집중과 국제화가 가속화됨으로써 공업외 부문——특히 은행 및 보험, 상업 및 서비스업에서——에서도 피고용자의 갈수록 많은 부분이 대기업으로 집중되며 독점자본에 의해 직접적으로 착취당한다. 독점대기업——공업, 상업 및 서비스업에서——의 노동자와 봉급생활자는 대부분의 자본주의 나라에서 노동자운동의 중추를 이룬다. 그들은 또한 노동조합연합체 성원의 주력이다.

구조변화가 갖는 그 밖의 주요한 측면은 제국주의 나라들에서 노동자계급의 **교육 및 숙련 수준이 증대**하는 경향을 갖는다는 것이다. 이것은 노동자운동의 투쟁의 결과이고, 또한 과학기술적 진보라는 조건하에서의 객관적인 자본증식 요구 증대의 결과이다. 전반적으로 숙련노동자 및 반숙련노동자 비율이 증대한 반면, 미숙련노동자의 그것은 감소하였다. 이러한 발전은, 이제까지의 직업숙련도가 가치를 상실하게 되는 경향과, 교육별 위계의 파괴, 그리고 근로인민 구성부분간의 숙련수준이 갈수록 세분화되고 양극화되는 것——고숙련 노동자 소집단, 그리고 반숙련 및 미숙련 노동자 부분이 갈수록 커진다——과 동시에 진행된다. 만성적인 대규모 실업과 엘리트적인 교육정책 또한 세분화 및 탈숙련화 과정을 강화시킨다. 광범하고 지속적인 **실업자 및 부분실업자**의 군대가 노동자계급의 주요한 요소로 된다.

노동자계급의 발전 및 형성에 있어 그 사회적 및 업무적 영역에서의 계층 변동은 매우 중요하다. 그것은 무엇보다 **인텔리겐차**가 대중계층으로 **성장**하고 또 사회적으로 분화된 것에 적용된다. 과학, 기술 및 교육은 생산력의 근본적 변혁과 관련하여 중요한 의미를 가지며, 그것들은 70년대 이래 인텔리겐차가 노동자계급보다 수적으로 더 빠르게 증가하게 된 가장 주요한 원인이다. 오늘날 자본주의 나라들에서 **인텔리겐차**의 압도적 다수는 임금생활자이며 임금생활자 중간층 내에서 상당한 집단을 구성한다. 인텔리겐차의 일부는 노동자계급에 근접하며, 반면 다른 일부——소위 상류계층——는 부르조아지에 속하거나 그것에 근접한다.

통틀어 최근 10년 동안 국가 및 경제에서 **임금생활자 중간층**(인텔리겐차 일부, 국가공무원 일부 등)이 차지하는 수와 비중이 증대했다. 동시에 그들은 자본주의 사회에서 증대하는 집중화와 그 사회적 작용, 생산과정에서의 결정적인 작용영역의 협소화 경향, 사회보장 축소 및 증대하는 사회적 불안정(경쟁 첨예화, 대규모 독점의 압력 증대, 고학력 실업)에 직면하게 되었다. 노동자계급은 이 계층과의 관계 형성과 그들의 행동통일 및 동맹 정책을 발전시켜냄에 있어 새로운 요구와 어려운 과제에 직면해 있다.

그러므로 자본주의 세계에서의 노동자계급의 발전은 전반적으로 특히 **질적인 요인들**의 **성장**으로 특징지어지고, 그것은 과학기술혁명에 의해 더욱 각인된다. 그들은 오늘날 자본주의 공업국에서 인구의 다수를 형성한다. 과학기술혁명과 함께 그들의 현대적 생산력 발전과의 직접적인 유기적 결합이 심화된다. 그들은 사회주의로의 이행을 위한 가장 본질적인 물질적 토대인 생산의 사회화의 강화 경향의 담지자이다. 자본관계의 국제화와 함께 노동자계급의 국제적 성격 또한 객관적으로 더욱 각인된다. 그들의 국제적 유동성 및 다국적 연관, 그들의 보편적 교육정도, 직업적 경험 및 이해의 다양성이 증가한다. 또한 노동자계급의 구성 또한 더욱 다양하고 복잡하게 된다. 그들의 현상형태가 심각한 변화를 겪는다. 내적 구조가 더욱 세분화된다. 과학기술혁명과 함께 나타나는 노동 및 노동시간의 '유연성'은 계급의 조직화에 있어 새로운 문제를 만들어낸다. 또한 노동자계급의 물질적 생활기준의 수준도 다양하게 단계지어진다. 그러나 동시에 노동자계급 개별 집단의, 자본에 의해 착취당하는 노동자계급이라는 **사회경제적 근본처지의 근접**이 이루어지는데, 그것이 그들의 공통적인 객관적 기본이해를 강화시킨다.

노동자계급은 국가독점자본주의에서도 그들의 객관적인 사회경제적 처지를 토대로 독점자본의 주된 대척자로서, 주생산력으로서, 일반민주주의적 및 혁명적 과제의 해결에 있어 결정적이고 일관된 사회적 세력으로 존재한다. 이 모든 것은, 노동자운동의 종말에 대한 부르조아적 예언과는 반대로, 이 운동의 발전 및 확장의 새로운 가능성을 열어준다.

계급투쟁 속에서 노동자와 봉급생활자의 정치적, 경제적 및 사회적 이해를 위해 투쟁하는 **자본주의 나라의 노동자운동**에는 노동자계급의 정치적 당, 노동조합, 또는 청년조직, 교육연맹, 그리고 노동자계급의 그때그때의 행동 및 캠페인 등을 이끄는 조직 및 연합들이 포함된다. 또한 자신의 이해를 관철시키기 위한 노동자계급의 이러한 운동 속에는 다양한 형태와 행동으로 아직 조직화되지 않은 노동자 및 봉급생활자도 참여하고 있다.

공산당은 노동자운동의 정치-이데올로기적 주력으로 또 그 혁명적 전위로 입증되고 있다.[3] 그들은 평화의 확보를 위한, 제국주의의 가장 침략적인 집단의 대결정책 및 중무장정책에 맞선, 근로인민의 사회적 및 민주주의적 권리의 옹호와 확장 그리고 사회적 진보를 쟁취하기 위한 계급투쟁과 다양한 대중행동에서 최전선에 선다. 변화된 투쟁조건하에서의 공산당의 전략적 구상 마련은 상이하게 진전되었다. 평화, 민주주의 및 사회적 진보를 위한 투쟁이 갖는 일련의 기본문제에 대해 쟁론이 있으며 여러 가지의, 부분적으로는 또한 상반된 견해가 있다. 자본주의 나라들의 다수의 공산당은, 직접적으로 생겨나는 그리고 또한 장기간의 과제를 해결하기 위한 그들의 전략과 전술을 오랜 과정에 걸쳐 발전시켜왔으며 또 새로운 문제와 요구에 대한 새로운 답변을 위해 노력하였다. 그러나 이 과정은 결코 완료된 것이 아니다. 이들 나라에서의 공산주의운동 전체가 제국주의의 강화된 압력, 증대하는 고립화 및 와해 기도를 저지하는 데 성공하였다. 복잡해져가는 투쟁조건하에서 그들은 그들 영향력의 확보 및 확장을 위해 노력한다. 그러나 이러한 과정은 개별 나라에서 매우 상이하게 진행된다. 70년대에는 자본주의 공업국들만 보더라도 공산당의 당원 수가 250만에서 360만으로 증가했다. 이러한 발전은 80년대에 들어와 같은 정도로 지속되지는 않았다. 오늘날 자본주의 공업국의 공산당은 약 320만 당원을 포괄한다. 이러한 퇴보의 원인은, 몇몇 당의 경우 70년대에 도달된 높은 당원 수의 성장이 확보될 수 없었고 (예를 들어 스페인공산당) 또 당의 후퇴경향 그리고 또한 분열경향까지 보였다는 점 등이었다. 전반적으로 여러 나라 공산당간의 협력은 제국주의에 맞선 평화확보 및 군축을 위한 투쟁 속에서 더욱 공고해졌다. 공산당의 영향력은 그 당원 수 및 잠재적 유권자 수에서뿐만 아니라, 특히 예를 들어 노동조합, 여러 대중행동 및 운동에서 차지하는 현실적인, 실천적인 비중에서 볼 수 있다. 민주주의운동에서, 그리고 노동조합, 청년 및 학생 연합체에서 여러 공산당의 영향력은 증대하였다.

자본주의 나라들의 노동자운동에는 또한 **사회당 및 사회민주당**도 속하는데, 그들은 대개 개량주의적 흐름을 대표하며, 사회주의인터내셔널에 속해 있다. 그들 대부분은 노동자계급 일부 및 나머지 근로인민에게, 그리고 여러 노동조합연합체에 크고 안정된 영향력을 행사하며 또 객관적으로 평화, 노동 및 민주주의를 위한 투쟁에서 주요한 한 세력이다. 그러나 자본주의 나라들의 사회민주주의는 그 자체가 잡다한 정치적 운동으로서, 그 속에는 대개 상이한 경향들이 반영되어 있다. 이 나라들의 여러 사회당 및 사회민주당에는 국가독점자본주의 지향의 안정화를 옹호하는 사람들이 상당한 영향력을 장악하고 있다. 다른 한편 80년대에 들어서면서 바로——제국주의의 가장 침략적인 집단의 정면대결정책 및 중무장정책의 첨예화 그리고 정치체제에서 보수세력의 전면부상이라는 조건하에서——사회민주주의 내의 평화정책적인, 민주주의적 및 반제적 잠재력이 성장하였다.

자본주의 나라들의 노동자운동에서 중요한 세력을 구성하는 것이 **노동조합**이다. 그 안에 1985년 현재 1억 6000만 명의 노동자와 봉급생활자가 조직되어 있으며, 그 중 자본주의 공업국에서만 해도 조직화된 숫자는 9800만에 이르렀다. 노동조합 조직화 수준은 선진자본주의 나라의 경우 전체 직업종사자의 평균 38%를 기록한다. 노동조합 조직화 정도는 개별 나라간에(예를 들어 미국 18.8%, 서독 42.0%, 노르웨이 44.0%), 또한 경제부문간에 그리고 노동자계급의 여러 집단간에도 커다란 차이를 보인다. 그리고 일반적으로 노동자계급의 핵심이 집중해 있는 독점대기업에서 가장 높다. 물론 노동자계급에 대한 노동조합의 실제 영향력은 그 직접적인 조직화 정도보다 상당히 크다. 임금인상률 대결, 파업 및 다른 대중행동에서 통상적으로 노동자 대다수가 노동조합을 지지한다. 비록 많은 자본주의 나라의 경우 통일된 노동조합운동이 없고 종종 지도부에서 개량주의 세력이 우위를 점하고 있지만, 통틀어 노동조합의 사회적 및 정치적 잠재력은 주목할만하다.

노동자계급의 확대된 **계급의식의 발전**은, 반공주의 이데올로기 및 정책, 사상적 조작 및 정치적 통합의 영향력에 맞선 지속적인 투쟁 속에서 이루어진다. 또한 제국주의와 기회주의 간의 객관적 연관성도 심화되었다. 그것은 오늘날 대부분 국가독점자본주의적 지배메카니즘을 매개로 작용한다. 분화된 정치구조, 자본주의 나라들의 노동자운동과 민주주의적 대중운동에서의 의식과 조직성의 매우 모순된 형성에도 불구하고 최근 10년동안 그들의 세력, 그들의 일국적 및 국제적 영향력은 증가했다.

투쟁조건의 발전

이러한 나라들에서 노동자운동의 **객관적인 투쟁조건**을 규정하고 또 그것에 영향을 끼치는 것은, 우리 시대의 **전쟁·평화 문제의** 역사적으로 **새로운 차원**, 그리고 평화, 민주주의, 민족독립 및 사회주의 세력에 유리한 쪽으로의 **국제적 역관계의 변화**(그 가장 중요한 토대는 현실의 사회주의의 힘과 그것이 세계정치에 끼치는 영향력이다), 그리고 **국가독점자본주의**의 확대발전, 그것의 모순, 독점자본의 현존하는 잠재력 및 정치적 전략의 전개이다. 통틀어 보자면 그로써 노동자계급 및 그 동맹자의 투쟁에 있어 새로운 가능성이 생겨났을 뿐만 아니라, 국가독점자본주의의 그 이상의 전개가 동시에, 평화를 사랑하는, 민주주의 및 반독점 세력의 투쟁에 반대로 작용하며 그것을 복잡하게 또 장기적으로 규정짓는 객관적인 요인들을 만들어내기도 하였다.[4)]

자본주의 나라의 노동자계급에게 결정적인 의미를 갖는 것은, 국제적 영역에서의 **사회주의 나라들의 영향력** 그리고 그와 결합된, 제국주의의 가장 침략적인 집단의 입지 축소가 그들 투쟁의 전제를 장기적으로 개선시킨다는 점이다. 그를 통해 제국주의의 반혁명적 잠재력이 객관적으로 축소되며 그 내적 분화가 증대되고, 제국주의는 그 분화에 새로운 행동조정 시도로써 강력히 대응한다. 동시에 이들 나라에서의 노동자운동과 민주주의운동의 투쟁조건은 갈수록 더욱 강하게 사회주의와 제국주의라는 두 사회체제간의 장기간에 걸친 역사적 경쟁에 의해 영향받게 된다.

그러나 자본주의 나라들에서의 노동자계급의 투쟁조건에 사회주의가 작용을 미치는 것은 단지 국제적 역관계의 변화에 의해서뿐만 아니라, 동시에 발전된 사회주의 사회의 형성에 있어서의 계속적인 진보 그리고 갈수록 강화되는 **그들 장점의 각인**에 의해서도 이루어진다. 여기에 또한 사회 진보를 위한 국제 노동자운동의 전세계적 노력에 대해 사회주의가 갖는 커다란 역사적 책임이 있다. 이러한 장점을 더욱 펼치는 데 얼마만큼 성공하느냐에 따라, 사회주의는 장기적으로 비사회주의권 세계의 노동자계급 속에 민주주의적 및 사회주의적 대안을 향한 그리고 독점자본주의적 이윤사회의 극복을 향한 투쟁을 촉진시키고, 또한 동시에 반공주의와의 공세적 대결을 더욱 필연적인 것으로 만든다.

다른 한편 제국주의, 특히 미국의 가장 침략적인 집단은, 70년대말부터, 무엇보다 정면대결정책 및 중무장정책에서 집중적으로 표현되는 새로운 세계전략으로 이행하였다. 그 때문에 국제정세는 80년대로의 이행과 함께 몹시 첨예화되었다. 이것은 자본주의 나라들에서의 노동자운동 및 민주주의운동의 투쟁조건에 심각하고도 장기적인 작용을 미쳤다. 역사상 유례가 없을 정도로 그들은 핵지옥 저지를 위한, 세계평화의 확보 및 제국주의의 가장 침략적인 세력의 퇴치를 위한 전세계적 투쟁 속에 놓이게 되었다. 그들은 이제까지 알지 못했던 그리고 동시에 매우 **특수한 책임**을 **평화투쟁**에서 갖게 되었고, 제국주의의 침략적인 집단의 핵심으로서의 **군산복합체**와 **직접적으로 맞서게** 되었다. 군비경쟁의 종식과 평화의 확보는 객관적으로 자본주의 나라들에서 혁명적, 그리고 모든 민주주의적 및 평화애호적 세력의 가장 우선적인 과제가 되었다. 이 전략적인 과제의 해결에 의해, 모든 다른 투쟁과제——노동, 민주주의, 환경조성——의 해결이, 그리고 노동자운동 및 민주주의운동 전반의 전망이 가장 밀접하게 좌우된다.

60년대말과 70년대초의 부르조아적 예언, 즉 자본주의는 이제 최종적으로 위기 없이 발전하며, 그것의 '결함'을 극복하고 과학기술적 진보를 사회적 진보로 전화시킬 것이라는 예언과는 달리, 자본주의에 본질적으로 내재하는 모순은 심화되었다. 선진자본주의 나라들에서 과학기술혁명이 급속도로 진전하였다. 그것은 제국주의의 경제적, 군사적 잠재력을 강화시켰다. 동시에 70년대에 제국주의의 증대된 경제적, 정치적 불안정의 시대가 개시되었는데, 그것은 80년대에도 지속되었다. 그것은 자본주의 체제의 외적 존재조건(국제적 역관계의 변화, 신식민지주의의 위기, 제국주의의 3대 중심간 모순)의 악화와 밀접한 관계를 갖고 있었다. 이러한 배경 속에서 자본주의의 일반적 위기의 발전에 있어 심각한 국면에,

도표 5 실업(생업활동인구에 대한 백분율)

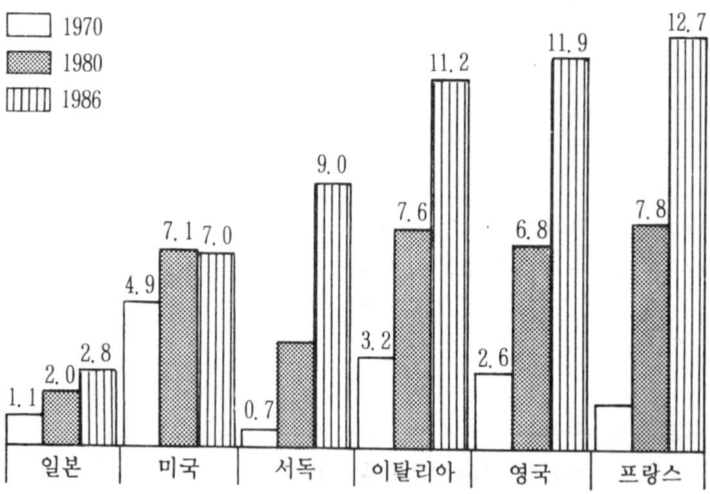

이 통계에서 고려해야 할 점은, 공식 자료는 실업의 일부만을 반영하고 있다는 것(예를 들어 단축노동자〔Kurzarbeiter〕는 포함되지 않았다), 그리고 노동조합은 더 높은 수치를 내놓고 있다는 것이다.

도표 6　서독의 실업자
(단위 천명, 연평균)

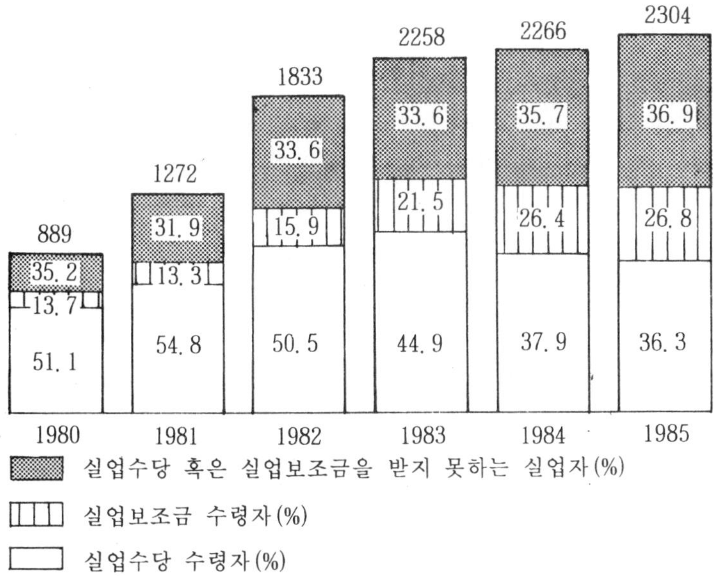

일반적인 위기과정과 주기적인 위기과정의 **새로운 유형의 뒤얽힘**에 이르게 되었다. 국가독점자본주의의 **경제적 위기과정**이 증대하였다. 다음과 같은 점들이 그것을 증명한다. 정규적인 주기적 위기(1974/75, 1980-83년), 다양한 구조위기, 팽배하는 대량 실업 그리고 젊은 세대의 전망 상실, 국제 자본주의적 금융 및 통화 관계 교란, 어마어마한 예산적자, 에너지 및 원료 부문의 위기, 증대하는 환경문제 등이 그것이다. 중무장은——보수적 이데올로그들이 주장하는 것과는 달리——이러한 위기로부터의 '탈출구'가 전혀 아닐 뿐만 아니라, 오히려 그것을 상당 정도 첨예화시킨다. 엄청난 국가부채(미국의 경우 연간 약 2천억 달러), 미국 무역수지의 상당한 적자(1987년 4천억 달러), 높은 실업률과 다양한 사회적 지출의 취소 등이 그것을 입증한다. (도표 5, 6과 일람표 8, 9)

적지 않은 자본주의 나라들의 경우 **정치적 불안** 현상이 심화되었다. 그것은 국가독점자본주의적 규제메카니즘의 위기현상과 숱한 통치 위기,

일람표 8 여성실업

1985년 실업자 백명당 여성

영국	31명	일본	41명
미국	44명	서독	44명
프랑스	48명	이탈리아	49명

이 수치에서 고려해야 할 것은, 예를 들어 서유럽의 경우 여성 구직자 중 단지 42%만이 실업으로 기록되었다는 점이다.

일람표 9 청년실업

1986년 실업자 백명당 25세 이하 청년

서독	23명	일본	25명
프랑스	34명	영국	36명
미국	38명	이탈리아	47명

지배체제의 당들간의 불안정한 세력관계 그리고 지배자와 광범한 대중간의 정치적 동의의 보다 강한 균열(특히 평화 및 안전 보장정책, 경제 및 사회 정책에서, 도래하는 가치변동에서) 등에서 표현된다. 그러나 선진 자본주의 나라들에서의 독점부르조아지의 정치적 권력은 결코 심각한 위협에 처해 있지 않다. 독점부르조아지의 영향력 있는 집단 그리고 보수진영 내의 그들의 정치적 대변자들은 70년대말과 80년대초부터 장기적으로 설계된 전략으로 위기 및 취약화 과정에서 벗어나는 반동적 탈출구를 관철시키는 쪽으로 이행하였다. 지배체제 내의 가장 침략적이고 가장 반동적인 집단의 영향력은 많은 나라에서 분명하게 증가하였다. 미국의 경우 그들은 결정적인 권력지위까지도 직접 장악할 수 있었다.

노동자계급 그리고 더 나아가 모든 근로인민은 80년대초부터, 중무장 및 전쟁 부담을 그들의 어깨에 지우고, 그들의 사회적 및 민주주의적 기본권리를 축소하고, 급기야 노동자계급의, 특히 노동조합운동의 투쟁력을 분쇄시키기 위한 이러한 세력들의 공세에 직면해 있다. 노동자운동과 모든 민주주의 세력은 이 상황 속에서, 그런 유의 **반동적인 '탈출구'를 저지하고**, 보수정책의 우경화를 중지시키며 또 평화적인, 사회적 및 민주주의적 탈출구를 위한 전제를 쟁취해야 하는 전략적 **과제** 앞에 서 있다. 그로써 그들의 대안, 행동통일 및 동맹 정책에 대한 새로운 요구가 제기된다. 자본주의에서의 모순의 심화는 노동자계급의 보다 많은 부분에서 전투 준비를 유발시키고 또 민주주의적 저항 잠재력을 전반적으로 성장시키는 토대를 형성하는, 사회적·정치적 갈등소재의 축적을 야기시켰다. 그러나 사회적 모순의 첨예화는——자본주의 나라들에서의 실제가 보여주듯이——결코 노동운동 내의 좌익적 발전을 자동적으로 야기시키지는 않았다. 자본과 노동 사이의 구체적인 세력관계에 따라 그리고 노동자운동 내 주체적인 요인의 성숙에 따라 정반대로, 그 위기현상과 보수적인 국가, 경제 및 사회 정책에서 비롯되는 부정적인 요인이 민주주의 투쟁의 새로운 발단점 및 가능성을 일시적으로 혹은 또한 장기적으로도 뒤덮을 수 있다. 거기에 덧붙여, 독점자본은 여전히 상당한 그리고 많은 면에서 또한 더욱 성장하는 과학기술적, 경제적, 정치적 및 군사적 잠재력을 수중에 장악하고 있으며, 그것을 의도적으로 계급대결에 배치시키고 그럼으로써 자신의 계급적대자에 대한 장·단기적 우월성을 변통할 수도 있다.

무엇보다 과학기술적 진보의 가속화와 집약화로부터 이윤 상승을 위한, 그리고 경제적 및 정치적 권력의 완성을 위한 새로운 원천이 개척되기 마련이고 또 노동자계급과 그들의 노동조합은 이러한 **'사실강제'**에 종속된다.[5] 실제로 이 과정은 사회적 노동생산성의 강력한 상승과 자본이 창출하는 이윤량의 증대를 가져온다. 그것은 지배집단에게 거듭 새로운 활동의 여지를 마련해준다. 또한 독점자본은 새로운 테크놀로지를 의도적으로, 작업장의 '무인 합리화', 착취의 강화(잉여가치율의 상승), 노동시간의 '유연화', '대여노동' 및 임시고용의 도입 그리고 전자감시체제의 고안을 수단으로 한 성과의 급속한 증대, 그리고 그에 못지 않게, 노동조합적 권리(파업권, 결정참여권, 임금자율제, 기업 내 노동조합활동)를 제한하거나 철폐시키려는 구체적인 시도에 활용한다.

그럼으로써 노동자계급의 **존재 및 투쟁 조건**은 의문의 여지 없이 **복잡해진다**. 자본주의적 관계하에서의 과학기술적 진보의 이러한 사회적 작용에 맞서 노동조합은 그동안 더욱 강력히 투쟁을 벌여왔다. 동시에 과학기술적 진보를 통해, **노동자계급**이 민주주의 투쟁에서 그들의 사회적, 문화적 및 정치적 이해를 관철시킬 수 있는 **새로운 가능성** 또한 객관적으로 생겨난다. 투쟁조건의 발전은 이에 못지 않게 본질적으로, 독점자본의 경제적, 정치적 및 군사적 권력이 더욱 뒤얽히는 것과 그것의 높은 수준의 집적에 의해 각인되며, 그것을 통해 독점자본은 또 반제투쟁을 억누를 수 있는 그 이상의 수단을 갖게 된다. 국제독점의 형성——그것은 1986년 자본주의 나라 공업생산의 거의 40%, 무역의 약 60% 그리고 테크놀로지 잠재력의 75% 이상을 지배했다——, 제국주의적 통합의 진전(예를 들어 EC), 그리고 군사동맹(예를 들어 NATO)의 확장과 더불어 오늘날 노동자운동은 국제적으로 조직되어 선동하는 상대와 맞서게 되었다. 노동자운동 및 사회적 진보에 맞선 그들의 일치된 투쟁 가능성은 여러 제국주의 권력중심간의 모순과 차이에도 불구하고 과소평가해서는 안된다. 노동자운동은 자신들의 투쟁의 상응하는 국제화로써 이러한 전개에 대응해야 한다. 노동자계급 및 다른 민주주의운동의 투쟁조건에 있어 국가독점자본주의의 **정치적 지배체제**의 구체적인 형성은 갈수록 그 의미를 더해갈 것이다. 정치적 불안에도 불구하고 독점부르조아지는 전과 마찬가지로 팽팽하게 조직된 정치적 지배메카니즘을 장악하고 있으며, 그것은 통틀어 여전히 온전하며 또 행동력을 갖고 있다. 이것은 **국가**(즉 무엇보다 행정부, 관료기구, 군대, 경찰, 사법부, 비밀정보부, 의회, 교육제도)로, 그것과 내용적, 조직적으로 뒤얽힌 **독점연합체의 정치기구**(**특히 경영자연맹**)**로**, **독점자본주의적 질서와 결합된 당**으로 그리고 **이데올로기적 권력기구**(특히 대중매체)로 구체화된다. 독점부르조아지는 그 어느 때보다도, 그들의 정치적 지배체제 전체를 확보하고, 그것을 민주주의 세력의 가능한 영향력으로부터 더욱 보호하며 또 그것을 체제대결 및 국내 계급투쟁의 새로운 조건에 적응시키고자 혈안이 되어 있다. 그것은——각각의 자본주의 나라마다 차이가 있지만——무엇보다 권력기능을 '행정수반'에 집중시키는 것, 억압기구를 강제로 확장하는 것, 군산복합체가 대내외 정책에 끼치는 영향력이 증대하는 것, 입법부의 권한과 근로인민의 민주주의적 기본권이 축소되는 것, 권위적 보수주의 세력이 확대 형성되는 것, 주요 자본주의 공업국이 정치적으로 우경화되는 것 등에서 표현된다. 그들이 추구하는 이러한 우경화는 동시에 이데올로기적으로 관철되고 또 '확보'되어야 한다. '정신-도덕적 전환'이라는 신보수주의 정책에서는 무엇보다 새로운 정보 및 커뮤니케이션 기술이 다양한 통로의 대중조작에 활용되기 마련이다.

그것은 레닌이 발견한 제국주의의 정치적 반동 경향, 민주주의 거부 경향을 명확히 입증해준다. 동시에 "민주주의를 거부하는 제국주의와 민주주의를 추구하는 대중 사이의 적대"[6]가 심화된다. 두 경향 사이의 균형은 언제나 동일하지 않고, 항상 변화하는 일국적 및 국제적 세력관계에 좌우된다. 그러나 **정치적 반동으로의 객관적인 경향**은 제국주의의 새로운 전략적 존재조건하에서 불균등하게, 전보다 비교가 안될 만큼 더욱 **반작용**을 받게 된다. 그렇게 변화된 세력관계는 제국주의로 하여금 지배확보의 형태, 수단 및 방식의 선택에 있어서도 정치적 양보를 하게끔 강제한다. 독점자본의 영향력 있는 집단과 그 대표자의 반민주주의적 정책은 평화를 애호하는 민주주의 세력의 갈수록 늘어나는 저항에 부딪히게 된다. 그러므로 오늘날 인민대중이 민주주의적 기본권 및 자유의 철폐, 그리고 독점자본의 가장 반동적인 세력의 공공연한 독재 확립을 저지할 가능성은 더욱 커졌다.

전과 마찬가지로 제국주의 지배정책은 레닌이 성격 규정한 **부르조아적 권력 유지의 두 가지 기본방식**의 틀 속에서, 즉 "폭력의 방식……노동자운동에 대한 일체의 양보를 거부하는 방식"과 "정치적 제권리를 확대시키는 방향으로, 개량, 양보 등의 방향으로 나아가는 '자유주의'적 방식"[7]의 틀 속에서 움직인다. 두 방식 모두 인민을 억누르기 위한 **단일한** 지배전략의 구성부분이다. 그 둘은 서로를 배제하지 않으며, 오히려 상호 관통하고 지지하며 상호 가능케 한다. 이 두 기본방식의 사용에 있어 그때그때의 비중은 구체-역사적인 조건과 매우 밀접하게 결부되어 있다. 자본주의의 체제 내적인 모순의 심화와 주요 제국주의 세력이 사회주의 공동체에 맞선 노골적인 정면대결노선으로 이행한 것과 관련하여 70년대 후반부터 많은 제국주의 나라들에서 독점부르조아지가 보수적이고 강압적인 지배유지 및 지배행사 형태로 보다 강하게 전환한 것은 특기할만하다. 그러나 또한 변화된 조건하에서 독점부르조아지는 양보, 부분개량, 통합 등 전반적으로 '은폐된' 형태의 권력행사 수단을 원칙적으로 포기하지 못하는 자신을 보게 된다. 거기서 노동자계급 및 모든 근로인민을 억누르기 위한 구체적인 경로, 수단 및 방식에 관한 다기한 견해가 지배세력 사이에 존재한다. 공산당과 다른 민주주의 세력은 그들의 전략과 전술을 확정함에 있어 이것을 고려하며, 그들 투쟁의 주요타격방향을 긴장완화에 적대적인, 권위적이고 반동적인 독점부르조아지로 삼는다.

결국 자본주의 나라들에서의 노동자운동과 민주주의운동은 심각하게 변화된 존재 및 투쟁 조건 앞에 서 있다. 그 전체 경향에서 이 조건은 70년대와 비교해볼 때 많은 점에서 더욱 복잡해졌다. 동시에 근로인민의 보다 확대된 투쟁을 위한 새로운 출발점과 가능성이 형성된다. 새로운 조건은 노동자운동과 민주주의운동에 새로운 과제와 새로운 요구를 제시한다. 장기적으로 다음과 같은 투쟁들이 분명하게 중심에 서게 된다.

———핵지옥 저지, 평화의 보장, 군비경쟁의 종식, 군축, 그리고 민주주의적 안전보장정책을 위한 투쟁.

———대규모 실업의 극복을 위한, 그리고 테크놀로지 발전의 자본주의적 사용에 대한 현실주의적 대안의 정책을 각별히 고려하면서, 자본주의의 다양한 위기과정으로부터 벗어나는 민주주의적 경로를 관철하기 위한 투쟁.

———생태학적 위기 퇴치와 민주주의적 환경정책 관철을 위한 투쟁.

2. 평화, 노동, 민주주의 및 환경을 위한 투쟁

노동자운동과 새로운 민주주의운동

무엇보다 60년대에는, 계급대립이 수평화되고 계급투쟁이 사라지며, 또 노동자계급은 발전하고 있는 '현대 산업사회' 속으로 점차 통합될 것이라고 예견한 부르조아 이론이 완전히 붐을 이루었었다. 다양한 현상형태들이 이 이론의 예증으로 인용되었다. 그렇지만 부르조아 이데올로그들이 느꼈던 죽음 직전의 쾌감은 자본주의 세계의 사회적 현실에서 그 어떤 뒷받침도 찾지 못했다. 심각한 주기적 위기가 발발하고 그것이 자본주의의 일반적 위기와 특수하게 뒤얽힌 것은 **60년대말/70년대초 이래 노동자계급 및 다른 민주주의 세력의 발전**의 배경을 이룬다. 그것은 어디에서 표현되는가? 그것의 본질을 이루는 것은 무엇이며 그것의 모순적인 그리고 부분적으로는 대립적이기까지 한 경향은 무엇인가?

첫째, 자신의 직접적인 이해를 관철시키기 위한 근로인민의 다양한 **파업** 그리고 다른 **항의 및 투쟁 행동**은 이 발전의 전형적이고 또 결정적인 특징이다. 선진자본주의 나라들의 경우만 보더라도 근로인민의 파업 및 기타 대중행동에 참여한 사람들의 숫자는, 1919-39년 7400만 명(연평균 370만 명), 1946-60년 1억 9200만 명(연평균 1300만 명) 그리고 1961-70년 3억 6800만 명(연평균 3700만 명)이었고, 70년대에 들어서서는 매년 약 5000만 명이 이 투쟁행동에 참여했고, 80년대초에 그 숫자는 6000만 명이 넘었다. 이러한 수치는 이 행동의 대중적 성격이 증대했다는 것, 그리고 자본주의의 일반적 위기의 첫 단계 및 두번째 단계와는 달리 이 투쟁행동이 오늘날 계급대결의 **지속적인** 요인으로 되는 경향이 있다는 것을 증명한다. 1974/75년의 주기적인 자본주의 세계경제위기조차도 노동자계급의 행동을 본질적으로 축소시킬 수는 없었다. 한편 1980-83년의 주기적 위기는 다르게 작용했는데, 이 기간중에는 파업투쟁의 퇴보가 일어났다. 여기서 나타났던 것은(그리고 부분적으로는 오늘날에도 여전히 나타나고 있는 것은) 무엇보다 거의 10년간 지속된 혹은 증대해온 대량 실업의 **규칙적** 작용과 보수주의적 억압정책의 증대하는 정치적 압력이었다. 그럼에도 불구하고 주기적인 위기를 무릅쓰고 투쟁 및 파업 준비가 존재했으며, 또한 많은 나라에서 대중행동이 있었다.

이 투쟁의 전형적인 특징 중의 하나는 그 **사회적 토대가 확대일로에 있다**는 점이다. 공업노동자층 외에도 오늘날——형태와 강도는 다양하지만——다른 부분의 노동자계급도 이 투쟁행동에 참여하고 있다. 특징적인 것은 교사와 교육담당자, 사회보장부문, 보건업, 대중매체, 교통 및 수송업 종사자와 같은 이른바 공공서비스 종사자들이 보다 큰 규모로 사회적 대결에 참여하고 있다는 점이다.

더 나아가 이 발전의 가장 주목할만한 특징은 전통적인 파업형태 외에 **다양한 새로운 투쟁형태**가 구사된다는 점에 있다. 그것은 노동자계급이 더욱 어려워진 조건하에서도 높은 투쟁결의를 갖고 있다는 점을 증거한다. 독점자본의 증대하는 압력으로 말미암아 대규모 노동조합적 **평면파업**의 작용력이 좁혀진 터이므로, 많은 다른 형태의 노동조합적 대중투쟁이 실행되었는데, 예를 들어 연대파업, 전국적 행동통일, 유기한 총파업, 대중시위, 집회, 회합 등이 그것이다. 또한 이러한 근거에서 직접적인 파업참여자의 숫자는 투쟁행동과 투쟁결의의 규모 혹은 질을 단지 제한적으로만 표현할 뿐이다. 서독의 경우 예를 들어 금속공업노조는 최초로 1981년 임금인상률협상에서 '새로운 기동성'이라는 전술 개념을 사용했는데, 그것은 집회, 시위, 유인물 행동, 홍보대 설치 및 기타 형태의 여론작업과 결합된 조직적인 경고파업이었다.

이 계급투쟁은 또한 **그 내용의 변화**에 의해서도 특징지어진다. **임금투쟁**이 전과 마찬가지로 높은 위상을 지니지만, 70년대 중반부터는 50년대 및 60년대와 달리 근로인민의 생활수준에 대한 독점자본의 증대하는 공격에 맞서 무엇보다 실질임금을 확보하는 것이 중요하게 되었다. 노동조합적 행동의 전면에 보다 강하게 부각되는 것이 **실업에 맞선 투쟁**이다. 또다른 요구들은 국가적 및 기업적 사회보장의 축소에, 그리고 착취의 강화에, 또 노동조합적 및 다른 민주주의적 권리의 제한에 맞서는 것을 지향한다. 임금대결의 내용 또한 무엇보다 과학기술적 진보의 진전 및 자본주의적 집약화와 연관하여 확대된다. 합리화조치로부터의 보호, 일자리와 인간다운 노동조건의 보장, 재교육 및 확대교육 가능성 등에 대한 요구가 강하게 제기된다. 대결은 새로운 투쟁조건하에서 더욱 격렬해졌다. 국가와의 협력하에 기업가들은 대규모 폐업, 해고, 경찰력 투입 등의 수단에 강하게 의존한다. 계급투쟁의 경험은, 오늘날에는 50년대 및 60년대와 비교해볼 때 더 적은 사회적 성과를 쟁취하는 데에도, 노동자측의 더 많은 투쟁과 더 많은 참가 준비를 요구한다는 것을 보여준다. 통틀어 이러한 다양한 행동에서 **경제적 요구와 정치적 요구의 보다 강한 상호침투**가 있게 되었다. 투쟁의 정치적 성격이 경향적으로 증대한다. 이미 직접적인 사회경제적 요구와 행동이 국가독점적 경제 및 사회 정책과 충돌상태에 처해 있다. 자본주의에서 과학기술적 진보의 구체적인 활용을 위한 투쟁은 이러한 발전경향을 강화시킬 것이다. 많은 행동은 오늘날 또한 직접적인 정치적 원인, 즉 제국주의의 가장 침략적인 세력의 정면대결 및 중무장 전략, 보수적인 사회 및 경제 정책, 민족적 및 인종적 차별 때문에 발생된 것이다.

둘째, 자본주의 나라들의 대결에 있어 가장 주목할만한 발전경향은 80년대초 이래로 **평화, 긴장완화 및 군축을 위한 민주주의 행동의** 명백한 **성장**이다. 전과 비교해서 새로운 점은, 핵지옥에 맞선, 평화의 방어를 위한 투쟁이 이 나라들에서 가장 광범한 프롤레타리아 및 비프롤레타리아 세력을 정치적으로 민감하게 만들었고, 또 그것이 하나의 대중운동으로 되었다는 사실이다. 역사적으로 새로운 질의 평화운동이 생겨났다. 그것은 사회의 모든 계급과 계층에 도달하였다. 그것은 비당원, 공산주의자, 조합활동가, 사회민주주의자, 녹색당 및 대안론자, 자유주의자, 평화주의자 및 심지어 보수주의자까지 포괄한다

이러한 전대미문의 사회적, 정치적 넓이는 당연히 구체적인 세계관적, 이데올로기적 평화동기에 있어 커다란 내적 차이를 조건짓는다. 그러나 거기서 특징적인 것은, 공통분모(동의)가 거듭 관철된다는 점이다. 아니 그 이상이다. 정면대결 및 중무장 노선에 대한 대안적 요구가 갈수록 분명하게 형성된다. NATO의 공식적인 '위협전략'——전에는 널리 근로인민들한테까지 먹혀들었던——도 갈수록 광범한 저항에 부딪히게 된다. 사회민주당들, 특히 독일사회민주당의 평화 및 안전보장 정책에서도 심각한 변화가 이루어졌고 지금도 그렇다. 투쟁행동 및 투쟁형태가 다양하고 독창적이다. 매우 상이한 형태로 확대발전해가는 이러한 평화투쟁이, 여론에, 국내정치적 세력관계에 그리고 부르조아 정부의 정책 자체에 미치는 영향력은 80년대에 들어 강화되었다.

세째, 70년대 후반 이래, 또한 특히 80년대초 이래, **새로운 민주주의운동**이 형성된다. 거기서 중요한 것은——바로 상술한 평화운동 외에——자연환경보호를 위한 운동, 여러 '대안운동', 지역 및 지방 차원의 수많은 시민운동 그리고 여러 소수민족운동이다. 여성 및 청년 운동과 같은 전통적인 민주주의운동은 새로운 토대 위에 정립되며, 새로운 요구를 제기하고 또 마찬가지로 많은 새로운 투쟁형태를 구사한다. 이러한 운동은 국가독점자본주의의 새로운 내적, 외적 존재조건을 배경으로 전개되며, 또 자본주의에서 광범해진 사회적 및 정치적 갈등 잠재력의 표현이다. 그것은 핵전쟁위협, 환경파괴에 의한 인간과 자연의 위협, 사회보장축소

및 주택부족, 교육빈곤 그리고 보건업의 시장화, 여성, 외국인, 장애자, 소수인종 차별, 권위주의적 국가통제, 감독 및 감시, 신파시스트적 위협, 발전도상국의 신식민지주의적 착취 등에 저항한다. 항의는 갈수록 빈번하게 이미 구체적인 민주주의적 대안과 결합된다. 그 이데올로기적, 정치적 입장——그것은 종종 쁘띠부르조아적이거나 급진적 민주주의적, 좌익사회주의적, 기독교적·인본주의적 혹은 또한 공상적 사회주의적 영향을 받는다——과 사회적 구성——임금생활 중산층이 다수인——의 그 모든 모순에도 불구하고, 그들은 오늘날 이미 상당한 급진적 민주주의적 및 경향적인 반제적 세력이다.

일람표 10 새로운 민주주의운동(발췌)

평화운동
환경운동(예를 들어 '녹색평화' '지구의 벗', 녹색당')
대안적 생활양식을 위한 운동
제3세계운동
시민운동
시민권운동
실업자운동
외국인노동자운동
소수민족운동
무주택자운동
자주적 혹은 페미니즘적 여성운동
노인운동 (예를 들어 '회색 표범')
육체장애자 및 정신장애자 운동

투쟁형태
집회
시위
전시회
서명운동
합법적 청원운동
소비자 스트라이크
비폭력 블록운동
거리극
록 공연
협동조합자조회
대안적 도시 및 지방 신문
커뮤니케이션센터 등

그들의 힘 그리고 전반적으로 그들의 전망은 조직화된 노동자운동과의 밀접한 동지적 협력에 의해 결정적으로 좌우된다. 특히 실제적인 협력 속에서 양측에 아직 존재하는 제한이 더욱 제거될 수 있다. 여기에 또한 공산주의자의 커다란 책임이 있는데, 그들은 이를 위해 항상 목적지향적으로 노력한다. 많은 자본주의 나라에서 노동자운동과 새로운 민주주의운동의 공동행동이 증대하였다.

우경화에 맞서——민주주의적 대안을 위하여

노동자운동 및 새로운 민주주의운동의 행동과 투쟁, 그리고 조합활동가, 사회주의자, 사회민주주의자, 대안론자, 녹색당원 및 좌파자유주의자들의 강령적 언명에는 상이한 요구들의 광범한 스펙트럼이 형성된다. 그러나 그것들은 그 총체로서 보수적 사회정책 및 경제정책에 대한 민주주의적 대안을 구체화하는 것이다. 또한 공산당도 최근 들어 새로운 조건 및 요구에 상응하는 민주주의적 대안강령을 확대발전시켰다. 특히 민주주의적 대안정책의 주요영역——평화, 노동, 민주주의, 환경——에서는 다른 민주주의 세력 및 그들의 요구와의 많은 연결점 및 일치가 존재한다.

대안은 통상적으로 가장 긴박한 사회적 문제를 근로인민의 이해에 맞게 구체적으로 해결하는 것을 지향한다. 공산당은 이러한 대안을, 그것이 광범한 대중에게 다가가게끔 그리고 이해하기 쉬운 방향으로, 그것이 무엇보다 노동자계급 및 광범한 민주주의 동맹의 행동통일을 촉진하게끔 하는 방향으로 발전시키고자 노력한다. 또한 그들은 많은 다른 진보적 세력과 함께 모든 민주주의 세력 공동의 대안강령의 마련에 혹은 그들 사이의 의견조정에 이를 수 있도록 커다란 노력을 기울인다. 그러나 이제까지 그것이 이루어진 경우는 드물었다.

무엇보다 평화 및 군축을 위한 실천적 행동 및 운동에서 오늘날 이미, 제국주의의 가장 침략적인 세력의 정면대결 및 중무장 노선에 대한 공동의 민주주의적 대안의 중요한 요소들이 형성되었다.

거기에 속하는 것은 다음과 같은 사항에 대한 요구들이다.

———국제적 및 민족적 안전보장의 기본전제로서 새로운 긴장완화국

면의 개시.

———우주공간의 군사화 저지.

———군비경쟁의 중지, 우선 무엇보다 핵 지역에서의 효과적인 군축 조치.

———군사비를 줄이고 남는 자원을 일자리 창출을 위해, 그리고 기타 사회적, 특히 지구적 문제의 해결에 사용하는 것(발전도상국에서의 기아와 저개발의 극복을 위한 투쟁, 환경보호 등).

———대안적인 안전보장 구상(침략적인 미국의 군사원칙과 NATO의 위험한 위협전략을 거부하는 것, 공동의 안전을 조직하는 것을 목적으로 하는 동서간의 안전동반관계의 관철).

소련 및 사회주의 공동체의 평화 및 군축 창도는 자본주의 세계의 광범한 세력들에게서도 전례가 없을 정도의 커다란 호응과 지지를 받고 있는데, 왜냐하면 그것은 **모든** 민족과 **모든** 인류의 삶이해에 상응하며 또 **모든** 국가의 대등한 안전을 추구하기 때문이다.

사회 및 경제 정책의 영역에서는 대중실업의 축소와 극복 그리고 노동할 권리의 관철이 중심에 위치한다. 몇십 년에 걸쳐 항구히 존속해온 실업을 감소시키기 위하여, 국가적 고용계획에 대한(예를 들어 서독의 경우 독일노조연맹과 독일공산당은 그것을 위해 군비삭감 및 초과이윤에 대한 중과세 등의 방법으로 500억 마르크의 기금을 조성하라고 요구했었다), 주노동시간의 단축에 대한, 사회적 주택 건설, 보건시설, 공공 및 사회 서비스, 직업교육 및 확대교육의 확장에 대한 요구가 제기되었다. 과학기술적 진보의 빠른 진전과 함께 노동자계급은, 이에 대한 독자적이고 또 설득력 있는 대안을 발전시켜야 할 요구 앞에 서게 됐으며, 지금도 그렇다. 이것은 생산력 발전의 합법칙성과 서로 떼어놓고 생각할 수 없지만, 그러나 이윤논리에 대한 일차적 지향에 대항하여 노동하는 인간의 이해와 필요가 보다 강하게 중심에 부각되어야 한다. 과학기술혁명의 자본주의적 활용에 대한 민주주의적 대안의 마련에 있어 주목할만한 진전이 있었음에도 불구하고 노동자운동은 통틀어 80년대 중반에 이르기까지 아직도 완결된 구상을 수중에 갖고 있지 못하다. 이러한 문제들에 대해 형성되고 있는 대안의 주요한 요소와 요구는 다음과 같은 것들이다. 즉 합리화로부터 보호받는 협정, 재교육 및 확대교육 조치, 변화하는 노동 조건 및 내용에 노동조합이 영향력을 행사하는 것, 기업에 새로운 테크놀로지를 도입함에 있어 공동으로 결정하는 것, 테크놀로지, 구조 및 투자 정책에 관한 국가의 결정에 영향력을 행사하는 것 등이다.

기존의 사회적 문제는 노동자계급으로 하여금, **경제정책** 전체에 대한 독자적인 대안을 발전시키도록 강제한다. 거기서 중요한 것은 경제의 여러 차원에서 근로인민과 노동조합이 결정에 참여할 권리를 요구하는 것, 국가부문의 유지와 그 민주화, 대은행 및 일정한 대독점그룹의 국유화, 경제 및 투자 정책의 민주주의적 개입을 위한 조치들이다.

정치적 지배체제 및 그것의 새로운 권위주의적 및 반동적인 경향과의 구체적 경험은, 인민의 대다수에게 **더 많은 민주주의를 위한**, 더 큰 영향력을 위한, 국가 및 사회에서의 더 많은 결정참여권을 위한 **투쟁**이 자본주의 나라들에서의 계속적 발전의 한 핵심문제로 되었다는 사실을 일깨웠다. 공산주의자는 다른 진보세력과 공동으로 독점자본의 가장 반동적인 집단의 공격에 맞선 사회적 및 민주주의적 기본권의 방어와, 부르조아 민주주의 제도(예를 들어 헌법, 의회, 선거)의 온전한 활용, 새로운 형태의 민주주의적 공동의결과 공동결정 그리고 **시민**운동과 인민설문 및 인민결정을 옹호한다. 공산주의자들은 다양한 반공주의적 중상모략과는 반대로 민주주의적 권리를 결코 과소평가하지 않는다. 그들은 오히려 근로대중을 위한 실제적인 민주주의적 권리와 자유에 최고의 이해를 갖는다. 그것은 결코 전술적인 문제가 아니고, 그들 세계관 및 그들 정치적 목표의 민주주의적 및 휴머니즘적 본질, 그리고 그들의, 모든 민주주의적 및 휴머니즘적 세력과의 결합성에서 파생되는 것이다.

갈수록 강하게 첨예화되는 다양한 생태학적 위기로 성장전화한 환경문제 또한 공산주의자의 대안정책에 새로운 요구를 제기한다. 모든 사회세력과 마찬가지로 공산당 또한 생태계문제에 보다 많은 주의를 기울여야 한다. 그들은 독점적 이윤 극대화와 증대하는 환경위협 사이의 밀접한 연관성을 지적하며 점차 **민주주의적 환경정책**을 위한 대안을 발전시켜낸다. 오늘날 거기에 속하는 것은 에너지 및 원료 절약형 테크놀로지와 순환테크놀로지, 손상된 자연환경의 포괄적인 회복, 환경보호에의 보다 많은 투자, **목적의식적인 환경연구**, 환경계획 및 도시개발 등에 대한 요구들이다. 목적은 인간의 삶의 질을 개선하는 것으로 되어야 한다.

민주주의적 대안의 관철——어떤 영역에서건——은 다양한 투쟁 없이, 자본주의 사회에서의 세력관계의 변화 없이, 그리고 민주주의적 개혁 없이는 가능하지 않다. 여러 자본주의 나라에서의 실제적 대결을 통해 알 수 있듯이, 구체적인, 새로운 요구에 상응하는 민주주의적 대안은 노동자운동 및 민주주의운동을 강화시키고, 사회에서 그들의 영향력을 높이며, 그리하여 우경화를 중지시키고 민주주의적 전환을 향한 조치를 도입할 수 있는 기본적인 전제를 점차 창출해낸다. 민주주의적 대안의 점진적 관철을 위한 결정적인 토대는 대중투쟁의 보다 고도의 발전과 노동자계급의 행동통일 및 광범한 민주주의 동맹이다.

노동자계급의 행동통일

노동자운동 내의 그 어떤 정치적 세력도, 노동자계급이 직면하고 있는 현안인 실제적, 포괄적인 장차의 과제를 단독으로 해결할 수는 없다. 노동자계급은 오로지 분열을 극복하고 협력해야만, 정치적 세력으로서 온전하게 작용력을 행사할 수 있고, 평화, 민주주의 및 사회주의를 위한 투쟁에서 자신의 책임을 다할 수 있으며, 또 자신의 의식과 자신의 투쟁력을 뚜렷하게 높일 수 있다. 노동자계급의 행동통일은 동시에 광범한 민주주의 동맹의 형성 및 공고화에 있어 결정적인 의미를 가지며, 역으로 민주주의 동맹은 노동자계급의 행동통일에 촉진제 역할을 한다. 이론과 실천에서 공산당은, 행동통일 정책이 전술의 문제가 아니고, 일시적 성격을 갖는 것도 아니며, 오히려 평화, 민주주의 및 사회주의를 위한 투쟁에 있어 그들 전략 전체의 주요 구성부분이라는 사실에서 출발한다. 이 정책은 오랜 역사적 전통을 갖고 있다.

행동통일 정책은 이미 맑스와 엥겔스에 의해 기초가 잡혔고 특히 제1인터내셔널(1864-76년)에서 실현되었다. 그것은 레닌에 의해 제국주의의 새로운 조건하에서 확대발전되었다. 볼셰비키당의 경험을 지주로 삼아 그는, 위대한 사회주의 10월혁명 이후 기회주의에 의한 노동자계급의 분열에 맞선 투쟁에서 생겨난 자본주의 나라들의 공산당이 행동통일, 특히 공산당과 사회민주당의 행동통일의 창출을 지향하는 정책을 마련하게끔 도와주었다. 복잡한 과정 속에서 당들은 제국주의 및 자본주의적 착취에 맞선 투쟁에서의 행동통일을 위한 노력의 경험을 일반화하였다. 행동통일을 창출하는 데 성공한 경우, 노동자계급은 커다란 성과를 쟁취하였다(예를 들어 1920년 독일에서의 카프반란 진압, 1934년 프랑스에서의 파시즘 퇴치). 독일에서 부상하던 파시즘에 맞선 투쟁에서 행동통일이 이루어지지 않았던 것은 독일 독점부르조아지의 가장 반동적인 집단이 파시스트 독재를 확립하는 것을 용이하게 해주었다(1933년). 코민테른은 노동자계급의 행동통일을 또한 국제적으로도 창출해내기 위해 커다란 노력을 기울였다. 30년대초 이래 변화된 투쟁조건에 상응하여 코민테른 제7차 세계대회는 35년, 파시즘 및 제국주의적 전쟁위험에 맞선 투쟁에서 노동자계급의 행동통일을 창출하기 위한 정책을 마련하고 또 반파쇼 인민전선을 창출하기 위한 정책을 기초지었다. 코민테른 제7차 세계대회의 결의, 독일의 반파쇼투쟁 및 다른 공산당의 경험에서 출발하여, 독일공산당 브뤼셀 당대회는 35년, 파시스트 독재의 타도 및 전쟁위협의 저지를 위한 투쟁에서 독일 노동자계급 전체의 행동통일을 만들어내고 반파쇼 인민전선을 창출하는 것을 독일공산당의 중심과제로 선언하였다. 파시즘에 맞선 저항투쟁에서 많은 나라의 경우 행동통일이 크게 부흥하였다. 코민테른 제7차 세계대회가 마련한 정책은, 인민이 파시즘으로부터 해방된 후 국제 노동자 운동의 통일성이 강화되고, 유럽의 인민민주주의 나라들에서 노동자계급의 행동통일이 이루어지며 또 맑스-레닌주의를 토대로 노동자계급의 정치적 통일이 진전되는 것을 가능케 해주었다. 그것은 이러한 나라들의 경우 농민 및 나머지 근로인민계층과 동맹한 노동자계급이 정치권력을 획득하기 위한 결정적인 전제였다. 오늘날의 동독 지역에서 독일공산당과 독일사회민주당의 행동통일의 결과로 그들은 독일통일사회당으로 통합되었다. 노동자계급 분열의 극복과 농민 및 다른 민주주의 세력과의 강고한 동맹은 동독에서 반파쇼 민주주의 변혁이 승리하고 또 사회주의혁명으로 이행할 수 있는 전제조건이었다.

대개의 자본주의 나라들에서 노동자운동의 양대 주요흐름인 **공산주의운동과 사회민주주의운동의 협력**은, 그것만으로 제한되는 것은 아니지만, 추구해야 할 행동통일의 **핵심**이다. 행동통일의 창출에 있어 증대하는 의미를 획득하는 것은 노동자계급의 가장 광범하고 가장 포괄적인 계급조직인 노동조합이다. 행동통일을 위한 투쟁에서 한 주요한 위치를 점하는 것이 기독교도 노동자 및 그들의 조직 그리고 사회민주주의 좌익에 서는 노동자 및 봉급생활자이다. 최근 들어 일련의 나라에서 노동자계급의 대부분, 공산주의자, 사회민주주의자, 기독교인 및 비당원이 공동으로 요구하고 공동으로 행동하는 경향이 강화되었다. 특히 노동조합적 투쟁행동, 파업 및 다양한 민주주의적 대중운동이 이에 해당한다. 무엇보다 평화운동에서 이 협력은 뚜렷하게 증대하였다. 공동의 행동 이외에도, 공동의 혹은 비슷한 요구를 제기하는 병렬적인 혹은 평행된 행동 내지 개별적인 행동들이 나타난다. 또한 자본주의 나라들의 노동조합운동의 경우 행동통일에서 일정한 진전이 달성되었다(특히 포르투갈, 스페인, 이탈리아, 핀란드, 벨기에 및 기타 국제적 차원에서). 공산당과 사회당 혹은 사회민주당 사이의 안정된 행동통일관계의 형성은 매우 복잡하고 또 오랜 기간이 걸려야만 실현될 수 있는 것임이 입증되었다. 최근 10년 동안 여러 형태로(공동의 행동강령에서 정부참여, 공동의 의회협상, 대규모 지방, 도시, 지역의 공동행정에 이르기까지) 이들 당간의 관계 및 접촉 강화가 프랑스, 이탈리아, 그리스, 스페인, 핀란드 및 다른 몇몇 나라에서 실현되었다. 그러나 이러한 나라들 대부분의 경우 이 관계는 확장되거나 확대발전되지 못했다. 주요한 장애로 입증된 것은 거듭되는 독점부르조아지의 고의적인 분열정책과 사회민주주의 지도세력 내의 동요 그리고 또한 각양각색의, 새로운 요구에 항상 부응하지는 못하는 공산주의자들의 구체적인 정치적 구상 등이다.

행동통일을 발전시켜내기 위한 공산당의 이데올로기적·정치적 활동에 대한 요구는 바로 현재에 더욱 증대한다. 자신의 **행동통일정책**에서 그들은 실천적으로 검증된 일련의――그 기본윤곽은 이미 맑스-레닌주의의 고전저작가들에 의해 마련된 바 있는――**원칙**을 지주로 삼으며, 오늘날 이 원칙을 그들의 새로운 경험의 종합 속에서 개선하고 더욱 확대발전시킨다. 가장 중요한 원칙은 다음과 같다.

첫째, 맑스-레닌주의당은 노동자운동의 일관된, 혁명적인 계급노선을 위해 투쟁하고 또 강력한 독립적 노동자운동이라는 이해에 맞게 그들의 이데올로기적, 조직적 독자성을 견지하며, 근로인민의 이해를 위해 사심없이 헌신한다. 공산주의자는 행동통일의 동반자의 완전한 동등권적 협력을 위해 노력하며 사회당 및 사회민주당의 독자성을 엄격하게 존중한다.

둘째, 행동통일의 정책은 항상 노동자의 공동이해 그리고 그때그때의 주적과의 대립을 전면에 부각시킨다. 그들은, 모든 노동자의 공동행동을 발전시켜내기 위하여 모든, 가장 최소한의 가능성까지도——오늘날 특히 평화 및 군축을 위한, 그리고 전쟁부담을 근로인민의 어깨에 짐지우는 것에 맞선 투쟁에서——활용한다. 이러한 정책은 당연히 정치적 타협을 포함하지만, 그럼에도 불구하고 타협은 근로인민의 공통된 이해와 목표 그리고 그들의 의식 발전과 서로 모순되는 것이어서는 안된다.

세째, 공통적인 이해의 강조는 노동자운동에 있어서 부르조아적 영향력과 그 담지자에 대한 엄격한 비판을 포함해야 한다. 반공주의와의 대결 혹은 사회동반자 운운의 정책과 이데올로기에 대한 엄격한 비판을 포기하는 것은 궁극적으로는, 노동자계급을 정치적 · 이데올로기적으로 무장해제시키고 자본주의 체제 내로 통합시키는 결과를 가져오게 될 것이다. 그것은 행동통일의 본질과 그 목표에 정면으로 위배되는 것일 것이며 곧바로 행동통일에 대한 이데올로기적 · 정치적 장애를 강화시키는 일일 것이다. 이러한 대결은——반공주의 이데올로그들이 주장하는 것과 달리——사회민주주의의 '약화' 혹은 '거세화'에 쓰이는 것이 아니라, 오히려 그것의 평화애호적인, 민주주의적, 사회적 잠재력의 강화에 이바지한다. 맑스-레닌주의자들은 자신의 비판을 수행할 때, 그것이 행동통일에 어떤 새로운 장애물이 되지 않도록, 다시 말해서 구체적으로, 대중이 이해하기 쉽게 그리고 공산주의자와 사회주의자 혹은 사회민주주의자 간의 구체적인 실천적 공통성을 출발점으로 삼는다. 거기서 행동통일의 동반자 모두에게 비판의 권리가 부여되어야 한다. 그러므로 협력, 공동결의 혹은 공동협약의 완수를 위한 그리고 대중영향력을 둘러싼 경쟁과 이데올로기적 대결은 변증법적 통일을 이룬다.

네째, 행동통일을 점차로 실현시키기 위한 투쟁은, 정당들간에, 조직의 모든 단계——기본단위에서 중앙지도부에 이르기까지——에서, 그리고 갖가지 형태로 조직될 수 있다. 최근까지 노동자운동의 모든 경험은, '위로부터의' 행동통일과 '아래로부터의' 행동통일을 기계적으로 대치시키는 것은 노동자계급 및 그 당과 조직의 행동통일 창출을 위한 투쟁에 해롭다는 것을 입증하고 있다.

공산주의자와 민주주의 동맹의 새로운 경험과 원칙

민주주의 동맹의 형성과 공고화는 평화보장을 위한, 민주주의 및 새로운 환경정책을 위한 투쟁에서 가장 큰 의미를 갖는다. 그렇지만 아직 어떤 자본주의 어떤 나라에서도 노동자계급이 결정적인 영향력을 갖는 포괄적이고 안정적인 행동동맹은 형성되지 않았다. 이것은 바로 현재까지 노동자운동사의 모든 경험(프랑스의 '좌파연합'과 '인민연합', 이탈리아의 '역사적인 화해', 칠레의 '인민연합' 등)이 보여주듯이, 매우 복잡하고 또 장기간을 요하는 경로이다.

그럼에도 불구하고 자본주의 나라들에서는, 강력한 평화운동의 형성, 다양한 새로운 민주주의운동의 출현 및 확산, 근로대중의 사회적 저항행동의 증가와 더불어 **민주주의 동맹 형성을 위한 기반**이 확대되었다. 다양한, 대개는 임시적인 행동동맹이 거의 모든 자본주의 나라에서 발전했는데, 포르투갈, 그리스, 이탈리아, 프랑스, 덴마크, 네덜란드 그리고 서독, 벨기에, 미국 및 캐나다에서 그러하였다. 선진 자본주의 나라들의 공산주의자들은 적극적인 조합활동가, 사회주의자, 평화세력, 그리고 여러 사회적 및 민주주의적 운동세력들과 공동으로, 평화확보와 근로인민의 사회적, 정치적 권리 수호를 위한 투쟁의 대열로 모여드는 모든 사회적, 정치적 세력의 범위가 더욱더 확산되게끔 하기 위하여 노력한다. 그들은, 공동으로 민주주의 세력 그리고 더 나아가 평화에 이해를 갖는 모든 세력이——모든 차별성, 모든 세계관적, 이데올로기적 차이 혹은 대립과 관계 없이——이견사항을 제쳐두고 공동의 이해를 위해 대등한 권리를 갖는 동반자로서 행동하며, 사회 속에서 그들의 영향력을 높이는 것을 지지한다.

맑스-레닌주의자에게는 동맹정책이 결코 그 어떤 일시적인, '상황에 따른' 혹은 전술적인 관심사도 아니고 또 '장기적으로 독자적인 헤게모니의 주장을 관철시키기 위한 선행적 도구'도 아니다. 그리고 또한, 반공주의 이데올로그들의 주장처럼, 단독으로 실현하기에는 힘이 너무 모자라는 어떤 당 이기주의적인 목표의 관철을 위한 수단도 결코 아니다. 동맹정책은 혁명적 노동자 당에게 있어 언제나 노동자계급의 세계사적 사명 **실현의 모든 단계에서의 그들 전략의 공고한 구성부분**이었다.[8] 동맹정책은 또한, 공산주의자는 전략을 발전시키고, 잠재적인 동맹동반자는 그것을 위해 소위 '대상'으로서 '획득'되어야 한다는 식으로 이해되어서도 안된다.

민주주의 동맹은 일시적 혹은 장기적인 민주주의적 요구와 목표를 관철시키기 위한 부분적으로는 대립적이기까지 한 여러 **사회적, 정치적 세력들의 협력**이다. 그들의 투쟁은 공동의, 병행적인, 조정되거나 혹은 조정되지 않은 행동과 활동 속에서도 이루어질 수 있다. 동맹관계는 오늘날 그 어느 때보다도, 동맹에 참여한 모든 세력이 대등한 권리를 갖는 동반자적 협력을 위한 노력을 요구한다. 그리고 그 속에서 모두는 대등한 권리와 의무를 가지며 서로에게 배운다. 공산주의자들은 가장 일관된 민주주의적, 혁명적 세력으로서 광범한 동맹을 형성시키고 발전시키는 데 각별한 책임이 있다.

자본주의의 조건하에서 실질적인 동맹 가능성과 동맹 정세는 역사적으로 상이했으며 지금도 그렇다. 노동자계급의, 근로농민과 쁘띠부르조아지와의 동맹에 대한 맑스와 레닌의 구상은 30년대와 전후시기에 통일전선 및 인민전선 정책에 의해 더욱 풍부해졌다. 60년대와 70년대에 국가독점자본주의 나라들의 공산당들은 동맹정책을 광범한 반독점 연대를 위한 투쟁의 구상으로 더욱 확대발전시켰다. 현재의 조건하에서 동맹정책의 객관적인 요구와 그 잠재적 가능성은 노동자운동의 역사상 그 어느 때보다도 더 광범해지고 또 분화되었다. 이와 연관하여 일련의 새로운 문제와 요구가, 공산주의자의 동맹정책에, 그리고 또한 노동자운동 및 민주주의운동 내의, 광범한 민주주의 동맹을 지지하는 모든 비공산주의 세력에게 제기된다.

맑스-레닌주의 동맹정책에 대한 이러한 새로운 요구는 60년대 및 70년대와 비교할 때 선진자본주의 나라들의 경우 갈수록 더욱 다음과 같은 관점에 의해 각인된다.

———평화문제가 동맹정책에서도 또한 우위를 점하며, 민주주의적, 사회적 기본권 수호를 위한 투쟁과 결합된다.

———잠재적인 민주주의 동맹세력의 사회적, 정치적 범위가 더욱 커지고,

차별성과 역동성 또한 더욱 커진다.

———민주주의적 대중운동의 의미가 증대한다.

———행동통일정책 및 동맹정책이 갈수록 뒤얽힌다.

———일반민주주의적 요구의 관철에 있어 비공산주의적, 비프롤레타리아적 세력도 뚜렷하게 독자적으로 기여할 수 있는 가능성이 증대한다.

———민주주의적 동맹관계의 발전은, 제국주의 국가의 대내외정책의 변화에 영향을 주고자 하는, 평화 및 군축 정책을 위한, 대안적 경제정책을 위한, 더 많은 민주주의적 결정 참여로 가는 정책을 위한 투쟁과 갈수록 결합된다.

———상이한 사회적, 정치적 세력의 협력 형태가 더욱 다양해진다.

———생태계, 여성 및 미성년자의 권리, 생활양식, 인격 발전 등의 문제가 더욱 의미를 갖게 된다.

공산당은 바로 초창기부터, 그들의 구체적인 투쟁조건에 맞게 그들의 동맹정책을 더욱 다듬고 또 개선하기 위하여 커다란 노력을 기울였다. 일정한 공통적 특징 외에도 그 당시의 구체적인 동맹정책에는 상당히 다양한 모습과 관점들이 반영되어 있다. 거기서 동맹정책적 구상의 확대발전은 이론과 실천상에서, 결코 그냥 단기간에 해결될 수 없는 수많은 새로운 문제를 던졌다. 게다가 공산주의운동 내에 또한 상이한 견해가 존재하였다. 하지만 오늘날, 광범한 민주주의 동맹을 지지하고 또 새로운 요구에 상응하는 동맹정책을 위해 노력하는 모든 세력은 이미, 다양한 새로운 실천적 경험을 지주로 삼을 수 있는데, 이것은 또한 여러 정치세력의 광범한 토론과정 및 배움과정의 성과이기도 한 것이다. 거기서 예를 들어 **평화, 군비제한 및 군축을 위한 투쟁은 사회적, 정치적으로 매우 광범하고 또 세분화된 세력들의 협력의 결정적인 장으로 되었다**는 사실이 완전히 분명해졌다. 여러 각도로 표현되지만, 새로운 민주주의운동은 단지 과도적인 현상일 뿐이라는 추측은 입증되지 않았다. 그것은 자본주의 사회의 사회적, 정치적 갈등소재와 상이한 계급세력의 참여 강화에 근거하고 있다. 마찬가지로 광범한 민주주의 동맹의 형성을 지향하는 정책은 노동자계급 자체의 행동통일상의 진전을 위해서도 의미가 있다는 사실 또한 분명해졌다. 오늘날 행동통일을 위한 투쟁과 민주주의 동맹을 위한 투쟁은 과거보다 더욱 **상호침투**한다. 이전에 여러 형태로 인식되었던 것과는 달리, 단순한 시간적인 선후(우선 '행동통일'을 이루고 그런 연후에 '동맹'한다는 것)란 존재하지 않는다. 다른 한편 자본주의 나라들(예를 들어 이탈리아, 포르투갈의 경우)에서의 실천적인 경험이 입증해주었듯이, 민주주의 동맹의 공고화와 지속성은 노동자계급의 행동통일이 얼마만큼 발전되었는가에 본질적으로 달려 있다. 거기서 공산주의자와 사회주의자 혹은 사회민주주의자의 협력은 오늘날 더욱 커다란 의미를 부여받게 된다.

또한 중요한 것은 **노동자계급이** 농민, 도시중간층, 인텔리겐차, 일부 부르조아지 등의 **잠재적인 사회적 동맹동반자와 갖는 동맹관계**이다. 그들은 모두, 증대하는 제국주의적 전쟁위험을, 독점자본의 가장 침략적인 세력이 사회적 및 민주주의적 권리를 더욱 억압하려고 한다는 것을, 그리고 갈수록 정도가 심해지는 자본주의적 위기작용을 이전보다 더욱 직접적으로 피부에 느끼는 세력들이다. 국가독점적 과두제와 대다수 인민 사이의 모순의 심화는, 그 현상형태는 다양하지만, 자신의 이해를 관철시키는 데 이 계층의 자발적인 참여가 증대하는 것의 배경을 이룬다. **사회적 동맹**은 오늘날 매우 모순적인 유형과 방식, 다양한 대중행동 형태(예를 들어 파업, 시위, 공동의 의회 외적 정치운동에서)로, 특히 사회적 및 민주주의적 운동에서 여러 계급과 계층의 대표자들이 협력하는 것에서 실현된다.

공산주의자들은, 대개 나라의 사회적 삶에 깊이 뿌리를 내리고 있는 이 사회적 세력들의 **당과 조직** 간의 정치적 협력 형태를, 또한 **민주주의적 선거동맹 혹은 선거연대**를 강하게 지향한다. 그들은 좌파 통일을 위한 투쟁과 민주주의적 통일을 위한 투쟁을 기계적으로 병렬 제시하지 않고, 이것을 밀접하게 상호 결합된 과제로 간주한다.

사회적, 정치적 동맹들은 서로 대립될 수 없으며, 오히려 그것들은 상호 제약하고 종종 넘나들기도 한다. 자본주의 나라들에서의 민주주의 동맹의 형성상의 실제적 경험은, 유리한 조건 자체가 오늘날 자동적으로 민주주의 동맹을 만들어내지는 않는다는 것, 공산주의자들과 노동자운동 및 민주주의운동 내의 다른 세력과의 **동맹정책**은 적지 않은 **반(反)요인, 곤란과 장애**에 부딪힌다는 것을 보여준다. 전과 마찬가지로 당연하게 모순적인 잠재적 동맹동반자의 사회경제적 처지는 무엇보다 그들의 쁘띠부르조아적 이데올로기 및 태도와 정치적 동요에서 표현된다. 국가독점적 발전의 여러 측면에 대한 그들의 불만은 또한 첨예화되는 위기상황에서 곧장——주로 민주주의적, 진보적 사회세력이 충분히 강하지 않을 경우——우경화로 치닫는 계기가 될 수도 있다. 그것은 미국, 영국, 서독 및 다른 몇몇 나라에서 이 계층의 일부가 보이는 선거에 대한 태도에서도 표현되고 있다. 독점자본은 경제적, 정치적, 이데올로기적으로 이 계층에 의도적으로 작용하는데, 그것은 그들을 또한 미래에도 전통적인 대중적 토대로서 유지하고 또 특히 반공주의의 주입을 통해 노동자계급과의 동맹에서 떼어놓기 위한 것이다.

그러므로 광범한 민주주의 동맹을 위한 노력은 여전히 복잡하고 책임이 중대한, 공산주의자 및 다른 모든 진보적 사회세력의 과제이다. 이때 실천 속에서 일련의 본질적인 원칙이 발전될 수 있고, 공산주의자의 동맹정책의 지속성과 새로운 질을 명확히 할 수 있으며, 또한 새롭게 무르익어가는 동맹정책 문제의 전진적 해결을 위한 토대를 마련할 수 있다. 이러한 원칙에는 다음과 같은 것이 속한다.

———민주주의 운동과 동맹의 목적을 위한 공산주의자들 자신의 적극적 참여.

———공통분모, 공동목표를 기초로 하는 것.

———동맹의 모든 세력이 대등한 권리를 갖고 동반자적으로 협력하는 것을 지지하는 것, 그 동맹 속에서 모두는 대등한 권리와 의무를 가지며 서로에게 배운다.

———동맹에서 노동자의 이해를 옹호하는 것.

———노동자운동과 민주주의운동의 상호협력을 지향하는 것.

———동맹관계의 규모를 가능한 최대화하도록 노력하는 것.

———민주주의 동맹이 일시적인 것에서 갈수록 더욱 포괄적인 것으로 점차 발전되도록 노력하는 것.

———동맹 내 동반자의 독자성을 인정하고 또 공산당의 정치적, 이데올로기적 및 조직적 독자성을 견지하는 것.

———공산주의자의 목표를 동맹동반자에게 숨김 없이 설명하는 것, 그리고 솔직한 대화 용의, 공산주의자 및 다른 동맹동반자의, 역사적 경

험을 요령 있게 자기비판적으로 다듬으려는 용의와 능력.

3. 전략적 지향

지속성과 새로운 질

선진자본주의 나라들의 공산당은 60년대와 70년대초에 점차 반독점민주주의 투쟁의 구상과 사회주의로의 접근의 전망을 마련하였다. 경제, 국가 및 사회 영역의 민주주의적 **대안강령**의 마련, **중간단계**의 개념과 사회주의로의 경로에서 가능한 **이행형태**로서의 **반독점민주주의**, 광범한 **반독점동맹**의 구상, **민주주의적 개혁**의 문제 그리고 계급투쟁에서의 그것의 새로운 의미, **투쟁형태의 다양성** 그리고 **사회주의로 가는** 가능한 **새 경로**, **민주주의를 위한 투쟁**과 **사회주의를 위한 투쟁** 사이의 밀접해지는 연관성 등과 같은 근본적인 문제가 그것에 해당된다.

이러한 전략적 근본문제의 조탁 혹은 엄밀한 규정은, 60년대에 심각하게 변화된 국제 세력관계에 대한, 국가독점자본주의의 광범한 형성 및 자본주의의 일반적 위기 제3단계 진입에 대한 창조적이고 실제-정치적이며 또 혁명이론적인 답변이었다. 하지만 80년대로의 이행과 함께 자본주의 나라들의 노동자운동에 있어 심각하게 변화된 투쟁조건과 그에 상응하여 본질적으로 변화된 투쟁과제가 생겨났다. 노동자운동 전략에 대한 엄밀한 규정과 확대발전이 객관적으로 요구되었다.

무엇보다, 자본주의 나라들 내 노동자계급과 그 동맹자의 투쟁에서, **우선적이고 모든 것을 결정하는 근본과제**로서의 **평화확보 및 군축**을 위한 **투쟁**을 규정하는 이 그것에 해당한다. 대안이 대결의 새로운 **주요장**——평화, 과학기술적 진보 및 노동, 민주주의, 환경——에 집중되고 또 여기서 구체적으로 마련되어야 했다. 이러한 확대발전은, 또한 공산당들이 이러한 새로운 투쟁구획 내에서 **각 나라마다 상이한 구체적인 조치**, **개혁**, **중간단계**를 마련한 것에서, 특히 **'민주주의적 전환'**을 바로 다음의 **전략적**

목표로 규정한 것에서 나타난다. 이와 연관하여 공산당들은 평화확보를 위한, 민주주의적 대안을 위한, 민주주의적 전향을 위한 이러한 투쟁은 더 이상 독점자본 전체를 곧장 겨냥하는 것이 아니고, 무엇보다 **가장 침략적이고 가장 반동적인 일파**를 겨냥하는 것임을 강조하였다. 반독점동맹 정책은 **가장 광범한 민주주의 행동동맹을** 여러 차원에서 **창출해내기 위한** 투쟁의 구상으로 확대발전되었으며, 또 그렇게 되고 있다.

그에 따라 일련의 근본적인, 객관적으로 공통된, 민주주의 투쟁의, **민주주의적 출구를 위한 노력**의 문제들이 80년대에 개진됐으며, 개진되고 있다. 공산주의자들이 그것을 마련한 것은 모순으로 가득한 기나긴 과정을 거쳐서 획득한, 그리고 또 언제나 실질적인 정치적 투쟁 및 대결과 거기서 획득된 경험 및 인식에 따른 성과이다. 노동자계급의 공통된 과제는 각 나라마다 이미 상이한 세력관계를 토대로 매우 **구체적으로, 또 세분화된 형태**로 존재하며, 그러므로 그것은 각 나라의 혁명적 세력에 의한 **구체적인** 분석과 독자적인 마련을 필요로 한다.

각각의 자본주의 나라들의 불균등한 경제적, 정치적 발전과 주체적인 요인의 상이한 성숙 정도, 그리고 새롭게 무르익는 문제에 대한 새로운 답변의 독자적인 모색 때문에, 공산주의자들 사이에 전략적, 전술적, 이론적으로 상이한 입장과 여러 가지 견해 및 결론이 존재한다는 것 역시 별로 놀랄만한 일은 아니다.

개별적인 모든 차이에도 불구하고 공산당의 강령들은 최소한 두 가지를 명확히 한다. **한편으로** 당은 평화확보를 위한, 긴장완화와 군축을 위한 투쟁을 오랜 시일이 요구되는 결정적인 과제로 규정한다. **다른 한편으로** 오늘날 수많은 공산당들이 (이러저러한 특수한 내용을 갖는) '민주주의적 전향'을 지향함으로써, 노동자계급의 투쟁에 있어 **바로 다음의 전략적**, 사회정치적 목표가 개괄된다.

전략적 지향의 근본문제

평화확보를 위한, 제국주의의 가장 침략적인 집단에 의한 군비경쟁의 강제에 맞선 군축을 위한 노력은 오늘날 노동자운동의 전략적 지향의 중심에 위치한다. 왜 노동자계급 및 모든 민주주의 세력의 투쟁에서 평화문제가 차지하는 비중과 전략적 의미가 그토록 눈에 띄게 높아지고 또 동시에 수정되었는가?

첫째, 이 과제의 해결은 오늘날, 인류의 **생존**, 인류문명의 보존 및 인민의 더 이상의 진보를 보장하는 **기본전제**가 되었다.[9] 노동자계급은, 특히 그들의 사회적 내용을 고려할 때, 평화투쟁의, 군수독점과 군산복합체에 맞선 투쟁의 주력임이 입증된다. 혁명적 세력은, 평화를 위한 투쟁이——이 투쟁에는 오늘날 상이한 그리고 부분적으로는 대립되는 정치적 견해와, 세계관적 신념과 종교적 믿음을 갖고 있는 모든 사회적 계급과 계층이 참여하고 있다——동시에 최상위의, 보편인류적인 이해와 직결된 것이며 그러므로 그것은 독자적인 투쟁의 장이라는 사실로부터 출발한다.

둘째, 국제관계에서 긴장완화를 관철시키는 것, 군비경쟁의 종식과 군축론의 구체적인 진전은 국가독점자본주의의 노동자계급과 모든 근로대중, 모든 민주주의 세력에게 있어, 그들의 특수한 **사회적, 경제적 및 정치적,** 민주적-전사회적 과제에 착수하기 위한 **전제**인 동시에 **구성부분**이다. 제국주의 세력의 정면대결노선 및 중무장노선은 대규모 실업, 고질적인 인플레이션, 사회보장 철폐, 실질임금 감소 그리고 사회적 및 민주주의적 권리의 점진적인 억압의 가장 주요한 **원천**을 이룬다. 중무장은 그 경향상 자본주의적 재생산과정까지도 손상시키며 경제적 위기과정과 정치적 불안현상을 눈에 띄게 첨예화시킨다. 그러므로 평화문제와 사회적 문제는 서로 밀접하게 결합되어 있다. 제국주의 나라들의 실질적인 발전과정은 더 나아가, 정면대결정책 및 중무장정책이 민주주의적 권리와 자유의 제한, 억압기구의 강제적인 확장, 군사화 경향 증대, 권위주의적 지배방식의 전면 부상 그리고 우익보수주의 세력이 보다 강력히 형성되고 사회적 영향력을 행사하는 것과 서로 맞물리는 것임을 웅변하고 있다. 그것은 단지 혁명적이고 철저한 반제세력만을 겨냥하고 또 그것의 저항에 부딪힐 뿐만이 아니라, 평화운동과 여러 민주주의운동 그리고 사회개량주의적, 자유주의적, 부르조아민주주의적 세력과 운동의 토대 또한 좁힌다. **민주주의를 위한 투쟁과 긴장완화 및 평화를 위한 투쟁도 더욱 그 관계가 긴밀해진다.** 어떻게 보면 평화와 군축을 위한 투쟁, 증대하는 군사화 경향에 맞선 투쟁은 오늘날 또한 동시에, 제국주의 나라들에서의 민주주의적 권리와 자유의 방어를 위한 노력에 있어 **가장 본질적인 내용이자 가장 현실적인 과제**로 되었다.

그러므로 노동자운동 및 민주주의운동에서는 오늘날 여러 투쟁의 장——평화투쟁, 실업에 맞선 그리고 사회적 권리의 방어를 위한 투쟁, 민주주의적 권리와 자유의 확보를 위한 투쟁, 민주주의적 환경정책을 위한 투쟁——이 긴밀하게 조정되고 또 **평화투쟁의** 객관적인 **선차성**이 고려되지 않는 한, 독점자본의 가장 반동적인 세력에 맞선 투쟁에서 결정적인 성과는 더 이상 주어질 수 없다는 사실이 점점 더 강조된다. 그러므로 이 투쟁은 근본적인 기초적 삶이해뿐만 아니라 노동력 재생산의 직접적인 경제적, 사회적 수요, 그리고 부르조아민주주의적 투쟁의 토대를 확보할 오늘날의 필연성으로 말미암아 객관적으로, 자본주의 나라들에서의 **노동자운동 전략의 근본문제**로 되었다.

세째, 핵세계전쟁의 저지, 세계평화의 확보, 국제적 긴장완화로의 이행은 민주주의와 사회주의를 위한 투쟁에서의 **노동자운동의 장기적 목표** 실현에서도 결정적인 문제로 되었다. 혁명적 노동자운동은 그들의 이해 및 다른 모든 근로대중의 이해를 실현시키기 위한 가장 유리한 조건을 언제나 평화에서 찾는다. 오늘날 세계전쟁을 **저지하는 것**은 자본주의의 노동자운동에서도 민주주의적 및 사회적 진보 일반을 관철시키기 위한 절대적인 조건과 **전제**가 되었다. 인간사회적 및 사회집단적 진보는 오로지 세계평화의 확보 위에서만 가능하다. 자본주의 나라들의 노동자운동은 또한 그들의 강령들에서 이러한 새로운 전략적 문제를 다듬어냈고, 또 그것을 실제적, 실천적인 정책으로 환치시키기 시작하였다.

민주주의적 전환

노동자계급의 투쟁에서 여러 민주주의적, 사회적 운동에서의 민주주의적 전환을 위한 다양하고 특수한 대안들이 생겨난다. 다른 민주주의 세력과 함께 공산주의자들 또한 이러한 요구와 정치적 입장을 공동행동의 출발점으로 만들기 위해 커다란 노력을 기울인다. 동시에 그들은, 여러 민주주의적 대안에 결부하여, 이 투쟁을 위한 그 이상의 그리고 장기적인 **전략적 지향**을 모든 민주주의 세력의 토론에 붙이고자 노력한다. 그것은 많은 공산당이 **'민주주의적 전환' 혹은 '민주주의적 및 사회적 진보로의 전환'의 구상을** 점진적으로 **마련**하는 것으로써 이루어진다. 서독공산당, 포르투갈공산당, 이탈리아공산당, 그리스, 영국, 핀란드, 일본 및 미국의 공산당이——형태는 상이하지만——그것에 해당된다. 이 전략적 지향에서 중요한 것은, 분명 장기적이고 또 무엇보다 복잡한, **여전히 국가독점자본주의의 기반 위에** 존재하는 투쟁구획이다. 노동자운동 및 전체 민주주의운동에 있어 대안은, 독점자본이 이끌어가는 보수적 경로에 대한 '순응' 혹은 반독점적, 혁명적 변화를 위한 보다 유리한 가능성을 '기다리는 것'과는 무관하다. 오히려 그것의 역사적 책임은 주어진 조건하에서 평화확보와 민주주의적 전환을 위해 전력을 기울이는 데 있다. 공산당은 이러한 강령들과 정치적 실천으로써 이 투쟁구획에서의 새로운 요구——보수적 사회전략의 가장 반동적이고 침략적인 변종을 저지하는 것——로부터 철저하게 출발하며, 동시에 새로운 역사적 가능성——국가독점자본주의의 토대 위에서 민주주의적 전환을 쟁취하는 것——의 활용을 지향한다.

바로 다음의 민주주의적 요구와 과제에 공산당은 오래전부터 커다란 주의를 기울였는데, 그것은 이제 **보다 오랜 시간구획**에 맞는 **전략적 지향**으로 총괄된다. 구체적인 투쟁조건에 상응하여 각 나라마다 그때그때의 특수한 요구와 과제가 민주주의적 전환을 위한 투쟁에서 전면에 부각된다. 그것의 관철을 위한 객관적인 정치적 전제 또한 나라마다 상이하게 각인된다. 그 근본적인 **내용상** 민주주의적 전환을 위한 투쟁에서 중요한 것은, 전쟁위험, 제국주의적 정면대결 및 군비경쟁 노선으로부터 국제관계의 긴장완화정책, 군비제한 및 군축으로 전환하는 것이다. 군비 및 위기 부담을 노동하는 인간에게 짊지우는 것으로부터, 그리고 근로인민의 사회적 및 민주주의적 권리와 자유를 축소시키는 것으로부터 그것을 방어하고 또 확장시키는 것으로 이행하는 일이 관건이다.

이 투쟁구획에서 일반적으로 반독점민주주의 변혁의 문제는 제기되지 않는다. 그 사회적 본질상 민주주의적 전환을 위한 투쟁 또한 독점자본 전체를 겨냥하지 않으며, 오히려 이 투쟁에서 중요한 것은 독점자본의 가장 침략적이고 가장 반동적인 세력이 대내외 정책에 끼치는 중대하는 영향력을 점진적으로 퇴치하는 것, 그들의 권력지위를 약화시키고 또 축소시키는 것, 그리고 역관계를 노동자계급과 모든 평화애호 및 민주주의 세력에 유리한 쪽으로, 나라의 대내외 정책에 그들이 미치는 영향력이 증대하게끔 상당 정도 변화시키는 것이다. 그러므로 가장 긴박한 사회적 문제의 해결을 위한 민주주의 세력 및 모든 평화세력의 이러한 투쟁 속에서, 전망해보건대, 제국주의 주요 나라들에서, 가장 침략적이고 가장 반동적인 세력에 의해, 군산복합체 집단에 의해 그 주내용이 우선적으로 결정되지는 않는 그러한 형태, 그러한 변종의 국가독점자본주의의 형성이 결과될 수 있다. 독점자본 중, 이윤이해 때문에 보다 강하게 평화공존관계와 군비경쟁 제한에 이해를 갖는 다른 일파의 영향력이 증대할 수 있으며, 또 부분적으로는 근로인민의 사회적 이해의 실현을 위해서도 다시 일정하게 확장된 공간이 생겨날 수 있다. 오늘날 다수의 제국주의 나라에서 지배적인 침략적, 반동적 정책 변종의 극복과 보다 현실주의적이고 덜 침략적이며 개혁에 보다 개방적인 국가독점적 정책 변종의 관철은, 평화애호세력 및 민주주의 세력과 독점자본의 가장 침략적인 집단 간의 치열한 대결 속에서만 이루어질 수 있다. 이것은 무엇보다 군산복합체의 영향력 퇴치를 요구한다. 이러한 발전을 국가독점자본주의에 관철시키는 것은 동시에, 그 사회적, 정치적 내용에서 국가독점적 정책 변종을 넘어서 민주주의적 전환에 이르는 경로상의 중요한 일보로 될 수 있을 것이다.

당연히 이런 유의 발전은 오로지 충분히 강력하고 또 영향력이 큰 대중운동에 의해서만 관철될 수 있다. 이것이 민주주의적 전환을 관철시킬 정도의 대안위치 및 힘 그리고 대내외 정책에 대한 그런 정도의 영향력을 획득한다면, 정치적 상황, 세력관계, 통치의 조건과 방식을 국가독점자본주의의 틀 속에서도 결정적으로 변경시킬 것이다. 제국주의 나라들의 공산당들의 강령틀 속에는 그 점이 이러저러한 방식으로 지적되어 있다.

민주주의적 전환을 위한 투쟁에서 노동자계급 및 다른 민주주의 세력의 의식은 확대발전될 수 있으며 민주주의적, 사회적 진보를 위한 노력에 있어 그 이상의 과제 해결을 위한 보다 유리한 세력관계가 생겨날 수 있다. 민주주의적 전환의 경과에 대한 어떤 추상적인 모델도 공산당은 억지로 꾸며내지 않지만, 그러나 그들은 다음과 같은 사실로부터 출발하는 것에서 원칙적으로 일치한다. 즉 이 투쟁은 끝내는 **반독점민주주의 변혁**을 이러저러한 형태로 요구하게 될 것이라는 점이다. 일련의 공산당들——예를 들어 서독동산당, 그리스공산당, 포르투갈공산당 등——은, 그들이 민주주의적 전환으로의 지향에서도, 근본적인 반독점 변혁으로 가는 문을 여는 **열쇠**를 본다는 점을 강조한다. 국가독점자본주의의 토대 위에서 민주주의적 전환을 위해 투쟁하는 것, 그리고 권력 및 소유 관계의 반독점적변혁을 위해 투쟁하는 것은 투쟁의 상이한 발전단계 혹은 성숙단계이지만, 그것은 또한 **유동적으로** 서로 넘나들 수 있다. 사회주의로 접근하는 이러한 과정 속에서 이러저러한 형태의 **반독점민주주의**가 형성될 수 있다. 그것은 근본적인 사회적 변혁의 단계로서, 그 속에서 노동자계급 및 다른 민주주의 세력은 점차 그들이 공동으로 담지하는 **통치권 및 국가권력**을 쟁취하고, 그 권력은 근로인민의 대중행동과의 밀접한 협력 속에서 근본적인 반독점민주주의 변혁을 사회적, 경제적 및 국가-정치적 영역에서 관철시키고, 반독점동맹의 민주주의적 대안강령을 점차로 실현시키며, 독점부르조아지의 저항을 극복하고 또 마침내 사회주의로의 경로를 닦을 수 있을 만큼의 정치적 세력과 의회적 영향력을 수중에 장악하는 그러한 단계일 것이다.

반독점민주주의(민주주의적 인민권력)의 특수한 표지와 형태는 나라마다 매우 상이할 것이다. 반독점민주주의를 위한 투쟁전략의 이론-정치적 토대를 이루는 것은, 사회주의로의 경로에서의 혁명적 민주주의 국가의 형성가능성에 대한 레닌적 구상의 창조적 적용 및 확대발전이다.[10] 공산당은 **반독 민주주의 변혁과 사회주의적 변혁**을, **자본주의에서 사회주의로 이행하는 다소 통일적인, 장기간을 요하는 혁명적 과정** 내에서 상호 밀접하게 결합된 발전단계로 간주한다. 자본주의 나라들에서의 노동자운동의 투쟁은, 그것이 "이미 민주주의적 진보, 민주주의적 혁신의 주담지자로 되었음"[11]을 뚜렷하게 보여준다.

〈요점질문〉

1. 노동자계급 내의 구조 변화는 그들의 투쟁 잠재력에 어떻게 작용하는가?

2. 현재의 투쟁조건은 계급투쟁 및 민주주의적 대중행동의 전개에 어떻게 작용하는가?

3. 오늘날 민주주의적 대안정책의 근본적인 내용은 무엇인가?

4. 노동자운동과 새로운 민주주의운동의 협력은 어떤 장에서 발전하는가, 그리고 그들 협력의 어떤 원칙이 형성되는가?

5. 평화 및 사회적 진보를 위한 투쟁에서의 자본주의 나라들의 혁명적 노동자운동의 전략적 지향에서 지속성과 새로운 질의 관계는 어떠한가?

■주

1) 이 책 제5, 6장 참조.
2) 이 책 제2장 1절 참조.
3) 이 책 제3장 참조.
4) 이 책 제5장 1, 2절 참조.
5) *Bericht des Zentralkomitees der Sozialistischen Einheitspartei Deutschlands an den XI. Parteitag der SED*, 보고자 : Erich Honecker, Berlin 1986, S. 12 참조.
6) Lenin, "Antwort an P. Kijewski(J. Pjatakow)", *Werke*, Bd. 23, S. 14.
7) Lenin, "Die Differenzen in der europäischen Arbeiterbewegung", *Werke*, Bd. 16, S. 356.

8) 이 책 제2장 2절, 제6장 2절 참조.

9) 이 책 제5장 2절 참조.

10) Lenin, "Die drohende Katastrophe und wie man sie bekämpfen soll", *Werke*, Bd. 25, SS. 368-71 참조.

11) *Karl Marx und unsere Zeit——der Kampf um Frieden und sozialen Fortschritt. Internationale Wissenschaftliche Konferenz des ZK der SED 1983*, 개회사 : Erich Honecker, Dresden 1983, S. 15 ; *Programm der Sozialistischen Einheitspartei Deutschlands*, Berlin 1976, S. 14 참조.

제8장
평화, 독립의 공고화 및 사회적 진보를 위한 아프리카, 아시아 및 라틴 아메리카 인민의 투쟁

자본주의에서 사회주의로의 이행의 시대에 식민지 피억압 인민의 반제 민족해방투쟁은 제국주의 식민지체제의 철폐를 가져왔다. 아프리카, 아시아 및 라틴 아메리카의 민족해방국가들은 세계정치의 독자적인 한 요인을 구성하는데, 오늘날 평화를 위해, 독립의 공고화를 위해, 신식민지주의 및 저개발에 맞서 투쟁한다. 경제적 후진성과 제국주의에 대한 종속성을 극복하고 국제 경제관계에서의 동등권을 쟁취하기 위한 그들의 투쟁은 전세계적인 중요성을 획득하였고 또 국제 세력관계의 변화에 커다란 영향을 끼친다.

1. 민족해방운동의 역사적 위치와 성과

민족 및 식민지 문제

민족이 사회적 삶의 조직 및 발전 형태로서, "사회발전의 부르조아적 시대의 불가피한 산물이자 불가피한 형태"[1]로서 생겨난 이래, 민족문제 또한 존재해왔다. 민족문제는 **해당 시대의 근본적인 사회적 과정과 뗄 수 없이 결합**되어 있다. 봉건제에서 자본주의로 이행하는 시기에 민족운동은 우선적으로 부르조아지의 계급이해와 결부되었고 따라서 부르조아혁명의 한 요소였다. 부르조아지는 민족성이라는 진보적 원칙을 제시했지만, 그것을 모든 민족과 인민에게 마찬가지로 인정해줄 생각은 전혀 없었다. 오히려 그들은 민족국가라는 틀로 구성된 자신의 권력을 다른 민족의 해방투쟁을 억압하는 데, 식민지를 정복하는 데 그리고 민족주의적 편견을 부채질함으로써 인종적, 종교적 분열을 획책하는 데 사용하였다. 그리하여 유럽의 인민이 봉건사슬에서 해방되는 것과 동시에 부르조아지에 의한 비유럽계 민족에 대한 식민지적 정복과 약탈이 개시되었다. 맑스와 엥겔스는 부르조아적 민족운동의 사회적 본질, 그리고 민족해방을 위한 투쟁과 노동자계급의 세계사적 사명과의 연관성을 밝혀냈는데, 그들은 다음과 같은 원칙에서 출발하였다. 즉 한 민족이 다른 민족을 억압한다면 그 스스로도 자유로울 수 없다는 것이다. 그들은 다음과 같이 지적하였다. 즉 민족문제를 단지 부분적으로만 그리고 오로지 자신의 이윤이해에 맞게만 해결하는 부르조아지와 정반대로, 프롤레타리아트의 이해와 그의 해방투쟁의 목표는 모든 억압받는 인민의 민족해방을 필요불가결한 것으로 포함한다는 것이다. 거기서 그들은, 그들이 프롤레타리아트의 당연한 동반자로 보는 그 억압받는 식민지 인민에게도 민족독립을 승인하라는 요구를 명확히 제기한다. 그리고 민족문제 해결의 프롤레타리아적 경로를 가르쳐준다. 과학적 사회주의의 창시자들은 민족문제에 대한 혁명적 노동자운동의 이론적 토대와 **강령적 지주**를 마련해냈고, 무엇보다도 그것의 계급적 본질을 밝혀냈다.[2]

몇 안되는 열강끼리의 세계분할이 완료되고 그 열강들이 지구 인구의 대다수를 민족적으로, 식민지적으로 억압하게 되는 제국주의 시대에 자본주의는, "한줌의 '진보한 나라들'이 지구 인구의 압도적 다수를 식민지적으로 억압하고 또 금전적으로 쥐어짜내는 세계체제로 되어버렸다."[3] 민족문제는 또한 식민지문제로, 식민지 종속국의 억압받는 인민을 제국주의의 멍에로부터 해방시키는 세계문제로 되었다.

1917년에는 현재 지구 인구의 69%, 지구 주거지역의 72%가 제국주의 식민지체제에 종속되어 있었는데, 그 특징은 다음과 같다. 첫째, 식민지적 억압기구를 수단으로 한 직접적인 국가정복 및 경제외적 강제(공물, 자의적인 징세, 강탈, 강제노동)를 통해, 혹은 형식상의 독립을 껍데기로 한 예속적인 조약 및 반동적 꼭둑각시정부를 통해 해당 지역을 제국주의 세력이 정치적으로 지배하는 것 둘째, 이 지역의 본래의 경제구조를 왜곡시키고(전통적인 재생산과정의 파괴, 남작(濫作), 단일경작 관철 등) 그것을 제국주의 나라들의 원료 및 농업 부속지로, 그들 공산품의 판매시장으로 변형시키는 것 세째, 금융자본에 의한 수탈, 금융자본이 자본수출, 부등가 상품교환 등을 통해 해당 지역의 경제적 기간 위치를 장악하는 것 네째, 후진적 사회구조의 보존과 반동적인 토착착취계층의 일방적 증진을 통해, 반인류적인, 특히 인종주의적인 원칙의 유포를 통해, 풍부한 문화적 전통 및 토착어의 억압을 통해, 그리고 문맹과 무지의 유지를 통해 사회적 및 문화적 관계를 왜곡시키는 것 등이다. 숱한 지역에서 백여 년 동안 존속되어온 식민지 멍에는 아시아, 아프리카 및 라틴 아메리카의 인민을 역사적 발전에서 한참 뒤처지게 했고 그들에게 헤아릴 수 없는 경제적, 정치적 및 문화적 해악을 입혔다.

제국주의 식민지체제의 붕괴

인민은 단 한번도 식민지적 예속화를 그냥 용인한 적이 없다. 식민지 팽창 및 식민지지배의 역사는 동시에 식민지 피억압 예속 인민의 영웅적이고 희생에 가득찬 투쟁사였다. 그럼에도 불구하고 식민지 세력의 경제적, 군사적 우월성 및 세련된 전술('분할하고 통치하라!') 때문에, 서로 고립되고 지역에 국한되며, 통상적으로는 정치적 정립이 뚜렷하지 않은 그리고 인구 다수를 포괄하지 못하는 해방투쟁은 장기간 지속되는 성과를 거둘 수 없었다. 러시아에서의 **위대한 사회주의 10월혁명의 승리**와 함께 비로소 **해방의 시대**가 식민지 피억압 예속 인민에게 열리게 되었다. 식민지 세력의 하나였던 짜르 러시아가 억압자의 대열을 빠져나왔다. 그리고 소비에트권력은 혁명적인 경로를 통해 민족 및 식민지 문제를 민주주의적으로 해결하는 전범을 러시아의 억압받는 변방의 사례에서 제시하였다. **레닌의 민족정책**은 민족해방운동을 강력히 고무하였고, 그 전망을 보여주었으며 또 그것을 정치적, 도덕적 및 경제적으로 지원할 가능성을 열었다. 레닌은 제국주의를 분석하면서 다음과 같은 내용을 이론적으로 기초지었다. 즉 사회주의로의 이행 자체가, 자본주의에서 사회주의로의 이행시대 전체의 경과 속에서 여러 유형의 사회적 혁명의 보다 길고 복잡한 과정으로서 이루어진다는 것, 선진국에서 사회주의를 위한 프롤레타리아트의 계급투쟁 자체가 피억압 인민의 민족해방운동과 합쳐 하나의 흐름으로 통일되기 시작한다는 것이다. **민족 및 식민지 문제의 해결은 혁명적 세계과정의,** 사회적 진보를 위한 인민의 투쟁의 **구성부분**으로 되었다. 혁명적 노동자운동과 자신의 민족해방을 위해 투쟁하는 인민과의 연대를 코민테른은 다음과 같은 슬로건으로 표현하였다. “만국의 프롤레타리아트와 피억압 인민이여, 단결하라!” 레닌은 이 슬로건의 중요성을 다음과 같이 강조하였다. “실제로 우리는 이제 만국 프롤레타리아트의 대표자로서만 나서는 것이 아니라, 피억압 인민의 대표자로서도 나서는 것이다.”[4] 10월혁명 이후 민족해방운동의 발흥은 자본주의의 일반적 위기의 본질적인 특성이었고 또 그것을 심화시켰다. 갈수록 더욱 민족해방운동은 평화와 사회적 진보를 위한 투쟁에서 일반적, 민주주의적, 반제적 성격을 갖는 독자적인 혁명적 주흐름으로서의 자신의 성격을 각인시켰다. 민족해방투쟁은 그 폭과 깊이에서 폭발적으로 증대하였고, **제국주의 식민지체제의 위기(1917-45년)**를 결과했다. 이 기간 동안의 투쟁에서 국제 공산주의운동은 다양한 경험을 총괄하였다. 민족해방 과정의 복잡성과 장기성 그리고 다양성이 갈수록 명확해졌다.

제국주의 식민지체제 위기의 가장 현저한 사례는 중국혁명(1925/27년)과 중국 인민의 반일해방전쟁(1937/45년), 조선(1919년), 이집트(1919년), 페르시아(1920/21년), 스페인령 모로코(1921/26년), 시리아(1925/26년), 인도네시아(1926/27년), 니카라과(1926/33년), 프랑스령 인도차이나(1930년) 그리고 쿠바(1933년)에서의 반제 봉기, 아프가니스탄(1919년),. 터어키(1919/21년) 및 이디오피아(1935/41년)의 독립전쟁, 제2차세계대전중 마하트마 간디 및 자와할랄 네루 지도하의 인도 인민의 반식민지 캠페인 그리고 동아시아, 동남아시아 인민의 반파쇼 저항투쟁 등이었다.

새로운 사회적 세력, 첫째로는 민족부르조아지 그리고 갈수록 늘어나는 규모로 신생 노동자계급이 민족해방운동의 대열에 가담하였고 또 그것의 앞으로의 경로에 결정적인 영향을 끼쳤다. 커다란 의미를 갖는 것은 아시아, 아프리카(남아프리카연방과 북아프리카) 및 라틴 아메리카에 최초의 공산당이 창설된 것이었다. 그러나 제국주의는 아직, 자신의 식민지체제의 파열을 막기에 충분한 힘을 갖고 있었다. 오로지 몽고 인민만이 1921년, 소련이 연대적으로 지원한 인민혁명을 통해, 구종속국 중 최초로 사회주의 지향의 경로를 개척하는 데 성공하였다.

제2차 세계대전은 체제로서의 제국주의의 전반적 약화를 초래했고 국제세력관계의 근본적인 변화를 야기했는데, 이 전쟁에서 소련 및 그들의 반파쇼 동맹자들이 승리한 것과 함께, 제국주의 식민지체제의 지속적인 붕괴가 시작되었다(1945-60년). 이러한 붕괴과정은 우선 동아시아, 동남아시아에서 나타났는데, 이 지역에서 북조선, 베트남, 라오스, 캄푸치아 및 인도네시아(1945년), 필리핀(1946년), 인도(1947년), 버마(1948년) 인민이 정치적 독립을 쟁취하였다. 1949년 중국 인민의 영웅적인 투쟁은 인민공화국 선포에서 그 절정에 달하였다. 50년대초 해방투쟁이 아랍 지구 전역을 휩쓸었다(1952년 이집트혁명, 1954년 알제리 인민의 해방전쟁 개시, 1956년 수단과 튀니지아 독립, 1957년 모로코 독립). 50년대말 남부사하라 아프리카 지역의 나라들이 최초로 식민지 멍에를 내팽개치는 데 성공하였다(1957년 가나, 1958년 기니).

자본주의가 왜곡되고 종속된 형태로 발전했던 라틴 아메리카와 카리브해 지역에서는, 이 기간에 미국의 신식민지 세력과 그에 협력하는 토착과두제에 맞선 강력한 인민운동이 발생하였다. 이미 이 운동 속에서 노동자계급은 본질적인 역할을 수행하였다. 어쨌든 혁명적 과정, 예를 들어 1950/54년 과테말라 그리고 1952년 볼리비아의 그것은, 미국의 직·간접적 간섭과 토착부르조아지의 불철저성 때문에 열매를 맺을 수 없었다. 그렇지만 1959년 쿠바혁명은 라틴 아메리카와 카리브해 지역에도 반제해방투쟁의 새로운 단계를 도입시켰다. 최초로 미제국주의 지배독점이 이 지역에서 돌파되었다. 그리고 민족해방혁명은 쿠바의 경우 맑스-레닌주의 세력의 지도하에 사회주의 혁명으로 이행하였다.

1945년 이래 아시아, 아프리카 및 라틴 아메리카에서 전개되고 있는 발전은 민족해방운동의 강력한 반제적 잠재력을 증명해주었다. 일련의 나라들이 사회주의 세계체제 국가들과 우호관계를 체결하기 시작하였다. 해방투쟁은 몇몇 나라(북조선인민민주주의공화국, 중화인민공화국, 베트남인민공화국 및 쿠바)에서 사회주의의 건설로 열매를 맺었다. 특히 라틴 아메리카의 경우 반제투쟁에서 노동자계급이 차지하는 비중이 증대하였다. 라틴 아메리카에서 그리고 몇몇 아시아 국가 및 아랍 지역에서 공산당의 숫자와 영향력이 늘어났다. 남사하라 아프리카에서 맑스-레닌주의자 집단들이——남아프리카 공산당 외에도——형성되기 시작하였다. 제국주의는 자신에게 아직 남아 있는 상당한 권력수단을 대규모로 투입했음에도 불구하고, 자신의 제국주의 체제를 유지보존하고 아직 식민지 예속상태인 민족의 해방을 가로막는다는 것이 불가능함을 깨달았다. 남사하라 아프리카 17개 나라들이 국가독립을 쟁취했던 '아프리카의 해' 1960년과 더불어, 제국주의 식민지체제의 최종적인 붕괴가 개시되었다. 70년대 중반 포르투갈 식민지제국을 타도하고 짐바브웨공화국을 창설한 것(1980년)으로써 직접적인 식민지 억압은(나미비아 및 몇몇 도서와 지구와 같은 몇 개의 잔여 지역에 이르기까지)[5] 국제체제로서의 존재의 종말을 고하였다. 역사적인 의미를 갖는 것은 베트남(1975년), 라오스(1973년) 및 캄푸치아(1975년) 인민의 승리였다.

이전에는 전세계를 포괄했던 제국주의 식민지제국의 폐허 위에 약 백여 개의 정치적 주권국가들이 세워졌는데, 그들은 (예를 들어 비동맹운동에서 보이듯이) 제국주의적 중무장 및 간섭 정책에 맞선, 평화, 민주주의 및 사회적 진보를 위한 전세계적 투쟁에서 끊임없이 성장하는 요인이다.

민족해방투쟁의 주성과

주권국가라는 형태로 **정치적 독립**을 쟁취함으로써 식민지 피억압 인민의 투쟁은 역사적으로 최초의 주요한 결실을 거두었다. 또한 이 단계의 성과가 가능했던 것은 사회주의 세계체제의 강화 그리고 소련 및 사회주의 형제국들의, 예를 들어 쿠바, 베트남, 아랍 인민 그리고 일련의 아프리카 국가에게 수행했던 것과 같은, 민족해방운동에 대한 지원 증대 때

일람표 11　1917년 이후 국가독립을 쟁취한 나라들이 차지하는 비율(%)
(사회주의 나라들 제외)

	지구주거면적에서	세계인구에서
1919	-	-
1939	2.4	2.1
1945	8.8	23.7
1960	21.7	30.9
1970	25.7	35.8
1980	32.8	39.6

일람표 12　1945년 이후 국가독립을 쟁취한 나라들의 수

	총	아프리카	아시아	라틴아메리카 및 카리브해	오세아니아
1945-49	12	-	12	-	-
1950-60	25	22	3	-	-
1961-70	29	20	1	4	4
1971-80	25	11	5	7	2
1981-85	4	-	1	3	-
합계	95	53	22	14	6

문이었다. 제국주의 식민지체제의 붕괴와 함께 제국주의에 의한 직접적인 정치적 억압과 식민지적 착취는 제거되었다. 구식민지의 인민은 **국제정치관계의 주체**로 되었다. 그러나 오늘에 이르기까지 식민지적 유산의 숱한 문제들(후진성, 경제적 종속, 저개발 및 사회경제적 왜곡)은 풀리지 않았으며 지금도 여전히 풀리지 않은 상태이다.

숱한 구식민지 예속 지역, 무엇보다 아프리카 지역에서 아직 새로운 경제적 토대가 형성되지 않았고 또 자본주의적 생산관계가 아직 지배적이지 않은 조건이므로, 이 지역에서는 자본주의적 식민지체제에 그들이 강제로 통합된 결과로서 매우 이질적인 사회경제구조가 생겨났는데, 그것을 우리는 **다부문경제**[6]라고 부른다. 발전도상국들은, 식민지 시절에 그들이 식민지적 유형의 자본주의적 분업에 강제로 편입됐던 것으로 말미암아 여전히 **자본주의 세계경제체제의** 하위적인, 착취당하고 종속된 **부분**에 머물러 있다. 그러나 민족적 및 식민지적 억압에서 자신을 해방시킨 한 인민이, 세계적인 자본의 전일적인 지배 때문에 단지 자본주의적 방향으로 발전할 수밖에 없었던 1917년 이전과는 달리, 변화된 국제 세력관계로 말미암아 사회발전의 대안적인 길을 걸을 가능성이 나타나기 시작하였다. 그러한 제국주의 식민지체제의 붕괴와 함께 복잡한, 다층적인 국가집단이 생겨났는데, 그들은 무엇보다 여러 사회정치적 발전경향에서, 상이한 이데올로기적, 종교적, 인종적, 문화적, 전통적 및 그 밖의 요인들, 즉 이전에 어느 식민지 세력에게 예속됐었는가 하는 것, 그들의 대륙적, 지리적 특수성, 그들의 자원 보유고, 그들의 영토 혹은 인구 크기, 자본주의 세계경제체제 내에서 그들이 차지하는 구체적 위치 등에서 서로 구분된다.

구체적인 정치적 세력 상태 및 해당 나라의 사회경제적 발전수준에 따라, 지역적 및 국제적 상황에 따라 **민족해방혁명은 상이한 정치적 성과를** 결과했다. 그때그때의 지도세력이 사회적, 정치적 발전의 상이한 길에 대해 스스로 결정하였다. 그것은 각 나라의 주요 집단을 통해 대표되는데, 거기서 그 자체로도 매우 분화된 이 집단들 사이의 경계는 유동적이고, 부분적으로는 매우 빠른 변화를 겪으며, 진행되는 발전경로가 항상 안정적인 것은 아니다. 중요한 것은 다음과 같은 주요 집단들이다. **자본주의적 경로**를 밟는 나라들──단 자본주의의 온전한 관철이 모든 경우마다 숙명적인 것은 아님(민족해방국들의 압도적 다수)──, 국가독립의 쟁취 이후 반자본주의적 발전경로를 개척하며 다소 일관되게 **사회주의적 전망**을 지향하는 나라들(이디오피아, 앙골라, 모잠비크, 알제리, 아프가니스탄, 니카라과와 같은 나라들의 소그룹), 민족해방을 위한 투쟁이 통일된 혁명적 과정 속에서 중간단계를 거쳐 **사회주의혁명**으로 이행하고 사회주의 사회체제를 건설하는 나라들(예를 들면 중화인민공화국, 조선인민민주주의공화국, 베트남사회주의공화국, 쿠바공화국 등)이다.

라틴 아메리카 및 카리브해 지역의 대부분의 나라는 별도의 위치를 점한다. 그들은 대다수가 이미 19세기 전반에 자신의 주권을 쟁취하였지만, 그후 미국자본주의에 신식민지적으로 예속되게 되었다. 이 나라들에서는 자본주의가 종속적이고 후진적인 형태로, 미제국주의의 직접적인 영향을 받으면서 지배적인 경제적 사회구성체로 관철되었다(전자본주의적 생산양식 또한 계속 존재하면서), 그리고 그것은 아르헨티나, 멕시코, 브라질, 베네수엘라 등과 같은 나라에서 중간 정도의 발전수준에 도달하였다. 이들 나라의 경우에는 이미 상대적으로 발전된 노동자계급이 존재한다.

일람표 13　라틴 아메리카 경제활동인구 중 임금노동자가 차지하는 비중

연도	경제활동인구* 백만	경제활동인구* 퍼센트	임금노동자 백만	임금노동자 퍼센트
1950	54	100	26	48.1
1960	68	100	35	51.5
1970	87	100	50	57.5
1984	127	100	76	59.8

* '경제활동인구'란 생계를 지향하는 활동을 직접적 혹은 간접적으로 행하거나 그러한 것을 찾는 모든 사람을 일컫는 말로서, 이 활동의 경제적 매상고가 생활 유지에 충분한가 아닌가와는 무관하다.

2. 평화를 위한, 신식민지주의와 저개발에 맞선 투쟁

기본이해의 일치

제국주의 식민지체제의 붕괴 및 정치적 주권국가의 출현, 즉 "사회주의 세계체제의 출현 이래 혁명세력의 가장 중요한 성과"[7]와 함께 발전도상국 인민의 투쟁은 새로운 역사적 발전단계로 들어섰다. 정치적 주권의 방어 경제적 후진성과 제국주의에 대한 종속성 극복을 통한 그것의 기초 마련 그리고 이를 위해 필요한 국제적 전제를 긴장완화, 군축, 평화 및 평화공존이라는 형태로 창출하기 위한 투쟁은 객관적으로 더욱 제국주의 및 토착반동과의 대결의 주요영역으로 되어간다. 이 투쟁에 발전도상국의 모든 인민이 그들의 정치적 지향과는 무관하게 참여하고 있다.

또한 각 나라의 계급대립의 전개 및 갈수록 더욱 각인되는 그들 사이의 분화와 관련하여 **신식민지주의적인, 사회적 복원을 획책하는 가장 침략적인 제국주의 세력과의 모순이 지배적인** 것으로 되며, 민족해방국들의 **기본적인 공통성이 결정적인 것으로 자리잡는다.** 덧붙여 유사한 역사적 혹은 사회경제적 출발조건, 근본적인 경제과정의 비슷한 경로, 그들의 경제적 기본상황의 종종 극적인 악화, 그들의 사회적 및 경제적 발전에서의 비교 가능한 과제 및 문제 등을 열거할 수 있다. 모든 발전도상국들은 식민지 혹은 신식민지 유형의 자본주의적 국제 생산관계에 의해 둘러싸여 있다. 이 지역 인민과 제국주의의 가장 침략적인 세력 사이의 기본적 모순의 첨예화는 이 점에서 비롯된다. 전자는 민족독립을 더욱 공고화하는 것 그리고 그들의 첨예한 생활문제를 철저하게 해결하는 것에 이해를 갖고 있다. 이 적대적 모순의 구조적 해결 없이 이 나라들의 저개발, 후진성 및 경제적 종속은 제거될 수 없다. 민족해방된 인민의 반제국주의는 평화를 위한, 저개발 극복 및 더 광범한 지구적 문제의 해결을 위한 투쟁에서 더욱 강하게, 특히 경제적, 정치적 영역에서의 동등한 새로운 국제관계를 위한 공동의 투쟁에서 그 모습을 드러내고 있다. 그것은 점점 더 그들의 반신식민지적 협력의 결정적인 토대로 된다.

핵지옥 위험의 제거, 군축 및 발전, 후진성 및 신식민지적 착취의 극복, 동등한 권리를 갖는 구조적인 협력에 대한 **모든 발전도상국들의 공통된 이해**는 본질적으로, 완전히 분화된 민족적 이해와 뒤얽혀 있다. 또한 사회주의 나라들과의 동등권적 협력을 위한 새로운 전제가 발생한다. 이렇게 민족해방된 인민은 갈수록 더욱 **평화, 군축 및 긴장완화를 위한 투쟁에서** 배우이자 **적극적인 동반자**로 된다. 비핵지대의 창출, 핵무기의 불확산과 같은 문제에서, 군사적 간섭에 맞선 내적 반혁명의 신식민지주의적 지원에 맞선 그리고 침략적인 군사협정 정책 및 제국주의 기지에 맞선 투쟁에서 아프리카, 아시아 및 라틴 아메리카의 인민은 주요한 역할을 수행한다. 거기서, 예를 들어 국제연합 내의 숱한 문제에서 사회주의 나라들과의 협력이 있게 된다. **제국주의**가 경제 면에서 무제한적으로 명령하고 또 더욱 제멋대로 구식민지의 원료와 에너지물자를 갖다 쓸 **가능성**은, 특히 70년대에, 예를 들어 국유화조치에 의해 **억제**되었다. 통틀어 보자면 **국제 정치적 관계에 새로운 상황**이 관철될 수 있었다. 제국주의 열강으로서는, 다른 인민에게 자신의 의사를 강제하고 또 그들을 독점자본의 이해에 맞게 조종하는 일이 갈수록 어렵게 되었다. 그것은 특히 국제연합에서 확연해졌는데, 그곳에서는 아프리카, 아시아 및 라틴 아메리카의 국가들이 의결권 다수를 장악하고 있으며, 그러므로 사회주의 국가공동체와 공동으로 자본주의 세계체제 내의 국제 경제관계의 탈식민지화를 목표로 하는 일련의 중요한 결의를 채택하는 일이 가능하다. 그리하여 '국가의 경제적 권리 및 의무 헌장'(1974년)은 제국주의 주요국가의 격렬한 저항에도 불구하고 새로운 국제 경제질서의 민주주의적 원칙을 법전화하였다.

일람표 14 비동맹운동의 성장 (회원국 수)

1961(창설연도)	25
60년대 중반	47
70년대 중반	87
80년대 중반	102

1961년 창설된 **비동맹운동**은 세계적으로 커다란 영향력을 획득하였는데, 아프리카, 아시아 및 라틴 아메리카 나라들의 대다수가 거기에 가담하였다(99개국, SWAPO 및 PLO, 이것은 국제연합 의석의 약 65%를 차지하며 세계 인구의 거의 반 정도를 포괄한다). "그들의 작용력으로부터 평화 및 발전을 위한 점점 더 새로운 자극이 발생한다. 지구상 국가의 다수를 대표하는 이 나라들은 갈수록 더욱 일치하여, 군비경쟁에, 그들 내정에 대한 외부의 간섭에, 위협 및 폭력 사용에 그리고 온갖 형태의 팽창주의에 맞선다. 그들은 군비제한 및 군축, 특히 핵부문에서의 그것을 위한 조치를 갈수록 끈질기게 요구한다. 그리고 우주의 군사화를 거부한다."[8] 비동맹운동은 인종분리 및 인종주의에 맞선 투쟁에서 두드러진 위치를 점하고 있으며, 평화투쟁에 갈수록 더욱 참여하고 있다. (일람표 14, 15)

신생 민족국가 인민의 공통된 이해는 다른 형태의 지역적 협력을 야기시켰는데, 예를 들면 '아프리카통일기구'(OAU), '아프리카·아시아 인민연대를 위한 기구'(AAPSO), 아랍국가연맹, 아메리카국가기구, 라틴 아메리카 경제체제, 남태평양회의 등에서의 협력이 그것이다. 신생 민족국가의 공동행동에는 여러 계급과 사회계층이 참여하고 있는데, 그들은 상이한 그리고 부분적으로는 적대적인 이데올로기와 정치적, 종교적 세

일람표 15 비동맹운동 정상회의

Ⅰ. 1961. 9. 1-6. 베오그라드 정상회의, 25개국 참여, 3개 참관단
의장 : 요지프 브로즈 티토 유고슬라비아 대통령
Ⅱ. 1964. 10. 5-10. 카이로 정상회의, 46개국 참여, 10개 참관단
의장 : 가말 압델 나세르 이집트 대통령
Ⅲ. 1970. 9. 8-19. 루사카 정상회의, 54개국 참여, 9개 참관단, 7개 초청단
의장 : 케네스 카운다 잠비아 대통령
Ⅳ. 1973. 9. 5-9. 알제리 정상회의, 75개국 참여, 20개 참관단, 3개 초청단
의장 : 우아리 부메디엔느 알제리 혁명위원회 및 각료위원회 의장
Ⅴ. 1976. 8. 16-19. 콜롬보 정상회의, 85개국 참여, 14개 참관단, 7개 초청단
의장 : 시리마보 반다라나이크 스리랑카 수상
Ⅵ. 1979. 9. 3-9. 아바나 정상회의, 92개국 참여, 15개 참관단, 8개 초청단
의장 : 피델 카스트로 쿠바 국가위원회 및 각료위원회 의장
Ⅶ. 1983. 3. 7-12. 델리 정상회의, 99개국 참여, 15개 참관단, 10개 초청단
의장 : 인디라 간디 인도 수상
Ⅷ. 1986. 9. 1-6. 하라레 정상회의, 97개국 참여, 19개 참관단 35개 초청단

계관을 대변한다. 이러한 다층성과 거기서 결과되는 내적 모순을 활용하여, 제국주의는 세련된 수단과 방법을 써서 비동맹운동 내에서 협력하는 국가간의 통일성과 연대성을 약화시키려 한다.

발전을 위한 군축

저개발과 후진성의 극복——분명히, 심각한 평화위협 다음으로 가장 중요한 우리 시대의 지구적 문제인——은 매우 복잡한 과정으로서, 그 속에서 제국주의적 중무장과 그것의 다층적인 부정적 결과는 발전도상국에 결정적인 외적 반대력으로 작용한다. 미제국주의의 침략적인 경제정책은 새로운, 정의로운 국제 경제질서를 관철시키는 경로에서 가장 본질적인 장애물이다. 그러므로 저개발의 해소를 위한 외적 전제로서의 국제

경제관계의 민주주의적 변혁을 위한 발전도상국들의 노력은 마땅히, 신식민지적 경제전략에 맞선, 군축을 위한, 포괄적인 국제 경제안정체제를 위한, 긴장완화 그리고 모든 국가의 주권을 인정하는 평화공존을 위한 끈기있는 투쟁을 그 속에 포함한다. 후자는, 자신의 사회정치체제를 외부의 후견 없이 자유롭게 선택하고 또 국가독립을 위한 혹은 신식민지적 침략자에 맞서 그것을 방어하기 위한 투쟁에서 군사적 수단까지도 사용할 수 있는 인민 모두의 포기할 수 없는 권리 또한 그 내용으로 한다.

그들을 파괴시키는 제국주의적 정면대결정책으로부터 발전도상국들을 절대적으로 분리시켜내야 한다. 동시에 국제관계에서 증대하는 신생 민족국가의 영향력을(예를 들어 국제연합 메카니즘, 비동맹운동, 지역 및 대륙 기구에서의), **비군사적 형태의 체제대결을 보장**하는 쪽으로 활용하기 위하여 모든 가능성을 동원하여야 한다. 하지만 제국주의적 중무장 및 간섭 정책에 맞선 성과 있는 투쟁이 발전도상국의 복잡한 문제의 해결을 자동적으로 결과하지는 않는다. 그러나 신생 민족국가 내의 사회변혁과 함께 안정된 평화확보는 후진성 극복을 위한, 민주주의와 주권을 위한 가장 유리한 조건이다.

안정적인 평화확보, 군축, 자연환경의 유지, 발전과 사회적 진보 사이에는 어쩔 수 없는 논리적 연관이 존재하는데, 발전도상국 인민은 그것을 갈수록 강하게 인식하며 또 지지하고 있다. 발전도상국들의 숱한 국가간 기구의 활동 그리고 무엇보다 비동맹운동이 이것을 증명한다. 사회주의 국가들과 공동으로 발전도상국들은 국제연합에 의해 조직된 '군축 및 개발'에 관한 회의(1987. 8. 뉴욕)에서, 실질적인 군축의 결과로 남아돌게 될 수단을 저개발, 기아, 문맹 및 전염병 등과 같은 지구적 문제의 집단적 해결을 위해 사용할 것을 요구하였다. '발전을 위한 군축'이라는 새로운 사고의 이 중요한 원칙은, 바르샤바조약 국가들에 의해 바르샤바조약 정치자문위원회 베를린회의(1987. 5. 28/29) 문서 「저개발 극복을 위하여 그리고 새로운 국제 경제질서의 창출을 위하여」에서 인상깊게 뒷받침되었다. 이 문서는, "저개발 극복을 위한" 결정적인 조치가 없이는 "경제적, 정치적 안정도 세계평화도 보장될 수 없음"을 강조하였다.[9] (일람표 16).

실제로 발전도상국에 대한 강화된 식민지적 약탈의 결과 셀 수조차 없

일람표 16 발전도상국과 자본주의 공업국 인구 일인당 평균 사회적 총생산의 발전(현재의 가격, US달러)

	1975	1980	1984
자본주의공업국	5490	9630	10170
발전도상국 전체	420	830	830
그중 아프리카	260	630	540
아시아	310	630	730
라틴 아메리카	970	1960	1740

는 갈등소재들이 쌓이고 있다. 제국주의와 발전도상국 간의 관계에서의 위기는 모든 것을 파괴시키는 폭발의 한계에 도달하였다. 자신의 재생산을 위해 발전도상국들을 파괴시키는 착취를 포기하지 않으려 하는 제국주의 체제를, 그들이 더 이상 견딜 수 없다는 것은 갈수록 명확해지고 있다. 또한 여기서 비롯되는 세계평화에 대한 첨예한 위험, 지역갈등의 위협적인 상승 그리고 숱한 발전도상국들의, 그렇지 않아도 복잡한 경제적 및 사회적 처지의 극적인 악화는 이성과 현실주의를 선호하는 영향력 있는 제국주의 집단으로 하여금 되돌이켜 생각하게끔 만든다. 그들은, **저개발이라는 지구적 문제**의 해결에 실패할 경우, 충분히 납득될 수 있는, 그들의 고유한 이해에 대한 위협이 증대할 것임을 감지한다. 이 위태로운 위기상황은, 필경 제국주의에게 경향적으로 대등한 토대 위에서 그리고 발전도상국 인민의 합법적인 이해를 존중하는 가운데서 이해를 조정할 것——그렇지 않다면 함께 멸망할 것이므로——을 요구한다. 그것은, 국제적으로 협력, 조정하는 행동전선을 통하여 제국주의의 가장 침략적인 집단이 제국주의의 가장 위험한 외형인 군사주의와 신식민지주의를 버리고, 또 새로운, 정의로운 경제질서라는 조건에, 체제의 평화적인 경쟁에 자신을 적응시키게끔 강제하는 것을 필요로 한다. 이러한, 평화능력이 있고, 그 핵심이 사회개량적 주조틀인 적응유형의 국가독점주의적 발전——사회적으로 반동적이고 보수적인, 그리고 그와 더불어 정면대결적인 유형의 국가독점주의에 대한 대안——을 각인시키는 일은, 세계정

치 내의 발전도상국들의 영향력을 더욱 활성화시키고 또 국제 세력관계를 평화, 민주주의 및 진보 세력에 유리한 쪽으로 더욱 강하게 변화시킬 것을 요구한다. 발전도상국들을 약화시키는 신식민지적 약탈, 군사주의 및 고집스런 정면대결은 제국주의에게 체제유지도, 체제대결에서의 승리도 보장해주지 않으며, 오히려 지구적 문제의 첨예함 때문에 인류문명의 멸망을 야기시킬 뿐이다.

이 문제의 구조적인 해결을 위한 노력에서, 국제안전의 공고화와 해방국가의 주권 발전의 보장 사이에 존재하는 연관성이 신생 민족국가의 여론 자체에 관철되는 것이 매우 중요하다. 이러한 올바른 이해척도의 잣대 속에서 발전도상국의 인민은 **평화촉진적인 활동을 통해** 침략적인 정면대결정책의 **행동반경을 좁히는 데** 기여하는 것이다. 여기에서 거론될 수 있는 것은, 평화를 위협하는 신식민지적 정책을 지지하고, 자신을 그 도구로 만들며, 이웃 주권국의 안정을 교란시키고 또 자국 내에서 일체의 민주주의적 씨앗들을 폭력적으로 억압하는 친제국주의적 정부에 맞선, 제국주의 군사기지와 그들의 영토 혹은 지역 내의 군사훈련에 맞선, 반동적인 군사동맹 그리고 그들이 이 동맹에 연루되는 것 등에 맞선 적극적인 투쟁이다. 게다가 이것은 지역의 평화확보에 대한 특수한 기여를 그 내용으로 하는데, 그것을 가능케 하는 것은 무엇보다 다음과 같은 것들이다. 국제법적 효력을 갖는 비핵지대선언(예를 들면 라틴 아메리카의 경우 트라테롤코 선언 그리고 '남태평양 비핵지대 창출에 관한 조약'에서 합의된 바와 같은), 혹은 아프리카, 근동, 인도양, 동남아시아 지역 등에서 벌어진 이러한 지대의 승인을 위한 투쟁, 그리고 안정적인 지역 평화구역(예를 들어 중앙아메리카 및 카리브해 지역의 경우) 및 그것의 지리적 확장을 위한 노력, 지역적 혹은 소지역적 군축협약의 실현, 기존 국경선의 원칙적인 존중(예를 들어 아프리카통일기구의 그것과 같은), 즉 국가간 갈등의 해결에서 엄격한 폭력포기 의무 혹은 현재 군사적 수단으로써 담지되고 있는 갈등(예를 들어 이란과 이라크간의 갈등)을——유엔 중재하에——정치적으로 규제하도록 적극적인 영향력을 행사하는 것, 다른 국가 영토 내의 반정부적 및 테러리스트적 무장집단에 대한 지원의 포기, 신뢰를 쌓는 조치의 실현, 비핵 3원칙(비생산, 비획득, 비배치)의 준수, 불간섭, 내정간섭 금지, 모든 인민의 자결권 존중과 같은 국제법적 원칙을 토대로 한 우호적, 선린적 관계를 만들어내기 위한, 민주주의 원칙에 입각한 지역 협력의 발전 등이 그것이다.

군축, 긴장완화 및 평화공존은, 발전도상국 인민의, 고유한 자원을 절대적으로 선택된 발전경로의 틀 속에서 독자적으로 처분할 수 있는 그들의 합법적인 권리를 관철시키기 위한, 새로운 국제 경제질서 확립을 위한, 신식민지적 채무노예 상태의 종식을 위한 투쟁을 성과 있게 이끌어 나가는 데 필수불가결한 국제적 조건이다. 이 점에 있어, 많은 발전도상국으로서는 오늘날 단지 평화확보만이 관건일 뿐만 아니라, 신식민지적 교란전쟁(예를 들어 니카라과, 이디오피아를 겨냥한, 남아프리카의 주권국가를 겨냥한, 캄푸치아를 겨냥한 그것에서 보듯이)의 종식이, 그들의 영토상에서 군사적 수단으로써——제국주의의 가장 침략적인 집단에 의해 개시된——담지되고 있는 숱한 갈등의 정치적 조정이 또한 관건이 될 것이다. 오로지 구조적인 갈등 해결 이후에만 그리고 안정된 평화확보가 있어야만 이전의 식민지 피억압 인민은 자신이 쟁취한 민족주권을 굳히고, 물려받은 경제적 후진성, 대규모 빈곤, 가난, 기아, 전염병, 무지를 제거하고, 그들의 민족적 생산력을 증진시키며, 그들의 민족문화, 교육 및 보건 제도를 발전시키고 또 그들 인구 대다수의 재앙적인 사회적 처지를 개선시킬 수 있다.

투쟁의 동력

오늘날 발전도상국들에 특징적인 것은 불균등하고 기형적인 사회경제적 발전이다. 라틴 아메리카 국가와 몇몇 아시아 국가들의 경우 자본주의적 생산양식이 비교적 안정된 상태인 반면, 아프리카와 아시아 나라들 다수는 전자본주의적 구조를 극복하고 자본주의적 관계를 형성해가는 단계에 있다. 많은 나라에서 다부문경제에 상응하여 미성숙한, 매우 이질적인 계급 및 사회 구조가 존재하는데, 그들의 발전은 완강한 신식민지적 착취 때문에 저지되고 있다. 많은 나라의 경우 계급과 민족의 형성이 비로소 시작된 상태이다.

이러한 조건에서 사회정치적 발전의 동력 및 지도력의 문제는 특히 복잡할 수밖에 없다. 제국주의와의 모순이 지배적인 역할을 한다는 점이 다음과 같은 사실을 야기시킨다. 즉 더 나아가 해방된 인민과 국가의 합법적인 전민족적 이해의 관철과 옹호에 거의 모든 사회세력이 이해를 갖는데, 그것이 정치관계를 결정짓는다는 것이다. 이러한 틀 속에서 무엇보다 식민지 이후 시기에 개별 계급 및 계층의 형성과정이 개시되었으며, 계급대립이 점점 더 전개되었다.

노동자계급은 또한 아프리카, 아시아 및 라틴 아메리카에서도 투쟁적이고 진보를 결정짓는 세력이다. 그들의 계급으로의 형성은 대부분의 아프리카 나라의 경우 이제 비로소 시작된 반면, 라틴 아메리카에서 그들은, 농업프롤레타리아트까지 포함하여 이미 생업활동인구의 다수를 이룬다. 80년대초에 이르면 노동자계급이 생업인구(생업활동인구+실업인구)에서 차지하는 비율이 발전도상국의 경우 30%에 이른다. 경제적 혹은 공업적으로 비교적 진보한 나라들도 있는데, 싱가포르, 남한, 이집트 및 알제리가 그들로서, 이들 나라에는 비교적 많은 프롤레타리아트가 존재하며, 그에 반해 다른 나라들에서는 '즉자적 계급'으로서도 아직 형성되지 못한 상태이다. 임금노동자(그 중 이동 및 계절 노동자) 대부분이 공업적 대생산에 종사하지 않는 상태이며 부분적으로는 낮은 교육수준을 드러낸다. 노동자계급의 가장 진보한 핵심으로서의 공업프롤레타리아트는 이제 막 출현하고 있는 중이다. 노동자계급의 다수는 여전히 제1세대에 속하며, 몇 안되는 공업중심지에 집결해 있거나 중소기업에 분산되어 있고, 여전히 농촌과, 그리고 그와 더불어 쁘띠부르조아적, 농민적 이데올로기와 밀접하게 결합되어 있다. **아프리카, 아시아 및 라틴 아메리카 노동자계급의 발전**에서 본질적인 것은, 과학적 사회주의의 발광력이 이론과 실천에서 증대하는 조건에서의 그들의 형성과 같은, 장기적으로 작용하는 요인들이다. 공업화로 말미암아 노동자계급이 증대하게 되며, 거기서 자본주의 경제의 위기과정이 그 성장과 구조에 작용을 끼친다. 노동자계급 및 그들과 가까운 인구층의 정치적 조직성과 활동이 강화되게 된다. 그것은 아시아, 아프리카 및 라틴 아메리카 나라들의 50개가 넘는 공산당의 작용에서, 혁명적 전위당의 창설에서, 노동조합과 민주주의적 대중조직의 창출 그리고 숱한 대중행동에서 드러난다.

현재 노동자계급은 그들의 수적 및 정치적, 조직적 취약성 때문에, 대개의 아시아, 아프리카 나라의 경우 사회적 진보를 위한 투쟁에서 헤게모니를 행사하고 있지 못하다. 그에 반해 라틴 아메리카의 경우 그들은 반제투쟁의 선봉에 서며 또 몇몇 나라의 경우 영향력 있는 공산당에 의해 지도되고 있다. 아프리카, 아시아의 몇몇 나라의 경우에는, 비프롤레타리아적 혁명적-민주주의 지도세력이 노동자계급의 입장으로 이행하며 또한 그들의 지도역할의 형성을 촉진시킬 수 있는 경향이 나타나고 있다.

농민은 인구의 압도적 다수를 이루며 혁명적-민주주의 세력과 노동자계급의 **가장 주요한 동맹동반자**이다. 그들은 식민지 정부에 맞서 그리고 민족독립을 위해 적극적으로 투쟁했으며 농업문제의 해결에 초미의 이해를 갖고 있었고 지금도 그렇다. 비록 많은 발전도상국에서 독립 획득 이후 농업개혁이 수행됐지만, 그것은 토지문제를 노동하는 농민들에게 도움이 되는 쪽으로 해결하지 않았다. 대개의 경우 이 개혁은 단지 대토지 소유의 몇몇 봉건적 특성을 제거하고 농업의 자본주의적 발전을 비호할 뿐이었다. 그러므로 철저한 농업개혁이, 농업 및 공업의 생산력 발전의 모든 장애물 제거를 위해, 또 식량문제의 해결을 위해서도 필요불가결하다. 오로지 농민층이 정치적 발전 안으로 견인되고 또 경제적 및 정신적 사슬에서 해방되어야만 사회적 진보를 위한 투쟁에 더욱 대중적인 성격이 확보될 수 있다. 아시아 및 아프리카에서 농민층의 입장은 민족해방 혹은 그것의 공고화를 위한 투쟁을 계속해나감에 있어 중심적인 문제이다. 농민층은 대단히 혁명적이며, 대개는 자생적이고 또 그러므로 거기서 파생되는 온갖 동요성, 온갖 이데올로기 및 정치상의 모순을 갖는 세력이다. 그러나 그것은 달리 어쩔 도리가 없다. 왜냐하면 농민의 압도적인 다수가 상상할 수 없는 곤란과 무권리 상태 속에서, 부분적으로는 극복되지 못한 봉건적 및 전봉건적 관계 속에서 살고 있기 때문이다. 종속적 자본주의 발전이라는 조건에서 또한 **농민층 내의 분화가 증대**한다. 자본주의적 지향을 갖는 나라들에서 농촌부르조아지가 형성되는데, 그것은 농촌프롤레타리아트와 대립한다. 그들 사이에 이질적인 빈농층이 존재한다. 몇몇 민족해방국가에서는 (그 철저성은 상이하지만) 농민의 농업협동조합적 조직화의 경로가 개척되었고, 거기서 전통적인 마을공동체(탄자니아, 이디오피아)가 연결점 역할을 하였다.

봉건계급은 숱한 발전도상국에서 그들의 이전의 영향력을 상실하였다.

왜냐하면 그들의 경제적 입지가 농업개혁에 의해 무너졌기 때문이다. 많은 라틴 아메리카 국가에서 그들은 대토지소유계급, 특수한 유형의 자본주의적 대지주계급으로 변형되었다. 몇몇 아랍 산유국에서는 그들로부터 금융귀족 일파가 생겨났는데, 그들은 상당한 정치적 영향력을 행사하고 있다.

발전도상국들에서 계급으로서의 **토착부르조아지**는 사회적 재생산과정에서 그들의 그때그때의 구체적 지위에 따라 매우 이질적이다(맹아적 부르조아지, 즉 투기적 중개상 혹은 고리대자본, 농업, 상업, 은행, 서비스, 공업, 관료 부르조아지 등). 그들의 경제적 및 정치적 비중 그리고 사회적 대결에서 그들이 취하는 입장은 종속자본주의의 현저한 불균등발전의 토대 위에서——이미 부분적으로는 독점자본주의적인 나라들에서 전자본주의적 구조가 압도적이고 자본주의 발전이 미약한 나라들에 이르기까지——매우 상이하다. 대개는 **두 가지 부르조아 세력집단**이 발전된다. **첫째,** 외국자본, 봉건적 및 다른 반동적인 집단과 정치, 경제 면에서 결합되어 있는 **매판집단** 둘째, **민족부르조아지**, 즉 해당 나라의 주권적 발전에 이해를 갖는 집단인 이들은 봉건적 관계에 맞서 그리고 민족이해를 국제 독점자본에게 팔아넘기는 것에 맞서 등장한다.

민족해방을 위한 투쟁에는 거의 모든 토착부르조아지가 참여하였다. 그들은 종종 지도적인 정치적 위치를 점하였다. 권력장악 이후 분화되는 계급으로서 그들은 두 개의 적대적인 세력의 압력을 받게 된다. 한쪽에는 자신의 입지를 신식민지주의적 정책의 도움을 받아 유지하거나 재획득하려는 제국주의자, 그리고 자신의 옛 특권을 악착같이 지키려는 봉건집단이 있다. 다른 한편에는 노동하는 인민대중이 있는데, 그들은 그들의 사회적 처지를 근본적으로 개선하기 위하여 투쟁한다. 이 서로 다른 세력의 압력하에서 부르조아지는 어물쩡한, 동요하는 또 분열된 태도를 드러낸다. 제국주의 열강 및 봉건집단에 대한 양보, 인민대중을 대상으로 한 공약(空約)과 민족적 참주선동 그리고 그와 동시에 그들의 민주주의적 요구를 억압하는 것 등이 종종 그들의 정책을 특징짓는다. 국제독점과 민족부르조아지 사이의 모순——그 본질상 잉여가치 분배를 둘러싼 대결——과, 그와 더불어 반제투쟁에 민족부르조아지가 참여할 전제가 계속 존재하므로, 그들은 경제적 독립을 위한, 신식민지주의와 저개발에 맞선 투쟁에서 전민족적 이해를 갖고 중요한 역할을 계속 수행할 수 있다. 그러므로 민족독립의 확보를 위한, 새로운 국제 경제질서를 위한 노력에서는 제국주의에 대한 경제적 종속성을 축소시키고 사회적 진보를 부분적으로나마 관철시키는 데 기여할 수 있는, 자본주의 발전의 여러 부르조아적, 민족적 혹은 사회개량주의적 변종의 잠재력이 일정하게 구분되어야 한다. 여기서 고려해야 할 것은, 신식민지주의 및 신지구주의 전략 자체가 결코 사회주의적 전망을 천명한 혁명세력만을 표적으로 하는 것이 아니고, 보다 큰 민족자립, 비동맹의 확보, 채무 문제의 민주주의적 해결 등의 진보적인 조치를 목표로 삼는 모든 세력을 표적으로 한다는 점이다.

식민지주의의 유산으로서, 그러나 또한 신식민지적 종속관계의 결과로 많은 발전도상국의 경우 특히 기생적인 부르조아계층이 생겨났는데, 그들은 국가기구 혹은 국가자본주의적 경제부문(그들은 이것을 그들의 집단-자본주의적 소유로 간주한다)의 지배를 통해 엄청난 부를 축적한다. 혁명적-민주주의 세력의 투쟁은 이 **관료부르조아지 및 매판부르조아지**를 겨냥한다. 다른 한편 전과 마찬가지로——그 계급적 한계 때문에 단지 부분적이기는 할망정——**민족부르조아지**의 진보적 잠재력은 반제세력의 협력에서 본질적인 요인이다.

복잡한 사회정치적 상황 때문에 아시아 및 아프리카에서 수많은 **중간계층**(비농업부문에서 그들은——'주변계층'과 함께——평균적으로 인구의 약 60%를 구성한다)이 불가피하게 동력 및 지도력으로서 정치적인 비중을 획득한다. 여기에는 쁘띠부르조아 세력(수공업자, 소상인, 서비스부문 종사자), 민간 및 군인 인텔리겐차 그리고 국가공무원이 속한다. 선진 자본주의 나라들의 경우와는 달리, 그들은 통상적으로 그 재산상태나 사회적 위치로 볼 때 부르조아지보다는 근로대중에 가깝다. 이 계층에 부수되는 분열적 성격이 나타나는 방식은, **대중빈곤**이라는 조건 때문에, 공업적으로 발전된 나라들의 경우와 같지 않다. 비록 사회적 다층성과 사회 내의 이 인구 부분의 중간위치로 말미암아 매우 다양한 정치적 입장의 광범한 장을 보이기는 하지만 이 나라들의 중간계층은 상당한 혁명적 잠재력을 보유하고 있다. 프롤레타리아 세력은 중간계층과 밀접한 동맹을 형성해야 한다. 왜냐하면 민족독립을 더욱 공고화하는데, 그리고 사회적 진보를 위한 투쟁에서 성과를 얻는 데 이것이 사활적으로 필요하기 때문이다. 무엇보다 중간계층 대열 중 두 집단이 두드러진 역할을 수행한다. **민족 민주주의 인텔리겐차** 그리고 쁘띠부르조아층에서 나오는 **진보적인 애국군인**이 그들이다. 자본주의적 발전의 변종을 거부하고 사회주의적 지향을 천명하는 해방된 나라들에서는 특히 혁명적 민주주의자, 쁘띠부르조아층 출신의 진보적 인텔리와 군인이 선봉에 선다.

군인은, 많은 발전도상국의 경우 상대적으로 교육을 받은, 역동적이고 또 나라 전체로 보더라도 종종 유일하게 단일한 권력기구를 장악하고 있는 세력이다. 그러므로 군대는 아직 미성숙한 사회구조 때문에 사회적 대결에서 두드러진 역할을 수행한다. 맑스-레닌주의는 무장기관을 가치평가함에 있어 무엇보다 다음과 같은 점에서 출발한다. 즉 그것 자체가——정치조직의 구성부분으로서, 국가기구의 구성부분으로서——계급대결에서 중립적인 태도를 취하지 않는다는 것이다. 전투력은 그것이 민족해방투쟁에 가담하고, 그것으로부터 생겨나거나 인민대중의 이해를 대변할 경우 진보적인 발전을 주도할 수 있다(예를 들면 이디오피아의 경우). 그러나 그것은 또한 전통적, 봉건적 혹은 부르조아적인, 제국주의와 협력하는 계급의 도구로서 행동할 수 있고 또 민주주의운동을 잔혹하게 진압할 수도 있다(예를 들면 칠레, 파라과이의 경우). 경험은, 진보적인 군인이 물론 혁명적-민주주의적 변혁을 도입함에 있어 진보적인 몫을 행사할 능력이 있다는 것, 그러나 이것이 혁명적 성과물을 보호하기 위해 그리고 혁명과정을 계속 추진하기 위해 인민대중을 포괄적으로 동원하고 또 정치적으로 조직하는 것을 결코 대체할 수 없다는 것을 가르쳐준다.

실제적인 발전경향은, 중간계층 내에 본질적인 잠재력이 존재하고 있으며, 그것이 민족해방운동에 긍정적인 자극을 부여할 수도 있다는 것을 명확하게 보여준다. 그러나 동시에 이 세력의 지도하에서는 안정된 전진운동이 항상 확보되지는 않는다는 것, 그들 대열 내의 동요와 불안이 개별 부분에서 상당한 부담과 일시적 후퇴를 야기시킬 수도 있다는 점 또한 드러난다. 노동자계급의 불충분한 발전, 인민대중의 조직성 결핍 그리고 토착 및 외국 반동의 대규모 역공 때문에 장차 급격한 반전이 있으리라는 것을 우리는 배제할 수 없다. 또한 성공과 진보는 본질적으로, 이 국가의 지도세력이 사회주의 나라 및 다른 진보세력과 얼마나 공고하게 결합되어 있는가에, 그리고 반공주의적 입장으로 치닫는 것을 얼마나 확고하게 거부하는가의 여부에 달려 있다.

농업부문의 후진성, 이농, 자생적인 도시화과정 때문에, 그리고 미약한 산업발전으로 인해 노동력을 흡수할 능력이 없기 때문에 많은 발전도상국의 경우 사회적으로 소외된 자들, 빈곤화된 **'주변계층'**이 광범위하게 형성되었는데, 그 소속원들은 날품팔이, 영세상인, 도둑, 창녀, 거지 등으로서 급속하게 성장하는 대도시 슬럼가에 살고 있다. 이러한 주변화된 도시빈민 혹은 과잉인구는 어떤 생산수단도 갖고 있고 않으며, 또한 현대적인 생산과정 속에 편입되지 못하고 종종 노동과정 속에 통합될 가능성을 갖지 못하고 있다. 현재 대개의 발전도상국에서는 과도 및 주변 계층(빈번히 극우적 혹은 극좌적 조작의 대상물로 되는)이 프롤레타리아트보다 더 빠르게 성장한다. 이것은 이 나라들 내의 자본주의의 특수성, 인구상황 및 과학기술혁명에 의해 조건지어진 장기적 경향으로서, 장차의 대결에서 이 점에 마땅히 주목해야 한다.

이데올로기적, 정치적 구조 내에서의 특수한 현상은 **이질적이고 후진적인 경제적 토대**와 사회적 구조에 상응한다. 많은 나라, 특히 아프리카의 경우 발전하는 사회적 분화를 부분적으로 은폐하는 인종적 구조, 그리고 그것을 토대로 한 **종족주의**, 사회적 삶을 종족관계로 축소시키는 것이 커다란 역할을 수행한다. 발전도상국에서 이러한 생활관계에 결합된 전통적 이데올로기, 사고방식 및 종교적 표상이 매우 빈번하게 발전에 결정적인 영향을 끼치게 되는 것은 전자본주의적 계급, 계층 및 사회적 구조가 커다란 비중을 갖는 데에서 비롯된다.

대중의식의 일부로서 **종교**(무엇보다 불교, 힌두교, 이슬람교, 기독교 등과 같은 계급사회의 종교, 또한 자연종교)는 많은 발전도상국에서 중심적 역할을 수행한다. 그것은 사회적 및 정신적 삶을 각인하며, 각 나라마다 특수한 상황 속에서 극히 다양한 구성을 보인다. 사회적 대결에서의 종교세력의 입장은 애매모호하다. 한편으로 예를 들어 가톨릭은 식민지 정복에서 반동적인 역할을 수행하였다. 오늘날에도 고위성직자 일부는, 예를 들어 라틴 아메리카 몇몇 나라의 경우 과두제 편에 서 있다. 그리고 신식민지 정책 또한 종교감정을 악용한다. 다른 한편으로 많은 민족의 경우 반식민지적 저항이 종교의 옷을 입고 형성되었거나 이 부문에서 오늘날 평화, 사회적 진보 그리고 부당성의 제거를 향한 열망이 명시되었다. 이것은 현재 예를 들어 이슬람의 르네상스에서 드러나는데, 이것은 새로이 깨어난 자의식의 표현일 뿐만 아니라, 또한 전통적인 사회구조의 보존에도 복무할 수 있는 것이다.

숱한 발전도상국에서 그 해결을 향해 치닫는 현저한 대립은 가부장제적인 교회의 대열 속에서 극히 상이한 유형으로 반영되며, 그들 파벌이 민족적, 사회적 해방의 실제적 과제(예를 들면 토착착취체제에 맞선, 남아프리카의 인종주의적 분리정책에 맞선, 정의로운 새 국제 경제질서를 위한 투쟁)에 논쟁적인 태도를 취하는 것은 그것의 결과이다. 교회 성직자의 "평민분파"(엥겔스)는 기본단위 구역에서 활동하면서 대규모 빈곤, 결핍 및 가난과 직접 맞부딪치는데, 예를 들어 복음을 현세적으로 해석하고, 정의로운 사회체제를 위한, 무장투쟁을 포함한 근로인민의 투쟁을 권위주의적으로 지배하는 착취자의 압제적 폭력에 대한 불가피한 반작용으로서 지지하는 것이 그것이다. 이러한 경향을 선포하는 것이 라틴 아메리카의 '해방신학'이다. 이러한 조건에서 중요한 것은, 제국주의적 및 국내적 착취에 맞선, 인종주의와 전횡에 맞선, 평화, 민주주의 및 사회적 정의를 위한 투쟁에서 사회적 대결에 참여하는 신자들을 광범한 동맹으로 견인해내는 것이다.

뚜렷한 계급의식을 아직 발전시키지 못한 대중 대부분에게, 특히 수백만 농민에게 부분적으로 종교의 옷을 입고 등장하는 **민족주의**는 반제의식의 시작단계이다. 레닌은 식민지 피억압 인민의 민족주의에서 반제적 경향을 보았는데, 그것은 인구의 여러 사회적 계층을 제국주의에 맞선 투쟁으로 결합시키고 또 정치적 독립의 획득에서 중요한 역할을 수행한다. 레닌은 이렇게 쓰고 있다. "피억압 민족의 부르조아적 민족주의는 **모두** 일반민주주의적인 내용을 갖고 있으며, 억압에 **맞서는** 것을 지향한다. 그리고 이 내용을 우리는 **무조건** 지지한다."[10] 정치적 독립의 공고화를 위한 투쟁에서 반제국주의적 민족주의는 오늘날에도 여전히 진보적인 의미를 갖는다. 동시에 민족주의의 반동적인 측면 또한 간과해서는 안되는데, 그것을 일부 토착부르조아지가, 그들의 이기적인 이해를 전민족적인 것으로 호도하고, 민족적 배타성을 이론적으로 기초지으며, 민족해방운동을 다른 진보적 및 혁명적 세력과 분리시키고 진보적인 변혁을 가로막는

데 활용하기 때문이다. 민족주의가 갖는 민주주의적 내용의 지지는 그 반동적 표현에 맞선 투쟁을 포함한다. 왜냐하면 후자는, 토착 반인민 세력이 제국주의와 그것의 신식민지주의적 정책 및 반공주의와 결합되는 장이기 때문이다.

신식민지주의에 맞선 투쟁의 주방향

신식민지체제의 붕괴와 함께, 이전의 식민지 및 반식민지에서 생겨난 국가에 대한 제국주의의 직접적인 정치는 영향력이 눈에 띄게 축소되었다. 그리고 길고 힘든 그 이상의 변화과정이 개시되었다. 그러나 지도적인 제국주의 국가들은 **새로운 상황에 자신을 적응시키는 법**을 알고 있다. 자신의 경제적, 과학기술적, 테크놀로지적 및 금융적 힘을 활용함으로써 그들은 구식민지의 경제적 종속관계를 새로운 상황 속에서 '건져내고' 또 **신식민지적 종속, 착취 및 약탈 체제**를 창출해내는 데 성공하였다. 제국주의가 사회적 조정을 위한 그리고 체제대결을 위한 중요한 자원의 증대를 마련하기 위해 강화된 신식민지적 착취를 활용한다는 점이 갈수록 분명해진다.

초국적 독점을 통해, 불공정 무역을 통해, 국가독점적 원료, 신용 및 이자 정책 등을 통해 '저임금 나라들'을 착취하는 체제는, 발전도상국들의 1조 달러가 넘는 부채에서 가장 강력하게 표현되고, 제국주의 국가와 독점이 매년 이들 나라로부터 2천억 내지 4천억 달러를 짜내고 있다는 점에서도 표현되는데, 그것은 또한 그 자신의 정치적 및 이데올로기적 요소를 갖는다.[11]

정치 분야에서 **사회적 보복의 전략**은 무엇보다, 반동적, 분리주의적, 친제국주의적 사회집단 그리고 반혁명적, 종교적 광신의 조직을 촉진시키는 것에서, 형식적으로는 독립되었지만 실제로는 특히 미제국주의에 종속된 정권(예를 들어 남한, 태국, 파키스탄, 사우디아라비아, 자이레, 온두라스, 칠레) 혹은 지역 대표자(예를 들어 남아프리카, 이스라엘의 인종주의적 분리 정권에서 보이듯이)를 지원하는 것에서 표현된다. 그것은 주권의식이 있는 신생 민족국가에 대한, 반혁명적 쿠데타 조직, 경제봉쇄 조치, 직접적인 간섭 및 정치적 압력 등을 수단으로 한 대규모 안정교란기도와 맞물려 돌아간다. 80년대초부터 무엇보다 미제국주의는 발전도상국과 자신의 관계를 군사화하는 일, 자신의 반진보적인 정면대결 및 중무장 정책에 그들을 끌어들이는 일에 강력히 달려들었다. 발전도상국들에 대한 그들의 대규모적인, 항상 불리한 작용을 수단으로 하여, 그들은 결정적인 발전장애물, 착취메카니즘으로 되며, 신생 민족국가에게 과도한 해악을 끼치고, 그들의 저개발상태를 그 모든 측면에서 강화시키고, 재식민지화 경향을 불러일으키고 또 자본주의 세계경제체제 내에서 그들의 하위적 위치를 공고화한다.

신식민지주의의 이데올로기적 기본입장이 갖는 특징은 무엇보다 여러 변종의 반공주의 혹은 반소비에트주의이다. 그것은 특히 혁명적-민주주의자와 공산주의자 사이에 반제민주주의 동맹이 형성되는 것을 가로막는 데 복무한다. 동시에 반공주의는 발전도상국들을 사회주의 국가로부터 분리시키고 제국주의 체제 내에서 그들의 하위적 부속품 역할을 유지보존시키려는 속셈이다. 반공주의 이데올로기적 전향의 **주방향**은 다음과 같다. 실제 존재하는 사회주의에 대한 비방 및 사적 '기업정신'의 '자유로운' 창도성 예찬, '특수한(제3의) 발전경로'——이것은 다름아닌 사회주의와도, 자본주의와도 소위 구분되는, '개선되고 또 수정된' 자본주의라고 횡설수설한다——에 대한 이론적 기초작업이다. 또한 신생 민족국가 내 갈등을 '모스크바의 손'이 조정하는 것으로 언명하는 것, 프롤레타리아 국제주의와 민족해방을 대립시키고, 공산주의와 대개 종교를 갖고 있는 해방된 나라의 근로인민을 대립시키는 것, 이것은 공산주의운동을 이 인민의 이해와 '무관한' 현상으로 중상모략하려는 목표를 갖고 있다. 또다른 변종의 신식민지적 선전은 주권의식적인 신생 민족국가를 인종주의적인 작풍으로 '테러리즘의 온상'이라고 매도하는 것인데, 이것은 이 나라들(예를 들면 그라나다, 자마이카, 레바논, 니카라과, 시리아, 리비아)을 겨냥한 미국국가 테러리즘을 새빨간 거짓말로 정당화시키기 위함이다. 우리 시대의 기본모순을 변조하고 또 그것을 '가난한' 인민과 '부유한' 인민 사이의, '남'과 '북' 사이의 대립으로 **대체하는** 것 또한 반공주의에 복무한다. 생산관계를 마구 무시하고 일방적으로 물질적 생산력의 발전수준만을 사회적 진보의 유일한 척도로 강조하면서, 이 '이론'——'초강대국'들로부터 '대등한 거리'('등거리')를 유지해야 한다 운운이 그렇듯이 ——은, 자본주의 사회체제와 사회주의 사회체제 사이의 근본적인 차이를 말살하고 또 저개발 및 후진성에 대한 제국주의의 죄과를 은폐하는 것을 그 목적으로 한다.

전쟁위험의 실질적 동력을 은폐하고 제국주의적 중무장정책을 정당화하는 신식민지적 변형의 극히 반동적인 이데올로그 또한 중요한 위치를 점한다. 여기에 복무하는 것은 무엇보다, 예를 들어 '초강대국'이니 체제대결이니 기술 혹은 참된 인간본성의 인류학적 불변성이니 하는 애매한 요소들을 평화위협의 요소로 내세우려는 다양한 시도들이다. 또한 발전도상국들로서는 그들의 '비참함'을 극복하는 것이 수소핵 세계전쟁의 위험을 물리치는 것보다 더 우선이라는 거짓된 명제도 이에 복무한다. 유사한 반진보적 명제는 이렇게 천명한다. 발전도상국들의 후진성 극복을 위해서는 상이한 사회체제를 갖는 국가간의 평화공존이 적절한 국제 환경이 아니라, 오히려 '초강대국' 혹은 '블록' 사이의 첨예한 정면대치가 더 유리하다. 왜냐하면——그래서 이 황당한 명제가 있게 되는데——양 '초강대국'이 서로 장군멍군하는 태도를 취하는 상황에서 '제3세계'에 영향력을 행사할 가능성이 적어질 것이고, 그럼으로써 제3세계는, '외부'의 영향을 받지 않고 그들의 문제 해결에 종사할 수 있기 때문이라는 것이다.

이러한 혹은 이와 유사한 다른 변종의 평화적대적인 입장에 의해, 식민지주의 혹은 신식민지주의 그리고 무엇보다 강제된 제국주의적 중무장정책에 근거하는 파괴적인 후진성의 원인이 호도된다. 이를 통해 특히 제국주의적 중무장, 정면대치, 군사적 갈등 해결 및 변함없는 저개발 상태, 후진성 사이의 직접적인 연관이, 그리고 한편으로 발전도상국들의 종속성과, 다른 한편으로 저개발 상태의 극복을 위한 외적 전제로서의 군축, 긴장완화, 갈등의 정치적 조정, 평화공존 사이의 직접적인 연관이 부인된다. 무엇보다 발전도상국들은 제국주의적 중무장정책에 끌려들어가 있음으로 말미암아 극히 낮은 생산력 발전수준 때문에 가장 고통을 받고 있으며 또 가장 큰 희생을 치러야 한다는 것이 부인된다. 제2차 세계대전 이래 제국주의적 안정교란정책으로 말미암아 군사적으로 해결된 거의 모든 갈등이 발전도상국 영토에서 벌어졌고 이 나라들이 최대의 인적, 물적 손실을 겪었으며 지금도 그렇다는 사실이 회피된다. 이러한 방식으로 무엇보다 신생 민족국가 내에서 지향을 찾는 사회적 세력을 오도하고, 그들을 그들의 동맹자로부터 격리시키며 또 제국주의적 중무장정책의 이해에 맞게 국제 평화전선으로부터 멀리 떨어져 있게 할 속셈인 것이다.

그러나 실제로 세계평화를 위협하는 것은 '제3세계'의 궁핍이 아니라 오히려 제국주의적 정면대결정책이며, 동시에 이것이 재앙적인 '남반구비참'의 결정적인 원인이거나 그것을 제거하는 경로에 놓인 주장애물인 것이다. 전쟁위험의 사회적 토대는 오늘날에도 또한 지배적인 착취계급의 팽창야욕에 있으며, 현재는 무엇보다 미행정부의 모험주의적인 침략정책에 있다. 제국주의적 중무장정책을 정당화하려는 신식민지적 '이론들'은, 신생 민족국가들이 바로 70년대——긴장완화기의 10년——에 민족해방과 독립 공고화를 위한 투쟁에서 의미 있는 성과를 획득하였다는 점을 애써 감추려 한다. 이러한 몇몇 성과를 열거하면 다음과 같다. 무엇보다 국가부분을 강화시킨 국유화라는 수단으로 발전도상국의 원료반출로부터 외국자본을 몰아낸 것, 포르투갈 식민지제국의 붕괴, 이디오피아, 니카라과 및 아프가니스탄에서의 민족민주혁명 그리고 인종주의적 스미스 정권에 맞선 남로데지아/짐바브웨 민족해방혁명, 일련의 신생 민족국가들이 사회주의적 지향의 경로에 착수한 것, 소련 및 다른 사회주의 세계체제와 대등한 권리를 갖는, 호혜적인 관계를 확장한 것(이것은 동시에 많은 발전도상국이 외국자본에 대해 갖는 교섭지위를 개선시켰다), 제국주의 주요 국가의 고집스런 반대에 맞서 새로운 국제 경제질서를 위한 원칙을 법전화한 것(1974년) 등이 그것이다.

이러한 성과에 대해 제국주의——특히 미국에서의 레이건행정부의 집권(1981년) 이후——는 더욱 강하게 그 정면대결정책을 확장함으로써, 위협과 군사적 폭력의 사용, 경제적 전향 책동, 신생 민족국가 내정에 대한 간섭, 정치적 도발 및 내적 반혁명에 대한 대규모 지원으로써 대응하였고, 이 국가들을 자신의 착취체제 내에 단단히 묶어두려고 하였다. 비록 실제로 존재하는 사회주의 국가들의 정치적, 경제적 및 군사적 힘의 증대 때문에 신식민지주의의 노골적인 군사적 침략의 가능성은 축소된 상태이지만, 무엇보다 미제국주의는 더욱 강하게 자신의 모험주의적인 '신지구주의 원칙'에 입각하여, 지리적으로 멀리 떨어진 지역까지도 '자신의 핵심적 이해지구'(예를 들어 근동, 인도양, 남아프리카, 동남아시아 지역)로 선포하면서 그것으로부터 국제법을 완전히 무시하는 소위 간섭의 '권리'를 도출해낸다.

신식민지주의――군사주의와 함께 제국주의의 특히 위험한 외형――는 이전의 식민지 나라들이 주권적으로 정치적, 경제적 그리고 사회적인 진보적 발전을 이루는 데 있어 주장애물이며 앞으로도 그럴 것이다. 그러나 역사 진보의 변증법은, 신식민지주의 또한 신생 민족국가 및 국제적 장에서 그들에 맞서 투쟁을 개시하는 사회적 세력을 동원하게 된다는 내용을 담고 있다. 현대의 맑스-레닌주의 정치사상은 구식민지 및 반식민지 나라들의 저개발 상태의 극복을 인류문제로 들고 있는데, 그것은 제국주의로 하여금, 그 속에서 신식민지주의가 극복될 수 있는 그런 새로운 국제 경제질서로 갈 수밖에 없게끔 만들 실제적 가능성의 문제를 개진시키고 있다.

사회주의 그리고 다른 진보세력과의 협력

평화, 독립의 공고화 및 사회적 진보를 위한 전세계적 투쟁에서 주력의 협력은 그 근본이해의 일치로부터 결과된다. 에리히 호네커는 독일통일사회당 제11차 당대회 보고에서 이렇게 강조하였다. "우리는 앞으로도 아프리카, 아시아 및 라틴 아메리카의 해방된 국가와 민족을, 평화 및 사회적 진보를 위한 투쟁에서 연대적으로 지원할 것이다."[12] 고유한 경험에 따라 사회주의 국가들은 발전도상국들과의 협력은, 그것이 합리적이고 계획적으로 그들 인민의 고유한 노력 속에 배치되고, 특수한 나라 조건을 고려하며, 민족 생산력의 발전 및 이들 국가의 주권 공고화에 대해 효과적으로 기여할 때 적극적인 결과를 낼 수 있다는 견해를 갖고 있다. 이러한 근거에서 사회주의 국가들은 발전도상국들이 자신의 자원과 자신의 전체 잠재력을, 가능한 유효하게 농업과 공업, 과학과 기술을 발전시키는 쪽으로 투입하고자 하는 노력을 지지한다. 그러므로 그들은 원료저장지 탐사, 공업지 건설 그리고 무엇보다 민족 간부의 육성을 돕는다. 그렇게 상호경제원조회의(COMECON) 국가들의 도움으로 100개가 넘는 발전도상국에서 약 3900건의 공업지가 세워졌다. 120개가 넘는 아시아, 아프리카 및 라틴 아메리카 나라에서 온 8만 명 이상의 학생들이 매년 COMECON 국가에서 공부한다. 그리고 70개 나라 1만 5000명 이상의 발전도상국 시민들이 여기서 직업교육을 받는다. 동독에서만 해도 1970년 이래 약 8만 명의 발전도상국 시민들이 직업적 교육 및 확대교육을 받았다. 그리고 거의 2만 2000에 이르는 숫자가 대학 및 전문학교를 졸업하였다. 사회주의 국가들은 또한 앞으로도 "호혜 및 완전평등성을 토대로 한 모든 발전도상국들과의 광범한 경제적 협력 정책을 적극적으로 추진하여, 이 나라들이 직면해 있는 저개발 상태의 극복을 보장해주는 것에 기여해야 할"[13] 것을 자신의 의무로 선언하고 있다.

일람표 17 민족적, 사회적 해방을 위해 투쟁하는 인민에 대한 동독의 지원 (발췌)

- 1986년 수행된 원조의 총가치 : 224억 2800만 마르크.
- 발전도상국 시민 1만 1904명이 1986년 동독에서 전문적인 교육 및 확대교육을 받기 시작.
- 통틀어 1986년 아프리카, 아시아 및 라틴 아메리카 나라들의 시민 2만 9474명이 동독의 기업과 시설에서 직업교육을 받음.
- 매년 약 8000명의 발전도상국 출신 간부들이 동독 대학 및 전문학교에서 육성됨.
- 1986년 996명의 동독 전문역량이 발전도상국에 파견됨.
- 1970년 이래 약 7400명의 발전도상국 출신 시민들이 무상으로 동독의 의료혜택을 받음(입원도 포함).
- 1985년 동독은, 유니세프 프로그램을 위한 자원 연간 기부금을 2.7배 늘이기로 결의.

사회주의 국가들은 국제정치에서 피억압 및 피착취 인민의 이해를 철저하게 옹호하며 또한 반혁명적 간섭을 격퇴함에 있어 이 인민들을 기꺼이 지지한다. 특히 세계평화 확보를 위한 투쟁은 참된 사회주의, 민족해방국가들 및 해방운동을 통일시킨다. 과제의 크기와 평화의 유지에 대한, 국제 안전에 대한 그리고 군비경쟁 중지에 대한 기본이해의 공통성 때문에, 아시아, 아프리카 및 라틴 아메리카 국가들과의 협력의 폭은 매우 넓으며 이는 사회주의적 지향을 갖는 나라들에 한정되지 않는다. 동시에 저개발 상태의 제거를 위한 그리고 민주주의적 토대 위에 국제 경제질서를 변혁시키기 위한 투쟁의 문제에 대해서도 사회주의 나라, 맑스-레닌주의당들은 다른 민주주의적, 진보적 정치세력과 대화해야 한다. 발전도상국 대집단 내에서의 분화의 증대는 사회주의 나라들의 외무정책에 높은 요구를 제기한다. 따라서 예를 들어, 제국주의의 모험주의적 집단에 맞선, 평화를 위한, 자본주의 세계경제체제 내 민주주의적 변혁을 위한 협력의 조정 영역을 지속적으로 정확하게 분류해내고, 여기서 개별 나라들의 독자성과 특수한 이해상황을 세심하게 고려하는 것이 필요하다.

3. 사회적 진보를 위한 노력

인민의 반제투쟁의 현단계에서 사회적 측면, 개별 국가 내에서 그 이상의 사회적 진보의 방향이라는 문제가 의미를 갖게 된다. 생산력의 발전수준, 지배적인 생산관계 및 여기서 결과되는 사회구조, 계급세력의 구체적인 배치상태, 전통과 인종적 요소 및 종교의 영향력, 반제세력의 의식성 및 조직성 등에 좌우되어 사회적 진보를 위한 투쟁은 상이한 단계에서 그리고 다양한 형태로 진행된다. 정치적 해방 이후의 투쟁경험은, 나라 및 지역마다 특수한 조건에 현실주의적으로 접근하고 또 그것을 전면적으로 고려하는 것이 얼마나 중요한가 하는 점을 보여준다. 사회적 실천은 또한 식민지 유산의 극복에 대한, 사회적 진보의 가능성 및 그 경로의 발전속도에 대한 단순화된 사고를 교정하게끔 만든다. 게다가 상이한 사회적 계급, 계층과 그들의 조직은 사회적 진보에 대한 그들의 특수한 표상을 대결 속에 들여온다. 혁명적-민주주의 지도세력은, 사회적 변혁은 그것이 현재 존재하는 조건에서 결과되어 나오거나 그것을 통해

가능하게 될 때에만 비로소 그들 인민의 이해에 복무할 수 있다는 가장 중요한 인식에 도달하였다. 해방된 국가 내의 후진성 제거에서는 무엇보다 인민 **자신의** 노력이 매우 중대한 의미를 갖는다. 특수한 사회발전 수준을 감안한 생산형태를 장려하는 것이 필요하다는 점이 자명해진다. 바로 농업의 경우, 예를 들어 가계영농과 사적 부문에서는 농업생산 증대를 위한 내적 축적원천을 개발할 가능성이 아직 소진된 상태가 아니다. 발전도상국들 내에서 사회적 변혁과정의 **분화**는, 그 속에서 현재 단계의 진보세력 앞에 다소 뚜렷한 반제적, 반식민지적 및 반봉건적 성격을 갖는 일반민주주의적 과제를 일정에 올려놓고 있는데, 그것은 핵심적으로 **두 가지 주경향**을 따른다. 즉 **자본주의적** 발전경로와 **사회주의적** 발전경가 그것이다. 그리고 이 둘은 다시 여러 가지의 외형으로 구체화된다. 매우 복잡한 문제를 해결할 때에는 원칙적으로 서로 다른 성향에도 불구하고 상호 공통된 유사성이 있음을 간과해서는 안된다. 비교 가능한 역사적, 사회문화적 출발수준 혹은 상대적으로 낮은 생산력 발전수준, 인구발전의 법칙, 구조적 문제 그리고 무엇보다 인민의, 객관적으로 반신식민지적인 기본입장 및 거기서 비롯되는 모든 발전도상국들의——여러 상이한 발전경로에도 불구하고——여러 가지의 공통성 등이 그것이다.

자본주의적 발전경로

다수의 발전도상국의 사회적 발전은 오늘날 자본주의적 관계의 틀 내에서 이루어지며 또 자본주의 경제의 재생산법칙에 의해 규제된다. 이 나라들에서는 다양한 전자본주의적 구조에 영향을 받는 기형의 자본주의가 발전하는데, 이것은 갈수록 **자기 나름의** 토대에 발을 딛게 된다. 그것은——정치구조, 권력행사의 메카니즘, 정부형태, 국제 독점자본에 대한 태도 등에 관계하는——매우 상이한 외형으로 각인되는데, 그럼에도 불구하고 그 발전은 일반적인 자본주의적 변형에 기초하는 것이 아니라, 여전히 존속하는 전자본주의적 구조로부터도 마찬가지로 영향을 받는다. 이 특수한, 발전도상국들 내에서 형성되는 자본주의는——자본주의의 어떤 외형이나 모두 그렇듯이——기본적인 경제적, 사회적 모순을 해결하고 또 근로인민에게 사회적 안전을 가져다줄 능력이 전혀 없다. 그러나 그것은 많은 나라들에서 자신의 진보적 잠재력을 아직 소진하지는 않은 상태이다. 그렇지만 그 진보는 모두 착취체제를 특징짓는 내적 모순이 여전히 존재하는 그런 진보이다. 그것은 새로운 적대성의 출현과 맞물리며, 이것이 인구의 대다수를 사회발전의 진보적 성과로부터 부분적으로 혹은 완전히 배제시킨다. 이러한 조건하에서 사회경제적 진보는 다음과 같은 점에서 구체화된다.

———생산력의 다소 역동적인 발전 혹은 새로운 동력의 출현 및 그에 대한 고무.

———보다 높은 수준의 생산의 사회화 경향.

———농민, 사회적으로 분화된 인텔리겐차 그리고 무엇보다 장차 사회주의적 생산관계의 창조자이자 주요 담지자로서의 노동자계급의 출현 및 형성.

———민족 혹은 다른 공동체의 형성.

그러나 **자본주의적 발전경로**의 틀 내에서도 세분해야 한다. 정부가 반동적이고 친제국주의적 입장을 취하는 나라들이 있다(예를 들면 남한, 자이레, 칠레). 이 정권들은 인민의 이해를 배반하며, 국제 독점자본의 지원을 받아 민주주의적 자유에 대한 공격을 전개하고, 많은 경우 대중의 애국적 운동을 잔학하게 억누른다. 자신의 지배를 확보하기 위하여 그들은 인종적, 종교적으로 서로 다른 인구집단간의 갈등에 불을 지르고, 민족 자원을 국제 독점자본에게 팔아넘기거나 제국주의 국가들과 함께 체제보존 이해를 적극적으로 대변한다. 그럼으로써 그들은 인민이 쟁취한 주권을 도박의 대상으로 삼는 것이다. 이 나라의 지도적인 정치가들은 말로는 자본주의 세계경제체제의 제도, 원칙 및 방식을 비판하지만, 실제로는 그것을 결코 문제삼지 않는다. 그들은 반공주의를 토대로 제국주의와 공동으로 그들 나라 내의 사회운동에 맞선다. 이 정권에 맞서 진보세력은 단호한 투쟁을 벌인다. 본질적인 것은, 자본주의적으로 발전하는 나라들 대부분(예를 들어 나이지리아, 인도, 필리핀, 아르헨티나, 우루과이, 멕시코 등에서 보이듯이)이 독자적인 민족 발전을 추구한다는 점이다. 이들은 평화 및 발전을 위한 전세계적인 노력에서 적극적인 동반자로 되었고 비동맹운동에서 주역을 담당한다.

사회주의 지향의 경로

이미 맑스-레닌주의 고전저작가들은, 자본주의적으로 발달하지 못했거나 발달이 미약한 개별 나라들이, 유리한 국제 조건하에서 자본주의적 발전단계를 거치지 않고서도 사회주의로의 경로를 추진하는 것이 가능하며 또 생각할 수 있는 것이라고 보았다.[14] 사회적 진보의 이러한 변형은 오늘날 사회주의 지향을 동반하는 발전이며, 무엇보다 아프리카의 몇몇 나라에서 정치적 해방 이후 추진된다. 이 역사적으로 새로운 경로는 커다란 곤란 속에서 개척된다. 왜냐하면 이 나라들 대부분의 출발 및 발전 조건이 극도로 불리하며 또 이 지향이 제국주의의 가장 침략적인 집단의 격렬한 저항에 부딪히기 때문이다.

이론적으로 또 이데올로기적으로 상이하게 기초지어진 사회주의를 향한 이 장기간의 지향 내에는 여러 정치적 **발전형태**가 존재한다. 몇몇 나라의 경우(앙골라, 모잠비크, 이디오피아, 예멘, 아프가니스탄에서 볼 수 있듯이) 정치적 지도세력은 과학적 사회주의의 기본입장에서 출발하는 사회전략을 발전시킨다. 그리고 사회주의 나라들과의 우호 및 협력을 신봉한다. 다른 나라들에서는 민족주의적, 종교적 혹은 사회개혁적 표상으로 각인된 사회주의상에 대한 지향이 이루어진다. 그 지향과 이 경로의 복잡성은 다음과 같은 사실에서 결과된다. 즉 사회주의의 건설을 위한 객관적 및 주체적 전제, 물질적 토대 그리고 사회적 의식성 및 사회적 동력이 아직 충분하게 형성되지 않은 상태라는 것, 다시 말해 사회주의의 토대 건설이 직접적인 과제로서 의사일정에 올려지지 않았다는 것이다. 그러나 이미 사회주의의 전망이 실제 가능성으로 간주되고 있다. 사회주의 지향을 갖는 나라들에서 권력문제는 아직 최종적으로 결정되지 않은 상태이고, 중단 혹은 침체 시기가 있을 수 있다. 사회주의로의 경로는 심각한 대결로 특징지어지는데, 그러므로 오랜 역사적 시기를 요하며, 그 속에서 민족해방혁명이 일반민주주의적, 반제반봉건적 과제를 철저히 완수하고 점차 사회주의혁명으로 성장전화하기 위한 전제를 창출하게 되는 것이다.

사회경제적 후진성 때문에 **주체적 요인**과 발전과정에 대한 국가의 적극적인 작용이 보다 높은 의미를 갖는다. 사회주의 지향이 성과를 거두는데 있어 필수불가결한 것은, 과학적 사회주의의 근본사상을 지향하며 또 현실주의적인, 과학적으로 기초지어진 정책을 발전시키고 실현하는 **혁명적 전위당의 형성**이다. 레닌은, 후진적인 국가에서, 그 첫 경로기간에 아직 공산당이 존재하지 않는다 하더라도, 사회주의로의 첫 걸음이 진행될 수 있는 가능성을 인정하였다. 그러나 그는 사회적 관계의 냉철한 분석에 기초하여 이것을, 정치적 지도세력이 대중을 동원하며 장차 공산당의 안정된 토대로서의 프롤레타리아적 핵심의 형성작업에 정력적으로 달려드는, 진정으로 혁명적인 당을 만들어야 한다는 요구와 결합시켰다.[15] 오늘날 이러한 당은 예를 들어 이디오피아, 모잠비크, 앙골라, 베닌, 콩고, 아프가니스탄 및 니카라과에서 발전하고 있다.

이러한 나라들의 사회주의로의 경로에서 커다란 의미를 갖는 것은 **국제적 요소**이다. 오로지 그들의 사회주의 국가들과의 밀접한 협력을 통해서만 사회주의 지향은 대등한 권리를 갖는 호혜적 경제관계를 수단으로, 간부육성 및 경험교환을 통해 그때그때의 나라 조건에 맞게 안정화될 수 있고 또 이 인민의 해당 사회정치적 선택이 성공적으로 방어될 수 있다. 이 협력을 통해, 이 나라들 내의 사회적 관계의 미성숙에서 결과되는 문제들이 완화되고, 잠정적으로 상쇄되며 또 사회주의로의 이후 이행의 전제를 점진적으로 창출하기 위한 계급세력의 형성이 비호될 수 있다. 가장 반동적인 제국주의 세력의 정책은 특히 **사회주의 지향**을 표적으로 삼는데, 그것이 추구하는 바는 이 진보적인 발전을 교란시키는 것이다. 이것은 이 국가들의 발전을 가로막고, 이 국가들로 하여금 그들의 성과를 방어하기 위한 상당한 인적, 물질적 및 재정적 원천을 투입하게 하는데, 이것이 성공적인 사회적 변혁을 극도로 어렵게 만든다. 그것은 인민대중의 경제적, 사회적 처지를 악화시키고 또 정치적 지도부, 혁명적-민주주의 국가 혹은 전위당과 광범한 인민대중 간의 분리를 가져온다. 인민대중은 종종 증대하는 문제의 본질적인 원인을 이해할 능력을 갖지 못하며, 그렇기 때문에 진보적인 계급동맹의 권력이 위험에 빠지고 또 반혁명적 쿠데타를 조장하는 분위기가 만들어진다. 하지만 사회주의 지향의 국가는 국제연대를 지주로, 그들의 진보적인 노선을 인민의 이해에 맞게 방어하고 또 모든 적대성에도 불구하고 그것을 굳히고자 하는 노력을 보여주고 있다.

발전도상국 다수의 어려운 조건하에서 사회주의적 발전경로는 복잡하고 기나긴 역사적 과정으로서, 원래 표상했던 것보다 더 모순적인 것일 수밖에 없다. 그것이 비교적 소단위의 발전도상국 집단에 한정된 상태로 머물 수밖에 없는 것은 매우 당연하다. 그리고 그것은 최대강령으로도, 인위적 강제 혹은 필요한 중간단계를 건너뛰는 것으로도 가속화될 수 없는 것이다. 존재하는 사회경제적 관계를 변화시키기 위해 성급한 조치를 취하는 것은 혁명적 변혁의 지속성에 대한 위험을 초래하기 십상이다. 인민 대다수가 이해하고 같이 행하는 조치만이 작용력을 발휘한다. 사회주의 지향을 성공적으로 지속시키기 위해서는 경험에 따라 깊이 숙고된, 전위당 및 혁명적-민주주의 국가기구의 공고화 조치, 노동하는 인간을 국사의 통제, 조정에 보다 강하게 참여시키는 조치, 방어 잠재력의 확보 조치, 민족경제를 견실하게 하는 조치에서 협력 용의가 있는 외국자본과의 경제적 관계까지 포함하는 국제활동 강화 조치에 이르는 조치들이 이루어져야 한다. 여기서 신식민지주의 및 그 토착 협력자에 맞선 내적 통일전선의 공고화 노력은 혁명적-민주주의 권력을 굳건하게 만드는 데 결정적인 전제임이 입증된다. 사회주의 지향의 틀 내에서, 민족주권의 공고화에 이해를 갖는 모든 애국세력은 진정한 전망을 갖는다. 여러 계급 및 계층 소속원에게도 상이한 민족, 종족집단 및 종교분파에게도 그렇다. 사회주의를 지향하는 발전의 확보를 위해서는 인접국에 대한 평화공존 관계의 실현 그리고 모든 갈등의 정치적 해결이 커다란 의미를 갖는다.

반제통일전선을 위한 노력

민족해방운동의 성과를 공고히 하기 위한, 저개발에 맞서 그리고 사회적 진보를 위해 성공적으로 투쟁하기 위한 가장 주요한 전제 중 하나는 사회적, 종교적, 인종적으로 다르지만 주어진 역사적 상황에서 독립의 공고화에 이해를 갖는 모든 세력을 통합한 광범한 반제민주주의 혹은 혁명적-민주주의 동맹의 창출 및 공고화이다. 거기서는 다음과 같은 점을 주목해야 한다. 즉 이 광범한 동맹 및 통일전선의 공통분모——제국주의와 신식민지주의와의 적대적 모순——는 상이한 사회적 뿌리를 갖고 있으며, 이것이 이 모순에 대한 그때그때의 접근에 상당한 영향을 미친다는 것이다. 따라서 반제 및 반신식민지주의 통일전선의 구성과 지도의 범위는 고정된 것이 아니다. 식민지 멍에로부터의 해방을 위한 투쟁에는 거의 모든 정치적, 사회적 세력이 참여할 수 있다. 지도는 대개 민족부르조아지의 수중에 놓여 있었다. 당시에는 뚜렷한 반제적 성격을 띠었던 민족주의가 결정적인 이데올로기 흐름이었다.

식민지로부터의 정치적 해방 이후——그때그때의 기본지향과 연관하여——본질적인 변화가 동맹의 사회적 토대, 구성 그리고 지도부에서 이루어졌다. 민족해방투쟁의 사회적 심화에 따라 각 사회적 세력의 집단별 분화와 지도세력의 변화가 있게 되었다. 하지만 여전히——무엇보다 70년대 및 80년대의 경험이 보여주듯이——독립의 공고화와 평화를 위한, 신식민지주의와 제국주의의 가장 침략적인 집단에 맞선 광범한 동맹을 유지하고 또 확장시킬 필요성이 존재한다. 그것은 신식민지 정책에 의해 지원되는 반동적인 정치집단에 맞선 투쟁을 포함한다.

반제통일전선의 공고화를 위해서는 해당 나라 내의 **맑스-레닌주의당과 혁명적-민주주의 세력 간**의 건설적이고 또 강한 신뢰를 바탕으로 한 **협력**이 결정적인 의미를 갖는다. 그것은 현존하는 부정적 경향——예를 들면 계급투쟁의 부인 혹은 거절, 권력이 소정치집단 혹은 개인의 수중에 독점되는 것, 대중의 민주주의적 동원의 거부 그리고 권력행사에서 오로지 행정적인 방법만을 사용하는 것——을 극복할 것을 요구한다. 거기서 공산주의자들은 혁명적-민주주의 세력의 특수한 사회적 성격을 고려한다. 그들은, 현재 조건은 과학적 사회주의로 접근하는 데 유리하게 형성되었다는 인식에서 출발한다. 레닌이 발전시킨 광범한 반제통일전선 구상은 그 본질상 민족적 영역에서도 국제적 영역에서도 완전한 타당성을 갖는다.[16] 오늘날 아프리카, 아시아 및 라틴 아메리카 나라들에서 50개가 넘는 공산당이 활동하고 있다. 그들 중 많은 부분이 비합법성과 반동적 테러라는, 극단적으로 어려운 조건하에서 활동한다. 몇몇은, 이미 20년대에 창설된 이후 사회적 진보를 위한 투쟁상의 오랜 경험을 갖고 있다.[17] 구식민지 종속국들 중 거의 절반이 아직도 공산당을 갖고 있지 못하다. 공산주의자는 광범한 민족통일전선의 가장 철저한 옹호자이다. 그들은 이 틀 내에서 신식민지주의에 맞서, 후진성 및 경제적 종속에 맞서 근로 인민의 권리를 위해 투쟁한다. 그들은 반동적 세력의 탄압을 받고 있다. 공산주의자들은 스스로 대화 용의가 있으며 또 평화를 위해, 자기 나라의 주권 및 진보를 위해, 지구의 모든 인민간의 우호를 위해 다른 모든 혁명적, 민주주의적 및 진보적 세력과 행동지향적인 협력을 할 마음이 있음을 입증하였다. 현재 수많은 공산당들이, 민주주의적 대안표상(Alternativvorstellung)을 실현하고 또 자신을 변화된 민족 및 국제 투쟁조건에 올바로 배치하기 위해, 다시 말해 실제 세력관계와 혁명적 변화의 장기성을 고려하는 정책을 마련하고 또 적용하기 위해 노력하고 있다.

〈요점질문〉

1. 민족해방국가들의 공통점과 내적 차별성을 설명하라.

2. 아프리카 및 아시아 인민의 오늘날의 투쟁에서 가장 중요한 사회적 추동력은 누구인가?

3. 민족적으로 해방된 나라들에서 발전경로의 선택(자본주의적 경로인가 혹은 사회주의 지향의 경로인가)은 무엇에 의해 좌우되는가?

4. 신생 민족국가를 겨냥한 제국주의 정책과 전략의 목표설정 및 주요 방법은 무엇인가?

5. 평화확보, 제국주의 중무장정책에 맞선 평화공존을 위한 투쟁에서의 성과와 발전도상국들의 문제를 그들 나라의 노동하는 인간의 이해에 맞게 해결하는 것 사이의 상호관계를 이론적으로 증명하라.

■주

1) Lenin, "Karl Marx", *Werke*, Bd. 21, S. 61.

2) Marx/Engels, "Reden über Polen", *MEW*, Bd. 4 ; Marx, "Die britische Herrschaft in Indien", *MEW*, Bd. 9 ; Marx/Engels, "Manifest der Kommunistischen Partei", *MEW*, Bd. 4 ; Lenin, "Über das Selbstbestimmungsrecht der Nationen", *Werke*, Bd. 20 ; Lenin, "Ursprünglicher Entwurf der Thesen zur nationalen und zur kolonialen Frage", *Werke*, Bd. 31 참조.

3) Lenin, "Der Imperialismus als höchstes Stadium des Kapitalismus", *Werke*, Bd. 22, S. 195.

4) Lenin, "Rede in der Aktivversammlung der Moskauer Organisation der KPR(B). 6. Dezember 1920", *Werke*, Bd. 31, S. 448.

5) 1986년에도 여전히 세계 인구의 0.3%가 지구 면적의 1%를 약간 밑도는 지역이 직접적인 식민지 지배하에 놓여 있었다. 나미비아 외에도 21개 지역이 그러했는데, 그들은 대부분 섬 및 군도로서 식민지적 전략에서 중요한 군사-군수기지 역할을 하는 곳이다(예를 들어 푸에르토리코, 과달루페, 마르티니크, 레유니옹, 디에고가르시아 그리고 그 밖의 소규모 지역).

6) 발전도상국 다부문경제의 경제적 토대는 후진적인, 이질적인, 패쇄적이고 기형적인 성격을 보인다. 다구조적 성격의 과도사회로 특징지어야 할 이러한 토대에는 사회경제적으로 가장 상이한 생산형태 혹은 사회경제적 부문상으로 기형적인 생산양식(혹은 혼합 및 이행 형태)이 비교적 오랜 기간 동안 병존한다.

7) E. Honecker, "Eröffnungsrede", *Der gemeinsame Kampf der Arbeiterbewegung und der nationale Befreiungskampf gegen Imperialismus für sozialen Fortschritt*, Bd. 1, Dresden 1981, S. 13.

8) *Bericht des Zentralkomitees der Sozialistischen Einheitspartei Deutschlands an den XI. Parteitag der SED.* 보고자 : E. Honecker, Berlin 1986, S. 16.

9) "Warschauer Vertragsstaaten zur Überwindung der Unterentwicklung und zur Schaffung einer neuen internationalen Wirtschaftsordnung", *Horizont*, Berlin 1987, Nr. 7, Dokumentation, S. 2f.

10) Lenin, "Über das Selbstbestimmungsrecht der Nationen", S. 415.

11) *Lehrbuch Politische Ökonomie des Kapitalismus und des Sozialismus*, Kap. 14 참조.

12) *Bericht des Zentralkomitees der Sozialistischen Einheitspartei Deustchlands an den XI. Parteitag der SED*, S. 18.

13) "Warschauer Vertragsstaaten zur Überwindung der Unterentwichlung und zur Schaffung einer neunen internationalen Wirtschaftsordung", S. 3.

14) Engels, Nachwort (1894) zu "Soziales aus Rußland", *MEW*, Bd. 18, S. 668 ; Lenin, "II. Kongreß der Kommunistischen Internationale", *Werke*, Bd. 31, S. 232 참조.

15) Lenin, "Unterredung mit einer Delegation der Mongolischen Volksregierung", *Werke*, Ergänzungsband Oktober 1917 bis März 1923, S. 372f 참조.

16) Lenin, "Ursprünglicher Entwurf der Thesen zur nationalen und zur kolonialen Frage", S. 134 참조.

17) 이 책 제3장 2절 참조.

■역자 후기

[1] 이 책은 1986년 소련공산당 제27차대회 이후 전반적으로 변화한 이론정세에 조응하기 위해, 1988년판으로 대폭 수정되어 출간된 「과학적 사회주의」(*Wissenschaftlicher Sozialismus——Lehrbuch für das marxistisch-leninistische Grundlagenstudium*, VEB Deutscher Verlag der Wissenschaften, Berlin 1988)를 부분 번역(제1부와 제2부)한 것이다. 이 책은 1974년 이래 동독의 대학 및 전문학교에서 맑스-레닌주의 정치학, 즉 협의의 과학적 사회주의 이론을 강의할 목적으로 씌어진 것이다. 그러므로 그 체계나 내용상 교과서이다. 따라서 이 책의 기본체계 및 내용은, 과학적 사회주의 이론의 기초이론이나 기초적 개념들에 대한 개략적이고 정식화된 소개를 함과 동시에, 현대에 제기되는 새로운 몇몇 핵심문제에 대해 이 기초이론·개념들과의 관련 속에서 응용을 모색하는 것으로 짜여져 있다.

한편 이 책은 직전판인 1982년판을 대폭 수정한 결과의 산물이었다고 할 수 있는데, 대폭적인 수정의 가장 큰 이유는 서두에서 밝힌 바 있듯이, 소련공산당 제27차대회 이후에 현저히 변화한 소련의 대외정책노선에 있다. 소련공산당 제27차대회에서 제기된 대외정책의 핵심으로서 평화공존론은 그 외형에 있어 이전 시기의 논리가 연속되고 '발전'한 것으로 파악될지 모른다. 그러나 그것은 계급적, 이데올로기적 근본선회를 내포하고 있다는 점에서 전혀 새로운 정책체계로 등장한 것이었다. 이리하여 그 대외정책체계가 미친 파장은 타사회주의권의 공산당에 적잖은 충격으로 다가갔던 것이고, 이 충격에 대해 해당 지역의 공산당은 비판적이든 타협적이든 일정한 대응을 하지 않을 수 없었다. '일관되고 전격적인' 비판을 수행한 당(체코슬로바키아)이 있는가 하면, 전적인 타협의 태도를 보이면서 잠재화된 수정주의 노선을 복권시킬 계기로 삼았던 당(폴란드, 헝가리)도 있었다. 독일통일사회당(SED)은 페레스트로이카의 우편향 요소(특히 대내 경제개혁의 문제에 대해)에 비판적 태도를 취하면서도, 1950년대말 이래로 대외정책론에 있어 '소련적' 평화공존론의 선두주자였으므로 대외정책에서의 변화를 별다른 무리 없이 수용해가는 절충성을 보여주었다. 바로 이러한 독일통일사회당의 태도가 반영된 것이 이 교과서에서 수정된 부분이다. 한편 이 교과서는 광의의 과학적 사회주의 이론체계 전반에 걸친 재검토의 결과였다고 할 수 있다. 이러한 재검토의 필요성은, "이성과 현실주의의 공동전선" 형성 및 "과학기술혁명의 성과와 사회주의의 장점의 결합"을 위해 "새로운 철학적, 세계관적 문제"가 대두된 데 있었다(스토이스로프 대표집필, 권순홍 역, 『변증법적 유물론』, 『역사적 유물론』, 세계, 1989 참조)고 그들은 밝히고 있다. 따라서 교과서 서술의 출발점이 인간주의적인 평화공존론에 두어졌던 것이고, 새로운 장(章)과 절(節)이 첨가될 정도의 대폭 수정이 '불가피'했다고 할 수 있다.

[2] 이 책의 원래 체계는 과학적 사회주의 이론이 포괄하는 영역이 그러하듯이, 자본주의에서 사회주의로의 이행 및 사회주의에서 공산주의로의 이행이라는 국제 변혁운동 발전의 두 국면을 모두 다루고 있다. 현대의 비동시적 이행의 불가피성과 관련하여, 전자는 자본주의 체제에 속한 나라들에서의 노동운동 및 변혁운동의 문제들을 다루며, 후자는 현실 사회주의에서의 건설의 경험을 분석, 종합함으로써 과학적 사회주의 이론의 구체화와 발전을 모색한다. 그러나 이 번역서에서는 그 중 일부인 전자의 국면에 초점이 맞추어져 있다. 이 번역서가 다루고 있는 범위에 한정하여 이 책의 체계나 내용이 갖고 있는 특징 및 장점에 대해 간략히

살펴보면 다음과 같다.

이 책은 '과학적 사회주의의 대상, 과제 그리고 발전'이라는 장을 제외한다면, 크게 제1부('노동자계급의 역사적 사명, 그 실현의 근본적인 조건과 합법칙성')와 제2부('자본주의에서 사회주의로의 이행기의 평화와 사회적 진보를 위한 투쟁')로 구성되어 있다. 제1부에서는 노동자계급의 역사적 사명에 대한 철학적 재해석을 시도함과 동시에 과학적 사회주의의 기초이론·개념들인 조직(당) 및 전략, 전술에 대한 일반론적인 해명이 이루어지고 있다. 그리고 제2부에서는 이러한 기초이론에 유념하면서 사회주의혁명 이론, 프롤레타리아 독재론에 대한 일반론적 해명이 이루어짐과 함께, 현대적 조건과 관련한 변혁의 핵심문제, 변혁의 유형 등에 대해 논하고 있다.

서술의 특징은 교과서이므로 논쟁적이거나 이론적 핵심만을 한정해서 다루지 않고, 기초이론에 대한 충실한 정식화가 도모됨으로써 최근의 문제 또한 이 정식화와의 일정한 관련 속에서 정리된다는 점에 있다. 아무튼 이 책이 갖고 있는 기초이론에 대한 충실함이야말로 최대의 장점이라고 할 수 있다. 특히 당이론, 전략·전술론, 국가권력의 문제 등에 대한 정리 수준은 동독의 학계, 이론계에서의 풍부한 역량의 성과라고 아니할 수 없다. 그리고 PDR에 대한 설명도 그것이 비록 '원론적' 차원에 머물고 있지만, 전전 독일공산당(KPD) 내의 인민혁명전략 논쟁과 관련하여 레닌적 변혁론을 부분적으로 복권시키고 있음도 사실이다. 이른바 원전의 정신을 훼손하지 않으면서 기초이론이 정리되고 있기 때문에, 과학적 사회주의의 테마를 연구, 학습하려는 사람들에게 상당한 유용성을 제공할 수 있을 것이다.

③ 그러나 이 책은 1986년 소련공산당 제27차대회의 영향력하에서 수정되었다는 점과 관련해볼 때 다음과 같은 문제를 가질 수 있음을 염두에 두어야 할 것이다.

노동자계급의 세계사적 사명 인식에서의 수정

노동자계급의 세계사적 사명에 대한 종래의 인식은, 노동자계급의 정치적, 사회적, 경제적 해방을 통한 계급의 철폐라는 것이 핵심이었다. 이러한 입장에서 계급분열을 내포하고 있는 인류의 해방이란, 부르조아적 휴머니즘에 의해서 무매개적으로 이루어지는 것이 아니라 노동자계급의 당파성과 그 과학을 통해서만 이루어질 수 있는 것이 된다. 즉 궁극적인 의미의 인류성이란 노동자계급의 당파성을 통해서 이루어지는 과학적 사회주의의 최종목표에 다름아니라는 것이다. 따라서 즉각적으로 제기되는 '인류적 제문제'는 위에서 말한 인류성과는 구별되는 것이며, 그 자체에 매몰되기보다는 노동자계급의 견지에서 궁극적인 인류성의 실현을 지향할 수 있도록 성장 전화의 계기가 찾아져야만 올바른 의미를 부여받을 수 있다. 그러나 이 책에서의 정리 방식은 세계사적 사명의 본질적 측면이 **휴머니즘**에 있다고 전제함으로써 철학적 인식의 상당한 수정을 보여준다(스토이스로프 대표집필의 철학교과서를 참조하라). 여기에서 노동자계급의 세계사적 사명을 **휴머니즘**으로 정리해버린다면, 구별되어야만 하는 두 차원의 '인류성'이 혼동되거나 당면한 '인류적 제문제'에 매몰되어버릴 수 있음을 염두에 두어야 한다.

과학기술혁명(STR)과 노동자계급의 핵심 변화론

통상 노동자계급의 핵심에 대해 논하는 이유는 노동자계급 전체의 내적 단결을 강화함과 동시에, 타계급·계층과의 올바른 동맹관계를 확보하기 위한 헤게모니 문제를 해결하는 것에 있다. 흔히 전체 노동자계급에서 가장 큰 비중을 담보하는 층은 대규모산업에 종사하는 직접생산노동자층이며, 이들의 지도력하에서 노동자의 단결·통일 및 타계급의 결집이 가능해진다고 평가되어왔다. 그러나 이 책은, 최근 자본주의에서의 과학기술혁명의 진전과 함께 국가독점자본주의의 생산관계의 진화가 이루어짐으로써, 노동자계급이 수적으로 증대했을 뿐만 아니라 내적 구조에서도 세분화가 증대했다는 논리를 전개하고 있다. 그리고 이에 머물지 않고 '기술적 지도분야'의 노동자 수의 확대를 노동자계급의 **핵심 확대**로 해석한다. 물론 이 논의는 과학기술혁명이 노동자계급의 구조에 미치는 영향력을 포착하고 있다는 점에서는 옳다. 그러나 구조상의 변화를 핵심 범위의 확대로 직결시키는 것은 문제가 있다. 즉 '전통적인' 산업노동자와 '신흥의' 봉급생활자의 관계에 대해 각각의 근본적 특성을 고려하여 정리하지 않고, 전체를 확장된 프롤레타리아트 개념으로 동일시해버리는 것 자체가 자칫하면 무원칙한 '단결론'으로 흐를 가능성을 갖고 있다. 최근의 이러한 '핵심 변화론'은 페레스트로이카적인 일반민주주의 노선을 합리화하려는 논리로 제기되고 있다는 점과 관련하여 주의를 요한다(서관모, 「식민지반봉건(반자본주의)사회론자들의 사무직·전문기술직 노동자론」, 『경제와 사회』, 1989, 여름·가을 합본호, '보론' 참조).

평화공존론과 국가독점자본주의 인식의 편향

'인간적, 인류적 제문제'의 해결을 목표로 하는 평화공존론의 이론적 지위가 핵심으로 부상하면서, 국가독점자본주의 인식에서도 정치주의적, 일면적 해석이 엿보인다. 이러한 국가독점자본주의 해석은 군사화 경향을 기준으로 한 독점자본 지배의 양분화론을 내용으로 한다. 즉 군산복합체를 필두로 한 호전적 독점자본층과 전쟁 반대의 기치를 내세우고 평화를 '애호'하는 독점자본층으로의 양분화가 그것이다. 물론 이러한 분화 경향이 국내적, 국제적 이슈에 따라 형성되고 있음은 사실이다. 그러나 여기에서 문제는, 이러한 양분화가 국가독점자본주의의 본질적 경향인 반동적, 관료적 경향 위에서 이루어진다는 사실을 무시하는 것으로 나아가고 있다는 점이다. 즉 '호전적, 반동적 국가독점자본주의'와 '민주적 국가독점자본주의'라는 국가독점자본주의의 양 '변종'의 가능성을 정식화하는, 정치경제학의 근본적 수정으로 귀결할 수 있다.

이론사에 대한 정리 방식과 (P)DR론의 이해

이 책은 선진자본주의 나라에서의 민주변혁의 '원형'을 코민테른 제7차대회/EKKI 제13차 확대총회의 결정인 반파시즘민주변혁(통일전선/인민전선)에서 찾는다. 따라서 이의 기본틀인 파시스트 금융자본에 대한 분리타격론에 근거하여 평화수호=일반민주주의 투쟁을 본질적 내용으로 하는 선진국 민주변혁론을 도출한다. 결국 국가독점자본주의의 축적메카니즘을 폐지시키지 않고서라도 극단적 호전세력인 군국주의적 독점자본을 고립시킴으로써 민주주의적 개혁을 완수할 수 있다는 것이다. 이 논리는 '군국주의적' 국가독점자본주의에 '민주적' 국가독점자본주의를 대치함으로써 사회주의로 평화적이고 민주적으로 진전해야 한다고 본다. 그러나 이 입장은, 그들의 인민민주주의혁명론의 정리 내용과도 무관하게 개진되고 있다. 이 책에서 1930년대말 KPD 내의 인민혁명전략 논쟁(Merker, Remele, Neumann/Thalmann)을 경험적 근거로 하여 PDR론이 정식화되고 있다손 치더라도, 그것은 과거 한 역사시기의 특수한 경험으로서의 의미만을 부여받고 있다. 따라서 현대의 보편적 이행형태에 대한 규정이라고 할 수 있는 국가독점자본주의/PDR론이 본격적으로 제기되지 못하고, '평화공존 요구→평화옹호적, 일반민주주의운동→호전적, 독점자본층의 분리타격→평화적 이행'이라는 점진주의 노선이 이 자리를 메꾸고 있다는 평가를 할 수 있는 것이다.

발전도상국에 있어 반제반독점PDR론 정식화의 미비

이 교과서는 1988년판이지만, 발전도상국 문제에 대해서 평화지대론—비동맹운동론'적 관점과 NDR의 RD형/비자본주의적 발전론의 관점을 제시하는 차원에서 머물고 있다. 따라서 1960-80년대 사이에 전개된 「평화와 사회주의의 제문제」*PFS* 등에서의 지상논쟁과 국제회의 등을 통해 정식화된 반제반독점PDR 이론체계를 적절히 흡수하고 있지는 못하다(김석민 편, 「반제반독점민주주의혁명 논쟁」, 새길, 1989 참조).

④ 우리들은 여러 부류의 '정통적' 교과서를 접할 수 있다. 그러나 교과서가 '정통적'이기 때문에 모두 올바른 내용으로 채워지는 것은 아니다. 심지어는 한 교과서 안에서도 다른 입장이 동시에 개진되고 있는 경우도 있으며, 현실타협성(공인된 서구 공산당과 사회주의 나라의 공산당 간의 관계를 보라)으로 인해 견해의 절충이 노정되는 경우도 있다. 따라서 원칙적으로 진보적인 이론에 대해 연구, 학습하고자 한다면, 그것이 과학적이며 올바른 것이기 때문에 정통적인 것이 될 수 있다는 태도에서부터 출발할 필요가 있다. 따라서 이들 '정통논리'에의 매몰에서 빠져나올 수 있으려면 적어도 다음과 같은 점들을 염두에 두어야 할 것이다.

첫째, '정통' 내부에서 전개되는 풍부한 토론, 논쟁에 착목하여 합리적 핵심을 추출해야 한다.

둘째, 원전 학습의 철저화와, 이를 현대의 조건, 특히 우리의 상황과 결부하여 과학적으로 재구성해나가려는 자세가 요구된다.

세째, 이런 전제들하에서 기존 교과서의 장점, 즉 그들의 경험과 관련한 일반이론화 및 과학이론의 진보된 측면을 선별하여 흡수, 소화하려는 주체적 자세가 필요하다.